2018

中国农村统计年鉴

CHINA RURAL STATISTICAL YEARBOOK

国家统计局农村社会经济调查司　编

中国统计出版社
China Statistics Press

图书在版编目（CIP）数据

中国农村统计年鉴. 2018 / 国家统计局农村社会经济调查司编. -- 北京 : 中国统计出版社, 2019.2,
ISBN 978-7-5037-8778-2

Ⅰ. ①中… Ⅱ. ①国… Ⅲ. ①农村经济－统计资料－中国－2018－年鉴 Ⅳ. ① C832-54

中国版本图书馆 CIP 数据核字 (2019) 第 028819 号

中国农村统计年鉴—2018

编　　者 / 国家统计局农村社会经济调查司
责任编辑 / 许立舫　丁小珊
封面设计 / 李雪燕
出版发行 / 中国统计出版社
通信地址 / 北京市丰台区西三环南路甲 6 号　邮政编码 /100073
电　　话 / 邮购（010）63376909　书店（010）68783171
网　　址 / http://www.zgtjcbs.com/
印　　刷 / 河北鑫兆源印刷有限公司
经　　销 / 新华书店
开　　本 / 880×1230mm　1/16
字　　数 / 816 千字
印　　张 / 26.25
版　　别 / 2019 年 2 月第 1 版
版　　次 / 2019 年 2 月第 1 次印刷
定　　价 / 248.00 元

如有印装差错，由本社发行部调换。

《中国农村统计年鉴—2018》编辑委员会

编 者 说 明

《中国农村统计年鉴—2018》由17部分组成：一、发展综述；二、综合与概要；三、农村基本情况与农业生产条件；四、农业生态与环境；五、农村投资；六、农林牧渔业总产值、中间消耗及增加值；七、主要农产品种植（养殖）面积与产量；八、农村市场与物价；九、农产品进出口；十、农产品成本与收益；十一、收入与消费；十二、农村文化、教育、卫生及社会服务；十三、国有农场；十四、西部大开发12省（区、市）农村经济情况；十五、各地区主要农村经济指标排序；十六、国外主要农业指标；十七、如何使用《中国农村统计年鉴》。

《中国农村统计年鉴—2018》收录了2017年农村社会经济统计资料及建国以后各关键历史年份全国主要统计数据。本年鉴中所涉及的全国性数据均未包括台湾省及港澳地区。

《中国农村统计年鉴—2018》中，执行新国民经济行业分类标准，自2003年起，农林牧渔业包括农林牧渔服务业。

《中国农村统计年鉴—2018》中农、牧、渔生产和核算数根据第三次全国农业普查结果进行了修正。

《中国农村统计年鉴—2018》第十六部分的资料，因国际组织数据库进行了调整，所以往年部分数据也随之做了修正，指标设置也有调整。

《中国农村统计年鉴—2018》中的符号：“…”表示数据不足本表最小单位；“空格”表示缺或无该项数据；“#”表示其中项，未标年份的数据均为当年数据，“0.0”表示数值较小，统计上不显著。

在本书的编辑过程中，得到了国务院有关部门、各省（自治区、直辖市）统计局和国家统计局各调查总队的大力支持，在此谨致谢意。

目录

第一部分 发展综述

第二部分 综合与概要

第三部分 农村基本情况与农业生产条件

第四部分 农业生态与环境

第五部分 农村投资

第六部分 农林牧渔业总产值、中间消耗及增加值

第七部分　主要农产品种植（养殖）面积与产量

第八部分 农村市场与物价

第九部分 农产品进出口

第十部分 农产品成本与收益

第十一部分 收入与消费

第十二部分 农村文化、教育、卫生及社会服务

第十三部分 国有农场

第十四部分 西部大开发12省（区、市）农村经济情况

第十五部分 各地区主要农村经济指标排序

第十六部分 国外主要农业指标

第十七部分 如何使用《中国农村统计年鉴》

发展综述

改革开放四十年农业农村发展情况综述

2018年是我国改革开放40周年。中国改革开放发端于农村，开启于农民与土地关系的调整。农村改革是党领导下的我国农民的伟大创造，是马克思主义中国化理论和实践的新探索、新发展。农村改革的全面深化，为农业农村发展提供了不竭的强大动力，推动中国特色社会主义伟大事业不断开创新局面。改革开放以来，尤其是党的十八大以来，以习近平同志为核心的党中央坚持把解决好“三农”问题作为全党工作重中之重，取消农业税，持续加大强农惠农富农政策力度，全面深化农村改革，建立健全农村基本经营制度，积极推进土地确权颁证和“三权分置”改革，推进农村管理体制和农产品流通体制改革，坚持以农业供给侧结构性改革为主线，扎实推进乡村振兴战略，农业农村发展取得历史性成就，发生历史性变革。

一、农村改革解放了生产力，农产品产量快速增长

以土地家庭联产承包责任制为标志的农村改革，掀开了中国改革的序幕，建立了以家庭承包经营为基础、统分结合的双层经营体制，极大地调动了亿万农民的生产积极性，大大地解放了农村生产力，为农业农村发展提供了坚实的制度保障。主要农产品产量快速增长，13亿多中国人彻底告别了长期的农产品“短缺经济”状态，农业的主要矛盾由总量不足转变为结构性矛盾。

（一）粮食综合生产能力连跨新台阶，确保了国家粮食安全。

粮食是关系国计民生的重要战略物资，解决好13亿多人的吃饭问题始终是我国的头等大事。改革开放以来，全国粮食总产量接连跨上新台阶，确保了国家粮食安全，吃不饱饭的问题彻底成为历史。1978年全国粮食总产量仅有6000多亿斤，家庭联产承包责任制的建立和农产品提价、工农产品价格“剪刀差”缩小，激发了广大农民的积极性，解放了农业生产力，促进粮食产量快速增长。全国粮食总产量1984年达到8000多亿斤，6年间登上两个千亿斤台阶；到1993年，全国粮食产量突破9000亿斤，用了9年时间，此后14年间分别于1996年、1998年和1999年三次达到10000亿斤，但没有站稳这个台阶，2000年至2006年连续7年低于10000亿斤，直到2007年才又重新站上10000亿斤的台阶。2012年全国粮食总产量达到12245亿斤[①]，比1978年增长1.0倍，年均增长2.1%。

党和国家始终高度重视粮食生产。党的十八大以来，习总书记反复强调，我们的饭碗必须牢牢端在自己手里，中国的饭碗要装中国粮。在新的历史时期，立足世情国情农情，提出了“以我为主、立足国内、确保产能、适度进口、科技支撑”的粮食安全新战略，确立了“谷物基本自给，口粮绝对安全”的国家粮食安全新目标，坚持“多予少取放活”的方针，持续加大投入支持力度，不断改革完善强农惠农富农政策体系，粮食综合生产能力在前期连续多年增产、起点较高的情况下，再上新台阶，取得新突破，确保国家粮食安全的能力显著提高、物质基础更加雄厚。2012年我国粮食总产量首次突破12000亿斤大关，粮食综合生产能力跃上新台阶，2013-2014年持续站稳新台阶。2015年我国粮食总产量再上新台阶，首次突破13000亿斤，之后的三年一直稳定在这一水平上。2017年全国粮食总产量为13232亿斤，比2012年增产了987亿斤，增长8.1%。

① 本文中2007-2017年全国粮、棉、油、糖播种面积和产量及畜牧业、水产品产量均根据第三次全国农业普查结果进行了修订。

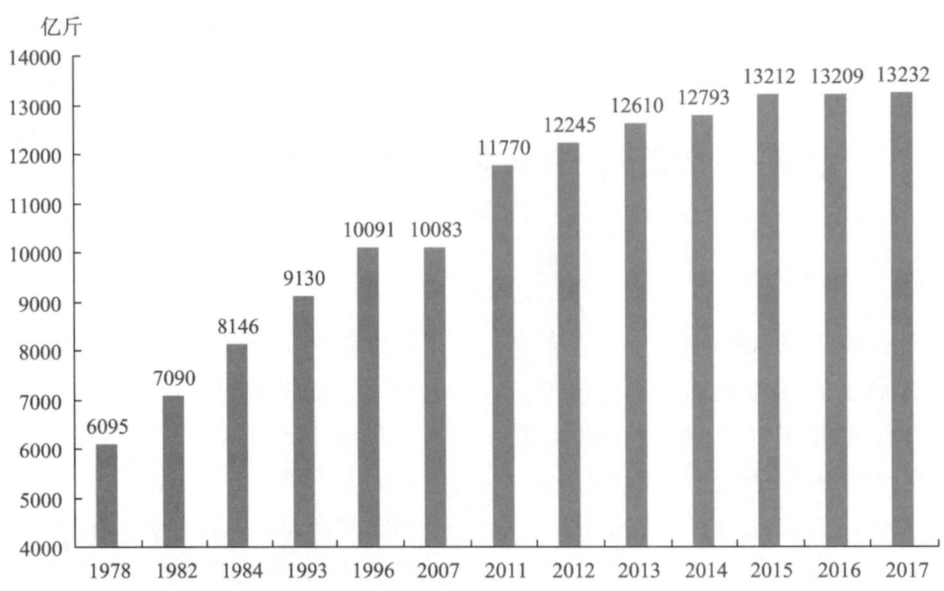

图 1　1978 年以来部分年份全国粮食总产量

注：2007-2017 年全国粮食总产量根据第三次全国农业普查结果进行了修订。

（二）经济作物产量快速增长，保障了基本供给。

随着市场经济的深入发展和广大农户成为独立生产经营决策的主体，经济作物大面积种植，产量快速增加，确保了主要大宗农产品基本供给，满足了城乡居民日益增长的物质生活需要。

从棉花生产来看，1978 年全国棉花产量仅有 217 万吨，2012 年达到 661 万吨，增产 444 万吨，增长 2.0 倍，年均增长 3.3%[①]。棉花产量快速提高，不仅满足了国内城乡居民需求，还为纺织品出口提供了原料保障，为我国成为制造业大国提供了坚实支撑。由于需求下降，库存积压较多，近年来在农业供给侧结构性改革中，国家引导农民合理调减棉花产量，2017 年全国棉花产量为 565 万吨，比 2012 年减少 96 万吨，但和 1978 年相比，2017 年全国棉花产量仍增长了 1.6 倍，年均增长 2.5%。

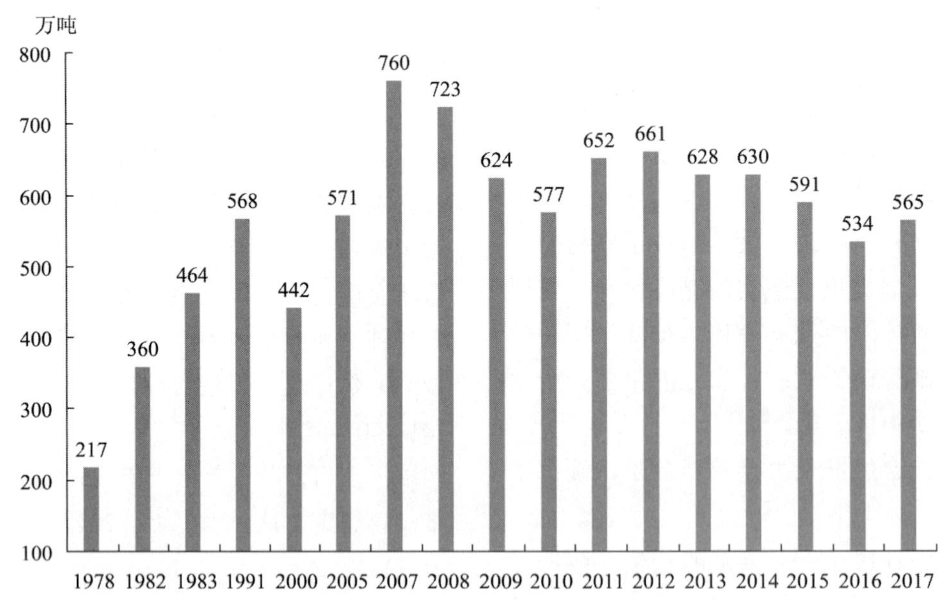

图 2　1978 年以来部分年份全国棉花产量

注：2007-2017 年全国棉花产量根据第三次全国农业普查结果进行了修订。

① 因进位问题，年均增长速度、增长速度和分地区占比等与用整数计算略有出入。下同。

从油料生产来看，1978 年全国油料产量仅有 522 万吨，2012 年增加到 3286 万吨，增加 2764 万吨，增长 5.3 倍，年均增长 5.6%。党的十八大以来，油料产量在前期处于较高水平的基础上，突破并站稳 3200 万吨台阶。2017 年全国油料产量达到 3475 万吨，比 2012 年增长 5.8%，年均增长 1.1%。

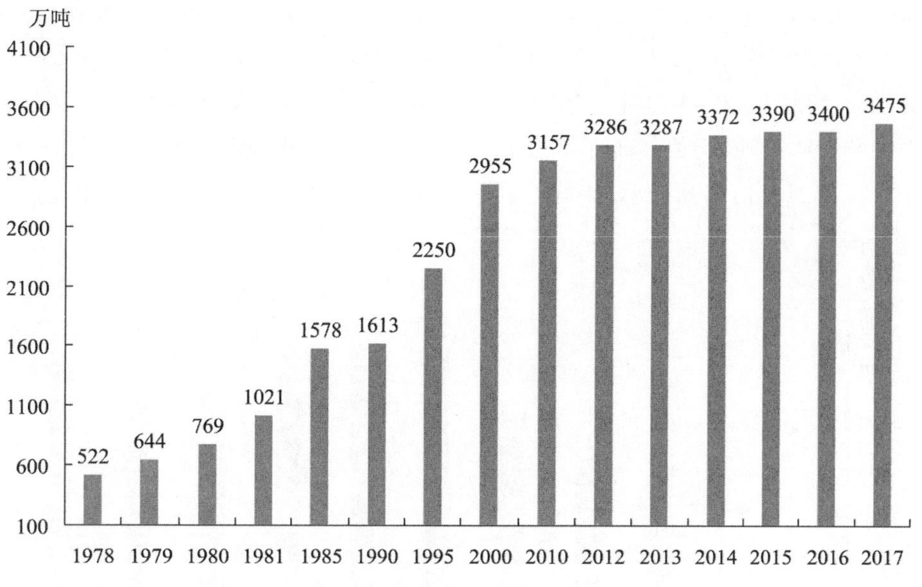

图 3　1978 年以来部分年份全国油料产量

注：2007-2017 年全国油料产量根据第三次全国农业普查结果进行了修订。

从糖料生产来看，1978 年全国糖料产量仅有 2382 万吨，2012 年增加到 12452 万吨，增加 10070 万吨，增长 4.2 倍，年均增长 5.0%。此后受国际市场供大于求、进口增长较快、国内人工成本增加、种植效益下降等因素的影响，糖料生产受到抑制，糖料产量高位波动。2017 年全国糖料产量 11379 万吨，比 2012 年减少 1073 万吨，但和 1978 年相比，2017 年全国糖料产量仍增长 3.8 倍，年均增长 4.1%。

（三）林业产业快速发展，生态功能逐渐增强。

随着国有林场和集体林权改革的全面深化，林业产业快速发展，林产品产量快速增长。据国家林业和草原局统计，2017 年全国林业产业现价总产值（包括林业第一产业、第二产业和第三产业）达 7.1 万亿元，进出口贸易额达 1501 亿美元，经济林产品、松香等主要林产品的产量稳居世界第一，木本油料、林下经济、森林旅游等绿色富民产业蓬勃发展。从主要林产品生产来看，全国木材产量 1978 年为 5162 万立方米，2012 年增加到 8175 万立方米，增长 58.4%，年均增长 1.4%；2017 年增加到 8398 万立方米，比 2012 年增长 2.7%，年均增长 0.5%。油茶籽产量 1978 年为 48 万吨，2012 年增加到 173 万吨，增长 2.6 倍，年均增长 3.8%；2017 年达到 243 万吨，比 2012 年增长 40.5%，年均增长 7.0%。

改革开放以来，林业生态建设不断深化，开展全民义务植树活动，启动重点林业工程建设，开展退耕还林还草工程，持续加大生态保护和修复力度，林业生态功能逐渐增强。党的十八大作出了中国特色社会主义事业“五位一体”的总体布局，把生态文明建设提升到与经济建设、政治建设、文化建设、社会建设并列的高度。习近平总书记指出“绿水青山就是金山银山”，把绿色发展作为新发展理念的重要内容，强调要形成绿色发展方式和生活方式，坚持人与自然和谐共生，林业生态建设进入新的历史阶段，取得了丰硕成果。根据第八次全国森林资源清查结果，全国林业用地面积为 31259 万公顷，比 1978 年增长 17.0%；森林面积达到 20769 万公顷，增长 80.2%；森林覆盖率 21.6%，提高 9.6 个百分点；森林蓄积量 151 亿立方米，增长 67.6%。

（四）畜禽和水产养殖业快速发展，满足了人们日益增长的消费需求。

随着城乡居民收入水平的提高，人们消费水平和消费结构转化升级，对畜禽和水产品的消费刚性增长，推动养殖业快速发展，主要畜禽和水产品产量快速增加，持续稳居世界第一，有效满足了人们日益增长的消费需求。

从猪牛羊肉总产量来看，1980 年全国猪牛羊肉总产量仅有 1205 万吨，2012 年增加到 6463 万吨，增加 5258 万吨，增长 4.4 倍，年均增长 5.4%。2017 年全国猪牛羊肉总产量为 6557 万吨，比 2012 年增长

1.5%。在主要肉类品种中，1980年猪肉产量1134万吨，2012年增加到5444万吨，增长3.8倍，年均增长5.0%。党的十八大以来，猪肉产量高位波动，2014年达到5821万吨的历史最高水平，后受生产周期的影响，有所回落，2017年减少到5452万吨。1980年牛肉和羊肉产量分别为27万吨和44万吨，2012年分别增加到615万吨和404万吨，分别增加了588万吨和360万吨，分别增长21.9倍和8.1倍，年均分别增长10.3%和7.1%；2017年牛肉和羊肉产量分别达到635万吨和471万吨，比2012年分别增加20万吨和67万吨，分别增长3.2%和16.5%，年均分别增长0.6%和3.1%。从奶类生产来看，1980年牛奶产量为114万吨，2012年增加到3175万吨，增加3061万吨，增长26.8倍，年均增长11.0%。2017年牛奶产量3039万吨，比2012年减少136万吨，但和1980年相比，2017年牛奶产量仍增长了25.6倍。

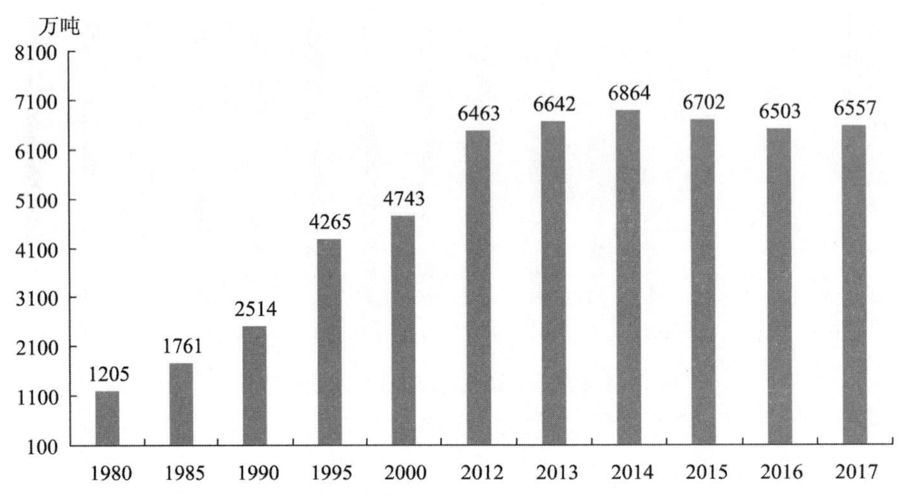

图4　1980年以来部分年份全国猪牛羊肉总产量

注：2007-2017全国猪牛羊肉总产量根据第三次全国农业普查结果进行了修订。

从水产品生产来看，1978年全国水产品总产量为465万吨，2012年增加到5482万吨，增加5017万吨，增长10.8倍，年均增长7.5%；2017年全国水产品总产量增加到6445万吨，比2012年增加963万吨，增长17.6%，年均增长3.3%。水产品生产方式发生深刻变革，养殖水产品产量增速快于捕捞水产品，养殖逐渐成为水产品产量增长的主导力量。2012年养殖水产品产量为3984万吨，比1978年增加3863万吨，增长31.9倍，年均增长10.8%；占水产品总产量的比重为72.7%，提高了46.6个百分点。2017年养殖水产品产量达到4906万吨，比2012年增加922万吨，增长23.2%，年均增长4.3%；占水产品总产量的比重为76.1%，比2012年提高3.4个百分点。

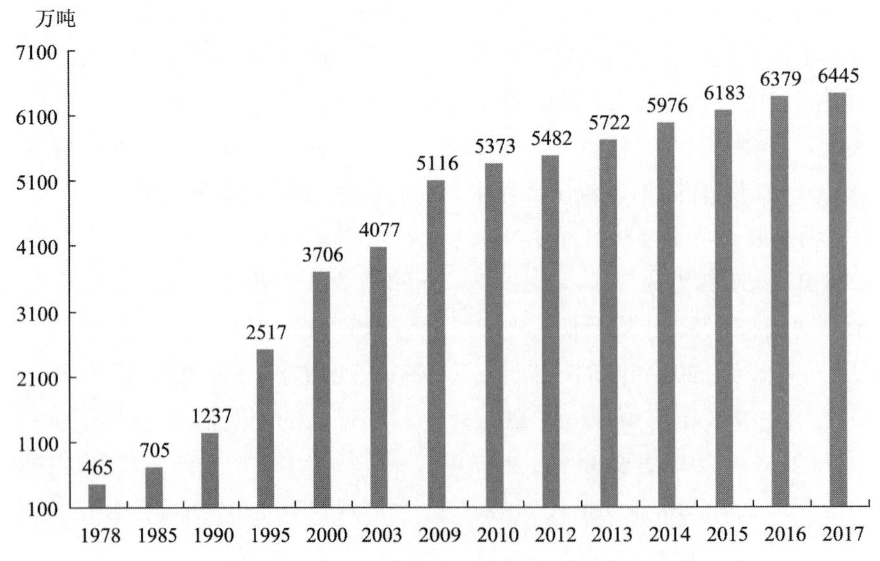

图5　1978年以来部分年份全国水产品总产量

注：2007-2017全国水产品总产量根据第三次全国农业普查结果进行了修订。

二、农业产业结构发生深刻调整，区域布局进一步优化

随着广大农户生产经营自主权的增强和市场机制逐渐成为资源配置的决定性力量，农业产业结构发生了深刻调整，农产品生产日益向优势产区聚集。

（一）农业产业结构调整成效显著，发展协调性增强。

改革开放以来，我国农业产业结构不断调整优化，由以粮食生产为主的种植业经济向多种经营和农林牧渔全面发展转变。从产值构成来看，1978年农业产值占农林牧渔四业产值的比重为80.0%，处于绝对主导地位，林业、畜牧业和渔业产值所占比重分别为3.4%、15.0%和1.6%。经过近40年的发展，农林牧渔四业结构日益协调合理。2012年农业产值占53.9%[①]，比1978年下降26.1个百分点；林业占4.1%，提高0.7个百分点；畜牧业占31.9%，提高16.9个百分点；渔业占10.1%，提高8.5个百分点。

近些年来，我国农业主要矛盾已由产品总量不足转化为结构性矛盾，各地区各有关部门深入推进农业供给侧结构性改革，主动调减非优势产区籽粒玉米播种面积近5000万亩，增加大豆种植面积1200多万亩，粮经饲协调发展的三元结构正在加快形成。农林牧渔业结构进一步调整优化。2017年农业产值占农林牧渔业产值的比重为55.8%，比2012年提高了1.9个百分点；林业占4.8%，提高0.7个百分点；畜牧业占28.2%，减少3.6个百分点；渔业占11.1%，提高1.0个百分点。实施质量兴农战略，推动农业由增产导向转向提质导向，农业产业结构调整向纵深迈进。在保持粮食生产稳定发展的同时，经济附加值较高的各类经济作物和特色作物生产发展迅速。各地围绕市场需求变化，加大市场短缺的农产品生产，强筋、弱筋等专用小麦、优质稻、“双低”油菜等种植面积扩大，有机、绿色等生态、质量安全水平较高的农产品生产加快，具有显著地域特点的特色农产品快速发展。据农业农村部统计，截至2017年底，我国“三品一标”产品总数达12.2万个，全国共建成绿色食品原料标准化生产基地678个。

（二）农业生产区域布局日趋优化，主产区优势逐渐彰显。

改革开放以来，国家取消统购派购制度，推进农产品流通体制向市场化方向转变，广大农户生产经营决策自主权增强，开展主体功能区划分，农业生产区域布局日益优化，主产区优势逐渐显现。

从粮食生产来看，粮食主产区稳产增产能力增强，确保国家粮食安全的作用增大。2012年主产区粮食产量合计9393亿斤，比1978年增长1.2倍；占全国粮食总产量的比重为76.7%，比1978年提高7.4个百分点。党的十八大以来，国家继续在主产区实施最低收购价政策，整合补贴政策，新增财政投入向主产区倾斜，粮食主产区的重要作用进一步增强。2017年主产区粮食产量合计达到10428亿斤，比2012年增长11.0%；占全国粮食总产量的比重为78.8%，比2012年提高2.1个百分点。在主要粮食品种中，小麦主要分布在河南、山东、河北、安徽和江苏等省份，2017年五省小麦产量合计占全国小麦产量的79.2%，比2012年提高2.9个百分点，比1978年提高23.9个百分点。大豆主要分布在黑龙江、内蒙古和安徽等，2017年三省大豆产量占全国大豆产量的61.9%，比2012年提高6.9个百分点，比1978年提高28.7个百分点。

从经济作物生产来看，也正进一步向优势产区集中。2012年新疆棉花产量388万吨，比1978年增长69.6倍，年均增长13.3%；占全国棉花产量的比重为58.8%，比1978年提高56.3个百分点。近些年来，国家在新疆开展棉花目标价格改革试点，其他棉区生产萎缩，新疆棉花生产的重要性进一步强化。2017年新疆棉花产量为457万吨，比2012年增长17.5%；占全国棉花产量的比重为80.8%，比2012年提高了22.0个百分点。糖料向广西、云南和广东三省集中。2012年广西、云南和广东三省糖料产量合计为10760万吨，比1978年增长6.5倍；占全国糖料产量的86.4%，比1978年提高26.3个百分点。党的十八大以来，三省糖料产量略有下滑，但占全国总产量的比重进一步提高。2017年广西、云南和广东三省糖料产量合计为9992万吨，占全国糖料总产量的87.8%，比2012年提高1.4个百分点。

---

① 2007-2017年全国农、林、牧、渔业产值根据第三次全国农业普查结果进行了修订。

另外，蔬菜、水果、中药材、花卉、苗木、烟叶、茶叶等产品生产也都形成了优势区域和地区品牌。

三、农业物质技术装备水平显著提高，农业基础更加稳固

进入新世纪，随着农村改革的全面深化和国家综合国力的提高，我国不仅取消了沿袭两千多年的农业税，还对农业进行各种补贴，持续加大对“三农”支持力度，农业物质技术装备水平明显提高，农业基础更加稳固。

（一）农田水利条件明显改善，抵御自然灾害能力增强。

国家持续加强以农田水利为重点的农业基础设施建设力度，提高农业抵御自然灾害的能力。据水利部统计，1978 年我国耕地灌溉面积近 7 亿亩，2012 年增加到 9.4 亿亩，增长 39.0%,年均增长 1.0%。党的十八大以来，国家继续加大农田水利建设，农田水利条件显著改善。2017 年耕地灌溉面积为 10.2 亿亩，比 2012 年增长 8.6%，年均增长 1.7%。

（二）农业机械化水平快速发展，生产效率显著提高。

1978 年全国大中型拖拉机 56 万台、联合收获机不到 2 万台。随着工业化、城镇化进程的加快，非农就业机会大量增加，大批农民工进城务工经商，为农业机械化发展提供了契机。截止 2012 年底，全国大中型拖拉机 485 万台，比 1978 年增长 7.7 倍，年均增长 6.6%；联合收获机 128 万台，比 1978 年增长 66.4 倍，年均增长 13.2%。大中型农业机械跨区作业蔚然兴起，解决了分散小农生产实现农业机械化的难题。党的十八大以来，国家继续实施农机具购置补贴政策，推动农业机械化发展，农业机械保有量快速增加，农作物机械化率大幅提高。据农业农村部统计，2017 年全国大中型拖拉机 670 万台，比 2012 年增长 38.1%，年均增长 6.7%；联合收获机 199 万台，比 2012 年增长 55.3%，年均增长 9.2%。农业机械拥有量较快增长，广泛应用，不仅极大地提高了农业劳动生产率，也逐步把农民从历史上“面朝黄土，背朝天”的高强度农业生产劳动中解放了出来，显著改善了农业生产条件。

（三）农业科技进步加快，科技驱动作用增强。

在科学技术是第一生产力思想指导下，国家高度重视科技的重要作用，大力实施科教兴国战略。据农业农村部统计，2005 年我国农业科技进步贡献率为 48.0%，2012 年达 53.5%，提高了 5.5 个百分点。党的十八大以来，国家强化农业科技创新驱动作用，加大以优良品种培育为重点的农业科技研究力度，生物育种、转基因新品种培育、重大动植物疫病流行规律和防控、农业遥感和信息化等领域不断取得突破。改革完善农业技术推广体系，大范围推广旱作节水、测土配方施肥、统防统治等先进适用农业技术，农业科技进步的作用日益彰显。2017 年农业科技进步贡献率达到 57.5%，比 2012 年提高了 4.0 个百分点。主要农作物良种覆盖率稳定在 96%以上。

四、农业生产方式发生深刻变革，农业功能不断拓展

家庭联产承包责任制在极大地解放农业生产力的同时，也存在着单个农户生产经营规模小、农业收益低、与大市场对接困难等问题。党的十八大以来，随着土地“三权分置”改革的深入推进，农业适度规模经营快速发展，各类新型农业生产经营主体和服务主体大量涌现，一二三产业融合发展，农业生产方式发生了深刻变革，农业多功能逐渐得到彰显。

（一）适度规模经营发展迅速，组织化程度提高。

在坚持农村基本经营制度的同时，国家鼓励通过转包、转让、互换、出租、入股等方式进行土地流转，推动农业适度规模经营。据农业农村部统计，2004 年农村承包地流转面积为 0.58 亿亩，2012 年增加到 2.8 亿亩，增长 3.8 倍，年均增长 21.6%。随着农村土地承包制度改革深入推进和“三权分置”确立，农村承包地更加有序流转。2016 年我国农村承包地流转面积为 4.8 亿亩，比 2012 年增加了 2.0 亿亩，增长 72.3%，年均增长 14.6%。农村土地流转有力地推动了农业规模化发展，充分发挥适度规模经营在规模、资金、技术、信息、人才和管理等方面的优势和辐射带动作用，引领和加快推进现代农业建设。根据第三次全国农业普查结果，2016 年耕地规模化（南方省份 50 亩以上、北方省份 100 亩以上）耕种面积占全部实际耕地耕种面积的比重为 28.6%。2016 年末规模化（年出栏生猪 200 头以上）养殖生猪存栏占全国生猪存栏总数的比重为 62.9%，家禽规模化（肉鸡、肉鸭年出栏 10000 只及以上，

蛋鸡、蛋鸭存栏2000只及以上，鹅年出栏1000只及以上）存栏占比达到73.9%。规模经营的快速发展对稳定农业生产、稳定农产品供应、稳定农产品市场、提高农业收益、加快现代农业建设都发挥了重要积极作用。

（二）新型经营主体和服务主体大量涌现，成为建设现代农业的主导力量。

国家在基础设施建设、工商、财政、税收、金融保险、用地等方面加大扶持力度，着力培育各类新型农业生产经营主体和服务主体。据农业农村部统计，2008年全国农民专业合作社11.1万个，2012年增加到68.9万个，4年间增加57.8万个，增长5.2倍，年均增长57.8%。产业化龙头企业自2000年的6.7万个，增加到2012年的12万个。随着国家继续加大对新型农业经营主体的扶持力度，新型农业经营主体不断壮大。2016年我国农民专业合作社和龙头企业分别已达179.4万个[①]和13万个，比2012年分别增长160.4%和8.6%。农民专业合作社、家庭农场、龙头企业和新型职业农民等大量涌现，成为建设现代农业的主导力量。大量下乡返乡人员在农村创业创新，为农业农村发展增添了新的活力和持久动力。

（三）设施农业快速发展，改变了农业生产时空分布。

各类大棚、中小棚、温室等农业设施较快增长，在一定程度上改变了农业生产的时空分布，大部分地区一年四季都有新鲜瓜果蔬菜供应，满足了人民日益增长的多样化需求。2017年末全国农业设施数量3360万个，比2012年增长5.7%，年均增长1.1%。2017年末全国设施农业占地面积2969千公顷，比2012年增长12.9%，年均增长2.5%。我国温室大棚等占地面积稳居世界第一，工厂化种养也呈快速发展态势。

（四）农业功能不断拓展，新动能加快成长。

为拓宽农民增收渠道、培育农业农村发展新动能，国家大力发展农产品深加工，延长农业产业链条，推动农业生产、加工、冷链物流、销售一体化发展，促进农民分享农业增值收益和全产业链价值。开发农业经济、生态、文化和社会功能，推动农业与旅游、教育、文化、养老等产业深度融合，生态农业、观光农业、创意农业和多种形式的农家乐、休闲农庄、特色民宿等农业新业态快速涌现，采摘、垂钓、餐饮住宿、农事体验等新型农业经营活动方兴未艾，休闲农业和乡村旅游发展迅速。第三次全国农业普查结果显示，2016年全国共有35.5万个规模农业经营户和农业经营单位开展餐饮住宿、采摘、垂钓、农事体验等新型经营活动，占规模农业经营户和农业经营单位总数的比重为5.9%。全国开展旅游接待的村占全部村的比重为4.9%，比2006年提高2.7个百分点。

五、农村建设成效显著，乡村面貌和环境焕然一新

国家加大农村基础设施投资力度，大力推进农村环境整治，农村水电路气房等基础设施条件明显改善，美丽宜居乡村建设稳步推进，农村面貌和环境明显改善。

（一）农村基础设施投入加大，交通、通信明显改善。

国家统筹城乡发展，着力加强农村基础设施建设，农村基础设施明显改善。第三次全国农业普查结果显示：2016年末，全国通公路的村（包括村委会和涉农居委会，下同）占全部村的比重是99.3%，与十年前第二次全国农业普查相比，提高3.8个百分点；全国通电的村占全部村的比重是99.7%，比十年前提高1个百分点；全国通电话的村占全部村的比重是99.5%，比十年前提高1.9个百分点；全国安装有线电视的村占全部村的比重是82.8%，比十年前提高25.4个百分点；全国接近九成的村通宽带互联网，全国超过1/4的村有电子商务配送站点。

（二）农村环境整治取得新成效，乡村更加美丽宜居。

国家积极推进美丽宜居乡村建设，将美丽宜居乡村建设作为推进生态文明建设和深化社会主义新农村建设的重点工程来抓。开展自然环境生态保护，大力整治农村环境，农村脏乱差状况明显好转，农村人居环境显著改善。第三次全国农业普查结果表明，2016年末，91.3%的乡镇集中或部分集中供水，90.8%的乡镇生活垃圾集中处理或部分集中处理。73.9%的村生活垃圾集中处理或部分集中处理，

① 此数据为在工商部门注册的农民合作社总数。

17.4%的村生活污水集中处理或部分集中处理，53.5%的村完成或部分完成改厕。改革创新乡村规划机制，提高乡村规划的科学性、覆盖率和实用性。传统村落和传统建筑得到有效保护。目前，已有4153个有重要保护价值的村落列入中国传统村落名录，实现村村建立档案、编制保护规划，越来越多的融自然、休闲、文化、旅游、养老于一体的美丽村镇正在建设中。

（三）农村基本公共服务显著提升，社会保障体系逐步健全。

随着国家完善农村基本公共服务体系规划和建设，农村基本公共服务水平进一步提高。第三次全国农业普查结果显示：2016年末，全国有幼儿园、托儿所的村占全部村的比重是32.3%，比十年前提高2.2个百分点；全国有体育健身场所的村占全部村的比重是59.2%，比十年前提高48.5个百分点；全国有农民业余文化组织的村占全部村的比重是41.3%，比十年前提高26.2个百分点。据民政部统计，2007年全国农村低保年平均标准为840.0元/人，2012年增加到2067.8元/人，增加1227.8元/人，增长1.5倍，年均增长19.7%。2007年全国1608.5万户、3566.3万人得到了农村最低生活保障，2012年全国有农村低保对象为2814.9万户、5344.5万人。党的十八大以来，国家进一步健全社会保障体系，切实提升社会保障水平，充分发挥社会救助兜底保障作用。“病有所医”、“老有所养”取得新进展。2017年全国农村低保年平均标准为4300.7元/人，比2012年增长1.1倍，年均增长15.8%。截至2017年底，全国有农村低保对象2249.3万户、4045.2万人。新型农村合作医疗基本实现全覆盖，切实减轻了农民医疗负担。

改革开放以来，中国农业农村发展取得的巨大成就举世瞩目。党的十八大以来，在习近平新时代中国特色社会主义思想指引下，农业农村发展取得历史性成就，发生历史性变革。但从总体上看，农业基础薄弱是“四化”的短板、农村发展滞后是全面建成小康社会的短板，发展不平衡不充分的矛盾在乡村较为突出。党的十九大提出了乡村振兴战略，擘画了“三农”发展的宏伟蓝图。我们坚信，有习近平新时代中国特色社会主义思想作指导，有中国特色社会主义制度的巨大政治优势，有改革开放以来积累的雄厚物质技术基础，有以习近平同志为核心的党中央掌舵定向，有亿万中华儿女的努力奋斗，乡村振兴战略的宏伟目标一定能够实现，两个百年奋斗目标一定能够实现，中华民族伟大复兴的中国梦一定能够实现。

2

综合与概要

2-1 农村经济主要指标

指 标	单位	1990年	1995年	2000年	2015年	2016年	2017年
一、农业机械总动力	**亿瓦特**	**2870.8**	**3611.8**	**5257.4**	**11172.8**	**9724.6**	**9878.3**
二、农林牧渔业总产值	**亿元**	**7662.1**	**20340.9**	**24915.8**	**101893.5**	**106478.7**	**109331.7**
三、农林牧渔业增加值	**亿元**	**5062.0**	**12135.8**	**14944.7**	**59852.6**	**62451.0**	**64660.0**
四、主要农产品产量							
粮食	万吨	44624.3	46661.8	46217.5	66060.3	66043.5	66160.7
棉花	万吨	450.8	476.8	441.7	590.7	534.3	565.2
油料	万吨	1613.2	2250.3	2954.8	3390.5	3400.0	3475.2
糖料	万吨	7214.5	7940.1	7635.3	11215.2	11176.0	11378.8
黄红麻	万吨	72.6	37.1	12.6	4.8	3.4	2.9
烤烟	万吨	225.9	207.2	223.8	249.5	244.5	227.9
猪牛羊肉	万吨	2513.5	4265.3	4743.2	6702.2	6502.6	6557.5
牛奶	万吨	415.7	576.4	827.4	3179.8	3064.0	3038.6
禽蛋	万吨	794.6	1676.7	2182.0	3046.1	3160.5	3096.3
水产品	万吨	1237.0	2517.2	3706.2	6182.9	6379.5	6445.3
水果	万吨	1874.4	4214.6	6225.1	24524.6	24405.2	25241.9
五、农村物价总指数(上年=100)							
农产品生产价格总指数	%	97.4	119.9	96.4	101.7	103.4	96.5
农村商品零售价格指数	%	103.2	116.4	98.5	100.3	100.9	101.3
农业生产资料价格指数	%	105.5	127.4	99.1	100.4	100.1	100.6
农村居民消费价格指数	%	104.5	117.5	99.9	101.3	101.9	101.3
六、农村居民人均可支配收入	**元**				**11421.7**	**12363.4**	**13432.4**
农村居民人均消费支出	元				9222.6	10129.8	10954.5
七、农村教育、卫生							
在校学生数							
#普通中学	万人	2739.0	2773.0	3586.3	779.5	742.7	721.3
普通小学	万人	9595.6	9306.2	8503.7	2965.9	2891.7	2775.4
乡镇卫生院床位数	万张	72.3	73.3	73.5	119.6	122.4	129.2
乡镇卫生人员	万人		105.2	117.0	127.8	132.1	136.0

注：1.2000年以前农产品生产价格总指数为农副产品收购价格指数。
2.从2003年起，农林牧渔业总产值、增加值、中间消耗核算执行新国民经济行业分类标准,包括农林牧渔服务业。
3.从2003年起，水果产量含果用瓜。
4.从2016年开始，农业机械总动力不包括三轮汽车和低速载货汽车动力。
5.从2013年起,国家统计局开展了住户收支与生活状况抽样调查,本表中的农村居民收入与支出数据来源于此调查，与2012年及以前的农村住户抽样调查的调查范围、调查方法、指标口径有所不同，数据来源于实施城乡一体化调查后的住户收支与生活状况抽样调查。
6.2007-2017年农林牧渔业总产值、增加值、农产品产量、畜牧业、水产品等数据，根据全国第三次农业普查结果进行了修订(后同)。

2-2 按人口平均的主要农产品产量

单位：千克/人

年 份	粮食	棉花	油料	糖料	猪牛羊肉	水产品
1949	208.9	0.8	4.7	5.2		0.8
1952	288.1	2.3	7.4	13.4		2.9
1957	306.0	2.6	6.6	18.7		4.9
1962	231.9	1.1	3.0	5.7		3.4
1965	272.0	2.9	5.1	21.5		4.2
1970	293.2	2.8	4.6	19.0		3.9
1975	310.5	2.6	4.9	20.9		4.8
1978	318.7	2.3	5.5	24.9		4.9
1980	326.7	2.8	7.8	29.7		4.6
1985	360.7	3.9	15.0	57.5		6.7
1990	393.1	4.0	14.2	63.6		10.9
1991	378.3	4.9	14.2	73.2		11.7
1992	380.0	3.9	14.1	75.6		13.4
1993	387.4	3.2	15.3	64.7		15.5
1994	373.5	3.6	16.7	61.6		17.9
1995	387.3	4.0	18.7	65.9		20.9
1996	414.4	3.5	18.2	68.7	30.3	27.0
1997	401.7	3.7	17.5	76.3	34.6	25.4
1998	412.5	3.6	18.6	78.8	37.0	27.2
1999	405.8	3.1	20.8	66.5	38.0	28.5
2000	366.0	3.5	23.4	60.5	37.6	29.4
2001	355.9	4.2	22.5	68.1	38.0	29.8
2002	357.0	3.8	22.6	80.4	38.5	30.9
2003	334.3	3.8	21.8	74.8	39.5	31.6
2004	362.2	4.9	23.7	73.8	40.4	32.8
2005	371.3	4.4	23.6	72.5	42.0	33.9
2006	379.9	5.7	20.2	79.8	42.8	35.0
2007	382.5	5.8	21.1	91.7	40.4	36.0
2008	403.4	5.5	22.9	98.2	43.0	37.0
2009	405.2	4.7	23.6	88.2	44.8	38.4
2010	418.0	4.3	23.6	84.5	46.2	40.2
2011	437.8	4.8	23.9	86.8	45.7	41.7
2012	453.3	4.9	24.3	92.2	47.8	40.6
2013	464.5	4.6	24.2	92.5	49.1	42.2
2014	468.9	4.6	24.7	88.6	50.3	43.8
2015	481.8	4.3	24.7	81.8	48.9	45.1
2016	479.0	3.9	24.7	81.1	47.2	46.3
2017	477.2	4.1	25.1	82.1	47.3	46.5

注：按年平均人口计算。

2-2 续表 单位：千克/人

年 份	黄红麻	烤烟	水果	牛奶	禽蛋	茶叶
1952	0.3	0.4	4.3			0.14
1957	0.2	0.4	5.1			0.18
1962	0.1	0.2	4.1			0.11
1965	0.4	0.5	4.5			0.14
1970	0.2	0.5	4.6			0.17
1975	0.4	0.8	5.9	1.0		0.23
1978	1.1	1.1	6.9	0.9		0.28
1980	1.1	0.7	6.9	1.2		0.31
1985	3.9	2.0	11.1	2.4	5.1	0.41
1990	0.6	2.0	16.5	3.7	7.0	0.48
1991	0.4	2.3	18.9	4.0	8.0	0.47
1992	0.5	2.7	20.9	4.3	8.8	0.48
1993	0.6	2.6	25.6	4.2	10.0	0.51
1994	0.3	1.6	29.4	4.4	12.4	0.49
1995	0.3	1.6	35.0	4.8	13.9	0.49
1996	0.3	2.4	38.2	5.2	16.1	0.49
1997	0.3	3.2	41.4	4.9	15.4	0.50
1998	0.2	1.7	43.9	5.3	16.3	0.54
1999	0.1	1.7	49.8	5.7	17.0	0.54
2000	0.1	1.8	49.3	6.6	17.3	0.54
2001	0.1	1.6	52.3	8.1	17.4	0.55
2002	0.1	1.7	112.3	10.2	17.7	0.58
2003	0.1	1.6	112.7	13.6	18.1	0.60
2004	0.1	1.7	118.4	17.4	18.3	0.64
2005	0.1	1.9	123.6	21.1	18.7	0.72
2006	0.1	1.7	130.4	22.5	18.5	0.78
2007	0.1	1.7	127.5	22.4	19.3	0.77
2008	0.1	1.9	136.7	22.7	20.4	0.95
2009	0.1	2.1	143.4	22.5	20.7	1.01
2010	0.0	2.0	150.2	22.7	20.8	1.09
2011	0.1	2.1	156.4	23.1	21.1	1.20
2012	0.0	2.2	163.6	23.5	21.4	1.30
2013	0.0	2.2	167.6	22.2	21.5	1.39
2014	0.0	2.0	170.8	23.2	21.5	1.50
2015	0.0	1.8	178.9	23.2	22.2	1.66
2016	0.0	1.8	177.0	22.2	22.9	1.68
2017	0.0	1.6	182.1	21.9	22.3	1.77

注：从2002年起，水果产量含果用瓜。

2-3 农村经济在国民经济中的地位

单位：亿元、%

年 份	国内生产总值	#第一产业	所占比重	社会消费品零售额
1952	679.1	342.9	50.5	276.8
1957	1071.4	430.0	40.1	474.2
1962	1162.2	453.1	39.0	604.0
1965	1734.0	651.1	37.5	670.3
1970	2279.7	793.3	34.8	858.0
1975	3039.5	971.2	32.0	1271.1
1978	3678.7	1018.5	27.7	1558.6
1980	4587.6	1359.5	29.6	2140.0
1981	4935.8	1545.7	31.3	2350.0
1982	5373.4	1761.7	32.8	2570.0
1983	6020.9	1960.9	32.6	2849.4
1984	7278.5	2295.6	31.5	3376.4
1985	9098.9	2541.7	27.9	4305.0
1986	10376.2	2764.1	26.6	4950.0
1987	12174.6	3204.5	26.3	5820.0
1988	15180.4	3831.2	25.2	7440.0
1989	17179.7	4228.2	24.6	8101.4
1990	18872.9	5017.2	26.6	8300.1
1991	22005.6	5288.8	24.0	9415.6
1992	27194.5	5800.3	21.3	10993.7
1993	35673.2	6887.6	19.3	12462.1
1994	48637.5	9471.8	19.5	16264.7
1995	61339.9	12020.5	19.6	20620.0
1996	71813.6	13878.3	19.3	24774.1
1997	79715.0	14265.2	17.9	27298.9
1998	85195.5	14618.7	17.2	29152.5
1999	90564.4	14549.0	16.1	31134.7
2000	100280.1	14717.4	14.7	34152.6
2001	110863.1	15502.5	14.0	37595.2
2002	121717.4	16190.2	13.3	42027.0
2003	137422.0	16970.2	12.3	45842.0
2004	161840.2	20904.3	12.9	59501.0
2005	187318.9	21806.7	11.6	67176.6
2006	219438.5	23317.0	10.6	76410.0
2007	270092.3	27674.1	10.2	89210.0
2008	319244.6	32464.1	10.2	114830.1
2009	348517.7	33583.8	9.6	132678.4
2010	412119.3	38430.8	9.3	156998.4
2011	487940.2	44781.4	9.2	183918.6
2012	538580.0	49084.5	9.1	210307.0
2013	592963.2	53028.1	8.9	237809.9
2014	641280.6	55626.3	8.7	271896.1
2015	685992.9	57774.6	8.4	300930.8
2016	740060.8	60139.2	8.1	332316.3
2017	820754.3	62099.5	7.6	366261.6

注：1.社会消费品零售额，1992年及以前为社会商品零售总额数据。
2.根据最新修订的报表制度，2010年以后县及县以下的数据为镇区与乡村之和。

2-3 续表 1

单位：亿元、%

年 份	全国一般公共预算收入			全国一般公共预算支出		
	合 计	#烟叶税	耕地占用税	合 计	#农林水	所占比重
1970	662.9			649.4		
1975	815.6			820.9		
1978	1132.3			1122.1		
1980	1159.9			1228.8		
1981	1175.8			1138.4		
1982	1212.3			1230.0		
1983	1367.0			1409.5		
1984	1642.9			1701.0		
1985	2004.8			2004.3		
1986	2122.0			2204.9		
1987	2199.4		1.4	2262.2		
1988	2357.2		21.2	2491.2		
1989	2664.9		16.9	2823.8		
1990	2937.1		14.6	3083.6		
1991	3149.5		17.9	3386.6		
1992	3483.4		29.2	3742.2		
1993	4349.0		29.4	4642.3		
1994	5218.1		36.5	5792.6		
1995	6242.2		34.5	6823.7		
1996	7408.0		31.2	7937.6		
1997	8651.1		32.5	9233.6		
1998	9876.0		33.4	10798.2		
1999	11444.1		33.0	13187.7		
2000	13395.2		35.3	15886.5		
2001	16386.0		38.3	18902.6		
2002	18903.6		57.3	22053.2		
2003	21715.3		39.9	24650.0		
2004	26396.5		120.1	28486.9		
2005	31649.3		141.9	33930.3		
2006	38760.2	41.6	171.1	40422.7		
2007	51321.8	47.8	185.0	49781.4	3404.7	6.8
2008	61330.4	67.5	314.4	62592.7	4544.0	7.3
2009	68518.3	80.8	633.1	76299.9	6720.4	8.8
2010	83101.5	78.4	888.6	89874.2	8129.6	9.0
2011	103874.4	91.4	1075.5	109247.8	9937.6	9.1
2012	117253.5	131.8	1620.7	125953.0	11973.9	9.5
2013	129209.6	150.3	1808.2	140212.1	13349.6	9.5
2014	140370.0	141.1	2059.1	151785.6	14173.8	9.3
2015	152269.2	142.8	2097.2	175877.8	17380.5	9.9
2016	159605.0	130.5	2028.9	187755.2	18587.4	9.9
2017	172592.8	115.7	1651.9	203085.5	19089.0	9.4

注：各年数据为财政决算数。

2-3 续表 2

单位：元/人

年 份	全国居民消费水平	城镇居民	农村居民	指数(1978年=100) 城镇居民	农村居民	城乡消费水平对比(农村居民=1)
1978	184	405	138	100	100	2.9
1979	208	425	159	103	107	2.7
1980	238	490	178	110	116	2.7
1981	264	517	202	114	127	2.6
1982	284	504	227	109	141	2.2
1983	315	547	252	116	154	2.2
1984	356	621	280	128	168	2.2
1985	440	750	346	137	192	2.2
1986	496	847	385	146	201	2.2
1987	558	953	427	152	213	2.2
1988	684	1200	506	160	220	2.4
1989	785	1345	588	161	232	2.3
1990	831	1404	627	164	240	2.2
1991	916	1619	661	181	246	2.5
1992	1057	2009	701	212	250	2.9
1993	1332	2661	822	244	262	3.2
1994	1799	3645	1073	261	275	3.4
1995	2330	4769	1344	286	289	3.5
1996	2765	5382	1655	297	329	3.3
1997	2978	5645	1768	303	342	3.2
1998	3126	5909	1778	320	346	3.3
1999	3346	6351	1793	349	354	3.5
2000	3721	6999	1917	383	378	3.7
2001	3987	7324	2032	397	395	3.6
2002	4301	7745	2157	422	421	3.6
2003	4606	8104	2292	437	440	3.5
2004	5138	8880	2521	463	458	3.5
2005	5771	9832	2784	503	489	3.5
2006	6416	10739	3066	536	525	3.5
2007	7572	12480	3538	598	570	3.5
2008	8707	14061	4065	636	610	3.5
2009	9514	15127	4402	687	667	3.4
2010	10919	17104	4941	741	716	3.5
2011	13134	19912	6187	802	809	3.2
2012	14699	21861	6964	860	880	3.1
2013	16190	23609	7773	905	956	3.0
2014	17778	25424	8711	956	1050	2.9
2015	19397	27210	9679	1008	1151	2.8
2016	21285	29295	10783	1064	1258	2.7
2017	22902	31032	11704	1108	1348	2.7

注：1.绝对数按当年价格计算，指数按可比价格计算。
2.本表数据来源于国民经济核算资料，与城乡住户抽样调查数据的指标口径不同。

2-3 续表 3 单位：元/人

年 份	农村居民		城镇居民	
	人均可支配收入	指数(1978=100)	人均可支配收入	指数(1978=100)
1978	133.6	100.0	343.4	100.0
1979	160.2	119.2	405.0	115.7
1980	191.3	139.0	477.6	127.0
1981	223.4	160.4	500.4	129.9
1982	270.1	192.3	535.3	136.3
1983	309.8	219.6	564.6	141.5
1984	355.3	249.5	652.1	158.7
1985	397.6	268.9	739.1	160.4
1986	423.8	277.6	900.9	182.7
1987	462.6	292.0	1002.1	186.8
1988	544.9	310.7	1180.2	182.3
1989	601.5	305.7	1373.9	182.5
1990	686.3	311.2	1510.2	198.1
1991	708.6	317.4	1700.6	212.4
1992	784.0	336.2	2026.6	232.9
1993	921.6	346.9	2577.4	255.1
1994	1221.0	364.3	3496.2	276.8
1995	1577.7	383.6	4283.0	290.3
1996	1926.1	418.1	4838.9	301.6
1997	2090.1	437.3	5160.3	311.9
1998	2171.2	458.1	5418.2	329.4
1999	2229.1	477.5	5838.9	359.7
2000	2282.1	489.6	6255.7	382.3
2001	2406.9	512.3	6824.0	414.1
2002	2528.9	539.2	7652.4	469.1
2003	2690.3	564.9	8405.5	510.6
2004	3026.6	606.1	9334.8	549.0
2005	3370.2	646.6	10382.3	600.9
2006	3731.0	697.6	11619.7	662.5
2007	4327.0	767.7	13602.5	742.2
2008	4998.8	833.1	15549.4	803.5
2009	5435.1	908.3	16900.5	881.0
2010	6272.4	1012.1	18779.1	948.5
2011	7393.9	1127.4	21426.9	1028.1
2012	8389.3	1248.1	24126.7	1126.8
2013	9429.6	1364.5	26467.0	1205.4
2014	10488.9	1490.5	28843.9	1287.1
2015	11421.7	1602.3	31194.8	1371.5
2016	12363.4	1702.1	33616.2	1448.0
2017	13432.4	1825.5	36396.2	1541.6

注：1.表中2013-2017年人均可支配收入来源于住户收支与生活状况调查，1978-2012年数据根据历史数据按照新口径推算获得。
2.可支配收入绝对数按当年价格计算，指数按可比价计算。

2-4　2017年各地区农村经济在国民经济中的地位

单位：%

地　　区	第一产业增加值占地区生产总值比重	镇区及乡村消费品零售额占全社会消费品零售额的比重
北　京	0.4	9.6
天　津	0.9	20.6
河　北	9.2	51.9
山　西	4.6	45.2
内蒙古	10.2	28.9
辽　宁	8.1	20.7
吉　林	7.3	25.6
黑龙江	18.6	26.9
上　海	0.4	6.5
江　苏	4.7	30.8
浙　江	3.7	38.3
安　徽	9.6	44.8
福　建	6.9	35.1
江　西	9.2	45.9
山　东	6.7	38.5
河　南	9.3	42.9
湖　北	9.9	32.9
湖　南	8.8	42.6
广　东	4.0	22.6
广　西	15.5	42.9
海　南	21.6	32.8
重　庆	6.6	33.7
四　川	11.5	42.1
贵　州	15.0	36.3
云　南	14.3	38.1
西　藏	9.4	39.3
陕　西	8.0	35.3
甘　肃	11.5	40.4
青　海	9.1	49.1
宁　夏	7.3	40.3
新　疆	14.3	26.3

2-5 各地区社会消费品零售额

(按当年价计算) 单位：亿元

地区	社会消费品零售额	#镇区零售额	#乡村零售额
全国	**366261.6**	**72257.7**	**51971.9**
北京	11575.4	826.4	286.9
天津	5729.7	957.1	220.9
河北	15907.6	4672.0	3583.3
山西	6918.1	1855.7	1274.5
内蒙古	7160.2	1366.7	705.6
辽宁	13807.2	1469.3	1394.4
吉林	7855.8	1203.0	812.0
黑龙江	9099.2	1307.6	1140.2
上海	11830.3	264.7	509.6
江苏	31737.4	6432.1	3352.1
浙江	24308.5	5176.7	4140.4
安徽	11192.6	2828.1	2183.2
福建	13013.0	3303.1	1268.0
江西	7448.1	2139.1	1280.8
山东	33649.0	6132.0	6834.6
河南	19666.8	4822.1	3622.3
湖北	17394.1	2938.4	2790.2
湖南	14854.9	4888.7	1443.4
广东	38200.1	3856.9	4776.3
广西	7813.0	2409.4	938.8
海南	1618.8	274.9	255.6
重庆	8067.7	2298.7	416.5
四川	17480.5	3918.5	3436.4
贵州	4154.0	742.8	765.5
云南	6423.1	1557.1	889.0
西藏	523.3	120.6	85.3
陕西	8236.4	1940.1	965.8
甘肃	3426.6	688.8	696.7
青海	839.0	300.9	110.9
宁夏	930.4	298.7	76.2
新疆	3044.6	517.6	283.9

2-6 2017年各地区城乡居民收入水平

单位：元/人

地区	农村居民 人均可支配收入	城镇居民 人均可支配收入	城乡居民收入水平对比 (农村居民=1)
全　国	**13432.4**	**36396.2**	**2.71**
北　京	24240.5	62406.3	2.57
天　津	21753.7	40277.5	1.85
河　北	12880.9	30547.8	2.37
山　西	10787.5	29131.8	2.70
内蒙古	12584.3	35670.0	2.83
辽　宁	13746.8	34993.4	2.55
吉　林	12950.4	28318.7	2.19
黑龙江	12664.8	27446.0	2.17
上　海	27825.0	62595.7	2.25
江　苏	19158.0	43621.8	2.28
浙　江	24955.8	51260.7	2.05
安　徽	12758.2	31640.3	2.48
福　建	16334.8	39001.4	2.39
江　西	13241.8	31198.1	2.36
山　东	15117.5	36789.4	2.43
河　南	12719.2	29557.9	2.32
湖　北	13812.1	31889.4	2.31
湖　南	12935.8	33947.9	2.62
广　东	15779.7	40975.1	2.60
广　西	11325.5	30502.1	2.69
海　南	12901.8	30817.4	2.39
重　庆	12637.9	32193.2	2.55
四　川	12226.9	30726.9	2.51
贵　州	8869.1	29079.8	3.28
云　南	9862.2	30995.9	3.14
西　藏	10330.2	30671.1	2.97
陕　西	10264.5	30810.3	3.00
甘　肃	8076.1	27763.4	3.44
青　海	9462.3	29168.9	3.08
宁　夏	10737.9	29472.3	2.74
新　疆	11045.3	30774.8	2.79

注：本表数据来源于国家统计局开展的全国住户收支与生活状况调查。

2-7 各地区城乡居民消费水平

单位：元/人

地　区	居民消费水平	城镇居民	农村居民	城乡居民消费水平对比（农村居民=1）
北　京	52912	57100	26132	2.2
天　津	38975	42067	23952	1.8
河　北	15893	20753	10149	2.0
山　西	18132	23345	11284	2.1
内蒙古	23909	29971	14184	2.1
辽　宁	24866	30342	13528	2.2
吉　林	15083	19552	9244	2.1
黑龙江	18859	24012	11352	2.1
上　海	53617	57507	25622	2.2
江　苏	39796	45865	26755	1.7
浙　江	33851	38730	23717	1.6
安　徽	17141	23888	9610	2.5
福　建	25969	30474	17885	1.7
江　西	17290	21815	12009	1.8
山　东	28353	34955	18530	1.9
河　南	17842	25593	10294	2.5
湖　北	21642	28121	12432	2.3
湖　南	19418	26244	11504	2.3
广　东	30762	37257	15943	2.3
广　西	16064	22970	9371	2.5
海　南	20939	27683	11848	2.3
重　庆	22927	30101	10527	2.9
四　川	17920	22983	12856	1.8
贵　州	16349	24230	9879	2.5
云　南	15831	23490	9123	2.6
西　藏	10990	20643	6676	3.1
陕　西	18485	25276	9819	2.6
甘　肃	14203	22344	7395	3.0
青　海	18020	23621	11868	2.0
宁　夏	21058	27887	11956	2.3
新　疆	16736	24230	9573	2.5

注：本表数据来源于国民经济核算资料，与城乡住户抽样调查数据的指标口径不同。

2-8 主要农产品供需情况

一、粮食

年 份	生产量（万吨）	进口量（万吨）	出口量（万吨）	城镇居民人均消费（千克/人）	农村居民人均消费（千克/人）
1980	32056	1343	162		257.2
1981	32502	1481	126	145.4	256.1
1982	35450	1612	125	144.6	260.0
1983	38728	1344	196	144.5	259.9
1984	40731	1045	357	142.1	266.5
1985	37911	600	932	134.8	257.5
1986	39151	773	942	137.9	259.3
1987	40298	1628	737	133.9	259.4
1988	39408	1533	717	137.2	259.5
1989	40755	1658	656	133.9	262.3
1990	44624	1372	583	130.7	262.1
1991	43529	1345	1086	127.9	255.6
1992	44266	1175	1364	111.5	250.5
1993	45649	752	1535	97.8	251.8
1994	44510	920	1346	101.7	257.6
1995	46662	2081	214	97.0	256.1
1996	50450	1200	144	94.7	256.2
1997	49417	705	859	88.6	250.7
1998	51230	708	906	86.7	248.9
1999	50839	772	758	84.9	247.5
2000	46218	1357	1400	82.3	250.2
2001	45264	1738	903	79.7	238.6
2002	45706	1417	1514	78.5	236.5
2003	43070	2283	2230	79.5	222.4
2004	46947	2298	514	78.2	218.3
2005	48402	3286	1141	77.0	208.9
2006	49804	3186	723	75.9	205.6
2007	50414	3237	1118	77.6	199.5
2008	53434	4131	379	58.5	199.1
2009	53941	5223	329	81.3	189.3
2010	55911	6695	275	81.5	181.4
2011	58849	6390	288	80.7	170.7
2012	61223	8025	277	78.8	164.3
2013	63048	8645	243	121.3	178.5
2014	63965	10042	211	117.2	167.6
2015	66060	12477	164	112.6	159.5
2016	66044	11468	190	111.9	157.2
2017	66161	13062	280	109.7	154.6

注：1.从2013年起，国家统计局开展了住户收支与生活状况抽样调查，本年鉴中的2013年及之后年份的城乡居民消费粮油糖数据来源于此调查，与2012年及以前的农村住户抽样调查的调查范围、调查方法、指标口径有所不同，后表同。

2.城乡居民人均粮食消费量为原粮，但城镇居民1980－2012年人均粮食消费量为加工粮。

2-8 续表 1

二、食用植物油

年份	生产量(万吨)	进口量(万吨)	出口量(万吨)	城镇居民人均消费(千克/人)	农村居民人均消费(千克/人)
1980	222		3.1		1.4
1981	292	4.4	6.3	4.8	1.9
1982	345	5.6	10.2	5.8	2.1
1983	360	3.5	15.6	6.5	2.2
1984	382	1.4	13.1	7.1	2.5
1985	401	3.5	16.2	5.8	2.6
1986	441	19.8	16.6	6.2	2.6
1987	478	51.1	5.6	6.5	3.1
1988	480	21.4	2.6	7.0	3.3
1989	496	105.6	6.2	6.2	3.3
1990	544	112.0	14.0	6.4	3.5
1991	644	61.0	9.9	6.9	3.9
1992	661	42.0	6.8	6.7	4.1
1993	965	24.0	13.6	7.1	4.1
1994	723	163.0	27.0	7.5	4.1
1995	1144	353.0	49.6	7.1	4.3
1996	947	264.0	47.3	7.1	4.5
1997	894	285.8	86.1	7.2	4.7
1998	602	205.5	30.9	7.6	4.6
1999	734	208.0	9.7	7.8	4.6
2000	835	179.0	11.2	8.2	5.5
2001	1383	165.0	13.4	8.1	7.0
2002	1531	319.0	9.8	8.5	7.5
2003	1584	541.0	6.0	9.2	6.3
2004	1235	676.0	6.5	9.3	5.3
2005	1612	621.0	22.5	9.3	6.0
2006	1986	671.0	39.9	9.4	5.8
2007	2319	838.0	16.6	9.6	6.0
2008	2419	817.1	24.9	10.3	6.2
2009	3280	816.0	11.4	9.7	5.4
2010	3916	687.0	9.2	8.8	5.5
2011	4332	657.0	12.2	9.3	6.6
2012	5176	845.0	10.0	9.1	6.9
2013	6219	810.0	11.5	10.5	9.3
2014	6534	650.0	13.4	10.6	9.0
2015	6734	676.0	13.5	10.7	9.2
2016	6908	553.0	11.4	10.6	9.3
2017	6072	577.0	20.0	10.3	9.2

注：本表生产量为规模以上企业产量的快报数据。

2-8 续表 2

三、棉花

年 份	生产量 (万吨)	进口量 (万吨)	出口量 (万吨)	全国人均产量 (千克/人)
1980	270.7	88.5	0.9	2.8
1981	296.8	80.1	0.1	3.0
1982	359.8	47.3	0.4	3.5
1983	463.7	23.0	5.8	4.4
1984	625.8	4.0	18.9	5.9
1985	414.7	…	34.7	3.9
1986	354.0	…	55.8	3.2
1987	424.5	0.6	75.5	3.8
1988	414.9	3.5	46.8	3.7
1989	378.8	51.9	27.2	3.3
1990	450.8	42.0	16.7	3.9
1991	567.5	37.0	20.0	4.8
1992	450.8	28.0	14.5	3.8
1993	373.9	1.0	15.0	3.1
1994	434.0	52.6	11.1	3.6
1995	476.8	74.0	2.2	3.9
1996	420.0	6.5	0.4	3.4
1997	460.3	78.3	0.1	3.7
1998	450.1	20.9	4.5	3.6
1999	382.9	5.0	23.6	3.1
2000	441.7	4.7	29.2	3.5
2001	532.4	6.0	5.2	4.2
2002	491.6	18.0	15.0	3.8
2003	486.0	87.0	11.2	3.8
2004	632.0	191.0	0.9	4.9
2005	571.4	257.0	0.5	4.4
2006	753.3	364.0	1.3	5.2
2007	759.7	246.0	2.1	5.8
2008	723.2	211.0	1.6	5.5
2009	623.6	153.0	0.8	4.7
2010	577.0	284.0	0.6	4.3
2011	651.9	336.0	2.6	4.8
2012	660.8	513.0	1.8	4.9
2013	628.2	415.0	0.7	4.6
2014	629.9	244.0	1.3	4.6
2015	590.7	147.0	2.9	4.3
2016	534.3	90.0	0.8	3.9
2017	565.3	116.0	1.7	4.1

2-8 续表 3

四、糖料

年 份	糖料生产量(万吨)	食糖进口量(万吨)	食糖出口量(万吨)	城镇居民人均食糖消费(千克/人)	农村居民人均食糖消费(千克/人)
1980	2911.2	91.2	30.1		1.1
1981	3602.8	102.9	12.5	2.9	1.1
1982	4359.4	217.7	6.7	2.8	1.2
1983	4103.3	190.0	6.0	2.8	1.3
1984	4780.3	123.0	5.2	2.9	1.3
1985	6046.8	191.0	18.4	2.5	1.5
1986	5852.5	118.0	26.6	2.6	1.6
1987	5550.3	183.0	45.2	2.5	1.7
1988	6187.4	371.0	24.8	2.6	1.4
1989	5803.8	158.0	43.0	2.4	1.5
1990	7214.5	113.0	57.0	2.1	1.5
1991	8418.7	101.0	34.3	1.8	1.4
1992	8808.0	110.0	167.0	1.9	1.5
1993	7624.2	45.0	185.0	1.8	1.4
1994	7346.0	155.2	94.7	1.9	1.3
1995	7940.0	295.0	48.0	1.7	1.3
1996	8360.0	125.0	66.5	1.7	1.4
1997	9380.0	78.3	37.9	1.6	1.4
1998	9790.4	50.8	43.6	1.8	1.4
1999	8334.1	42.0	36.7	1.8	1.5
2000	7635.3	64.1	41.5	1.7	1.3
2001	8655.1	120.0	19.6	1.7	1.4
2002	10293.0	118.3	32.6	—	1.6
2003	9642.0	78.0	10.3	—	1.2
2004	9528.0	121.0	8.5	—	1.1
2005	9451.9	139.0	35.8	—	1.1
2006	10460.0	137.0	15.4	—	1.1
2007	12082.4	119.0	11.1	—	1.1
2008	13006.0	78.0	6.2	—	1.1
2009	11746.9	106.0	6.4	—	1.1
2010	11303.4	177.0	9.4	—	1.0
2011	11663.1	292.0	5.9	—	1.0
2012	12451.8	375.0	4.7	—	1.2
2013	12555.0	455.0	4.8	1.3	1.2
2014	12088.7	349.0	4.6	1.3	1.3
2015	11215.2	485.0	7.5	1.3	1.3
2016	11176.0	306.0	14.9	1.3	1.4
2017	11378.8	229.0	15.8	1.3	1.4

农村基本情况与农业生产条件

3-1 全国乡村人口和乡村就业人员情况

单位：万人、%

年 份	乡村人口		乡村就业人员数(年末)		
	人口数	占总人口比重		第一产业	第一产业人员所占比重
1978	79014	82.1	30638	28318	92.4
1980	79565	80.6	31836	29122	91.5
1985	80757	76.3	37065	31130	84.0
1990	84138	73.6	47708	38914	81.6
1991	84620	73.1	48026	39098	81.4
1992	84996	72.5	48291	38699	80.1
1993	85344	72.0	48546	37680	77.6
1994	85681	71.5	48802	36628	75.1
1995	85947	71.0	49025	35530	72.5
1996	85085	69.5	49028	34820	71.0
1997	84177	68.1	49039	34840	71.0
1998	83153	66.7	49021	35177	71.8
1999	82038	65.2	48982	35768	73.0
2000	80837	63.8	48934	36043	73.7
2001	79563	62.3	48674	36399	74.8
2002	78241	60.9	48121	36640	76.1
2003	76851	59.5	47506	36204	76.2
2004	75705	58.2	46971	34830	74.2
2005	74544	57.0	46258	33442	72.3
2006	73160	55.7	45348	31941	70.4
2007	71496	54.1	44368	30731	69.3
2008	70399	53.0	43461	29923	68.9
2009	68938	51.7	42506	28890	68.0
2010	67113	50.1	41418	27931	67.4
2011	65656	48.7	40506	26594	65.7
2012	64222	47.4	39602	25773	65.1
2013	62961	46.3	38737	24171	62.4
2014	61866	45.2	37943	22790	60.1
2015	60346	43.9	37041	21919	59.2
2016	58793	42.5	36175	21496	59.4
2017	57661	41.5	35178	20944	59.5

注：1.本表人口1981年及以前数据为户籍统计数;1982、1990、2000、2010年人口数据为当年人口普查数据推算数；其余年份人口数据为在年度人口抽样调查基础上，根据人口普查数据修订数(下表同)。
2.本表全国乡村就业人员小计1990年及以后的数据为根据劳动力调查、人口普查的推算数，2001年及以后数据根据第六次人口普查重新修订，因此与相应年份的分地区、分登记注册类型、分行业资料的分项数据之和不一致(下表同)。
3.资料来源:《中国统计年鉴》。

3-2 各地区乡村人口和乡村就业人员

单位：万人、%

地 区	乡村人口		乡村就业人员数(年末)	
	人口数	占总人口比重		第一产业
全 国	**57661**	**41.5**	**35178**	**20944**
北 京	293	13.5		
天 津	266	17.1		
河 北	3383	45.0		
山 西	1579	42.7		
内蒙古	961	38.0		
辽 宁	1420	32.5		
吉 林	1178	43.4		
黑龙江	1538	40.6		
上 海	297	12.3		
江 苏	2508	31.2		
浙 江	1810	32.0		
安 徽	2909	46.5		
福 建	1377	35.2		
江 西	2098	45.4		
山 东	3944	39.4		
河 南	4764	49.8		
湖 北	2402	40.7		
湖 南	3113	45.4		
广 东	3367	30.2		
广 西	2481	50.8		
海 南	389	42.0		
重 庆	1105	35.9		
四 川	4085	49.2		
贵 州	1932	54.0		
云 南	2559	53.3		
西 藏	233	69.1		
陕 西	1657	43.2		
甘 肃	1408	53.6		
青 海	281	46.9		
宁 夏	287	42.0		
新 疆	1238	50.6		

注：本表人口数据根据2017年人口变动情况抽样调查数据推算。

3-3 农村居民家庭户主文化程度

指　标	单位	2013年	2014年	2015年	2016年	2017年
未上过学	%	4.7	4.4	3.8	3.3	3.2
小学程度	%	32.3	31.8	30.7	29.9	29.8
初中程度	%	51.0	51.5	53.1	54.6	54.7
高中程度	%	10.7	10.9	11.1	10.7	10.8
大学专科程度	%	1.2	1.2	1.2	1.2	1.3
大学本科及以上	%	0.2	0.2	0.2	0.2	0.2

注：本表数据来源于国家统计局住户收支与生活状况调查。

3－4　主要农业机械年末拥有量

年　份	农业机械总动力(亿瓦)	大中型拖拉机(台)	小　型拖拉机(万台)	大中型拖拉机配套农具(万部)	联　合收获机(台)
1957	12.1	14674			1789
1962	75.7	54938	0.1	19.2	5906
1965	109.9	72599	0.4	25.8	6704
1970	216.5	125498	7.8	34.6	8002
1975	747.9	344518	59.9	90.8	12551
1978	1175.0	557358	137.3	119.2	18987
1979	1337.9	666823	167.1	131.3	23026
1980	1474.6	744865	187.4	136.9	27045
1981	1568.0	792032	203.7	139.0	31268
1982	1661.4	812447	228.7	137.4	33904
1983	1802.2	840776	275.0	130.8	35728
1984	1949.7	853914	329.8	117.0	35861
1985	2091.3	852357	382.4	112.8	34573
1986	2295.0	866463	452.6	100.6	30945
1987	2483.6	880952	530.0	103.5	33802
1988	2657.5	870187	595.8	97.1	35004
1989	2806.7	848220	654.3	99.1	36582
1990	2870.8	813521	698.1	97.4	38719
1991	2938.9	784466	730.4	99.1	43996
1992	3030.8	758904	750.7	104.4	51075
1993	3181.7	721216	788.3	100.1	56304
1994	3380.3	693154	823.7	98.0	63918
1995	3611.8	671846	864.6	99.1	75351
1996	3854.7	670848	918.9	105.0	96378
1997	4201.6	689051	1048.5	115.7	141312
1998	4520.8	725215	1122.1	120.4	182629
1999	4899.6	784216	1200.3	132.0	226036
2000	5257.4	974547	1264.4	140.0	262578
2001	5517.2	829900	1305.1	146.9	282871
2002	5793.0	911670	1339.4	157.9	310147
2003	6038.7	980560	1377.7	169.8	365041
2004	6402.8	1118636	1454.9	188.7	410520
2005	6839.8	1395981	1526.9	226.2	480378
2006	7252.2	1718247	1567.9	261.5	565578
2007	7659.0	2062731	1619.1	308.3	633784
2008	8219.0	2995214	1722.4	435.4	743474
2009	8749.6	3515757	1750.9	542.1	858372
2010	9278.0	3921723	1785.8	612.9	992062
2011	9773.5	4406471	1811.3	699.0	1113708
2012	10255.9	4852400	1797.2	763.5	1278821
2013	10390.7	5270200	1752.3	826.6	1421000
2014	10805.7	5679500	1729.8	889.6	1584600
2015	11172.8	6072900	1703.0	962.0	1739000
2016	9724.6	6453546	1671.6	1028.1	1902008
2017	9878.3	6700800	1634.2	1070.0	1985400

注：1.自2000年起，大中型拖拉机、联合收获机统计口径变化，数字有调整。
2.自2008年起使用农业部农机化司统计数字，取消渔用机动船指标(以下表同)。

3-5 主要农业机械年末拥有量及增长情况

指　　标	单　位	1990年	1995年	2000年	2016年	2017年	2017年为2016年百分比(%)
一、农业机械总动力	**万千瓦**	**28707.7**	**36118.1**	**52573.6**	**97245.6**	**98783.3**	**101.6**
柴油发动机动力	万千瓦		24176.3	39140.0	75220.3	76420.4	101.6
汽油发动机动力	万千瓦		3433.9	3128.9	3640.7	3747.8	102.9
电动机动力	万千瓦		8443.7	10126.7	18299.7	18527.6	101.2
其他机械动力	万千瓦		64.2	89.9	84.9	87.5	103.1
二、主要农业机械与设备							
大中型拖拉机	万台	81.4	67.2	97.5	645.4	670.1	103.8
小型拖拉机	万台	698.1	864.6	1264.4	1671.6	1634.2	97.8
大中型拖拉机配套农具	万部	97.4	99.1	140.0	1028.1	1070.0	104.1
小型拖拉机配套农具	万部	648.8	958.0	1788.8	2994.0	2931.4	97.9
农用排灌电动机	万台	430.8	535.2	741.3	1313.9	1316.3	100.2
农用排灌柴油机	万台	411.1	491.2	688.1	940.8	930.2	98.9
联合收获机	万台	3.9	7.5	26.2	190.2	198.5	104.4
机动脱粒机	万台	493.3	605.9	876.2	1063.8	1041.0	97.9
机电井	万眼			435.8	487.2	496.0	101.8
节水灌溉类机械	万套	39.3	58.6	91.9	226.0	228.7	101.2
农用水泵	万台	723.9	903.5	1392.5	2241.3	2232.7	99.6

注：2013年以后机电井包含规模以下机电井，2013年以前不包括。

3-6 各地区主要农业机械年末拥有量

地区	农业机械总动力（万千瓦）		大中型拖拉机（万台）	
	2016年	2017年	2016年	2017年
全国	**97245.6**	**98783.3**	**645.4**	**670.1**
北京	144.5	133.5	0.7	0.7
天津	470.0	464.7	1.5	1.6
河北	7402.0	7580.6	29.9	31.5
山西	1744.3	1376.3	13.8	13.1
内蒙古	3331.1	3483.6	76.7	79.7
辽宁	2168.5	2215.1	24.3	25.1
吉林	3105.3	3284.7	56.0	58.4
黑龙江	5634.3	5813.8	101.6	106.1
上海	122.3	121.8	0.8	0.8
江苏	4906.6	4991.4	18.0	18.0
浙江	2136.7	2072.3	1.4	1.4
安徽	6867.5	6312.9	24.7	26.0
福建	1269.1	1232.4	0.5	0.5
江西	2201.6	2309.6	2.8	3.2
山东	9797.6	10144.0	57.2	60.4
河南	9855.0	10038.3	43.3	45.9
湖北	4187.8	4335.1	18.2	19.0
湖南	6097.5	6254.8	13.6	14.1
广东	2390.5	2410.8	3.0	3.0
广西	3527.3	3658.3	4.8	5.2
海南	516.6	569.8	4.2	3.5
重庆	1318.7	1352.6	0.5	0.5
四川	4267.3	4420.3	13.5	13.4
贵州	2041.1	2181.4	4.2	4.2
云南	3440.6	3534.5	32.1	32.1
西藏	635.1	523.1	12.2	12.9
陕西	2171.9	2242.5	11.8	12.4
甘肃	1903.9	2018.6	17.5	18.9
青海	458.6	462.4	1.8	1.8
宁夏	580.5	605.4	5.7	6.1
新疆	2552.2	2638.8	49.2	50.9

3-6 续表 1

地　区	大中型拖拉机配套农具（万部）		小型拖拉机（万台）	
	2016年	2017年	2016年	2017年
全　国	**1028.1**	**1070.0**	**1671.6**	**1634.2**
北　京	1.0	0.9	0.1	0.1
天　津	3.2	3.3	0.2	0.2
河　北	53.8	59.8	131.8	129.0
山　西	27.2	25.5	35.4	24.2
内蒙古	124.2	135.1	36.7	35.6
辽　宁	32.3	33.6	32.8	32.0
吉　林	90.0	92.0	63.0	61.8
黑龙江	144.4	145.0	57.0	54.4
上　海	2.1	2.2	0.3	0.2
江　苏	33.7	35.3	76.1	71.2
浙　江	2.2	2.4	11.7	10.9
安　徽	57.0	59.7	209.5	207.2
福　建	0.6	0.6	9.8	9.2
江　西	3.4	3.8	35.2	36.2
山　东	107.9	110.3	189.2	187.6
河　南	100.7	105.2	329.5	317.5
湖　北	39.5	40.6	114.7	115.1
湖　南	6.4	7.0	25.5	29.0
广　东	4.6	4.7	32.8	32.0
广　西	7.4	7.6	50.7	51.2
海　南	1.7	1.6	5.6	6.5
重　庆	0.3	0.4	0.9	0.9
四　川	6.5	6.9	10.1	9.7
贵　州	1.6	1.7	10.3	11.3
云　南	6.5	6.8	37.4	37.5
西　藏	13.0	13.5	13.4	13.7
陕　西	21.3	22.4	21.7	21.4
甘　肃	38.5	41.7	62.9	63.0
青　海	1.8	1.9	25.8	25.2
宁　夏	9.5	10.0	15.6	15.5
新　疆	85.8	88.7	26.1	25.3

3-6 续表 2

地 区	小型拖拉机配套农具（万部）		农用排灌电动机（万台）	
	2016年	2017年	2016年	2017年
全 国	**2994.0**	**2931.4**	**1313.9**	**1316.3**
北 京	0.2	0.3	3.4	3.2
天 津	1.5	1.4	6.4	6.3
河 北	173.4	168.8	152.9	147.4
山 西	51.4	28.1	14.5	9.6
内蒙古	84.6	84.0	18.5	19.0
辽 宁	48.4	47.3	78.4	78.6
吉 林	188.7	186.1	20.1	20.2
黑龙江	111.1	108.6	15.0	15.0
上 海	0.2	0.2	1.4	1.7
江 苏	131.9	124.8	43.2	43.6
浙 江	13.4	12.5	82.1	80.6
安 徽	490.8	485.4	121.8	122.7
福 建	13.7	13.9	7.2	7.2
江 西	34.1	34.9	24.3	24.8
山 东	324.5	320.6	125.6	125.1
河 南	641.5	628.7	113.5	113.3
湖 北	223.4	223.1	76.0	76.5
湖 南	12.4	12.5	114.0	113.5
广 东	37.2	36.4	37.7	38.4
广 西	71.2	69.4	31.7	33.2
海 南	6.3	6.7	6.1	6.0
重 庆	0.4	0.4	77.5	80.9
四 川	10.8	10.7	40.2	43.8
贵 州	2.9	2.9	29.7	32.7
云 南	36.0	35.7	15.1	15.7
西 藏	8.2	8.9	0.1	0.1
陕 西	30.6	31.2	34.1	33.9
甘 肃	137.0	139.0	13.8	13.8
青 海	27.3	28.7	0.2	0.2
宁 夏	23.2	23.1	2.7	2.7
新 疆	57.9	57.2	6.9	6.9

3-6 续表 3 单位：万台

地 区	农用排灌柴油机		农用水泵		联合收获机	
	2016年	2017年	2016年	2017年	2016年	2017年
全 国	**940.8**	**930.2**	**2241.3**	**2232.7**	**190.2**	**198.5**
北 京	0.2	0.2	3.1	2.9	0.2	0.1
天 津	3.7	3.7	8.6	8.5	0.6	0.6
河 北	88.5	75.4	164.8	164.7	14.7	15.6
山 西	2.6	1.7	15.2	9.6	3.7	2.8
内蒙古	21.9	21.7	39.3	42.6	3.3	3.5
辽 宁	22.6	22.7	117.5	118.4	2.7	2.9
吉 林	26.7	26.5	59.7	60.3	7.3	8.3
黑龙江	25.1	24.6	48.1	48.0	13.0	14.1
上 海			1.4	1.6	0.3	0.2
江 苏	17.8	17.8	67.6	67.5	17.0	17.5
浙 江	8.4	8.2	82.4	81.3	1.8	1.8
安 徽	39.3	39.6	180.7	180.7	19.6	20.6
福 建	10.1	10.1	19.7	19.6	0.9	1.0
江 西	35.6	36.2	45.3	46.0	7.4	7.9
山 东	179.7	179.0	291.6	294.9	29.1	30.5
河 南	52.6	52.0	219.7	215.3	26.6	27.8
湖 北	26.0	25.5	111.0	111.4	9.6	9.9
湖 南	134.9	134.8	232.8	227.7	12.5	12.8
广 东	45.2	44.9	81.6	82.1	2.7	2.8
广 西	54.1	56.1	92.7	94.0	3.3	3.4
海 南	18.7	21.5	16.3	16.0	0.8	0.5
重 庆	15.9	15.1	101.5	95.0	1.0	1.1
四 川	52.4	53.9	91.7	92.0	3.5	3.6
贵 州	24.6	25.3	57.9	60.7	0.3	0.3
云 南	22.8	23.3	32.4	34.1	0.8	0.8
西 藏	0.8	0.8	0.6	0.6	0.4	0.5
陕 西	6.0	5.0	33.9	33.6	4.3	4.3
甘 肃	2.8	2.8	13.1	12.4	1.0	1.0
青 海	0.1	0.1	0.2	0.2	0.3	0.3
宁 夏	0.5	0.5	3.6	3.6	0.9	0.9
新 疆	1.3	1.3	7.5	7.5	1.1	1.2

3-6 续表 4

地区	机动脱粒机(万部)		节水灌溉类机械(万套)	
	2016年	2017年	2016年	2017年
全国	**1063.8**	**1041.0**	**226.0**	**228.7**
北京	0.4	0.4	1.2	1.5
天津	2.0	2.0	0.3	0.2
河北	19.3	16.8	5.7	6.0
山西	8.6	5.1	1.6	1.2
内蒙古	11.9	12.6	7.4	7.7
辽宁	14.6	14.2	13.2	13.0
吉林	17.0	16.1	4.1	4.1
黑龙江	17.3	16.3	3.9	4.0
上海	0.0	0.0	0.8	0.8
江苏	8.9	8.3	7.5	7.0
浙江	36.3	25.4	2.9	2.9
安徽	33.2	33.3	20.7	21.0
福建	10.0	9.7	2.3	2.4
江西	28.8	28.7	13.3	13.4
山东	39.1	39.5	52.4	52.7
河南	54.1	52.7	21.8	21.9
湖北	37.8	37.0	12.2	12.0
湖南	126.1	119.4	5.0	5.0
广东	54.5	54.7	13.8	14.7
广西	96.4	97.5	13.5	13.9
海南	4.5	4.7	0.8	0.8
重庆	75.5	71.2	0.2	0.2
四川	173.1	169.7	2.6	2.7
贵州	58.9	65.9	2.3	2.5
云南	41.9	45.4	3.4	3.6
西藏	5.6	5.6		
陕西	48.9	48.9	4.5	4.4
甘肃	27.2	28.1	2.0	2.1
青海	4.4	4.4	0.1	0.1
宁夏	2.0	2.0	0.7	0.8
新疆	5.6	5.6	6.1	6.4

3-6 续表 5

单位：千公顷

地 区	机耕面积		机播面积		机收面积	
	2016年	2017年	2016年	2017年	2016年	2017年
全 国	**121017.7**	**122704.0**	**87917.8**	**90045.7**	**91722.4**	**94900.5**
北 京	10.8	11.0	81.4	59.4	72.7	51.4
天 津	324.5	323.7	388.6	377.7	400.1	349.6
河 北	5473.0	5484.5	6669.4	6825.2	5397.3	5534.1
山 西	2715.5	2733.2	2606.4	2617.0	1828.7	1854.6
内蒙古	6102.4	6061.1	6836.8	7069.2	5113.9	5272.3
辽 宁	3809.1	3839.1	3468.9	3487.0	2261.3	2422.2
吉 林	5027.0	5036.1	5230.3	5491.8	3891.3	4355.5
黑龙江	14538.4	14251.2	14341.4	14166.3	13291.0	13570.8
上 海	295.7	280.7	73.4	77.1	138.3	118.2
江 苏	5939.6	5829.0	4663.1	4640.0	5199.9	5108.0
浙 江	1407.4	1406.7	260.2	317.5	870.0	844.6
安 徽	7600.5	7591.3	5215.6	5505.3	6582.9	6700.3
福 建	1133.8	1072.4	152.7	159.7	443.0	500.1
江 西	4043.8	4306.1	1119.0	1319.6	3550.2	3725.1
山 东	6140.1	6133.6	8312.2	8204.5	7807.4	7872.0
河 南	9262.8	9210.7	10691.7	10739.1	10277.2	10471.7
湖 北	5938.4	5929.3	2493.9	2685.6	4196.4	4360.0
湖 南	6256.0	6406.9	1473.0	1745.1	4416.9	4698.4
广 东	3969.2	4014.1	315.8	342.2	1773.3	1797.5
广 西	4931.6	5129.4	984.7	1162.4	2465.8	2718.7
海 南	501.0	400.5	8.2	5.9	255.0	221.6
重 庆	2167.3	2173.2	163.2	203.2	475.7	577.8
四 川	5081.0	5319.3	1029.1	1365.6	2322.3	2626.4
贵 州	2267.9	3034.1	75.1	118.4	375.1	469.7
云 南	2815.8	2903.6	176.5	219.5	534.9	624.4
西 藏	154.9	157.6	129.4	135.4	110.2	117.2
陕 西	2774.3	2780.9	2075.8	2054.0	1832.8	1876.2
甘 肃	2763.1	3327.6	1695.0	1824.7	1233.4	1364.9
青 海	401.5	411.6	299.4	299.3	232.9	238.8
宁 夏	908.2	946.3	717.3	736.2	588.5	622.1
新 疆	6262.8	6199.3	6170.4	6091.9	3784.1	3836.4

3-7 农村电力、灌溉面积、化肥施用量情况

年 份	乡村(农村)办水电站		农村用电量	耕地灌溉面积	化肥施用量
	个 数 (个)	装机容量 (万千瓦)	(亿千瓦时)	(千公顷)	(万吨)
1952	98	0.8	0.5	19959.0	7.8
1957	544	2.0	1.4	27339.0	37.3
1962	7436	25.2	16.1	30545.0	63.0
1965			37.1		194.2
1978	82387	228.4	253.1	44965.0	884.0
1979	83224	276.3	282.7	45003.1	1086.3
1980	80319	304.1	320.8	44888.1	1269.4
1981	74017	336.0	369.9	44573.8	1334.9
1982	66256	353.0	396.9	44176.9	1513.4
1983	62328	346.3	435.2	44644.1	1659.8
1984	60062	361.5	464.0	44453.0	1739.8
1985	55754	380.2	508.9	44035.9	1775.8
1986	54136	387.9	586.7	44225.8	1930.6
1987	51978	394.1	658.8	44403.0	1999.3
1988	51558	461.1	712.0	44375.9	2141.5
1989	50862	416.8	790.5	44917.2	2357.1
1990	52387	428.8	844.5	47403.1	2590.3
1991	49644	456.9	963.2	47822.1	2805.1
1992	48082	478.7	1107.1	48590.1	2930.2
1993	45153	481.9	1244.9	48727.9	3151.9
1994	48722	503.6	1473.9	48759.1	3317.9
1995	40699	519.5	1655.7	49281.6	3593.7
1996	37743	533.7	1812.7	50381.6	3827.9
1997	36117	562.5	1980.1	51238.5	3980.7
1998	33185	634.8	2042.2	52295.6	4083.7
1999	31678	664.1	2173.4	53158.4	4124.3
2000	29962	698.5	2421.3	53820.3	4146.4
2001	29183	896.6	2610.8	54249.4	4253.8
2002	27633	812.2	2993.4	54354.9	4339.4
2003	26696	862.3	3432.9	54014.2	4411.6
2004	27115	993.8	3933.0	54478.4	4636.6
2005	26726	1099.2	4375.7	55029.3	4766.2
2006	27493	1243.0	4895.8	55750.5	4927.7
2007	27664	1366.6	5509.9	56518.3	5107.8
2008	44433	5127.4	5713.2	58471.7	5239.0
2009	44804	5512.1	6104.4	59261.4	5404.4
2010	45815	5924.0	6632.3	60347.7	5561.7
2011	45151	6212.3	7139.6	61681.6	5704.2
2012	45799	6568.6	8104.9	62490.5	5838.8
2013	46849	7118.6	8549.5	63473.3	5911.9
2014	47073	7322.1	8884.4	64539.5	5996.4
2015	47340	7583.0	9026.9	65872.6	6022.6
2016	47529	7791.1	9238.3	67140.6	5984.1
2017	47498	7927.0	9524.4	67815.6	5859.4

注：2008年起乡村办水电站统计口径变更为农村水电。农村水电是指装机容量5万千瓦及以下水电站和配套电网(以下表同)。

3-8 农村电力和农田水利建设情况

指　　标	单 位	1990年	1995年	2000年	2016年	2017年	2017年为2016年百分比(%)
一、乡村办水电站	**个**	**52387**	**40699**	**29962**	**47529**	**47498**	**99.9**
装机容量	万千瓦	428.8	519.5	698.5	7791.1	7927.0	101.7
发电量	亿千瓦时		134.1	205.0	2682.2	2477.2	92.4
二、农村用电量	**亿千瓦时**	**844.5**	**1655.7**	**2421.3**	**9238.3**	**9524.4**	**103.1**
三、农田水利建设情况							
耕地灌溉面积	千公顷	47403.1	49281.2	53820.3	67140.6	67815.6	101.0

注：2008年起乡村办水电站统计口径变更为农村水电，统计口径与往年不可比。

3-9 农用化肥、农膜、柴油和农药使用量

指　　标	单 位	1990年	1995年	2000年	2016年	2017年	2017年为2016年百分比(%)
一、化肥施用量(折纯量)	**万吨**	**2590.3**	**3593.7**	**4146.4**	**5984.1**	**5859.4**	**97.9**
氮　肥	万吨	1638.4	2021.9	2161.5	2310.5	2221.8	96.2
磷　肥	万吨	462.4	632.4	690.5	830.0	797.6	96.1
钾　肥	万吨	147.9	268.5	376.5	636.9	619.7	97.3
复合肥	万吨	341.6	670.8	917.9	2207.1	2220.3	100.6
二、农用塑料薄膜使用量	**万吨**	**48.2**	**91.5**	**133.5**	**260.3**	**252.8**	**97.1**
#地膜使用量	万吨		47.0	72.2	147.0	143.7	97.7
地膜覆盖面积	千公顷		6493.0	10624.8	18401.2	18657.2	101.4
三、农用柴油使用量	**万吨**		**1087.8**	**1405.0**	**2117.1**	**2095.1**	**99.0**
四、农药使用量	**万吨**	**73.3**	**108.7**	**128.0**	**174.0**	**165.5**	**95.1**

3-10　各地区农村电力和农田水利建设情况

地　区	乡村办水电站(个)		装机容量(万千瓦)		发 电 量(万千瓦时)		农村用电量(亿千瓦时)	
	2016年	2017年	2016年	2017年	2016年	2017年	2016年	2017年
全　国	**47529**	**47498**	**7791.1**	**7927.0**	**26821937**	**24772495**	**9238.3**	**9524.4**
北　京	72	72	4.3	4.3	2417	2430	54.7	61.5
天　津	1	1	0.6	0.6	1556	333	92.2	40.3
河　北	250	250	39.6	39.6	48227	61054	600.8	615.2
山　西	150	149	19.6	19.9	40244	39129	97.5	99.3
内蒙古	40	40	9.5	9.5	19731	19632	71.1	78.9
辽　宁	188	188	44.4	44.4	88783	69017	489.8	528.0
吉　林	261	261	58.6	58.9	188684	160373	51.1	53.0
黑龙江	85	86	35.8	37.3	87369	88602	77.5	79.8
上　海							983.2	1013.2
江　苏	29	29	4.0	4.0	6110	9619	1869.3	1888.0
浙　江	3193	3179	397.8	405.5	1222584	850917	926.1	976.7
安　徽	844	826	111.4	111.4	296465	255110	161.6	171.3
福　建	6554	6522	740.6	741.7	3512294	2330107	384.4	388.4
江　西	3950	3955	335.9	340.3	1204507	966182	104.6	108.5
山　东	129	127	9.0	8.9	633	6096	488.8	488.5
河　南	530	531	49.3	50.4	89763	107048	317.2	328.8
湖　北	1749	1724	368.5	380.7	1009238	1191820	152.9	156.6
湖　南	4524	4512	628.5	635.8	2160128	1945672	126.7	128.6
广　东	9837	9847	754.9	759.7	2901420	2061747	1334.8	1414.8
广　西	2411	2420	453.3	459.4	1434723	1427558	95.4	103.5
海　南	341	346	43.7	45.7	113975	141428	13.9	15.5
重　庆	1548	1554	254.7	267.2	727992	792445	78.7	80.2
四　川	4987	4982	1162.2	1179.2	4132790	4260817	183.1	188.4
贵　州	1509	1517	337.1	347.6	1046676	1022253	85.3	95.1
云　南	1970	1985	1175.8	1198.5	4078090	4296614	95.3	102.3
西　藏	372	375	36.5	36.9	85050	85774	1.2	1.3
陕　西	690	693	144.9	149.6	342794	396179	118.7	130.8
甘　肃	688	689	260.5	262.7	886317	975145	54.2	55.9
青　海	250	251	108.3	109.7	416327	480702	5.9	6.4
宁　夏	3	3	0.6	0.6	620	710	14.2	14.6
新　疆	370	380	189.1	204.9	648041	689081	108.2	111.1
水利部属	4	4	12.1	12.2	28389	38901		

3-10 续表

单位：千公顷

地区	耕地灌溉面积					
	2016年	2017年				
			实际耕地灌溉面积	新增耕地灌溉面积	节水灌溉面积	新增节水灌溉面积
全　国	**67140.6**	**67815.6**	**58553.2**	**1070.3**	**34319.0**	**2099.9**
北　京	128.5	115.5	98.8	2.4	200.7	16.8
天　津	306.6	306.6	277.6		235.4	9.8
河　北	4457.6	4474.7	3781.4	33.4	3415.7	158.7
山　西	1487.3	1511.2	1500.3	33.0	811.0	44.6
内蒙古	3131.5	3174.8	2613.4	52.3	2800.4	170.9
辽　宁	1573.0	1610.6	1404.3	46.5	929.6	58.9
吉　林	1832.2	1893.1	1397.8	82.3	758.8	70.2
黑龙江	5932.7	6031.0	5062.7	201.0	2086.6	83.5
上　海	189.8	190.8	190.8	1.1	146.1	1.4
江　苏	4054.1	4131.9	3869.2	64.5	2637.5	175.4
浙　江	1446.3	1444.7	1347.4	20.9	1099.6	32.7
安　徽	4437.5	4504.1	3613.6	72.0	976.0	33.7
福　建	1055.4	1064.8	884.5	10.7	657.9	53.9
江　西	2036.8	2039.4	1734.3	16.4	544.7	19.7
山　东	5161.2	5191.1	4789.1	50.1	3213.2	249.4
河　南	5242.9	5273.6	4538.0	62.6	1893.3	152.0
湖　北	2905.6	2919.2	2473.6	16.5	444.0	36.4
湖　南	3132.4	3145.9	2474.2	15.3	395.4	37.7
广　东	1771.7	1774.6	1632.4	2.9	326.2	24.7
广　西	1646.1	1669.9	1439.2	34.0	1067.9	82.7
海　南	290.0	289.3	212.2	2.8	89.0	3.6
重　庆	690.6	694.3	423.8	5.4	233.3	16.6
四　川	2813.6	2873.1	2325.5	67.5	1702.6	64.7
贵　州	1088.1	1114.1	941.1	32.7	332.8	11.2
云　南	1809.4	1851.4	1598.6	58.9	868.0	84.4
西　藏	251.5	261.2	252.9	13.5	30.3	4.1
陕　西	1251.4	1263.1	1039.1	31.2	931.5	55.7
甘　肃	1317.5	1331.4	1182.3	15.4	1020.9	71.4
青　海	202.4	206.6	183.0	6.1	115.3	11.6
宁　夏	515.2	511.5	464.3	8.0	359.2	28.0
新　疆	4982.0	4952.3	4807.9	10.9	3996.2	235.7

3-11 各地区农用化肥施用量

(按折纯法计算)　　单位：万吨

地　区	农用化肥施用量		1. 氮肥		2. 磷肥	
	2016年	2017年	2016年	2017年	2016年	2017年
全　国	**5984.1**	**5859.4**	**2310.5**	**2221.8**	**830.0**	**797.6**
北　京	9.7	8.5	4.4	3.8	0.5	0.5
天　津	21.4	18.0	9.0	6.6	2.9	2.3
河　北	331.8	322.0	145.0	140.3	45.2	43.7
山　西	117.1	112.0	31.6	28.2	14.8	13.1
内蒙古	234.6	235.0	98.4	94.9	42.9	43.5
辽　宁	148.1	145.5	60.5	56.9	10.8	10.0
吉　林	233.6	231.0	66.9	63.3	6.9	6.5
黑龙江	252.8	251.2	87.1	85.5	50.7	52.6
上　海	9.2	8.9	4.6	4.3	0.6	0.6
江　苏	312.5	303.9	158.2	151.4	40.9	36.8
浙　江	84.5	82.6	44.2	42.9	9.7	9.3
安　徽	327.0	318.7	104.9	100.7	32.1	32.4
福　建	123.8	116.3	47.5	44.4	17.7	16.5
江　西	142.0	135.0	41.2	38.1	22.1	20.5
山　东	456.5	440.0	146.0	139.2	47.1	45.2
河　南	715.0	706.7	228.3	220.0	113.8	108.1
湖　北	328.0	317.9	134.0	128.2	59.1	54.6
湖　南	246.4	245.3	100.4	97.9	26.6	26.0
广　东	261.0	258.3	104.8	103.6	25.0	24.8
广　西	262.1	263.8	74.9	76.0	31.1	31.0
海　南	50.6	51.4	15.5	15.6	3.3	3.4
重　庆	96.2	95.5	48.4	47.2	17.4	16.9
四　川	249.0	242.0	121.9	117.0	48.9	47.1
贵　州	103.7	95.7	50.9	46.5	12.3	11.5
云　南	235.6	231.9	115.5	112.9	35.0	34.7
西　藏	5.9	5.5	1.9	1.8	1.2	1.0
陕　西	233.1	232.1	92.2	90.0	19.1	18.6
甘　肃	93.4	84.5	38.6	34.1	18.3	15.6
青　海	8.8	8.7	3.6	3.5	1.5	1.5
宁　夏	40.7	40.8	17.4	17.4	4.4	4.3
新　疆	250.2	250.7	112.6	109.6	68.2	64.9

3-11 续表 单位：万吨

地区	3. 钾肥		4. 复合肥	
	2016年	2017年	2016年	2017年
全 国	**636.9**	**619.7**	**2207.1**	**2220.3**
北 京	0.5	0.4	4.2	3.8
天 津	1.5	1.5	8.3	7.6
河 北	27.7	26.8	113.9	111.2
山 西	10.4	9.7	60.3	61.0
内蒙古	19.1	19.5	74.2	77.1
辽 宁	11.6	11.7	65.2	66.8
吉 林	15.2	15.1	144.6	146.1
黑龙江	36.4	35.6	78.6	77.6
上 海	0.4	0.4	3.5	3.6
江 苏	18.9	18.2	94.6	97.5
浙 江	6.6	6.6	24.0	23.8
安 徽	30.7	29.7	159.3	155.9
福 建	24.8	23.0	33.8	32.5
江 西	21.2	20.3	57.4	56.0
山 东	39.6	38.3	223.7	217.2
河 南	63.3	58.3	309.6	320.3
湖 北	30.7	30.1	104.3	105.0
湖 南	43.1	42.0	76.3	79.3
广 东	51.1	50.7	80.1	79.2
广 西	59.0	58.4	97.2	98.3
海 南	8.8	9.0	23.0	23.4
重 庆	5.4	5.5	25.0	25.8
四 川	17.9	17.6	60.2	60.2
贵 州	10.1	9.2	30.4	28.4
云 南	26.2	26.2	58.9	58.1
西 藏	0.5	0.3	2.3	2.3
陕 西	24.7	24.3	97.1	99.2
甘 肃	8.4	7.6	28.2	27.2
青 海	0.2	0.2	3.5	3.5
宁 夏	2.7	2.8	16.2	16.3
新 疆	20.1	20.4	49.3	55.8

3-12 各地区农用塑料薄膜使用量

地区	农用塑料薄膜使用量(吨)		地膜使用量(吨)		地膜覆盖面积(公顷)	
	2016年	2017年	2016年	2017年	2016年	2017年
全国	**2602609**	**2528365**	**1470110**	**1436606**	**18401203**	**18657169**
北京	9867	8973	2605	2342	13440	11620
天津	11644	10906	3942	3751	53740	53711
河北	138434	128100	65123	61564	1065312	1000371
山西	48922	49998	32641	31734	587904	588132
内蒙古	95631	94306	73527	77593	1279544	1333222
辽宁	137273	124791	38114	37906	324903	310755
吉林	59565	60752	28423	29874	179668	192955
黑龙江	82575	79770	32536	31185	306686	284710
上海	17062	15664	4536	3800	18152	16551
江苏	113941	115085	45481	44986	610513	601693
浙江	67300	67891	29082	28945	157962	157958
安徽	96966	97601	42728	43089	428897	427543
福建	62424	62415	31547	31882	139880	140238
江西	52757	53509	32724	33198	132260	133656
山东	297961	287098	121014	114244	2091689	1989055
河南	163149	157298	76081	73023	1019290	984362
湖北	67306	65876	38018	37585	405930	404130
湖南	84679	85209	56630	56594	726204	724379
广东	45505	45867	26166	26708	134642	139083
广西	48445	47693	36953	36300	566702	574517
海南	26704	27642	15057	16643	46174	48735
重庆	45265	45479	24520	24642	255292	256632
四川	132384	130993	92191	90949	1007757	996719
贵州	51053	51138	30758	31901	312434	320498
云南	115926	120150	92302	96235	1046414	1065242
西藏	1784	1870	1510	1478	5003	3175
陕西	43717	43954	22313	22322	437530	436924
甘肃	195092	172188	126954	108388	1372748	1388762
青海	7944	8416	6410	6699	72981	76380
宁夏	15137	15087	11521	11580	196305	199574
新疆	266198	252646	228703	219467	3405247	3795886

3-13 各地区农用柴油和农药使用量

地区	农用柴油使用量(万吨)		农药使用量(吨)	
	2016年	2017年	2016年	2017年
全国	**2117.1**	**2095.1**	**1740459**	**1655066**
北京	2.5	2.2	3031	2726
天津	14.9	14.0	3307	2353
河北	218.7	224.6	81691	77623
山西	29.2	28.5	30550	28831
内蒙古	81.0	73.6	32339	35618
辽宁	70.7	69.3	56264	57474
吉林	67.0	67.6	58523	56294
黑龙江	145.5	146.8	82474	83218
上海	13.7	14.5	3913	3523
江苏	108.7	109.0	76184	73167
浙江	203.2	201.6	49482	46303
安徽	75.7	75.5	105704	99394
福建	86.3	83.6	55387	52167
江西	27.8	29.6	92188	87737
山东	162.5	157.7	148640	140670
河南	112.4	108.8	127107	120713
湖北	65.9	66.3	117401	109588
湖南	43.7	44.2	118661	116023
广东	79.9	77.7	113652	112958
广西	63.6	56.8	85694	72495
海南	19.9	16.2	34028	33408
重庆	21.6	21.7	17604	17467
四川	46.9	46.7	58038	55751
贵州	11.2	11.4	13677	13399
云南	84.8	85.9	58601	57675
西藏	6.2	5.6	1091	1076
陕西	92.8	93.4	13190	13335
甘肃	44.2	45.5	69915	51995
青海	6.4	6.4	1939	1875
宁夏	22.5	22.0	2587	2540
新疆	87.8	88.3	27596	27670

3-14 2017年各地区农用地情况

单位：千公顷

地 区	农用地数量	耕 地	园 地	林 地	草 地	其 他
全 国	**644863.6**	**134881.2**	**14214.2**	**252801.9**	**219320.3**	**23646.0**
北 京	1146.7	213.7	132.8	744.5	0.2	55.5
天 津	692.1	436.8	29.6	54.7	0.0	171.0
河 北	13064.4	6518.9	832.3	4596.4	401.0	715.9
山 西	10026.2	4056.3	405.8	4854.6	33.7	675.9
内蒙古	82880.6	9270.8	56.4	23221.9	49507.0	824.5
辽 宁	11533.1	4971.6	467.8	5614.6	3.2	475.9
吉 林	16592.6	6986.7	65.8	8852.0	236.0	452.1
黑龙江	39912.7	15845.7	44.6	21820.1	1094.9	1107.4
上 海	313.4	191.6	16.5	46.0	0.0	59.3
江 苏	6470.4	4573.3	297.2	256.2	0.1	1343.6
浙 江	8588.9	1977.0	574.3	5637.8	0.3	399.5
安 徽	11121.9	5866.8	346.5	3735.5	0.5	1172.7
福 建	10862.4	1336.9	766.5	8327.6	0.3	431.1
江 西	14411.5	3086.0	320.7	10311.0	0.7	693.2
山 东	11486.1	7589.8	714.3	1477.6	5.8	1698.6
河 南	12655.7	8112.3	213.3	3445.8	0.3	884.0
湖 北	15729.6	5235.9	480.2	8589.9	2.0	1421.5
湖 南	18166.6	4151.0	653.1	12199.3	13.6	1149.6
广 东	14916.5	2599.7	1260.7	10017.9	3.1	1035.2
广 西	19526.8	4387.5	1080.5	13299.4	5.2	754.2
海 南	2967.4	722.4	917.0	1199.2	19.2	109.5
重 庆	7056.8	2369.8	270.9	3868.5	45.5	502.2
四 川	42133.2	6725.2	726.9	22147.8	10956.6	1576.7
贵 州	14725.9	4518.8	162.1	8926.1	72.2	1046.7
云 南	32927.9	6213.3	1628.2	23006.2	147.0	1933.1
西 藏	87230.2	444.0	1.5	16024.2	70683.0	77.6
陕 西	18562.6	3982.9	816.4	11166.8	2169.4	427.2
甘 肃	18547.9	5377.0	255.8	6096.3	5918.6	900.3
青 海	45088.0	590.1	6.0	3539.6	40794.6	157.6
宁 夏	3806.9	1289.9	50.0	766.2	1491.7	209.0
新 疆	51718.7	5239.6	620.7	8958.3	35714.8	1185.4

注：本表数据来源于自然资源部。

3-15 2017年各地区耕地面积构成

单位：%

地 区	耕地	水田	水浇地	旱地
全 国	**100.0**	**24.6**	**21.0**	**54.4**
北 京	100.0	0.9	75.7	23.5
天 津	100.0	3.7	77.3	19.0
河 北	100.0	1.4	62.8	35.7
山 西	100.0	0.0	26.3	73.7
内蒙古	100.0	0.9	31.5	67.6
辽 宁	100.0	13.5	3.5	83.0
吉 林	100.0	11.9	0.8	87.3
黑龙江	100.0	20.1	0.2	79.7
上 海	100.0	71.4	25.7	2.9
江 苏	100.0	58.9	10.2	30.9
浙 江	100.0	75.0		25.0
安 徽	100.0	48.9	4.0	47.0
福 建	100.0	82.9	3.2	13.9
江 西	100.0	80.1	0.5	19.3
山 东	100.0	1.3	67.7	31.0
河 南	100.0	9.3	56.1	34.6
湖 北	100.0	50.6	9.2	40.2
湖 南	100.0	78.6	0.1	21.3
广 东	100.0	63.4	4.4	32.2
广 西	100.0	44.5	0.1	55.4
海 南	100.0	53.6	0.1	46.3
重 庆	100.0	40.4	0.0	59.5
四 川	100.0	41.0	1.7	57.3
贵 州	100.0	27.2	0.2	72.5
云 南	100.0	22.9	2.2	74.9
西 藏	100.0	9.4	60.2	30.4
陕 西	100.0	3.9	26.3	69.7
甘 肃	100.0	0.1	24.7	75.1
青 海	100.0	0.0	32.1	67.9
宁 夏	100.0	14.4	25.2	60.4
新 疆	100.0	1.1	94.9	4.0

农业生态与环境

4-1 全国自然保护区情况

项　　目	单 位	1997年	1999年	2000年	2005年	2015年	2016年	2017年
1.自然保护区数	个	926	1146	1227	2349	2740	2750	2750
国家级	个	124	155	155	243	428		
省级	个	392	404	433	773	879		
2.自然保护区总面积	万公顷	7698	8815	9821	14995	14703	14733	14717
国家级	万公顷	2647	5816	5806	8899	9649		
省级	万公顷	4606	2265	3031	4487	3796		

4-2 农村环境情况

指　　标	2000	2001	2010	2011	2015	2016	2017
农村改水累计受益人口(万人)	88112	86113	90834	89971			
农村改水累计受益率(%)	92.4	91.0	94.9	94.2			
累计使用卫生厕所户数(万户)	9572	11405	17138	18019	20684	21460	21701
卫生厕所普及率(%)	44.8	46.1	67.4	69.2	78.4	80.3	81.7
累计使用卫生公厕户数(万户)		852.8	2827.7	2972.8	3879.5	3502.6	2997.7
农村沼气池产气量(亿立方米)	25.9	29.8	139.7	152.8	153.9	144.9	123.8
太阳能热水器(万平方米)	1107.8	1319.4	5498.3	6231.9	8232.6	8623.7	8723.5
太阳灶(万台)	33.2	38.9	161.7	213.9	232.6	227.9	222.3

注:因报表主管机关调整,改水部分指标无数，下同。

4-3 各地区自然保护基本情况

地　区	自然保护区个数(个)		自然保护区面积(万公顷)	
	2016年	2017年	2016年	2017年
全　国	**2750**	**2750**	**14733.2**	**14716.7**
北　京	20	20	13.6	13.5
天　津	8	8	9.1	9.1
河　北	45	45	71.0	70.9
山　西	46	46	110.3	110.2
内蒙古	182	182	1270.3	1270.3
辽　宁	105	105	267.3	267.3
吉　林	51	51	252.6	252.6
黑龙江	250	250	793.8	791.6
上　海	4	4	13.7	13.7
江　苏	31	31	53.6	53.6
浙　江	37	37	21.2	21.2
安　徽	106	106	51.3	50.6
福　建	92	92	44.5	44.5
江　西	200	200	122.6	122.4
山　东	88	88	111.9	113.6
河　南	33	33	77.7	77.8
湖　北	80	80	105.9	106.3
湖　南	128	128	131.5	122.5
广　东	384	384	185.0	185.0
广　西	78	78	135.0	135.0
海　南	49	49	270.7	270.7
重　庆	57	57	82.7	80.2
四　川	169	169	829.9	830.1
贵　州	124	124	89.5	89.4
云　南	160	160	288.3	288.2
西　藏	47	47	4136.7	4137.1
陕　西	60	60	113.1	113.1
甘　肃	60	60	891.5	887.1
青　海	11	11	2177.3	2177.3
宁　夏	14	14	53.3	53.3
新　疆	31	31	1958.5	1958.4

资料来源：生态环境部。

4-4 各地区农村改厕情况

地区	累计使用卫生厕所户数 (万户)	卫生厕所普及率 (%)
全国	**21700.6**	**81.7**
北京	101.7	98.1
天津	122.4	93.2
河北	1151.5	73.3
山西	439.4	61.1
内蒙古	344.7	77.9
辽宁	539.5	79.2
吉林	346.3	81.5
黑龙江	421.8	72.3
上海	99.1	99.2
江苏	1514.4	97.9
浙江	1168.7	98.6
安徽	1091.4	73.8
福建	716.3	95.0
江西	805.4	93.9
山东	1876.3	92.3
河南	1538.7	75.0
湖北	939.4	83.3
湖南	1273.7	82.6
广东	1441.0	95.4
广西	1029.6	91.6
海南	122.5	86.3
重庆	409.6	66.2
四川	1741.8	83.4
贵州	596.4	64.5
云南	731.2	73.5
西藏	30.7	52.3
陕西	332.9	47.2
甘肃	398.2	77.4
青海	66.5	69.2
宁夏	78.9	74.3
新疆	181.8	61.7
新疆兵团	48.8	85.5

资料来源:国家卫生健康委员会。

4-5 各地区农村可再生资源利用情况

地　区	沼气池产气总量（万立方米）	#沼气工程	太阳能热水器（万平方米）	太阳房（万平方米）	太阳灶（台）	生活污水净化沼气池（个）
全　国	**1237518.8**	**261724.2**	**8723.5**	**2541.0**	**2222666**	**184473**
北　京	1001.6	1001.6	89.7	115.3	120	
天　津	2419.7	1546.7	41.7	0.7		
河　北	45360.9	12789.6	682.9	122.1	39727	103
山　西	6068.2	1676.2	296.0	0.2	69105	
内　蒙	4401.6	1803.3	68.2	82.7	55506	1
辽　宁	8484.6	4340.7	126.8	517.9	906	
吉　林	1769.4		68.4	289.4	403	3
黑龙江	4945.2	4231.2	80.6	541.0	507	
上　海	1652.2	1652.2	90.2	5.0		
江　苏	29666.2	18239.3	921.0	0.8		28857
浙　江	8835.0	7558.2	677.3		40	67096
安　徽	24400.4	4953.6	595.4			1687
福　建	21300.1	5818.3	38.2			994
江　西	51447.2	10519.0	215.1	0.7		1942
山　东	61147.7	20987.3	1319.2	14.0	2973	143
河　南	111719.2	33292.6	635.1	2.0		337
湖　北	91527.9	16452.8	340.9			1194
湖　南	84462.2	12847.0	237.8	0.6		2009
广　东	25133.0	23537.0	85.2			1857
广　西	129702.5	5032.4	142.3			119
海　南	34394.5	11628.1	389.2			
重　庆	36976.4	5683.6	69.0			11546
四　川	196156.7	35277.1	214.8	8.0	121259	65850
贵　州	45598.6	4280.3	89.0			440
云　南	133776.0	3153.5	486.8		264	164
西　藏	4740.0	120.0	150.1		391563	4
陕　西	24697.1	2571.6	221.4	0.2	243268	102
甘　肃	33807.6	5412.3	154.0	316.6	759148	25
青　海	2587.3	187.3	14.9	505.2	258259	
宁　夏	1670.0	701.6	128.6	9.4	270206	
新　疆	7140.0	3900.0	53.5	9.4	9412	
新疆兵团	530.0	530.0	0.2			

资料来源：农业农村部。

4-6 全国林业重点生态工程历年完成造林面积

单位：万公顷

年 份	合 计	天然林保护工程	退耕还林工程		京津风沙源治理工程
			退耕还林工程合计	其中：退耕地造林	
1979～1985年	1010.98				
“七五”小计	**589.93**				
“八五”小计	**1186.04**				**44.12**
1996年	248.17				16.50
1997年	244.94				21.60
1998年	271.80	29.04			23.16
1999年	316.95	47.76	44.79	38.15	21.16
2000年	309.90	42.64	68.36	32.84	28.03
“九五”小计	**1391.76**	**119.43**	**113.15**	**70.99**	**110.43**
2001年	307.13	94.81	87.10	38.61	21.73
2002年	673.17	85.61	442.36	203.98	67.64
2003年	824.24	68.83	619.61	308.59	82.44
2004年	478.06	64.15	321.75	82.49	47.33
2005年	309.96	42.48	189.84	66.74	40.82
“十五”小计	**2592.56**	**355.87**	**1660.66**	**700.41**	**259.96**
2006年	280.17	77.48	105.05	21.85	40.95
2007年	267.83	73.29	105.60	5.95	31.51
2008年	343.35	100.90	118.97	0.22	46.90
2009年	457.55	136.09	88.67	0.07	43.48
2010年	366.79	88.55	98.26	0.03	43.91
“十一五”小计	**1715.68**	**476.31**	**516.55**	**28.12**	**206.77**
2011年	309.30	55.36	73.02	0.01	54.52
2012年	275.39	48.52	65.53		54.17
2013年	256.90	46.03	62.89		62.61
2014年	192.69	41.05	37.86	0.01	23.91
2015年	284.05	64.48	63.60	44.63	22.33
“十二五”小计	**1318.32**	**255.44**	**302.90**	**44.64**	**217.53**
2016年	250.55	48.73	68.33	55.85	23.00
2017年	299.12	39.03	121.33	121.33	20.72
总 计	**10354.94**	**1294.80**	**2782.93**	**1021.34**	**882.53**

注：1. 京津风沙源治理工程1993－2000年数据为原全国防沙治沙工程数据。
2. 自2006年起将无林地和疏林地封育面积计入造林总面积，2015年起将有林地和灌木林地封育、退化林修复、更新造林等造林方式计入造林总面积。
3. 2016年三北及长江流域等重点防护林体系工程造林面积包括林业血防工程3.67万公顷造林面积。2017年林业重点工程造林面积合计包括石漠化治理工程23.25万公顷。

4-6 续表

单位：万公顷

年 份	三北及长江流域等防护林工程						
	小 计	三北防护林体系工程	长江中上游防护林体系工程	沿海防护林体系工程	珠江流域防护林体系工程	太行山绿化工程	平原绿化工程
1979～1985年	1010.98	1010.98					
“七五”小计	**589.93**	**517.49**	**36.99**			**35.46**	
“八五”小计	**1141.92**	**617.44**	**270.17**	**84.67**		**151.86**	**17.78**
1996年	231.67	134.23	46.40	7.22		40.25	3.59
1997年	223.35	126.61	44.78	6.35	5.67	36.63	3.31
1998年	219.60	124.40	44.86	6.03	3.99	34.37	5.96
1999年	203.25	124.54	36.98	4.45	3.21	29.34	4.73
2000年	170.88	105.32	20.69	5.69	3.07	29.85	6.26
“九五”小计	**1048.75**	**615.09**	**193.71**	**29.73**	**15.93**	**170.44**	**23.84**
2001年	103.49	54.17	16.27	9.09	2.71	14.13	7.13
2002年	77.56	45.38	11.03	5.57	4.66	7.62	3.32
2003年	53.35	27.53	10.88	3.86	4.47	5.00	1.62
2004年	44.83	23.23	11.33	3.02	3.18	3.09	0.98
2005年	36.82	21.79	6.59	2.27	3.07	2.85	0.25
“十五”小计	**316.06**	**172.10**	**56.10**	**23.80**	**18.07**	**32.69**	**13.29**
2006年	56.68	32.68	7.87	1.70	2.88	11.47	0.09
2007年	57.42	38.15	7.64	2.39	1.74	7.39	0.11
2008年	76.58	49.79	7.23	7.42	3.70	8.03	0.41
2009年	189.31	125.59	22.21	21.22	8.21	11.92	0.17
2010年	136.06	92.82	11.88	17.32	6.68	6.92	0.43
“十一五”小计	**516.05**	**339.04**	**56.83**	**50.05**	**23.21**	**45.73**	**1.20**
2011年	126.40	73.78	20.48	20.99	7.23	3.66	0.26
2012年	107.18	67.87	15.79	14.54	5.16	3.81	
2013年	85.36	51.86	13.04	11.86	4.40	3.57	0.64
2014年	89.87	59.63	10.74	9.69	2.69	4.92	2.19
2015年	133.64	76.60	23.72	18.85	9.66	4.81	
“十二五”小计	**542.46**	**329.74**	**83.78**	**75.92**	**29.14**	**20.77**	**3.10**
2016年	110.50	64.85	21.78	10.87	5.73	3.59	
2017年	94.79	62.64	17.40	6.81	4.80	3.14	
总 计	**5371.43**	**3729.38**	**736.75**	**281.85**	**96.89**	**463.68**	**59.22**

4-7 各地区林业重点生态工程建设情况

单位：公顷

地 区	总 计	天然林保护工程	退耕还林工程		
			合计	其中：退耕地造林面积	其中：荒山荒地造林面积
全 国	**2991207**	**390298**	**1213338**	**1213267**	**71**
北 京	35865				
天 津	4908				
河 北	99509				
山 西	217802	15137	108668	108668	
内蒙古	324946	80917	32045	32045	
辽 宁	67996				
吉 林	62919	55196			
黑龙江	74720	19588			
上 海					
江 苏	3955				
浙 江					
安 徽	40929		2002	2002	
福 建	2800				
江 西	49733				
山 东	27358				
河 南	27334	3333			
湖 北	71983	9997	17333	17333	
湖 南	55222		5335	5335	
广 东	35111				
广 西	30582		498	498	
海 南	1830	200	71		71
重 庆	83538	22667	48724	48724	
四 川	61927	29981	29094	29094	
贵 州	644529	6000	551600	551600	
云 南	202985	18409	108497	108497	
西 藏	12133	1466			
陕 西	179835	75848	48243	48243	
甘 肃	188725	5139	146509	146509	
青 海	58555	10219	19912	19912	
宁 夏	52028	8000	9542	9542	
新 疆	247916	4667	85265	85265	
大兴安岭	23534	23534			

注：林业重点工程造林面积总计包括石漠化治理工程23.25万公顷。

4-7 续表 单位：公顷

地区	三北及长江流域防护林建设工程							京津风沙源治理工程
	合计	三北防护林四期工程	长江流域防护林二期工程	沿海防护林体系二期工程	珠江流域防护林二期工程	太行山绿化防护林二期工程	平原绿化二期工程	
全　　国	**947862**	**626400**	**174021**	**68073**	**47995**	**31373**		**207206**
北　　京	1200	200				1000		34665
天　　津	1333			1333				3575
河　　北	62482	35097		13853		13532		37027
山　　西	61129	54291				6838		32868
内 蒙 古	126386	126386						85598
辽　　宁	67996	54665		13331				
吉　　林	7723	7723						
黑 龙 江	55132	55132						
上　　海								
江　　苏	3955			3955				
浙　　江								
安　　徽	38927		38927					
福　　建	2800		654	2146				
江　　西	49733		39734		9999			
山　　东	27358		16792	10566				
河　　南	24001		13998			10003		
湖　　北	15540		15540					
湖　　南	33840		23707		10133			
广　　东	35111			20263	14848			
广　　西	9682			1067	8615			
海　　南	1559			1559				
重　　庆	2666		2666					
四　　川								
贵　　州	6400		4000		2400			
云　　南	2000				2000			
西　　藏	10667		10667					
陕　　西	42271	34935	7336					13473
甘　　肃	37077	37077						
青　　海	28424	28424						
宁　　夏	34486	34486						
新　　疆	157984	157984						
大兴安岭								

4-8 灌区、水库、除涝、治水情况

指　　标	单　位	1990年	1995年	2000年	2010年	2012年	2016年	2017年
年底万亩以上灌区数	处	5363	5562	5683	5795	7756	7806	7839
#3.3万公顷以上	处	72	74	101	131	176	177	178
2.0～3.3万公顷	处	76	99	141	218	280	281	281
灌区有效灌溉面积	万公顷	2123.1	2249.9	2449.3	2941.5	3008.7	3304.6	3326.2
#3.3万公顷以上	万公顷	604.7	631.4	788.3	1091.8	624.3	1233.5	1245.7
2.0～3.3万公顷	万公顷	189.6	244.4	344.0	474.0	501.7	543.0	542.5
水库	座	81527	82915	83260	87873	97543	98460	98795
大型水库	座	366	387	420	552	683	720	732
中型水库	座	2499	2593	2704	3269	3758	3890	3934
小型水库	座	78662	79935	80136	84052	93102	93850	94129
水库库容量	亿立方米	4660	4797	5183	7162	8255	8967	9035
大型水库	亿立方米	3397	3493	3843	5594	6493	7166	7210
中型水库	亿立方米	690	719	746	930	1064	1096	1117
小型水库	亿立方米	573	585	593	638	698	705	708
节水灌溉面积	万公顷			1638.9	2731.4	3121.7	3284.7	3431.9
除涝面积	万公顷	1933.7	2006.5	2098.9	2169.2	2185.7	2306.7	2382.4
水土流失治理面积	万公顷	5300.0	6690.0	8096.0	10680.0	10295.3	12041.2	12583.9
堤防长度	万公里	22.0	24.7	27.0	29.4	27.7	29.9	30.6
堤防保护耕地面积	万公顷	3200.0	3060.9	3960.0	4683.1	4259.7	4108.7	4094.6

注：1.节水灌溉面积2013年与水利普查数据进行了衔接。
2.万亩以上灌区处数与有效灌溉面积统计口径为按有效灌溉面积达到万亩统计，2012、2013年已与水利普查数据进行了衔接,按设计灌溉面积达到万亩进行统计。
3.堤防长度为五级及以上堤防。

4-9 各地区水利设施和除涝、治水面积

地区	水库数 (座)	水库库容量 (亿立方米)	除涝面积 (千公顷)	水土流失治理面积 (千公顷)
全国	**98795**	**9035**	**23824.3**	**125838.9**
北京	87	52	12.0	777.6
天津	28	26	364.6	99.3
河北	1070	206	1641.2	5379.2
山西	610	70	89.1	6484.8
内蒙古	617	104	277.0	13551.1
辽宁	797	367	931.6	5217.8
吉林	1624	326	1034.6	2180.7
黑龙江	1070	269	3397.3	4477.3
上海			60.3	
江苏	1077	35	4014.4	918.8
浙江	4326	447	554.6	3721.1
安徽	5947	325	2394.8	1940.3
福建	3666	169	160.4	3651.7
江西	10812	320	422.1	5787.3
山东	6431	221	2980.1	4005.4
河南	2655	426	2106.3	3673.0
湖北	6967	1264	1461.4	5963.5
湖南	14098	514	437.1	3592.2
广东	8389	448	545.5	1638.7
广西	4537	708	234.9	2463.8
海南	1110	112	21.7	108.4
重庆	3057	126		3397.4
四川	8129	523	104.9	9457.0
贵州	2386	439	121.4	6814.6
云南	6493	754	284.9	9004.4
西藏	117	38	2.5	419.1
陕西	1101	94	133.2	7765.0
甘肃	383	103	14.1	8580.5
青海	206	316	0.8	1134.1
宁夏	322	28		2214.8
新疆	683	205	22.7	1420.2

4-10 全国农作物受灾和成灾面积

单位：千公顷

年 份	受灾面积	旱灾	洪涝灾	成灾面积	旱灾	洪涝灾
1952	9137	4236	2794	4433	2589	1844
1957	29149	17205	8083	14983	7400	6032
1962	37175	20808	9810	17286	8691	6318
1965	20804	13631	5587	11223	8107	2813
1970	9974	5723	3129	3295	1931	1234
1975	35379	24832	6817	10239	5318	3467
1978	50807	32641	3109	24457	16564	2012
1979	39367	24646	5757	15790	9316	2868
1980	50025	21901	9687	29777	14174	6070
1981	39786	25693	8625	18743	12134	3973
1982	33133	20697	8361	16117	9972	4397
1983	34713	16089	12162	16209	7586	5747
1984	31887	15819	10632	15607	7015	5395
1985	44365	22989	14197	22705	10063	8949
1986	47135	31042	9155	23656	14765	5601
1987	42086	24920	8686	20393	13033	4104
1988	50874	32904	11949	24503	15303	6128
1989	46991	29358	11328	24449	15262	5917
1990	38474	18175	11804	17819	7805	5605
1991	55472	24914	24596	27814	10559	14614
1992	51332	32981	9422	25895	17047	4463
1993	48827	21097	16390	23134	8656	8608
1994	55046	30423	17328	31382	17050	10744
1995	45824	23455	12734	22268	10402	7604
1996	46991	20152	18147	21234	6247	10855
1997	53429	33516	11415	30307	20012	5839
1998	50145	14236	22292	25181	5060	13785
1999	49980	30156	9020	26734	16614	5071
2000	54688	40541	7323	34374	26784	4321
2001	52215	38472	6042	31793	23698	3614
2002	46946	22124	12288	27160	13174	7388
2003	54506	24852	19208	32516	14470	12289
2004	37106	17253	7314	16297	8482	3747
2005	38818	16028	10932	19966	8479	6047
2006	41091	20738	8003	24632	13411	4569
2007	48992	29386	10463	25064	16170	5105
2008	39990	12137	6477	22284	6798	3656
2009	47214	29259	7613	21234	13197	3162
2010	37426	13259	17525	18538	8987	7024
2011	32471	16304	6863	12441	6599	2840
2012	24962	9340	7730	11475	3509	4145
2013	31350	14100	8757	14303	5852	4859
2014	24891	12272	4718	12678	5677	2704
2015	21770	10610	5620	12380	5863	3327
2016	26221	9873	8531	13670	6131	4338
2017	18478	9875	5415	9201	4444	3022

4-11　全国农作物受灾、成灾和绝收面积

单位：千公顷

指　标	1990年	1995年	2000年	2016年	2017年	2017年为2016年百分比(%)
一、受灾面积	**38474**	**45824**	**54688**	**26221**	**18478**	**70.5**
旱　灾	18175	23455	40541	9873	9875	100.0
洪涝灾	11804	12734	7323	8531	5415	63.5
风雹灾	6354	4479	2307	2908	2268	78.0
冷冻灾	2141	3578	2795	2885	525	18.2
台风灾			1722	2023	394	19.5
二、成灾面积	**17819**	**22268**	**34374**	**13670**	**9201**	**67.3**
旱　灾	7805	10402	26784	6131	4444	72.5
洪涝灾	5605	7604	4321	4338	3022	69.7
风雹灾	3415	2076	1162	1424	1238	86.9
冷冻灾	994	1791	1032	1179	312	26.4
台风灾			1075	598	185	31.0
三、绝收面积		**5618**	**10148**	**2902**	**1827**	**62.9**
旱　灾		2121	8006	1018	752	73.9
洪涝灾		2627	1324	1297	745	57.4
风雹灾		561	321	269	225	83.8
冷冻灾		194	260	173	83	48.0
台风灾			237	145	22	14.8

4-12 各地区农作物受灾面积

单位：千公顷

地　区	受灾面积合计		旱　灾		洪 涝 灾	
	2016年	2017年	2016年	2017年	2016年	2017年
全　国	**26221**	**18478**	**9873**	**9875**	**8531**	**5415**
北　京	35	7			16	
天　津	24				24	
河　北	1447	718	217	367	954	58
山　西	504	821	77	497	257	53
内蒙古	3630	3917	2771	3239	256	212
辽　宁	582	950	401	778	96	113
吉　林	748	983	524	475	71	452
黑龙江	4224	1551	2955	997	284	188
上　海	3					
江　苏	301	91	134	37	93	1
浙　江	456	107			76	87
安　徽	1341	400	180	217	1107	157
福　建	387	58		20	50	13
江　西	786	441	35	41	417	387
山　东	552	857	212	531	106	67
河　南	519	1247	173	219	207	925
湖　北	2741	1437	342	627	1870	693
湖　南	1376	1218	12	222	1142	990
广　东	631	283			73	85
广　西	301	196	35		86	173
海　南	509	11	16			0.3
重　庆	190	126	47	80	128	38
四　川	411	216	113	35	139	143
贵　州	331	267	7	57	198	164
云　南	868	407	48	102	225	186
西　藏	14	13	1		13	11
陕　西	633	651	240	434	98	82
甘　肃	1343	773	998	527	104	83
青　海	135	272	38	225	13	5
宁　夏	390	174	279	131	12	7
新　疆	808	288	20	17	419	44

4-12 续表 单位：千公顷

地 区	风雹灾		冷冻灾		台风灾	
	2016年	2017年	2016年	2017年	2016年	2017年
全 国	**2908**	**2268**	**2885**	**525**	**2023**	**394**
北 京	19	7	0.001			
天 津	0.4					
河 北	262	218	15	41		34
山 西	104	218	66	53		
内蒙古	419	255	185	212		
辽 宁	39	59		0.4	46	
吉 林	61	55	19	1	73	
黑龙江	211	325	100	40	674	
上 海					3	
江 苏	70	53	4			
浙 江	0	1	266	1	114	19
安 徽	35	26	19	0.1		
福 建	2	0.1	156		179	25
江 西	35	5	291		8	8
山 东	209	227	27	1		30
河 南	139	94	0.1	1		9
湖 北	37	41	492	77		
湖 南	45	6	173		3	0.2
广 东	2	0.1	148		407	198
广 西	51	2	94		35	20
海 南	1		34		459	11
重 庆	2	8	14			
四 川	72	12	87	24		
贵 州	111	36	12	10	4	1
云 南	158	65	418	13	19	41
西 藏	1	2	0.3			
陕 西	287	128	8	6		
甘 肃	77	145	164	19		
青 海	66	42	16			
宁 夏	33	34	66	3		
新 疆	360	205	10	22		

4-13 各地区农作物成灾面积

单位：千公顷

地区	成灾面积合计		旱灾		洪涝灾	
	2016年	2017年	2016年	2017年	2016年	2017年
全国	**13670**	**9201**	**6131**	**4444**	**4338**	**3022**
北京	26	2			13	
天津	21				21	
河北	562	336	21	146	372	23
山西	207	371	44	149	78	36
内蒙古	2278	2418	1958	1964	61	152
辽宁	123	292	49	186	57	71
吉林	457	522	337	167	43	319
黑龙江	2664	424	2166	129	65	96
上海	2					
江苏	67	59	10	32	44	0.4
浙江	172	54			36	41
安徽	558	202	127	101	405	85
福建	194	26		10	29	8
江西	394	309	30	27	264	272
山东	228	311	85	265	59	25
河南	238	649	74	148	125	480
湖北	1506	715	158	283	1230	398
湖南	582	557	5	61	483	494
广东	188	132			33	42
广西	92	62	20		49	50
海南	98	3	4			
重庆	119	45	30	27	78	12
四川	242	131	68	25	83	93
贵州	170	153	3	34	108	92
云南	437	233	15	70	143	82
西藏	11	10	0.04		10	8
陕西	365	312	111	182	62	57
甘肃	815	376	595	225	74	56
青海	110	161	28	118	9	4
宁夏	240	113	175	82	11	5
新疆	506	227	19	13	290	23

4-13 续表　　单位：千公顷

地区	风雹灾		冷冻灾		台风灾	
	2016年	2017年	2016年	2017年	2016年	2017年
全　国	**1424**	**1238**	**1179**	**312**	**598**	**185**
北　京	13	2				
天　津	0.2					
河　北	157	115	12	37		16
山　西	71	156	14	30		
内蒙古	96	138	162	164		
辽　宁	10	34		0.4	7	
吉　林	41	35	11	1	26	
黑龙江	151	184	97	16	185	
上　海					2	
江　苏	11	26	1			
浙　江	0	0	78	1	58	12
安　徽	10	16	15			
福　建	1	0	79		84	8
江　西	10	5	83		6	5
山　东	79	5	5	1		15
河　南	39	19		0.4		1
湖　北	20	25	98	9		
湖　南	22	3	71		1	
广　东	2	0	24.3		128	91
广　西	5	2	5.8		12	10
海　南	0.2		16.4		77	3
重　庆	1	5	10.1			
四　川	44	9	47.9	5		
贵　州	53	23	4	4	2.5	0.4
云　南	95	47	175	10	10	25
西　藏	0	1.7	0.1			
陕　西	188	71	4	4		
甘　肃	39	84	107	11		
青　海	61	39	12			
宁　夏	13	24	41	3		
新　疆	192	172	5	19		

5

农村投资

5-1 国家财政用于农林水各项支出

单位：亿元

年 份	农 业	林 业	水 利	南水北调	扶 贫	农业综合开发	农村综合改革
1990							
1991							
1992							
1993							
1994							
1996							
1997							
1998							
1999							
2000							
2001							
2002							
2003							
2004							
2005							
2006							
2007							
2008	2278.9	424.0	1122.7		320.4	251.6	
2009	3826.9	532.1	1519.6		374.8	286.8	
2010	3949.4	667.3	1856.5	78.4	423.5	337.8	607.9
2011	4291.2	876.5	2602.8	68.9	545.3	386.5	887.6
2012	5077.4	1019.2	3271.2	45.9	690.8	462.5	987.3
2013	5561.6	1204.3	3338.9	95.6	841.0	521.1	1148.0
2014	5816.6	1348.8	3478.7	69.6	949.0	560.7	1265.7
2015	6436.2	1613.4	4807.9	81.8	1227.2	600.1	1418.8
2016	6458.6	1696.6	4433.7	65.7	2285.9	616.6	1508.8
2017	6194.6	1724.9	4424.8	116.2	3249.6	571.2	1486.9

注：各年数据为财政决算数。

5-2 农村住户固定资产投资情况

单位：亿元

指　标	2014年	2015年	2016年	2017年
农村住户固定资产投资完成额	**10755.8**	**10409.8**	**9964.9**	**9554.4**
一、按投资构成分				
1.建筑工程	8620.4	8426.4	7903.0	7339.9
#水利	38.4	41.4	36.9	40.9
住宅	7726.8	7501.7	7010.3	6424.3
2.安装工程	13.7	8.8	8.0	7.9
3.设备工具器具购置	1617.7	1587.4	1529.1	1589.9
#生产设备	1557.2	1562.9	1515.6	1575.9
4.其他	503.9	387.2	524.9	616.7
二、按投资方向分				
#农林牧渔业	1999.8	1980.3	2079.2	2069.7
采矿业	1.7	0.6	0.6	1.2
制造业	127.5	137.0	126.1	94.3
电力、燃气及水的生产和供应业	4.7	13.1	11.8	11.4
建筑业	91.7	59.9	37.5	191.0
批发和零售业	247.6	243.5	227.8	238.1
交通运输、仓储和邮政业	326.1	225.2	261.9	264.0
住宿和餐饮业	41.3	42.4	28.9	38.3
房地产业	7789.9	7578.1	7075.7	6491.9
租赁和商务服务业	11.6	12.1	26.2	52.9
居民服务和其他服务业	96.1	102.1	74.3	66.5

注：表5-2到5-7数据来源于农村住户固定资产投资抽样调查。

5-3 各地区农村住户固定资产投资完成额

单位：亿元

指标	2014年	2015年	2016年	2017年
全国	**10755.8**	**10409.8**	**9964.9**	**9554.4**
北京	50.8	50.0	55.2	63.1
天津	27.8	17.4	23.0	14.2
河北	524.7	542.5	409.9	394.6
山西	319.1	329.6	338.6	318.4
内蒙古	154.0	173.1	186.1	185.3
辽宁	304.0	277.5	255.9	232.0
吉林	231.7	196.7	150.0	153.0
黑龙江	291.1	298.7	215.8	212.3
上海	3.5	3.3	4.2	5.7
江苏	385.9	341.7	292.4	276.8
浙江	708.0	658.6	705.1	570.0
安徽	619.3	582.0	456.0	458.7
福建	308.1	327.4	309.4	305.9
江西	432.9	394.2	315.5	314.9
山东	896.4	931.0	958.4	966.7
河南	769.9	709.1	661.2	606.6
湖北	473.6	477.5	507.8	409.8
湖南	694.4	720.9	664.9	631.1
广东	450.9	392.6	356.3	357.8
广西	555.6	572.8	583.8	590.8
海南	72.8	95.8	143.4	119.0
重庆	144.6	145.1	116.3	96.5
四川	656.4	560.3	582.2	666.2
贵州	247.3	268.8	274.8	215.8
云南	424.7	431.2	456.9	461.1
西藏				
陕西	351.7	351.2	350.4	351.2
甘肃	124.5	127.6	129.9	131.4
青海	72.3	66.5	72.5	63.7
宁夏	79.9	79.0	85.2	88.3
新疆	380.0	287.6	303.7	293.5

5-4　2017年各地区农村住户固定资产投资结构情况

单位：亿元

指　标	投资额	建筑工程	#住宅	设备工具器具购置	#生产设备
全　国	**9554.4**	**7339.9**	**6424.3**	**1589.9**	**1575.9**
北　京	63.1	59.3	56.2	0.3	0.3
天　津	14.2	7.2	5.5	6.1	6.1
河　北	394.6	335.1	284.3	38.8	38.8
山　西	318.4	202.1	197.2	101.6	101.6
内蒙古	185.3	117.8	90.7	33.7	33.7
辽　宁	232.0	149.5	101.5	54.5	54.5
吉　林	153.0	56.4	42.1	72.0	72.0
黑龙江	212.3	51.4	35.8	145.4	145.4
上　海	5.7	5.7	5.1	0.0	0.0
江　苏	276.8	178.3	166.1	50.2	50.2
浙　江	570.0	500.4	490.2	25.6	25.6
安　徽	458.7	356.9	311.2	96.0	96.0
福　建	305.9	257.4	237.7	15.8	15.8
江　西	314.9	265.2	245.0	43.8	43.8
山　东	966.7	690.8	454.1	265.5	258.0
河　南	606.6	524.1	463.8	44.0	44.0
湖　北	409.8	331.0	310.1	62.0	62.0
湖　南	631.1	544.2	505.7	68.8	68.8
广　东	357.8	322.1	304.1	24.0	24.0
广　西	590.8	451.7	420.9	81.7	81.7
海　南	119.0	114.5	109.9	3.2	3.2
重　庆	96.5	83.3	70.6	9.3	9.3
四　川	666.2	558.8	456.1	58.1	58.1
贵　州	215.8	142.0	138.3	33.9	33.9
云　南	461.1	307.3	281.1	134.4	134.4
西　藏					
陕　西	351.2	299.0	266.3	38.2	38.2
甘　肃	131.4	88.1	68.4	36.6	30.1
青　海	63.7	49.2	47.7	12.9	12.9
宁　夏	88.3	68.1	61.5	13.4	13.4
新　疆	293.5	223.1	197.0	20.1	20.1

5-5 2017年各地区农村住户固定资产投资投向情况

单位：亿元

地区	投资额	农林牧渔业	制造业	建筑业	交通运输、仓储和邮政业	房地产业	居民服务和其他服务业
全国	**9554.4**	**2069.7**	**94.3**	**191.0**	**264.0**	**6491.9**	**66.5**
北京	63.1	2.5	1.2	0.7	0.7	56.2	0.2
天津	14.2	2.3	0.5	0.1	5.0	5.5	0.0
河北	394.6	77.0	4.6		19.2	284.3	0.6
山西	318.4	71.1	0.3	0.8	31.7	197.2	3.3
内蒙古	185.3	78.9				100.7	1.3
辽宁	232.0	105.9			6.1	101.5	0.1
吉林	153.0	102.4	0.1		6.7	42.1	
黑龙江	212.3	166.8		5.9	2.2	35.8	0.9
上海	5.7	0.5				5.1	
江苏	276.8	75.8	15.5	3.6	7.8	166.1	4.1
浙江	570.0	15.0	4.3	18.9	1.5	490.6	2.6
安徽	458.7	119.1	1.1	19.8	3.2	311.3	0.6
福建	305.9	32.9	1.2	0.8	3.4	237.7	1.4
江西	314.9	55.6		1.8	10.8	245.0	0.2
山东	966.7	315.4	45.5	1.8		485.4	9.5
河南	606.6	101.8	3.2	0.6	11.0	464.2	1.8
湖北	409.8	47.5	0.3	0.1	47.2	310.1	0.6
湖南	631.1	83.3	2.4	7.2		505.7	5.5
广东	357.8	50.6		1.7		304.6	
广西	590.8	125.7	2.3	0.8	24.0	420.9	13.5
海南	119.0	7.4	0.0			109.9	0.1
重庆	96.5	18.0	0.0	0.2	0.2	70.6	0.1
四川	666.2	141.1	8.7	7.2	25.7	456.1	10.1
贵州	215.8	31.7	0.8	20.2		140.4	0.4
云南	461.1	59.0	2.2	92.1	23.5	281.3	0.2
西藏							
陕西	351.2	54.2		2.9	21.8	266.3	1.5
甘肃	131.4	24.5		3.6		89.4	5.5
青海	63.7	4.0	0.0	0.3		49.1	0.1
宁夏	88.3	13.2	0.0		12.4	61.5	0.1
新疆	293.5	86.6		0.0		197.4	2.2

5-6 农村住户固定资产投资和建房情况

年份	投资总额（亿元）	#竣工房屋投资	#住宅	房屋施工面积（万平方米）	房屋竣工面积（万平方米）	#住宅	竣工房屋造价（元/平方米）	#住宅
1985	478.4	350.1	313.2		78973.0	69542.0	44.0	45.0
1990	876.5	777.1	649.8	76819.0	71136.0	67812.0	109.0	96.0
1991	1042.6	912.5	759.3	85405.0	79501.0	74193.0	115.0	102.0
1992	1005.5	937.5	678.5	83392.0	65338.0	60442.0	143.0	112.0
1993	1137.7	1015.4	760.3	57432.0	56012.0	46129.0	181.0	165.0
1994	1519.2	1315.9	1002.7	72283.0	65390.0	57646.0	201.0	174.0
1995	2007.9	1709.4	1349.9	78192.0	73522.0	66230.0	233.0	204.0
1996	2544.0	2250.9	1766.4	96115.0	87277.0	79531.0	258.0	222.0
1997	2691.2	2405.8	1890.7	89309.0	85888.0	77287.0	280.0	245.0
1998	2681.5	2402.2	1907.2	89099.0	83864.0	77031.0	286.0	248.0
1999	2779.6	1908.2	1799.1	89050.0	83244.0	76758.0	229.2	234.4
2000	2904.3	1969.3	1846.8	88231.8	81270.2	75515.3	242.3	244.6
2001	2976.6	1908.2	1775.0	81048.2	74517.5	68799.3	256.1	258.0
2002	3123.2	1956.5	1858.1	80345.0	75125.7	69841.0	260.4	266.0
2003	3201.0	2053.2	1926.9	81123.7	75683.6	69741.1	271.3	276.3
2004	3362.7	2031.0	1933.4	71112.1	65801.5	62303.5	308.7	310.3
2005	3940.6	2190.6	2083.1	73109.2	66604.2	62292.4	328.9	334.4
2006	4436.2	2620.1	2490.2	76189.4	69237.9	64563.7	378.4	385.7
2007	5123.3	3228.3	3022.0	86665.6	78321.2	72676.4	412.2	415.8
2008	5951.8	3748.5	3547.1	91911.4	84407.0	78585.7	444.1	451.4
2009	7434.5	5029.9	4743.3	116099.4	105683.0	95570.5	475.9	496.3
2010	7886.0	5247.0	4931.7	106679.8	94114.8	87947.1	557.5	560.8
2011	9089.1	5983.7	5636.0	118455.2	103053.2	94939.1	580.6	593.6
2012	9840.6	6395.3	6051.6	105516.6	94187.8	87775.9	679.0	689.4
2013	10546.7	7249.6	6735.9	109242.0	92661.7	85953.0	782.4	783.7
2014	10755.8	7387.5	6843.0	103672.9	90287.4	83769.6	818.2	816.9
2015	10409.8	7157.1	6709.6	98376.7	85316.8	79380.2	838.9	845.2
2016	9964.9	6812.6	6331.3	92039.7	79649.1	73051.4	855.3	866.7
2017	9554.4	6446.3	5899.3	84395.0	72727.0	66870.0	886.4	882.2

5-7 2017年分地区农村住户固定资产投资和建房情况

地　区	投资总额（亿元）	#竣工房屋投资	#住宅	房屋施工面积（万平方米）	房屋竣工面积（万平方米）	#住宅	竣工房屋造价（元/平方米）	#住宅
全　国	**9554.4**	**6446.3**	**5899.3**	**84395.0**	**72727.0**	**66870.0**	**886.4**	**882.2**
北　京	63.1	54.1	53.0	450.0	421.0	413.0	1286.0	1282.8
天　津	14.2	7.3	6.8	73.0	65.0	61.0	1119.9	1108.7
河　北	394.6	295.4	264.9	2817.0	2561.0	2233.0	1153.4	1186.2
山　西	318.4	181.2	179.4	2758.0	2568.0	2463.0	705.5	728.2
内蒙古	185.3	110.1	88.4	1021.0	1012.0	819.0	1088.2	1078.9
辽　宁	232.0	110.9	98.0	1257.0	1200.0	856.0	924.6	1144.7
吉　林	153.0	42.1	40.8	428.0	413.0	398.0	1020.6	1026.3
黑龙江	212.3	36.3	34.3	414.0	393.0	368.0	922.5	932.2
上　海	5.7	4.6	4.0	41.0	34.0	33.0	1353.9	1213.8
江　苏	276.8	148.7	138.4	1933.0	1729.0	1645.0	859.9	841.6
浙　江	570.0	457.5	450.8	3960.0	3126.0	3078.0	1463.6	1464.5
安　徽	458.7	332.3	267.3	4947.0	3868.0	3714.0	859.1	719.8
福　建	305.9	193.9	187.6	2314.0	1685.0	1674.0	1151.0	1120.8
江　西	314.9	195.3	183.8	3013.0	2476.0	2344.0	788.7	784.2
山　东	966.7	552.9	432.3	10903.0	10568.0	8883.0	523.2	486.6
河　南	606.6	493.1	437.2	5399.0	4973.0	4631.0	991.5	944.0
湖　北	409.8	287.3	272.7	3424.0	3098.0	3017.0	927.2	904.0
湖　南	631.1	474.2	442.5	5009.0	3977.0	3744.0	1192.4	1182.0
广　东	357.8	273.1	263.9	4195.0	2600.0	2307.0	1050.4	1143.8
广　西	590.8	365.7	357.7	6638.0	6052.0	5839.0	604.2	612.7
海　南	119.0	106.4	91.5	994.0	747.0	747.0	1424.9	1224.4
重　庆	96.5	67.6	64.0	1032.0	856.0	791.0	789.6	809.6
四　川	666.2	423.7	399.7	5771.0	4695.0	4310.0	902.5	927.5
贵　州	215.8	134.6	132.6	1739.0	1638.0	1599.0	821.8	829.4
云　南	461.1	488.5	430.6	5955.0	4775.0	4225.0	1023.0	1019.2
西　藏								
陕　西	351.2	260.1	255.4	2564.0	2398.0	2259.0	1084.5	1130.4
甘　肃	131.4	76.9	68.4	1367.0	1288.0	1135.0	597.3	602.7
青　海	63.7	48.0	45.4	624.0	598.0	570.0	803.1	796.7
宁　夏	88.3	36.7	29.0	538.0	538.0	451.0	682.1	642.9
新　疆	293.5	187.6	178.8	2817.0	2375.0	2264.0	790.1	789.9

农林牧渔业总产值、中间消耗及增加值

6－1　农林牧渔业增加值和指数

年　份	农林牧渔业增加值 (亿元)	指　　数	
		以1978年为100	以上年为100
1978	1027.5	100.0	104.1
1980	1371.6	104.5	98.5
1985	2564.3	155.4	101.8
1990	5061.8	190.7	107.3
1991	5341.9	195.2	102.4
1992	5866.2	203.1	104.1
1993	6963.3	211.2	104.0
1994	9572.1	219.6	104.0
1995	12135.1	229.5	104.5
1996	14014.7	241.2	105.1
1997	14440.8	251.6	104.3
1998	14816.4	260.4	103.5
1999	14768.7	267.7	102.8
2000	14943.6	274.1	102.4
2001	15780.0	281.8	102.8
2002	16535.7	290.0	102.9
2003	17380.6	297.3	102.5
2004	21410.7	316.0	106.3
2005	22416.2	332.4	105.2
2006	24036.4	349.0	105.0
2007	28483.7	361.9	103.7
2008	33428.1	381.8	105.5
2009	34659.7	397.8	104.2
2010	39619.0	414.9	104.3
2011	46122.6	429.4	104.3
2012	50581.2	448.8	104.5
2013	54692.4	466.7	104.0
2014	57472.2	486.3	104.2
2015	59852.6	505.9	104.0
2016	62451.0	523.6	103.5
2017	64660.0	545.0	104.1

注：1.根据新国民经济行业分类标准，对农林牧渔业增加值历史数据进行了调整，农林牧渔业增加值包括农林牧渔服务业增加值。
2.根据第三次全国农业普查结果，对2007-2017年农林牧渔业增加值进行了修订。

6-2 农林牧渔业总产值、增加值、中间消耗及构成

(按当年价格计算)

指　标	总产值	增加值	中间消耗	#农林牧渔业物质消耗	#农林牧渔业生产服务支出
一、绝对数(亿元)					
农林牧渔业合计	**109331.7**	**64660.0**	**44671.7**	**37211.2**	**7460.5**
#农业	58059.8	37426.5	20633.3	16674.8	3958.5
林业	4980.6	3254.0	1726.6	1283.7	442.9
牧业	29361.2	14404.8	14956.4	13815.2	1141.2
渔业	11577.1	7014.3	4562.8	3728.7	834.1
二、构成(%)					
(以农林牧渔业合计为100)					
农林牧渔业合计	**100.0**	**100.0**	**100.0**	**100.0**	**100.0**
#农业	53.1	57.9	46.2	44.8	53.1
林业	4.6	5.0	3.9	3.4	5.9
牧业	26.9	22.3	33.5	37.1	15.3
渔业	10.6	10.8	10.2	10.0	11.2

注：根据第三次全国农业普查结果，2017年农林牧渔业总产值和增加值进行了修订(后同)。

6-3 各地区农林牧渔业总产值、增加值和中间消耗

(按当年价格计算)

单位：亿元

地　区	农林牧渔业			农业		
	总产值	增加值	中间消耗	总产值	增加值	中间消耗
全　国	**109331.7**	**64660.0**	**44671.7**	**58059.8**	**37426.5**	**20633.3**
北　京	308.3	122.8	185.5	129.8	59.0	70.8
天　津	382.1	174.0	208.1	183.2	95.1	88.1
河　北	5373.4	3297.8	2075.6	2890.6	2014.6	876.0
山　西	1418.7	764.1	654.7	861.9	490.6	371.3
内蒙古	2813.5	1677.7	1135.8	1434.7	934.9	499.9
辽　宁	3851.6	2000.4	1851.2	1620.5	918.5	701.9
吉　林	2064.3	1137.7	926.6	895.8	542.0	353.8
黑龙江	5586.6	3036.9	2549.7	3471.3	2148.4	1322.9
上　海	292.6	115.1	177.5	146.4	62.5	83.9
江　苏	7161.2	4314.5	2846.7	3764.7	2603.6	1161.1
浙　江	3093.4	1972.8	1120.5	1494.5	1072.6	421.9
安　徽	4597.9	2706.7	1891.2	2241.4	1407.0	834.4
福　建	3947.2	2294.4	1652.7	1527.0	953.3	573.7
江　西	3069.0	1898.5	1170.5	1489.3	960.5	528.8
山　东	9140.4	5114.7	4025.7	4403.2	2755.7	1647.6
河　南	7562.5	4310.5	3252.0	4552.7	2665.7	1887.0
湖　北	6129.7	3690.3	2439.4	2962.5	1962.1	1000.4
湖　南	5213.5	3165.3	2048.2	2597.6	1814.5	783.1
广　东	5969.9	3712.7	2257.2	2890.0	2018.9	871.1
广　西	4698.7	2964.6	1734.1	2538.9	1747.4	791.5
海　南	1488.9	993.3	495.6	707.4	469.8	237.6
重　庆	1902.5	1300.3	602.1	1165.7	873.2	292.5
四　川	6955.5	4365.1	2590.4	4004.2	2813.1	1191.1
贵　州	3413.9	2140.0	1273.9	2077.0	1306.4	770.6
云　南	3872.9	2388.6	1484.4	1982.5	1330.3	652.2
西　藏	178.2	125.9	52.3	78.4	54.3	24.1
陕　西	3077.6	1830.6	1247.0	2095.3	1292.9	802.4
甘　肃	1559.6	896.0	663.6	1068.6	642.1	426.5
青　海	364.1	242.0	122.1	162.4	95.8	66.6
宁　夏	517.4	266.3	251.1	309.0	174.3	134.7
新　疆	3326.6	1640.3	1686.3	2313.2	1147.3	1166.0

6-3 续表

地区	林业			牧业			渔业		
	总产值	增加值	中间消耗	总产值	增加值	中间消耗	总产值	增加值	中间消耗
全　国	**4980.6**	**3254.0**	**1726.6**	**29361.2**	**14404.8**	**14956.4**	**11577.1**	**7014.3**	**4562.8**
北　京	58.8	28.8	30.0	101.4	29.2	72.2	9.6	3.4	6.2
天　津	9.0	4.4	4.6	108.0	39.8	68.2	69.8	29.7	40.1
河　北	175.5	114.6	60.9	1735.8	878.7	857.2	195.9	122.1	73.8
山　西	97.7	44.8	52.9	358.8	179.6	179.3	7.7	4.2	3.5
内蒙古	99.9	69.7	30.2	1200.6	624.4	576.1	31.3	20.7	10.6
辽　宁	140.3	66.2	74.1	1289.2	534.1	755.1	592.2	383.4	208.8
吉　林	69.4	42.3	27.0	982.4	485.4	497.0	41.7	25.6	16.1
黑龙江	175.2	91.7	83.6	1701.7	676.2	1025.5	98.0	49.0	49.0
上　海	15.3	5.1	10.3	61.2	20.9	40.2	58.4	22.3	36.1
江　苏	136.7	77.0	59.8	1158.0	472.5	685.4	1623.4	892.0	731.4
浙　江	170.2	122.8	47.3	371.3	165.6	205.7	979.3	572.9	406.4
安　徽	319.1	220.6	98.5	1321.7	641.1	680.6	476.2	313.6	162.7
福　建	327.7	207.7	120.0	750.5	386.8	363.7	1202.1	667.3	534.7
江　西	296.5	204.3	92.2	709.7	376.2	333.5	453.1	294.3	158.8
山　东	165.1	116.0	49.1	2501.4	1041.0	1460.4	1476.0	920.1	555.9
河　南	128.9	84.4	44.5	2368.9	1316.0	1052.9	107.8	73.1	34.6
湖　北	213.3	117.6	95.7	1478.1	785.3	692.8	1089.1	664.0	425.1
湖　南	325.0	241.2	83.8	1505.8	687.2	818.6	393.1	255.5	137.6
广　东	356.1	265.4	90.8	1202.3	563.7	638.6	1276.1	763.5	512.6
广　西	346.4	258.4	88.1	1128.6	553.9	574.7	471.0	318.7	152.2
海　南	107.7	71.0	36.7	245.1	147.5	97.6	372.8	274.5	98.3
重　庆	85.2	62.1	23.0	522.5	267.0	255.5	94.8	73.7	21.1
四　川	346.8	220.7	126.1	2199.7	1086.6	1113.1	234.9	142.0	92.9
贵　州	228.8	156.7	72.1	885.8	531.1	354.7	60.1	38.0	22.1
云　南	381.5	250.3	131.2	1289.5	705.3	584.1	87.7	52.5	35.2
西　藏	2.9	1.5	1.5	92.2	66.7	25.5	0.3	0.2	0.1
陕　西	96.9	58.4	38.5	695.2	374.8	320.4	27.5	15.4	12.0
甘　肃	31.6	14.6	17.0	309.0	201.5	107.4	2.1	1.5	0.6
青　海	9.0	5.5	3.6	183.0	134.5	48.5	3.4	2.7	0.8
宁　夏	9.7	3.4	6.3	155.7	65.8	89.9	18.6	7.2	11.4
新　疆	54.3	26.8	27.4	748.5	366.7	381.8	23.2	11.0	12.2

6-4 各地区分部门农林牧渔业增加值

(按当年价格计算) 单位：亿元

地 区	合计	#农业	林业	牧业	渔业
全 国	**64660.0**	**37426.5**	**3254.0**	**14404.8**	**7014.3**
北 京	122.8	59.0	28.8	29.2	3.4
天 津	174.0	95.1	4.4	39.8	29.7
河 北	3297.8	2014.6	114.6	878.7	122.1
山 西	764.1	490.6	44.8	179.6	4.2
内蒙古	1677.7	934.9	69.7	624.4	20.7
辽 宁	2000.4	918.5	66.2	534.1	383.4
吉 林	1137.7	542.0	42.3	485.4	25.6
黑龙江	3036.9	2148.4	91.7	676.2	49.0
上 海	115.1	62.5	5.1	20.9	22.3
江 苏	4314.5	2603.6	77.0	472.5	892.0
浙 江	1972.8	1072.6	122.8	165.6	572.9
安 徽	2706.7	1407.0	220.6	641.1	313.6
福 建	2294.4	953.3	207.7	386.8	667.3
江 西	1898.5	960.5	204.3	376.2	294.3
山 东	5114.7	2755.7	116.0	1041.0	920.1
河 南	4310.5	2665.7	84.4	1316.0	73.1
湖 北	3690.3	1962.1	117.6	785.3	664.0
湖 南	3165.3	1814.5	241.2	687.2	255.5
广 东	3712.7	2018.9	265.4	563.7	763.5
广 西	2964.6	1747.4	258.4	553.9	318.7
海 南	993.3	469.8	71.0	147.5	274.5
重 庆	1300.3	873.2	62.1	267.0	73.7
四 川	4365.1	2813.1	220.7	1086.6	142.0
贵 州	2140.0	1306.4	156.7	531.1	38.0
云 南	2388.6	1330.3	250.3	705.3	52.5
西 藏	125.9	54.3	1.5	66.7	0.2
陕 西	1830.6	1292.9	58.4	374.8	15.4
甘 肃	896.0	642.1	14.6	201.5	1.5
青 海	242.0	95.8	5.5	134.5	2.7
宁 夏	266.3	174.3	3.4	65.8	7.2
新 疆	1640.3	1147.3	26.8	366.7	11.0

6-5 各地区分部门农林牧渔业增加值构成

(按当年价格计算)

单位：%

地　区	合计	#农业	林业	牧业	渔业
全　国	**100.0**	**57.9**	**5.0**	**22.3**	**10.8**
北　京	100.0	48.1	23.5	23.7	2.8
天　津	100.0	54.6	2.5	22.9	17.1
河　北	100.0	61.1	3.5	26.6	3.7
山　西	100.0	64.2	5.9	23.5	0.6
内蒙古	100.0	55.7	4.2	37.2	1.2
辽　宁	100.0	45.9	3.3	26.7	19.2
吉　林	100.0	47.6	3.7	42.7	2.2
黑龙江	100.0	70.7	3.0	22.3	1.6
上　海	100.0	54.3	4.4	18.2	19.4
江　苏	100.0	60.3	1.8	11.0	20.7
浙　江	100.0	54.4	6.2	8.4	29.0
安　徽	100.0	52.0	8.1	23.7	11.6
福　建	100.0	41.6	9.1	16.9	29.1
江　西	100.0	50.6	10.8	19.8	15.5
山　东	100.0	53.9	2.3	20.4	18.0
河　南	100.0	61.8	2.0	30.5	1.7
湖　北	100.0	53.2	3.2	21.3	18.0
湖　南	100.0	57.3	7.6	21.7	8.1
广　东	100.0	54.4	7.1	15.2	20.6
广　西	100.0	58.9	8.7	18.7	10.8
海　南	100.0	47.3	7.2	14.8	27.6
重　庆	100.0	67.2	4.8	20.5	5.7
四　川	100.0	64.4	5.1	24.9	3.3
贵　州	100.0	61.0	7.3	24.8	1.8
云　南	100.0	55.7	10.5	29.5	2.2
西　藏	100.0	43.2	1.2	53.0	0.2
陕　西	100.0	70.6	3.2	20.5	0.8
甘　肃	100.0	71.7	1.6	22.5	0.2
青　海	100.0	39.6	2.3	55.6	1.1
宁　夏	100.0	65.4	1.3	24.7	2.7
新　疆	100.0	69.9	1.6	22.4	0.7

6-6　各地区分部门农林牧渔业增加值率

(以该部门总产值为100)　　单位：%

地　　区	农林牧渔业	农业	林业	牧业	渔业
全　　国	**59.1**	**64.5**	**65.3**	**49.1**	**60.6**
北　　京	39.8	45.5	49.0	28.8	35.6
天　　津	45.5	51.9	48.5	36.9	42.6
河　　北	61.4	69.7	65.3	50.6	62.3
山　　西	53.9	56.9	45.9	50.0	54.8
内 蒙 古	59.6	65.2	69.8	52.0	66.3
辽　　宁	51.9	56.7	47.2	41.4	64.7
吉　　林	55.1	60.5	61.0	49.4	61.3
黑 龙 江	54.4	61.9	52.3	39.7	50.0
上　　海	39.3	42.7	33.0	34.2	38.2
江　　苏	60.2	69.2	56.3	40.8	54.9
浙　　江	63.8	71.8	72.2	44.6	58.5
安　　徽	58.9	62.8	69.1	48.5	65.8
福　　建	58.1	62.4	63.4	51.5	55.5
江　　西	61.9	64.5	68.9	53.0	65.0
山　　东	56.0	62.6	70.3	41.6	62.3
河　　南	57.0	58.6	65.5	55.6	67.9
湖　　北	60.2	66.2	55.1	53.1	61.0
湖　　南	60.7	69.9	74.2	45.6	65.0
广　　东	62.2	69.9	74.5	46.9	59.8
广　　西	63.1	68.8	74.6	49.1	67.7
海　　南	66.7	66.4	66.0	60.2	73.6
重　　庆	68.3	74.9	73.0	51.1	77.8
四　　川	62.8	70.3	63.6	49.4	60.4
贵　　州	62.7	62.9	68.5	60.0	63.3
云　　南	61.7	67.1	65.6	54.7	59.8
西　　藏	70.7	69.3	50.3	72.3	64.8
陕　　西	59.5	61.7	60.3	53.9	56.1
甘　　肃	57.4	60.1	46.2	65.2	71.7
青　　海	66.5	59.0	60.7	73.5	77.8
宁　　夏	51.5	56.4	35.0	42.2	38.7
新　　疆	49.3	49.6	49.5	49.0	47.5

6-7 各地区分部门农林牧渔业中间消耗

(按当年价格计算)

单位：亿元

地区	合计	#农业	林业	牧业	渔业
全国	**44671.7**	**20633.3**	**1726.6**	**14956.4**	**4562.8**
北京	185.5	70.8	30.0	72.2	6.2
天津	208.1	88.1	4.6	68.2	40.1
河北	2075.6	876.0	60.9	857.2	73.8
山西	654.7	371.3	52.9	179.3	3.5
内蒙古	1135.8	499.9	30.2	576.1	10.6
辽宁	1851.2	701.9	74.1	755.1	208.8
吉林	926.6	353.8	27.0	497.0	16.1
黑龙江	2549.7	1322.9	83.6	1025.5	49.0
上海	177.5	83.9	10.3	40.2	36.1
江苏	2846.7	1161.1	59.8	685.4	731.4
浙江	1120.5	421.9	47.3	205.7	406.4
安徽	1891.2	834.4	98.5	680.6	162.7
福建	1652.7	573.7	120.0	363.7	534.7
江西	1170.5	528.8	92.2	333.5	158.8
山东	4025.7	1647.6	49.1	1460.4	555.9
河南	3252.0	1887.0	44.5	1052.9	34.6
湖北	2439.4	1000.4	95.7	692.8	425.1
湖南	2048.2	783.1	83.8	818.6	137.6
广东	2257.2	871.1	90.8	638.6	512.6
广西	1734.1	791.5	88.1	574.7	152.2
海南	495.6	237.6	36.7	97.6	98.3
重庆	602.1	292.5	23.0	255.5	21.1
四川	2590.4	1191.1	126.1	1113.1	92.9
贵州	1273.9	770.6	72.1	354.7	22.1
云南	1484.4	652.2	131.2	584.1	35.2
西藏	52.3	24.1	1.5	25.5	0.1
陕西	1247.0	802.4	38.5	320.4	12.0
甘肃	663.6	426.5	17.0	107.4	0.6
青海	122.1	66.6	3.6	48.5	0.8
宁夏	251.1	134.7	6.3	89.9	11.4
新疆	1686.3	1166.0	27.4	381.8	12.2

6-8 各地区分部门农林牧渔业中间消耗构成

(按当年价格计算)　　单位：%

地　区	合计	#农业	林业	牧业	渔业
全　国	**100.0**	**46.2**	**3.9**	**33.5**	**10.2**
北　京	100.0	38.2	16.2	38.9	3.3
天　津	100.0	42.3	2.2	32.8	19.3
河　北	100.0	42.2	2.9	41.3	3.6
山　西	100.0	56.7	8.1	27.4	0.5
内蒙古	100.0	44.0	2.7	50.7	0.9
辽　宁	100.0	37.9	4.0	40.8	11.3
吉　林	100.0	38.2	2.9	53.6	1.7
黑龙江	100.0	51.9	3.3	40.2	1.9
上　海	100.0	47.3	5.8	22.7	20.3
江　苏	100.0	40.8	2.1	24.1	25.7
浙　江	100.0	37.7	4.2	18.4	36.3
安　徽	100.0	44.1	5.2	36.0	8.6
福　建	100.0	34.7	7.3	22.0	32.4
江　西	100.0	45.2	7.9	28.5	13.6
山　东	100.0	40.9	1.2	36.3	13.8
河　南	100.0	58.0	1.4	32.4	1.1
湖　北	100.0	41.0	3.9	28.4	17.4
湖　南	100.0	38.2	4.1	40.0	6.7
广　东	100.0	38.6	4.0	28.3	22.7
广　西	100.0	45.6	5.1	33.1	8.8
海　南	100.0	47.9	7.4	19.7	19.8
重　庆	100.0	48.6	3.8	42.4	3.5
四　川	100.0	46.0	4.9	43.0	3.6
贵　州	100.0	60.5	5.7	27.8	1.7
云　南	100.0	43.9	8.8	39.4	2.4
西　藏	100.0	46.1	2.8	48.8	0.2
陕　西	100.0	64.3	3.1	25.7	1.0
甘　肃	100.0	64.3	2.6	16.2	0.1
青　海	100.0	54.6	2.9	39.7	0.6
宁　夏	100.0	53.6	2.5	35.8	4.5
新　疆	100.0	69.1	1.6	22.6	0.7

6-9 各地区分部门农林牧渔业中间消耗占产值的比重

(以该部门总产值为100)

单位：%

地区	农林牧渔业	农业	林业	牧业	渔业
全国	**40.9**	**35.5**	**34.7**	**50.9**	**39.4**
北京	60.2	54.5	51.0	71.2	64.4
天津	54.5	48.1	51.5	63.1	57.4
河北	38.6	30.3	34.7	49.4	37.7
山西	46.1	43.1	54.1	50.0	45.2
内蒙古	40.4	34.8	30.2	48.0	33.7
辽宁	48.1	43.3	52.8	58.6	35.3
吉林	44.9	39.5	39.0	50.6	38.7
黑龙江	45.6	38.1	47.7	60.3	50.0
上海	60.7	57.3	67.0	65.8	61.8
江苏	39.8	30.8	43.7	59.2	45.1
浙江	36.2	28.2	27.8	55.4	41.5
安徽	41.1	37.2	30.9	51.5	34.2
福建	41.9	37.6	36.6	48.5	44.5
江西	38.1	35.5	31.1	47.0	35.0
山东	44.0	37.4	29.7	58.4	37.7
河南	43.0	41.4	34.5	44.4	32.1
湖北	39.8	33.8	44.9	46.9	39.0
湖南	39.3	30.1	25.8	54.4	35.0
广东	37.8	30.1	25.5	53.1	40.2
广西	36.9	31.2	25.4	50.9	32.3
海南	33.3	33.6	34.0	39.8	26.4
重庆	31.7	25.1	27.0	48.9	22.2
四川	37.2	29.7	36.4	50.6	39.6
贵州	37.3	37.1	31.5	40.0	36.7
云南	38.3	32.9	34.4	45.3	40.2
西藏	29.3	30.7	49.7	27.7	35.2
陕西	40.5	38.3	39.7	46.1	43.9
甘肃	42.6	39.9	53.8	34.8	28.3
青海	33.5	41.0	39.3	26.5	22.2
宁夏	48.5	43.6	65.0	57.8	61.3
新疆	50.7	50.4	50.5	51.0	52.5

6-10 分项农林牧渔业中间消耗

单位：亿元

指　标	1990年	1997年	2000年	2016年	2017年
中间消耗总计		**9615.5**	**10287.6**	**44027.7**	**44671.7**
一、物质消耗	**2508.2**	**8864.8**	**9497.8**	**37104.9**	**37211.2**
#用种量	245.7	854.8	879.3	5389.9	5802.2
饲料	995.2	3708.5	3908.2	14227.5	13563.5
肥料	601.2	1634.0	1641.6	6335.4	6688.0
燃料	152.0	544.7	684.1	2560.1	2525.2
农药	70.7	259.7	208.0	874.1	912.5
农膜		121.9	137.1	587.8	542.2
畜牧用药			69.0	384.2	367.7
用电量	61.6	365.0	441.7	1461.5	1448.9
小农机			113.7	648.5	633.0
二、生产服务支出			**789.8**	**6922.8**	**7460.5**

注：从2003年起，“生产服务支出”包括“对物质生产部门的劳务支出”。

6-11 各地区农林牧渔业增加值、中间消耗及占农林牧渔业总产值比重

(按当年价格计算)　　　　单位：亿元

地　区	农林牧渔业增加值	占农林牧渔业总产值比重(%)	农林牧渔业中间消耗	占农林牧渔业总产值比重(%)
全　国	**64660.0**	**59.1**	**44671.7**	**40.9**
北　京	122.8	39.8	185.5	60.2
天　津	174.0	45.5	208.1	54.5
河　北	3297.8	61.4	2075.6	38.6
山　西	764.1	53.9	654.7	46.1
内蒙古	1677.7	59.6	1135.8	40.4
辽　宁	2000.4	51.9	1851.2	48.1
吉　林	1137.7	55.1	926.6	44.9
黑龙江	3036.9	54.4	2549.7	45.6
上　海	115.1	39.3	177.5	60.7
江　苏	4314.5	60.2	2846.7	39.8
浙　江	1972.8	63.8	1120.5	36.2
安　徽	2706.7	58.9	1891.2	41.1
福　建	2294.4	58.1	1652.7	41.9
江　西	1898.5	61.9	1170.5	38.1
山　东	5114.7	56.0	4025.7	44.0
河　南	4310.5	57.0	3252.0	43.0
湖　北	3690.3	60.2	2439.4	39.8
湖　南	3165.3	60.7	2048.2	39.3
广　东	3712.7	62.2	2257.2	37.8
广　西	2964.6	63.1	1734.1	36.9
海　南	993.3	66.7	495.6	33.3
重　庆	1300.3	68.3	602.1	31.7
四　川	4365.1	62.8	2590.4	37.2
贵　州	2140.0	62.7	1273.9	37.3
云　南	2388.6	61.7	1484.4	38.3
西　藏	125.9	70.7	52.3	29.3
陕　西	1830.6	59.5	1247.0	40.5
甘　肃	896.0	57.4	663.6	42.6
青　海	242.0	66.5	122.1	33.5
宁　夏	266.3	51.5	251.1	48.5
新　疆	1640.3	49.3	1686.3	50.7

6-12 农林牧渔业总产值

(按当年价格计算) 单位：亿元

年 份	农林牧渔业总产值	#农业产值	林业产值	牧业产值	渔业产值
1952	461.0	396.0	7.3	51.7	6.1
1957	537.0	443.9	17.5	65.4	10.2
1962	584.0	494.7	13.0	63.8	12.6
1965	833.0	684.3	22.3	111.5	14.8
1970	1021.0	838.4	28.6	136.6	17.4
1975	1260.0	1020.5	39.2	178.4	21.9
1978	1397.0	1117.5	48.1	209.3	22.1
1980	1922.6	1454.1	81.4	354.2	32.9
1985	3619.5	2506.4	188.7	798.3	126.1
1990	7662.1	4954.3	330.3	1967.0	410.6
1991	8157.0	5146.4	367.9	2159.2	483.5
1992	9084.7	5588.0	422.6	2460.5	613.5
1993	10995.5	6605.1	494.0	3014.4	882.0
1994	15750.5	9169.2	611.1	4672.0	1298.2
1995	20340.9	11884.6	709.9	6045.0	1701.3
1996	22353.7	13539.8	778.0	6015.5	2020.4
1997	23788.4	13852.5	817.8	6835.4	2282.7
1998	24541.9	14241.9	851.3	7025.8	2422.9
1999	24519.1	14106.2	886.3	6997.6	2529.0
2000	24915.8	13873.6	936.5	7393.1	2712.6
2001	26179.6	14462.8	938.8	7963.1	2815.0
2002	27390.8	14931.5	1033.5	8454.6	2971.1
2003	29691.8	14870.1	1239.9	9538.8	3137.6
2004	36239.0	18138.4	1327.1	12173.8	3605.6
2005	39450.9	19613.4	1425.5	13310.8	4016.1
2006	40810.8	21522.3	1610.8	12083.9	3970.5
2007	48651.8	24444.7	1889.9	16068.6	4427.9
2008	57420.8	27679.9	2180.3	20354.2	5137.5
2009	59311.3	29983.8	2324.4	19184.6	5514.7
2010	67763.1	35909.1	2575.0	20461.1	6263.4
2011	78837.0	40339.6	3092.4	25194.2	7337.4
2012	86342.2	44845.7	3407.0	26491.2	8403.9
2013	93173.7	48943.9	3847.4	27572.4	9254.5
2014	97822.5	51851.1	4190.0	27963.4	9877.5
2015	101893.5	54205.3	4358.4	28649.3	10339.1
2016	106478.7	55659.9	4635.9	30461.2	10892.9
2017	109331.7	58059.8	4980.6	29361.2	11577.1

注：1. 2009年按照新的《统计用产品分类目录》对数据进行了调整(后同)。
2. 根据第三次全国农业普查结果，2007-2017年农林牧渔业总产值进行了修订(后同)。
3. 根据第二次全国农业普查结果，2005-2006年农林牧渔业总产值进行了修订(后同)。

6-13 农林牧渔业总产值构成

(按当年价格计算)

单位：%

年 份	农林牧渔业	农业产值	林业产值	牧业产值	渔业产值
1952	100.0	85.9	1.6	11.2	1.3
1957	100.0	82.7	3.3	12.2	1.9
1962	100.0	84.7	2.2	10.9	2.2
1965	100.0	82.2	2.7	13.4	1.8
1970	100.0	82.1	2.8	13.4	1.7
1975	100.0	81.0	3.1	14.2	1.7
1978	100.0	80.0	3.4	15.0	1.6
1979	100.0	78.1	3.6	16.8	1.5
1980	100.0	75.6	4.2	18.4	1.7
1981	100.0	75.0	4.5	18.4	2.0
1982	100.0	75.1	4.4	18.4	2.1
1983	100.0	75.4	4.6	17.6	2.3
1984	100.0	74.1	5.0	18.3	2.6
1985	100.0	69.2	5.2	22.1	3.5
1986	100.0	69.1	5.0	21.8	4.1
1987	100.0	67.6	4.7	22.8	4.8
1988	100.0	62.5	4.7	27.3	5.5
1989	100.0	62.8	4.4	27.6	5.3
1990	100.0	64.7	4.3	25.7	5.4
1991	100.0	63.1	4.5	26.5	5.9
1992	100.0	61.5	4.7	27.1	6.8
1993	100.0	60.1	4.5	27.4	8.0
1994	100.0	58.2	3.9	29.7	8.2
1995	100.0	58.4	3.5	29.7	8.4
1996	100.0	60.6	3.5	26.9	9.0
1997	100.0	58.2	3.4	28.7	9.6
1998	100.0	58.0	3.5	28.6	9.9
1999	100.0	57.5	3.6	28.5	10.3
2000	100.0	55.7	3.8	29.7	10.9
2001	100.0	55.2	3.6	30.4	10.8
2002	100.0	54.5	3.8	30.9	10.8
2003	100.0	50.1	4.2	32.1	10.6
2004	100.0	50.1	3.7	33.6	9.9
2005	100.0	49.7	3.6	33.7	10.2
2006	100.0	52.7	3.9	29.6	9.7
2007	100.0	50.2	3.9	33.0	9.1
2008	100.0	48.2	3.8	35.4	8.9
2009	100.0	50.6	3.9	32.3	9.3
2010	100.0	53.0	3.8	30.2	9.2
2011	100.0	51.2	3.9	32.0	9.3
2012	100.0	51.9	3.9	30.7	9.7
2013	100.0	52.5	4.1	29.6	9.9
2014	100.0	53.0	4.3	28.6	10.1
2015	100.0	53.2	4.3	28.1	10.1
2016	100.0	52.3	4.4	28.6	10.2
2017	100.0	53.1	4.6	26.9	10.6

6-14 农林牧渔业分项产值及构成

(按当年价格计算)

指　　标	绝对数(亿元)		构成(%)	
	2016年	2017年	2016年	2017年
农林牧渔业总产值	**106478.7**	**109331.7**	**100.0**	**100.0**
一、农业产值	**55659.9**	**58059.8**	**52.3**	**53.1**
(一)谷物及其他作物	21967.4	22527.5	20.6	20.6
谷物	14297.4	14738.5	13.4	13.5
薯类	1413.6	1427.5	1.3	1.3
油料	1969.8	1934.9	1.8	1.8
豆类	695.0	854.7	0.7	0.8
棉花	790.1	811.6	0.7	0.7
麻类	24.4	13.9	0.0	0.0
糖料	632.7	658.3	0.6	0.6
烟草	603.6	588.0	0.6	0.5
其他农作物	1592.1	1503.2	1.5	1.4
(二)蔬菜园艺作物	21205.9	21546.1	19.9	19.7
#蔬菜(含菜用瓜)	18510.0	18715.2	17.4	17.1
食用菌	1486.5	1531.9	1.4	1.4
花卉	744.4	786.4	0.7	0.7
盆景园艺	465.0	503.9	0.4	0.5
(三)水果、坚果、茶、饮料和香料	10896.9	12129.5	10.2	11.1
#水果	8175.7	9390.8	7.7	8.6
坚果	1123.7	1102.8	1.1	1.0
茶及饮料原料	1391.6	1425.5	1.3	1.3
香料原料	206.1	210.4	0.2	0.2
(四)中草药材	1589.7	1856.6	1.5	1.7
二、林业产值	**4635.9**	**4980.6**	**4.4**	**4.6**
(一)林木的培育和种植	1923.5	2060.0	1.8	1.9
(二)竹木采运	1183.4	1227.5	1.1	1.1
(三)林产品	1529.0	1693.1	1.4	1.5
三、牧业产值	**30461.2**	**29361.2**	**28.6**	**26.9**
(一)牲畜饲养	7171.9	7702.8	6.7	7.0
#牛的饲养	2987.0	3132.8	2.8	2.9
羊的饲养	2191.7	2309.9	2.1	2.1
(二)猪的饲养	14133.4	12966.1	13.3	11.9
(三)家禽饲养	7775.2	7329.9	7.3	6.7
(四)狩猎和捕捉动物	64.8	41.8	0.1	0.0
(五)其他畜牧业	1315.9	1320.6	1.2	1.2
四、渔业产值	**10892.9**	**11577.1**	**10.2**	**10.6**
(一)海水产品	5083.0	5508.5	4.8	5.0
其中：养殖	2416.8	2325.2	2.3	2.1
(二)淡水产品	5809.9	6068.6	5.5	5.6
其中：养殖	4974.6	4994.6	4.7	4.6

6-15 各地区农林牧渔业总产值

(按当年价格计算) 单位：亿元

地区	农林牧渔业总产值		农业产值	
	2016年	2017年	2016年	2017年
全国	**106478.7**	**109331.7**	**55659.9**	**58059.8**
北京	338.1	308.3	145.2	129.8
天津	395.6	382.1	181.9	183.2
河北	5299.7	5373.4	2772.9	2890.6
山西	1429.9	1418.7	824.4	861.9
内蒙古	2803.5	2813.5	1477.6	1434.7
辽宁	3764.1	3851.6	1589.9	1620.5
吉林	2167.9	2064.3	949.0	895.8
黑龙江	5202.9	5586.6	3189.7	3471.3
上海	300.8	292.6	146.6	146.4
江苏	7179.0	7161.2	3663.4	3764.7
浙江	3038.5	3093.4	1455.3	1494.5
安徽	4432.3	4597.9	2137.0	2241.4
福建	3784.2	3947.2	1474.5	1527.0
江西	3019.9	3069.0	1435.3	1489.3
山东	9075.6	9140.4	4387.5	4403.2
河南	7405.4	7562.5	4459.3	4552.7
湖北	5864.0	6129.7	2794.8	2962.5
湖南	5057.5	5213.5	2485.5	2597.6
广东	5817.6	5969.9	2763.8	2890.0
广西	4560.2	4698.7	2342.2	2538.9
海南	1433.9	1488.9	676.6	707.4
重庆	1851.6	1902.5	1123.8	1165.7
四川	6816.9	6955.5	3701.6	4004.2
贵州	3123.1	3413.9	1900.6	2077.0
云南	3704.7	3872.9	1888.8	1982.5
西藏	173.0	178.2	52.2	78.4
陕西	2994.8	3077.6	1997.8	2095.3
甘肃	1443.1	1559.6	985.7	1068.6
青海	338.8	364.1	155.5	162.4
宁夏	496.3	517.4	299.7	309.0
新疆	3165.9	3326.6	2201.7	2313.2

6-15 续表

地区	林业产值		牧业产值		渔业产值	
	2016年	2017年	2016年	2017年	2016年	2017年
全国	**4635.9**	**4980.6**	**30461.2**	**29361.2**	**10892.9**	**11577.1**
北京	52.2	58.8	122.7	101.4	9.2	9.6
天津	8.4	9.0	119.0	108.0	74.4	69.8
河北	148.3	175.5	1846.2	1735.8	190.3	195.9
山西	92.7	97.7	415.6	358.8	7.6	7.7
内蒙古	98.6	99.9	1149.7	1200.6	33.0	31.3
辽宁	134.0	140.3	1277.6	1289.2	559.5	592.2
吉林	72.6	69.4	1033.4	982.4	40.3	41.7
黑龙江	163.7	175.2	1627.1	1701.7	92.0	98.0
上海	13.2	15.3	80.2	61.2	50.3	58.4
江苏	129.3	136.7	1326.7	1158.0	1621.9	1623.4
浙江	158.1	170.2	455.6	371.3	899.1	979.3
安徽	291.1	319.1	1319.7	1321.7	466.1	476.2
福建	318.3	327.7	768.1	750.5	1091.3	1202.1
江西	294.6	296.5	770.5	709.7	408.1	453.1
山东	147.5	165.1	2620.3	2501.4	1409.7	1476.0
河南	121.3	128.9	2356.0	2368.9	107.3	107.8
湖北	203.4	213.3	1527.3	1478.1	1030.0	1089.1
湖南	321.6	325.0	1549.6	1505.8	354.9	393.1
广东	330.0	356.1	1318.9	1202.3	1179.1	1276.1
广西	323.5	346.4	1281.5	1128.6	423.7	471.0
海南	97.8	107.7	276.9	245.1	333.1	372.8
重庆	73.4	85.2	538.7	522.5	85.3	94.8
四川	329.3	346.8	2405.5	2199.7	220.0	234.9
贵州	195.0	228.8	820.8	885.8	59.1	60.1
云南	330.4	381.5	1286.1	1289.5	76.4	87.7
西藏	2.4	2.9	113.8	92.2	0.2	0.3
陕西	85.5	96.9	734.7	695.2	26.2	27.5
甘肃	30.8	31.6	285.9	309.0	2.2	2.1
青海	8.3	9.0	165.7	183.0	3.3	3.4
宁夏	10.1	9.7	146.5	155.7	17.0	18.6
新疆	50.3	54.3	720.7	748.5	22.2	23.2

6-16 各地区农业分项产值

(按当年价格计算)　　单位：亿元

地区	农业	1.谷物及其他作物	#谷物	#小麦	稻谷	玉米
全国	**58059.8**	**22527.5**	**14738.5**	**3182.9**	**6357.5**	**4574.2**
北京	129.8	9.7	7.3	1.5	0.1	5.5
天津	183.2	55.6	47.2	13.7	11.5	20.8
河北	2890.6	1063.0	737.8	350.5	18.2	327.7
山西	861.9	334.7	262.4	57.4	0.1	174.1
内蒙古	1434.7	1052.0	643.3	44.4	26.8	369.6
辽宁	1620.5	457.5	391.7	0.4	107.6	277.4
吉林	895.8	762.7	647.0	0.0	208.1	406.3
黑龙江	3471.3	2482.5	1785.0	8.6	1043.2	698.3
上海	146.4	33.8	29.9	3.2	25.8	0.5
江苏	3764.7	1338.4	1134.3	315.1	624.2	79.5
浙江	1494.5	228.7	152.0	8.3	134.4	8.6
安徽	2241.4	1334.1	1086.5	457.1	494.1	129.9
福建	1527.0	236.3	130.9	0.0	124.8	4.3
江西	1489.3	721.7	548.5	1.8	540.7	5.0
山东	4403.2	1774.9	1045.5	564.2	35.1	441.9
河南	4552.7	1814.3	1311.8	838.3	133.4	329.9
湖北	2962.5	1069.8	761.6	100.7	545.1	85.2
湖南	2597.6	1086.9	822.8	2.2	762.1	52.2
广东	2890.0	705.6	349.0	0.0	325.4	23.4
广西	2538.9	960.7	397.5	0.1	316.6	152.0
海南	707.4	105.0	44.3		41.5	
重庆	1165.7	337.2	187.7	2.2	122.7	61.1
四川	4004.2	1348.0	730.0	59.6	379.2	279.7
贵州	2077.0	454.3	232.9	9.5	116.7	92.6
云南	1982.5	738.5	313.8	13.7	142.8	155.2
西藏	78.4	37.2	32.1	5.2	0.2	0.8
陕西	2095.3	450.5	259.1	93.1	22.2	103.1
甘肃	1068.6	405.6	217.9	55.3	0.6	102.6
青海	162.4	69.6	16.1	7.5		3.1
宁夏	309.0	110.5	71.7	10.1	20.9	37.8
新疆	2313.2	948.1	340.9	159.5	33.7	146.1

6-16　续表 1　　　　单位：亿元

地　区	#薯类	#油料	花生	油菜籽	#豆类	大豆
全　国	**1427.5**	**1934.9**	**934.6**	**719.9**	**854.7**	**667.8**
北　京	0.7	0.5	0.4		0.4	0.3
天　津	0.1	1.1	0.3		0.3	0.3
河　北	100.3	65.6	54.2	2.4	11.5	8.7
山　西	32.8	8.3	0.9	0.9	16.0	8.6
内蒙古	86.3	137.2	2.6	17.0	78.6	63.3
辽　宁	7.0	27.7	26.9	0.1	5.9	4.8
吉　林	25.4	55.4	50.5	0.0	29.4	17.2
黑龙江	64.5	13.9	4.4	0.1	312.0	289.9
上　海	0.1	0.3	0.1	0.2	0.1	0.1
江　苏	18.0	60.5	24.7	28.9	31.5	21.0
浙　江	11.7	21.0	5.9	14.6	15.6	11.7
安　徽	6.3	97.7	45.4	44.6	49.7	46.4
福　建	33.0	19.9	19.1	0.6	7.2	5.7
江　西	11.5	70.7	36.1	30.2	16.7	15.4
山　东	58.0	169.9	166.9	1.4	19.2	18.7
河　南	56.3	257.8	224.6	18.1	24.6	21.9
湖　北	39.2	162.6	42.7	112.7	24.1	19.0
湖　南	22.2	150.0	18.0	124.1	23.0	17.3
广　东	89.4	83.7	81.6	1.6	8.4	6.2
广　西	10.6	52.9	49.2	0.5	14.5	9.4
海　南	18.2	7.0	6.9		1.1	0.6
重　庆	61.1	37.0	8.2	27.6	19.7	8.5
四　川	327.7	209.4	45.9	155.4	42.2	25.3
贵　州	66.2	56.0	5.9	42.2	16.5	11.8
云　南	48.7	28.9	3.8	24.4	48.9	13.5
西　藏	0.2	3.2	0.0	3.2	0.5	0.2
陕　西	79.0	43.8	8.5	21.7	15.6	12.2
甘　肃	104.0	41.3	0.1	24.4	9.5	3.7
青　海	24.4	13.9		13.7	2.7	
宁　夏	22.7	3.9	0.0	0.2	0.6	0.3
新　疆	1.7	33.7	0.9	9.2	8.5	6.1

6-16 续表 2 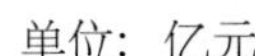 单位：亿元

地 区	#棉花	#麻类	#糖料	#烟草
全 国	**811.6**	**13.9**	**658.3**	**588.0**
北 京	0.0			0.0
天 津	1.4			
河 北	46.2	0.0	2.6	0.2
山 西	0.8	0.0	0.0	1.0
内蒙古	0.0	0.5	18.3	1.4
辽 宁	0.0	0.0	1.7	2.8
吉 林		0.0	0.8	3.9
黑龙江		5.3	3.5	8.7
上 海	0.0		0.1	
江 苏	19.7	0.2	1.4	
浙 江	1.6	0.0	5.6	0.3
安 徽	51.0	0.2	2.6	5.3
福 建	0.0	0.0	3.6	25.1
江 西	6.7	0.7	22.1	14.1
山 东	94.2	0.0		13.9
河 南	3.1	1.1	1.6	73.6
湖 北	46.2	0.1	7.9	17.9
湖 南	7.1	0.4	3.9	49.1
广 东		1.1	88.2	9.8
广 西	0.9	1.1	375.7	5.2
海 南		0.1	18.6	0.3
重 庆		0.7	2.5	15.8
四 川	0.6	1.8	3.7	32.1
贵 州	1.0	0.1	8.0	67.9
云 南	0.0	0.0	65.2	231.9
西 藏				
陕 西	3.8	0.1		7.5
甘 肃	12.2	0.1	1.3	0.2
青 海			0.0	
宁 夏				0.1
新 疆	515.2	0.1	19.3	

6-16 续表 3 单位：亿元

地　区	2.蔬菜园艺	蔬菜	食用菌	花卉	3.水果、坚果、饮料和香料作物	苹果	梨	柑橘
全　国	**21546.1**	**18715.2**	**1531.9**	**786.4**	**12129.5**	**1625.6**	**690.1**	**1678.6**
北　京	69.0	50.8	9.2	6.6	49.8	5.7	4.4	
天　津	89.3	72.9	7.7		38.2	1.5	1.5	
河　北	1238.9	1115.4	95.3	9.5	489.2	87.5	61.3	
山　西	189.3	172.3	11.1	5.7	278.3	137.5	27.8	13.6
内蒙古	262.3	248.4	10.1	1.4	75.2	4.6	2.4	
辽　宁	793.9	753.5	25.4	1.9	364.7	109.2	27.8	
吉　林	96.2	90.2	5.8	0.1	24.1	1.0	0.4	
黑龙江	684.3	451.3	231.9	1.1	264.1	12.4	4.0	
上　海	77.4	61.7	8.7	5.3	34.3	0.0	2.8	2.1
江　苏	1993.2	1708.2	94.4	57.2	416.1	25.1	25.9	1.4
浙　江	753.1	517.4	38.6	179.3	454.0		14.8	45.8
安　徽	615.3	567.1	16.1	10.8	234.9	6.1	18.3	0.2
福　建	750.6	444.2	196.6	81.6	478.1		6.0	94.1
江　西	478.7	431.5	13.7	33.5	268.3		6.1	207.8
山　东	1482.2	1384.5	42.7	13.9	1081.8	277.8	26.2	
河　南	1750.9	1388.4	330.6	30.7	874.3	185.5	55.7	1.0
湖　北	1373.2	1208.6	83.9	21.8	466.0	1.1	19.2	142.9
湖　南	1003.4	959.5	17.2	2.7	377.6		8.9	53.4
广　东	1328.1	1146.0	28.2	94.6	783.4		3.8	156.3
广　西	904.5	785.0	63.4	29.5	610.9	123.8	53.2	62.9
海　南	290.5	246.0	0.0	38.8	294.3			6.8
重　庆	514.4	461.0	21.7	14.9	243.6	0.5	16.0	117.5
四　川	1653.4	1550.0	58.0	32.5	928.9	29.2	55.2	289.3
贵　州	1165.8	1098.5	50.9	12.6	270.7	3.7	13.5	11.7
云　南	552.1	446.7	22.9	80.7	469.6	11.9	13.7	35.0
西　藏	15.2	15.0	0.2	0.0	1.5	0.5	0.1	0.0
陕　西	616.2	569.2	27.3	11.7	955.5	409.7	32.1	12.3
甘　肃	264.7	256.9	5.9	1.5	288.7	127.6	4.4	0.0
青　海	48.2	46.9	0.8	0.2	5.2	0.2	0.2	
宁　夏	121.0	114.8	1.4	4.8	43.3	7.2	0.5	
新　疆	370.5	353.2	12.2	1.3	965.0	56.4	184.0	424.4

6-16　续表 4　　　　单位：亿元

地　区	茶及其他饮料	#茶	香料作物	中药材
全　国	**1425.5**	**1380.6**	**210.4**	**1856.6**
北　京			0.3	1.3
天　津				
河　北	3.7	0.6	5.1	99.5
山　西	0.1	0.1	3.9	59.6
内蒙古				45.3
辽　宁				4.4
吉　林				12.9
黑龙江				40.3
上　海	0.0	0.0		0.8
江　苏	50.1	50.1	0.0	17.0
浙　江	176.1	176.1		58.7
安　徽	58.1	53.1	0.1	57.1
福　建	226.3	226.3	0.2	62.0
江　西	14.8	14.8		20.5
山　东	19.5	19.5	11.7	64.2
河　南	94.0	94.0	0.8	113.1
湖　北	153.9	149.0	1.6	53.5
湖　南	110.5	110.5	0.9	129.8
广　东	51.5	51.5	5.5	72.9
广　西	27.2	27.2	28.8	62.8
海　南	0.9	0.8	24.2	17.6
重　庆	15.5	15.5	14.0	70.5
四　川	135.8	133.7	20.6	73.9
贵　州	128.7	122.7	3.3	186.3
云　南	115.5	92.5	15.3	222.3
西　藏	0.1	0.1	0.0	24.6
陕　西	42.2	42.2	32.2	73.0
甘　肃	1.0	0.4	39.2	109.6
青　海			0.1	39.4
宁　夏			0.3	34.2
新　疆			2.2	29.7

6-17 各地区林业分项产值

(按当年价格计算)　　单位：亿元

地　区	林业产值	1.林木的培育和种植	2.竹木采运	#村及村以下	3.林产品
全　国	**4980.6**	**2060.0**	**1227.5**	**587.9**	**1693.1**
北　京	58.8	57.5	1.3	0.5	0.0
天　津	9.0	7.9	1.1		
河　北	175.5	141.7	4.8	4.8	29.0
山　西	97.7	96.5	1.1	0.5	0.2
内蒙古	99.9	92.0	3.8		4.1
辽　宁	140.3	44.2	95.6		0.5
吉　林	69.4	34.8	11.5	1.0	23.1
黑龙江	175.2	92.3	4.2	4.2	78.7
上　海	15.3	15.0	0.2		0.2
江　苏	136.7	97.8	25.2	10.3	13.8
浙　江	170.2	6.7	40.4	25.3	123.1
安　徽	319.1	67.2	93.2	50.9	158.7
福　建	327.7	35.4	142.0	11.6	150.3
江　西	296.5	89.1	74.8	32.0	132.6
山　东	165.1	67.0	33.6	28.2	64.6
河　南	128.9	53.4	17.0	15.6	58.5
湖　北	213.3	78.4	58.3	33.5	76.6
湖　南	325.0	128.8	58.9		137.4
广　东	356.1	31.9	113.4		210.9
广　西	346.4	26.4	220.0		100.0
海　南	107.7	36.7	11.8		59.2
重　庆	85.2	77.4	6.9	2.2	0.9
四　川	346.8	297.4	47.9	269.3	1.4
贵　州	228.8	151.1	43.9	13.6	33.9
云　南	381.5	69.6	107.4	80.4	204.5
西　藏	2.9	2.1	0.9	0.8	0.0
陕　西	96.9	72.2	4.3	2.6	20.4
甘　肃	31.6	22.8	0.3	0.4	8.6
青　海	9.0	8.6	0.1		0.3
宁　夏	9.7	7.4	0.5	0.2	1.8
新　疆	54.3	51.1	3.2		

6-18 各地区畜牧业分项产值

(按当年价格计算)　　单位：亿元

地　区	牧业产值	1.牲畜饲养	牛	羊	奶产品
全　国	**29361.2**	**7702.8**	**3132.8**	**2309.9**	**1347.3**
北　京	101.4	29.8	10.0	5.5	13.5
天　津	108.0	41.7	17.3	4.6	19.4
河　北	1735.8	549.9	267.5	150.4	123.1
山　西	358.8	130.9	43.2	51.5	27.4
内蒙古	1200.6	945.6	222.3	453.2	207.1
辽　宁	1289.2	433.8	157.4	44.1	40.9
吉　林	982.4	343.9	288.7	28.1	10.3
黑龙江	1701.7	682.9	212.6	145.7	249.8
上　海	61.2	19.4	0.1	2.4	16.1
江　苏	1158.0	95.2	12.5	56.3	22.6
浙　江	371.3	26.8	4.3	12.4	7.5
安　徽	1321.7	144.0	47.7	83.9	10.4
福　建	750.5	47.8	16.0	18.5	13.3
江　西	709.7	58.2	35.6	11.6	5.8
山　东	2501.4	413.5	193.0	106.0	107.8
河　南	2368.9	860.0	227.5	153.3	69.6
湖　北	1478.1	195.5	117.6	70.9	5.8
湖　南	1505.8	113.9	62.4	48.5	2.9
广　东	1202.3	34.6	14.5	8.4	11.7
广　西	1128.6	92.3	77.3	9.8	5.2
海　南	245.1	31.1	23.6	7.2	0.2
重　庆	522.5	76.4	46.8	26.5	2.6
四　川	2199.7	298.7	138.0	131.3	25.4
贵　州	885.8	229.5	166.8	58.3	3.9
云　南	1289.5	353.6	243.4	87.8	19.1
西　藏	92.2	88.1	54.8	16.6	12.4
陕　西	695.2	276.4	71.3	100.3	90.1
甘　肃	309.0	196.6	87.3	79.9	24.5
青　海	183.0	154.5	52.6	65.0	27.0
宁　夏	155.7	121.9	37.5	33.5	47.7
新　疆	748.5	616.4	183.2	238.0	124.2

6-18 续表

单位：亿元

地 区	2.猪的饲养	3.家禽饲养			4.狩猎和捕猎动物	5.其他畜牧业
			#肉禽	禽蛋		
全 国	**12966.1**	**7329.9**	**4393.3**	**2929.0**	**41.8**	**1320.6**
北 京	43.4	26.4	9.4	17.0		1.8
天 津	44.6	21.3	4.4	16.8		0.4
河 北	637.4	395.8	106.2	289.6		152.7
山 西	130.8	91.7	23.2	68.5	0.0	5.5
内蒙古	163.6	88.9	42.5	46.4		2.4
辽 宁	457.9	391.8	244.8	147.0	0.6	5.0
吉 林	335.0	289.2	162.7	126.5		14.3
黑龙江	539.3	379.4	230.3	149.1		100.0
上 海	32.9	8.4	3.4	2.9		0.4
江 苏	508.9	417.4	234.5	180.2	1.2	135.2
浙 江	221.1	75.6	45.1	30.4	2.5	45.3
安 徽	704.2	392.3	240.5	151.8	5.1	76.1
福 建	294.7	387.7	327.7	60.0	4.0	16.2
江 西	377.4	251.2	183.7	67.6	2.9	20.0
山 东	1015.3	847.0	420.4	426.7	1.8	223.7
河 南	1062.2	386.4	130.1	253.6	10.0	50.3
湖 北	940.0	333.0	161.4	171.6	0.1	9.5
湖 南	1067.3	296.4	127.1	169.2	8.1	20.2
广 东	647.1	425.3	386.5	38.7	3.9	91.4
广 西	559.5	300.5	283.4	17.1		176.2
海 南	118.1	90.1	84.4	5.7	1.1	4.7
重 庆	246.9	171.4	126.3	45.1		27.7
四 川	1008.0	809.7	524.3	285.4		83.4
贵 州	526.4	127.6	102.9	24.7	0.1	2.2
云 南	773.5	136.5	104.7	31.7	0.0	25.8
西 藏	3.1	1.0	0.5	0.5		0.0
陕 西	292.2	99.0	41.3	57.7	0.3	27.2
甘 肃	94.6	16.2	7.4	8.8		1.5
青 海	22.5	5.4	3.0	2.5	0.1	0.5
宁 夏	17.0	16.0	6.3	9.7		0.7
新 疆	81.0	51.1	24.7	26.3		0.1

6-19 各地区渔业分项产值

(按当年价格计算)

单位：亿元

地区	渔业产值	1.海水产品					
			#养殖	鱼类	甲壳类	贝类	藻类
全国	**11577.1**	**5508.3**	**2325.0**	**1671.2**	**1451.7**	**1350.7**	**182.2**
北京	9.6	1.2		1.2			
天津	69.8	20.6	5.1	13.9	5.4	0.5	
河北	195.9	139.5	85.6	44.6	61.6	24.7	
山西	7.7						
内蒙古	31.3						
辽宁	592.2	513.6	273.1	140.8	75.2	245.2	21.6
吉林	41.7						
黑龙江	98.0						
上海	58.4	21.0		13.4	2.3	0.0	
江苏	1623.4	478.4	258.3	114.9	120.4	198.6	9.2
浙江	979.3	734.6	199.2	295.6	231.8	108.5	14.2
安徽	476.2						
福建	1202.1	1038.5		308.1	277.4	295.3	80.6
江西	453.1						
山东	1476.0	1222.5	881.2	355.0	230.9	340.4	52.0
河南	107.8						
湖北	1089.1						
湖南	393.1						
广东	1276.1	706.5	544.3	330.1	307.6	51.7	4.6
广西	471.0	294.5		53.6	139.1	85.8	
海南	372.8	337.6	78.1				
重庆	94.8						
四川	234.9						
贵州	60.1						
云南	87.7						
西藏	0.3						
陕西	27.5						
甘肃	2.1						
青海	3.4						
宁夏	18.6						
新疆	23.2						

6-19 续表

单位：亿元

地 区	2.内陆水产品	#养 殖	鱼 类	甲壳类	贝 类
全 国	**6068.7**	**4994.6**	**4115.9**	**1514.6**	**47.4**
北 京	8.4		6.2	0.0	
天 津	49.2	43.9	35.5	10.9	0.0
河 北	56.4	48.3	39.8	14.6	0.1
山 西	7.7	7.4	7.6	0.0	
内蒙古	31.3	26.2	30.0	0.5	
辽 宁	78.7	55.9	62.8	14.0	0.9
吉 林	41.7	40.8	40.6	1.1	0.1
黑龙江	98.0	94.4	94.9	1.7	1.1
上 海	37.4	36.9	16.5	15.2	
江 苏	1145.0	1019.1	439.1	626.8	14.2
浙 江	244.7	222.0	142.7	45.6	2.0
安 徽	476.2	378.1	277.1	178.0	10.4
福 建	163.6		126.7	32.4	1.6
江 西	453.1	412.2	333.3	57.5	8.2
山 东	253.5	236.0	219.5	30.0	0.7
河 南	107.8	101.5	101.1	6.1	0.1
湖 北	1089.1	888.1	684.1	325.2	1.1
湖 南	393.1	316.8	323.9	54.5	3.1
广 东	569.6	551.7	462.1	89.7	1.6
广 西	176.5		144.1	1.8	0.7
海 南	35.2	33.9			
重 庆	94.8	77.9	92.1	1.7	0.1
四 川	234.9	198.0	222.4	2.7	0.9
贵 州	60.1	54.9	58.8	0.9	0.2
云 南	87.7	78.2	84.7	1.5	0.5
西 藏	0.3	0.1	0.3		
陕 西	27.5	27.0	25.8	0.7	
甘 肃	2.1	2.1	2.1		
青 海	3.4	3.4	3.4		
宁 夏	18.6	18.6	18.4	0.2	
新 疆	23.2	21.1	20.2	1.5	0.0

6-20 四大地区农林牧渔业总产值及构成

（按当年价格计算）

指　　标	东部地区		中部地区		西部地区		东北地区	
	2016年	2017年	2016年	2017年	2016年	2017年	2016年	2017年
一、绝对数（亿元）								
农林牧渔业总产值	**36662.9**	**37157.2**	**27209.0**	**27991.4**	**31472.0**	**32680.6**	**11134.9**	**11502.5**
#农业	17667.6	18136.9	14136.3	14705.4	18127.4	19229.9	5728.6	5987.6
林业	1403.1	1522.2	1324.8	1380.4	1537.7	1693.0	370.3	384.9
牧业	8934.6	8234.8	7938.7	7743.0	9649.8	9410.1	3938.1	3973.2
渔业	6858.4	7263.3	2374.1	2526.9	968.7	1055.0	691.7	732.0
二、构成（%）								
农林牧渔业总产值	**100.0**	**100.0**	**100.0**	**100.0**	**100.0**	**100.0**	**100.0**	**100.0**
#农业	48.2	48.8	52.0	52.5	57.6	58.8	51.4	52.1
林业	3.8	4.1	4.9	4.9	4.9	5.2	3.3	3.3
牧业	24.4	22.2	29.2	27.7	30.7	28.8	35.4	34.5
渔业	18.7	19.5	8.7	9.0	3.1	3.2	6.2	6.4

6-21 农林牧渔业总产值

单位：亿元

年　份	农林牧渔业总产值	农业产值	林业产值	牧业产值	渔业产值
	(按1957年不变价格计算)				
1952	417.0	364.9	2.9	47.9	1.3
1957	536.7	455.5	9.3	69.0	2.9
1962	430.3	370.8	7.3	44.5	
1965	589.6	484.8	12.0	82.7	10.1
1970	716.3	596.8	16.0	92.6	10.9
	(按1970年不变价格计算)				
1975	1202.4	966.8	37.1	179.4	19.1
1978	1288.7	1031.0	44.4	193.0	20.3
	(按1980年不变价格计算)				
1980	1964.5	1491.6	94.5	339.6	38.8
1985	2912.2	2133.4	146.4	563.3	69.1
	(按1990年不变价格计算)				
1990	8151.2	5190.8	378.4	2048.8	533.2
1991	8451.8	5239.6	408.6	2229.7	573.9
1992	8989.1	5461.3	439.9	2426.1	661.8
1993	9692.9	5747.2	475.3	2686.8	783.6
1994	10525.9	5933.8	517.3	3134.4	940.4
1995	11670.7	6405.0	543.4	3599.1	1123.2
1996	12127.0	6901.6	574.0	3371.2	1280.2
1997	12942.4	7210.0	593.1	3711.7	1427.6
1998	13712.8	7564.6	610.4	3984.5	1553.2
1999	14351.4	7891.1	629.6	4165.9	1664.9
2000	14863.9	7999.8	663.4	4428.3	1772.4
2001	15494.0	8288.3	658.6	4705.6	1841.5
2002	16259.7	8611.7	705.2	4988.5	1954.3
2003	16997.2	8005.5	818.7	5564.3	2067.1
	(按可比价格计算)				
2004	31905.2	16133.4	1264.8	10225.1	3327.4
2005	38291.2	18890.5	1369.4	13128.8	3841.6
2006	40007.5	20645.2	1513.4	12381.8	3812.7
2007	42384.9	22324.6	1768.2	12466.3	4127.5
2008	51390.6	25562.9	2040.9	17141.5	4683.0
2009	60044.6	28626.7	2325.3	21482.0	5424.0
2010	61908.9	31259.1	2406.8	19980.9	5814.8
2011	70754.3	37918.5	2769.5	20819.3	6527.2
2012	82698.4	42099.7	3300.6	26515.4	7709.8
2013	89762.8	46800.3	3657.5	27033.5	8830.7
2014	97200.0	51341.0	4093.9	28277.6	9622.6
2015	101782.4	54648.0	4445.6	28094.9	10305.4
2016	105509.6	56496.3	4714.6	28960.1	10638.3
2017	110750.7	58254.2	4955.8	31109.5	11197.6

注：从2004年起，农林牧渔业总产值使用可比价格计算。

6-22 农林牧渔业总产值指数

(以1952年为100)

年 份	农林牧渔业总产值	农业产值	林业产值	牧业产值	渔业产值
1949	65.2	64.6	55.2	70.4	46.2
1952	100.0	100.0	100.0	100.0	100.0
1957	128.7	124.8	320.7	144.1	223.1
1962	103.2	101.6	251.7	92.9	592.3
1965	141.4	132.9	413.8	172.7	776.9
1970	171.8	163.6	551.7	193.3	838.5
1975	192.4	179.4	745.5	232.2	1150.3
1978	206.2	191.3	892.2	249.8	1222.5
1980	224.9	203.6	1014.8	306.4	1270.7
1985	333.4	291.2	1572.1	508.2	2263.0
1990	420.5	356.7	1601.1	704.4	4238.2
1991	436.0	360.1	1728.5	766.5	4562.1
1992	463.0	375.3	1861.1	834.1	5260.5
1993	500.0	394.9	2010.4	923.8	6222.5
1994	543.0	407.5	2189.3	1078.1	7467.0
1995	602.2	439.7	2298.8	1237.7	8915.6
1996	658.9	474.0	2428.1	1379.0	10161.8
1997	703.2	495.2	2508.7	1518.3	11331.4
1998	745.0	519.6	2582.0	1629.9	12328.6
1999	779.7	542.0	2664.6	1704.0	13215.0
2000	807.8	549.6	2808.5	1811.4	14074.0
2001	842.0	569.4	2788.4	1924.8	14622.3
2002	883.6	591.6	2985.6	2040.5	15518.0
2003	918.9	591.6	3194.6	2183.3	16293.9
2004	987.8	641.9	3258.5	2340.5	17271.5
2005	1044.1	668.2	3362.8	2523.1	18394.1
2006	1100.7	704.2	3550.5	2649.3	19496.5
2007	1143.1	730.5	3897.4	2733.1	20267.2
2008	1207.5	763.9	4208.7	2915.6	21434.8
2009	1262.7	790.0	4488.6	3077.2	22629.9
2010	1318.0	823.6	4647.7	3204.9	23861.3
2011	1376.1	869.7	4998.8	3261.0	24866.5
2012	1443.5	907.7	5335.3	3432.0	26128.7
2013	1500.7	947.2	5727.7	3502.3	27455.6
2014	1565.6	993.6	6094.7	3591.9	28547.7
2015	1629.0	1047.2	6466.5	3608.7	29784.4
2016	1686.8	1091.5	6994.8	3647.9	30646.3
2017	1754.4	1142.3	7477.4	3725.5	31503.5

注：本表按可比价格计算。

6-23 各地区农林牧渔业总产值指数

(以上年为100，按可比价格计算)

地 区	农林牧渔总产值	#农业产值	林业产值	牧业产值	渔业产值
全 国	**104.0**	**104.7**	**106.9**	**102.1**	**102.8**
北 京	93.1	88.1	112.7	89.6	100.8
天 津	102.1	103.2	107.5	102.6	97.9
河 北	104.0	104.9	107.9	102.1	98.2
山 西	103.0	104.2	108.2	99.4	103.6
内 蒙 古	103.2	103.5	102.4	103.1	99.0
辽 宁	103.0	103.5	102.2	104.0	103.7
吉 林	103.2	107.0	94.6	100.5	103.3
黑 龙 江	104.6	104.1	105.7	105.3	107.2
上 海	95.7	99.8	114.3	76.0	108.5
江 苏	102.4	103.5	106.1	99.4	100.6
浙 江	102.3	104.6	106.6	89.9	103.6
安 徽	104.1	104.4	109.6	101.9	103.2
福 建	103.7	103.9	104.1	102.1	104.4
江 西	104.4	105.7	106.9	101.1	103.8
山 东	104.0	104.4	109.9	103.7	99.5
河 南	104.5	105.0	106.3	102.5	106.4
湖 北	105.0	104.6	110.1	102.6	102.7
湖 南	104.0	103.0	109.1	103.0	106.4
广 东	103.3	104.6	104.9	99.2	103.7
广 西	104.4	105.3	105.1	101.4	104.5
海 南	103.8	105.7	102.5	99.4	103.0
重 庆	103.9	104.0	111.5	101.6	107.5
四 川	103.9	105.2	105.4	101.2	105.2
贵 州	106.6	107.6	107.9	104.8	103.6
云 南	106.0	106.2	110.7	104.4	109.4
西 藏	104.4	104.3	119.4	104.1	109.0
陕 西	104.5	105.4	114.0	100.7	103.4
甘 肃	106.1	105.4	103.1	109.0	102.7
青 海	104.8	104.1	109.2	105.4	105.8
宁 夏	104.5	103.6	93.1	107.2	105.8
新 疆	105.1	105.0	107.5	104.2	108.6

注：本表按可比价格计算。

6-24 各地区农林牧渔业总产值及占全国的比重

（按可比价格计算）

地 区	农林牧渔业总产值	2017年比2016年增减百分比(%)	占全国的比重(%)
全 国	**109331.7**	**4.0**	**100.0**
北 京	308.3	-6.9	0.3
天 津	382.1	2.1	0.3
河 北	5373.4	4.0	4.9
山 西	1418.7	3.0	1.3
内蒙古	2813.5	3.2	2.6
辽 宁	3851.6	3.0	3.5
吉 林	2064.3	3.2	1.9
黑龙江	5586.6	4.6	5.1
上 海	292.6	-4.3	0.3
江 苏	7161.2	2.4	6.5
浙 江	3093.4	2.3	2.8
安 徽	4597.9	4.1	4.2
福 建	3947.2	3.7	3.6
江 西	3069.0	4.4	2.8
山 东	9140.4	4.0	8.4
河 南	7562.5	4.5	6.9
湖 北	6129.7	5.0	5.6
湖 南	5213.5	4.0	4.8
广 东	5969.9	3.3	5.5
广 西	4698.7	4.4	4.3
海 南	1488.9	3.8	1.4
重 庆	1902.5	3.9	1.7
四 川	6955.5	3.9	6.4
贵 州	3413.9	6.6	3.1
云 南	3872.9	6.0	3.5
西 藏	178.2	4.4	0.2
陕 西	3077.6	4.5	2.8
甘 肃	1559.6	6.1	1.4
青 海	364.1	4.8	0.3
宁 夏	517.4	4.5	0.5
新 疆	3326.6	5.1	3.0

6-25 各地区农林牧渔业总产值

(按可比价格计算)　　单位：亿元

地　区	农林牧渔业总产值	农业产值	林业产值	牧业产值	渔业产值
全　国	**110750.7**	**58254.2**	**4955.8**	**31109.5**	**11197.6**
北　京	314.6	128.0	58.8	109.9	9.3
天　津	403.8	187.7	9.0	122.1	72.9
河　北	5509.1	2907.7	160.1	1885.1	186.9
山　西	1472.9	859.0	100.4	413.0	7.9
内蒙古	2894.2	1528.9	101.0	1185.2	32.7
辽　宁	3878.0	1645.7	136.9	1328.4	580.4
吉　林	2238.0	1015.4	68.7	1038.6	41.6
黑龙江	5443.0	3318.9	173.0	1713.2	98.7
上　海	288.1	146.3	15.1	60.9	54.6
江　苏	7350.2	3791.8	137.2	1319.3	1632.2
浙　江	3107.8	1522.2	168.5	409.4	931.2
安　徽	4613.2	2231.9	319.1	1344.4	481.2
福　建	3926.1	1532.1	331.3	784.5	1139.2
江　西	3151.8	1517.0	314.8	779.2	423.7
山　东	9435.7	4580.2	162.1	2716.3	1402.9
河　南	7738.7	4683.3	128.9	2414.9	114.1
湖　北	6155.4	2924.5	224.1	1567.6	1058.2
湖　南	5261.3	2560.5	350.7	1596.2	377.8
广　东	6011.7	2892.1	346.3	1308.7	1222.9
广　西	4758.7	2467.3	340.1	1299.7	442.9
海　南	1487.9	715.0	100.2	275.2	343.1
重　庆	1923.3	1168.9	81.9	547.4	91.7
四　川	7084.0	3893.7	347.0	2434.2	231.5
贵　州	3330.8	2045.1	210.3	860.5	61.3
云　南	3928.2	2005.9	365.6	1342.5	83.6
西　藏	180.6	54.5	2.9	118.5	0.3
陕　西	3130.9	2106.5	97.5	740.0	27.1
甘　肃	1531.7	1039.3	31.8	311.7	2.3
青　海	355.2	162.0	9.0	174.6	3.4
宁　夏	518.8	310.4	9.4	157.0	18.0
新　疆	3327.0	2312.5	54.0	751.3	24.1

6-26 农林牧渔业分项产值及增幅

(按可比价格计算)

指标	绝对数(亿元)	比上年增长幅度(%)
农林牧渔业总产值	**110750.7**	**4.0**
农业产值	**58254.2**	**4.7**
谷物及其他作物	22802.5	3.8
蔬菜园艺作物	21861.0	3.1
水果、坚果、饮料和香料作物	11791.8	8.2
中药材	1784.5	12.3
林业产值	**4955.8**	**6.9**
林木的培育和种植	2055.0	6.8
竹木采运	1235.7	4.4
林产品	1665.7	8.9
牧业产值	**31109.5**	**2.1**
牲畜饲养	7636.8	6.5
猪的饲养	14208.6	0.5
家禽饲养	7871.0	1.2
狩猎和捕捉动物	42.0	-35.3
其他畜牧业	1351.1	2.7
渔业产值	**11197.6**	**2.8**
海水产品	5212.3	2.5
内陆水域水产品	5985.3	3.0

6-27 各地区农业分项产值

(按可比价格计算)

单位：亿元

地区	农业	谷物及其他作物	蔬菜及园艺	水果坚果及饮料	中药材
全国	**58254.2**	**22802.5**	**21861.0**	**11791.8**	**1784.5**
北京	128.0	11.0	69.3	46.3	1.3
天津	187.7	57.6	95.0	35.2	
河北	2907.7	1100.4	1249.3	465.9	92.1
山西	859.0	321.7	191.3	286.9	59.1
内蒙古	1528.9	1150.5	258.4	75.3	44.8
辽宁	1645.7	500.8	812.6	326.1	6.2
吉林	1015.4	876.9	102.3	23.2	13.0
黑龙江	3318.9	2373.4	654.2	252.5	38.6
上海	146.3	30.0	84.2	30.9	1.2
江苏	3791.8	1291.9	2078.5	404.8	16.7
浙江	1522.2	229.4	779.4	448.4	65.0
安徽	2231.9	1279.4	667.0	232.1	53.4
福建	1532.1	237.6	746.8	481.1	58.1
江西	1517.0	752.4	487.0	254.7	22.8
山东	4580.2	1774.9	1658.9	1082.9	63.5
河南	4683.3	1976.0	1726.4	855.3	125.7
湖北	2924.5	1049.0	1392.2	432.2	51.1
湖南	2560.5	1071.2	1000.5	368.6	120.1
广东	2892.1	695.6	1390.5	733.8	72.2
广西	2467.3	966.5	896.1	550.4	54.4
海南	715.0	104.1	313.0	280.2	17.7
重庆	1168.9	337.2	513.9	241.1	76.7
四川	3893.7	1372.8	1564.2	884.9	71.8
贵州	2045.1	468.7	1142.2	257.5	175.4
云南	2005.9	750.4	559.7	500.7	195.0
西藏	54.5	37.2	13.5	1.6	2.2
陕西	2106.5	464.4	623.3	943.1	75.6
甘肃	1039.3	394.4	257.5	280.8	106.6
青海	162.0	69.6	50.3	5.2	37.0
宁夏	310.4	111.7	113.6	47.3	37.7
新疆	2312.5	946.0	369.7	962.9	29.6

6-28 各地区林业分项产值

(按可比价格计算)　　单位：亿元

地　区	林业产值	林木的培育和种植	竹木采运	林产品
全　国	**4955.8**	**2055.0**	**1235.7**	**1665.7**
北　京	58.8	57.5	1.3	0.0
天　津	9.0	7.9	1.1	
河　北	160.1	126.5	4.8	28.7
山　西	100.4	99.2	1.0	0.2
内蒙古	101.0	92.9	4.0	4.1
辽　宁	136.9	44.0	92.9	0.6
吉　林	68.7	34.4	11.4	22.9
黑龙江	173.0	91.1	4.2	77.7
上　海	15.1	14.8	0.2	0.2
江　苏	137.2	98.8	24.5	13.9
浙　江	168.5	6.7	44.0	117.9
安　徽	319.1	67.8	98.5	152.7
福　建	331.3	35.3	146.5	149.5
江　西	314.8	94.6	75.0	145.2
山　东	162.1	65.8	32.9	63.4
河　南	128.9	53.5	17.0	58.5
湖　北	224.1	82.1	62.2	79.7
湖　南	350.7	138.2	61.5	150.9
广　东	346.3	34.7	112.5	199.1
广　西	340.1	27.0	217.4	95.7
海　南	100.2	38.0	11.3	50.9
重　庆	81.9	74.3	6.7	0.9
四　川	347.0	298.2	47.4	1.4
贵　州	210.3	134.7	42.7	32.9
云　南	365.6	74.4	105.4	185.9
西　藏	2.9	1.6	1.2	0.0
陕　西	97.5	71.3	3.9	22.2
甘　肃	31.8	22.9	0.3	8.6
青　海	9.0	8.6	0.1	0.3
宁　夏	9.4	7.2	0.5	1.7
新　疆	54.0	50.9	3.2	

6-29 各地区畜牧业分项产值

(按可比价格计算)　　单位：亿元

地　区	牧业产值	牲畜饲养	猪的饲养	家禽饲养	捕猎	其他畜牧业
全　国	**31109.5**	**7636.8**	**14208.6**	**7871.0**	**42.0**	**1351.1**
北　京	109.9	29.6	51.2	27.4		1.8
天　津	122.1	47.8	51.1	22.8		0.4
河　北	1885.1	585.0	687.1	460.2		152.7
山　西	413.0	141.3	156.6	109.2		5.8
内蒙古	1185.2	917.0	174.3	91.4		2.4
辽　宁	1328.4	423.2	485.1	415.0	0.5	4.7
吉　林	1038.6	343.7	362.3	318.3		14.3
黑龙江	1713.2	687.5	543.0	382.0		100.7
上　海	60.9	12.3	38.9	9.2		0.4
江　苏	1319.3	99.3	589.7	476.0	1.4	152.9
浙　江	409.4	27.5	253.5	81.4	2.6	44.3
安　徽	1344.4	140.8	754.8	377.8	4.8	66.2
福　建	784.5	45.9	322.5	381.8	3.8	30.4
江　西	779.2	60.5	423.9	268.2	3.1	23.5
山　东	2716.3	436.2	1156.4	881.9	1.9	239.8
河　南	2414.9	810.5	1107.5	438.7	9.6	48.5
湖　北	1567.6	191.5	990.3	376.1	0.1	9.6
湖　南	1596.2	110.8	1154.8	301.2	7.9	21.6
广　东	1308.7	37.8	726.4	440.4	4.5	99.5
广　西	1299.7	84.5	701.8	363.4		150.0
海　南	275.2	35.9	139.8	93.0	1.2	5.2
重　庆	547.4	74.9	274.3	171.4		26.7
四　川	2434.2	307.9	1155.5	884.6		86.3
贵　州	860.5	225.5	484.4	148.0	0.1	2.5
云　南	1342.5	312.7	865.2	140.5	0.0	24.0
西　藏	118.5	78.5	38.7	1.3		0.0
陕　西	740.0	291.2	300.0	119.1	0.3	29.5
甘　肃	311.7	198.4	95.5	16.3		1.5
青　海	174.6	145.8	22.8	5.4	0.1	0.5
宁　夏	157.0	118.2	20.3	17.8		0.7
新　疆	751.3	615.1	80.8	51.0		4.4

6-30 各地区渔业分项产值

(按可比价格计算) 单位：亿元

地 区	渔业产值	海水产品	内陆水产品
全 国	**11197.6**	**5212.3**	**5985.3**
北 京	9.3	1.1	8.2
天 津	72.9	25.6	47.2
河 北	186.9	134.8	52.1
山 西	7.9		7.9
内蒙古	32.7		32.7
辽 宁	580.4	499.1	81.3
吉 林	41.6		41.6
黑龙江	98.7		98.7
上 海	54.6	18.2	36.4
江 苏	1632.2	457.8	1174.4
浙 江	931.2	683.1	248.1
安 徽	481.2		481.2
福 建	1139.2	982.3	156.9
江 西	423.7		423.7
山 东	1402.9	1157.0	245.9
河 南	114.1		114.1
湖 北	1058.2		1058.2
湖 南	377.8		377.8
广 东	1222.9	668.5	554.4
广 西	442.9	276.2	166.6
海 南	343.1	308.5	34.6
重 庆	91.7		91.8
四 川	231.5		231.5
贵 州	61.3		61.3
云 南	83.6		83.6
西 藏	0.27		0.27
陕 西	27.1		27.1
甘 肃	2.3		2.3
青 海	3.4		3.4
宁 夏	18.0		18.0
新 疆	24.1		24.1

7

主要农产品种植（养殖）面积与产量

7-1 主要农作物播种面积

单位：千公顷

年 份	农作物总播种面积	粮食面积					
			稻 谷	小 麦	玉 米	大 豆	薯 类
1952	141256	123979	28382	24780	12566	11679	8688
1957	157244	133633	32241	27542	14943	12748	10495
1962	140229	121621	26935	24075	12819	9504	12171
1965	143291	119627	29825	24709	15671	8593	11175
1970	143487	119267	32358	25458	15831	7985	10717
1975	149545	121062	35729	27661	18598	6999	10969
1978	150104	120587	34421	29183	19961	7144	11796
1980	146380	117234	33878	28844	20087	7226	10153
1985	143626	108845	32070	29218	17694	7718	8572
1990	148362	113466	33064	30753	21401	7560	9121
1991	149586	112314	32590	30948	21574	7041	9078
1992	149007	110560	32090	30496	21044	7221	9057
1993	147741	110509	30355	30235	20694	9454	9220
1994	148241	109544	30171	28981	21152	9222	9270
1995	149879	110060	30744	28860	22776	8127	9519
1996	152381	112548	31406	29611	24498	7471	9797
1997	153969	112912	31765	30057	23775	8346	9785
1998	155706	113787	31214	29774	25239	8500	10000
1999	156373	113161	31283	28855	25904	7962	10355
2000	156300	108463	29962	26653	23056	9307	10538
2001	155708	106080	28812	24664	24282	9482	10217
2002	154636	103891	28202	23908	24634	8720	9881
2003	152415	99410	26508	21997	24068	9313	9702
2004	153553	101606	28379	21626	25446	9589	9457
2005	155488	104278	28847	22793	26358	9591	9503
2006	152149	104958	28938	23613	28463	9304	7877
2007	150396	105999	28973	23770	30024	8801	7902
2008	153690	107545	29350	23715	30981	9225	8057
2009	155590	110255	29793	24442	32948	9339	8088
2010	156785	111695	30097	24459	34977	8700	8021
2011	159859	112980	30338	24523	36767	8103	7998
2012	161827	114368	30476	24576	39109	7405	7821
2013	163453	115908	30710	24470	41299	7050	7727
2014	164966	117455	30765	24472	42997	7098	7544
2015	166829	118963	30784	24596	44968	6827	7305
2016	166939	119230	30746	24694	44178	7599	7241
2017	166332	117989	30747	24508	42399	8245	7173

注：根据第三次全国农业普查结果，对2007-2016年农业数据进行了修订(后同)。

7-1 续表

单位：千公顷

年 份	棉 花	花 生	油菜籽	芝 麻	黄红麻	甘 蔗	甜 菜	烤 烟
1952	5576	1804	1863		158	183	35	186
1957	5775	2541	2308		143	267	159	355
1962	3497	1301	1361		62	154	83	176
1965	5003	1846	1822		113	351	171	325
1970	4997	1709	1453		135	387	199	291
1975	4955	1877	2313		297	523	303	460
1978	4866	1768	2600	638	412	549	331	613
1980	4920	2339	2844	776	314	480	443	397
1985	5140	3318	4494	1052	992	965	560	1077
1990	5588	2907	5503	669	300	1009	670	1342
1991	6538	2880	6133	680	270	1164	783	1562
1992	6835	2976	5976	746	277	1246	660	1849
1993	4985	3379	5300	754	274	1088	599	1835
1994	5528	3776	5783	690	176	1057	698	1302
1995	5422	3809	6907	642	147	1125	695	1309
1996	4722	3616	6734	594	147	1207	638	1683
1997	4491	3722	6475	615	162	1311	612	2161
1998	4459	4039	6527	630	93	1401	583	1200
1999	3726	4268	6899	697	65	1303	341	1216
2000	4041	4856	7494	784	50	1185	329	1269
2001	4810	4991	7095	758	52	1248	406	1181
2002	4184	4921	7143	759	55	1393	424	1192
2003	5111	5057	7221	687	41	1409	248	1139
2004	5693	4745	7271	624	32	1378	190	1145
2005	5062	4662	7278	593	31	1354	210	1245
2006	5816	3956	5984	564	31	1378	189	1088
2007	5199	4128	6140	450	32	1531	225	1094
2008	5278	4362	6838	428	24	1709	218	1219
2009	4485	4281	7170	413	18	1643	161	1223
2010	4366	4374	7316	357	17	1624	185	1209
2011	4524	4336	7192	335	17	1644	191	1325
2012	4360	4401	7187	324	15	1696	191	1446
2013	4162	4396	7193	300	15	1704	140	1472
2014	4176	4370	7158	303	12	1638	99	1330
2015	3775	4386	7028	301	11	1476	96	1197
2016	3198	4448	6623	230	7	1402	154	1153
2017	3195	4608	6653	228	6	1371	174	1081

7-2 主要农作物播种面积

单位：千公顷

指　标	1990年	1995年	2000年	2016年	2017年	2017年为2016年百分比(%)
农作物总播种面积	**148362**	**149879**	**156300**	**166939**	**166332**	**99.6**
一、粮食作物	**113466**	**110060**	**108463**	**119230**	**117989**	**99.0**
1.谷物		89310	85264	102702	100765	98.1
稻谷	33064	30744	29962	30746	30747	100.0
小麦	30753	28860	26653	24694	24508	99.2
玉米	21401	22776	23056	44178	42399	96.0
谷子	2278	1522	1250	857	861	100.4
高粱	1545	1215	889	473	506	107.1
其他谷物		4192	3454	1754	1743	99.4
2.豆类		11232	12660	9287	10051	108.2
其中：大豆	7560	8127	9307	7599	8245	108.5
杂豆		3105	3353	1689	1806	107.0
3.薯类	9121	9519	10538	7241	7173	99.1
其中：马铃薯	2865	3434	4723	4802	4860	101.2
二、油料作物	**10900**	**13101**	**15400**	**13191**	**13223**	**100.2**
其中：花　生	2907	3809	4856	4448	4608	103.6
油菜籽	5503	6907	7494	6623	6653	100.5
芝　麻	669	642	784	230	228	98.9
胡麻籽	703	621	498	243	235	96.5
向日葵	713	813	1229	1279	1171	91.5
三、棉花	**5588**	**5422**	**4041**	**3198**	**3195**	**99.9**
四、麻类	**495**	**376**	**262**	**54**	**58**	**107.9**
其中：黄红麻	300	147	50	7	6	85.3
苎　麻	81	97	96	28	27	96.8
大　麻	21	16	13	14	22	160.2
亚　麻	87	113	96	3	2	75.5
五、糖料	**1679**	**1820**	**1514**	**1555**	**1546**	**99.4**
甘蔗	1009	1125	1185	1402	1371	97.8
甜菜	670	695	329	154	174	113.5
六、烟叶	**1593**	**1470**	**1437**	**1208**	**1131**	**93.6**
其中：烤烟	1342	1309	1269	1153	1081	93.8
七、药材	**153**	**279**	**676**	**1932**	**2161**	**111.8**
八、蔬菜、瓜类	**7059**	**10616**	**17231**	**21672**	**22094**	**101.9**
其中：蔬菜	6338	9515	15237	19553	19981	102.2
九、其他农作物	**7429**	**6736**	**7352**	**4897**	**4935**	**100.8**
其中：青饲料	1862	1825	2142	1813	1874	103.3

7-2　续表 1　　　　单位：千公顷

指　　标	全国		东部		中部	
	2016年	2017年	2016年	2017年	2016年	2017年
全年农作物播种面积	**166939.0**	**166331.9**	**36687.7**	**36358.7**	**49203.2**	**48953.4**
一、粮食	**119230.1**	**117989.1**	**25752.0**	**25455.4**	**35439.9**	**35036.1**
其中：夏收粮食	27054.8	26863.1	9555.1	9516.1	10731.2	10703.6
(一)谷物	102701.7	100764.6	24262.0	23996.3	32651.7	32311.7
1.稻谷	30745.9	30747.2	5875.6	5857.7	13315.6	13332.4
(1)早稻	5309.3	5141.6	1208.7	1182.9	3233.6	3108.8
(2)中稻和一季晚稻	19779.9	20028.1	3253.6	3252.6	6739.8	6947.5
(3)双季晚稻	5656.7	5577.5	1413.3	1422.1	3342.1	3276.1
2.小麦	24694.0	24508.0	9139.8	9115.4	10334.3	10294.0
(1)冬小麦	23078.2	22895.8	9118.4	9093.0	10334.3	10294.0
(2)春小麦	1615.7	1612.2	21.5	22.4		
3.玉米	44177.6	42399.0	8783.3	8541.2	8477.9	8162.1
4.谷子	857.2	861.0	160.0	160.6	256.8	244.1
5.高粱	472.8	506.5	6.8	8.8	49.4	57.9
6.其它谷物	1754.3	1742.9	296.3	312.6	217.8	221.2
其中：大麦	360.9	330.0	82.8	62.2	34.8	36.6
(二)豆类	9287.2	10051.3	678.2	663.3	1731.9	1789.7
其中：大　豆	7598.5	8244.8	544.8	533.3	1477.4	1510.7
绿　豆	436.8	501.8	13.0	13.4	122.2	137.3
红小豆	181.0	221.1	12.3	12.5	19.9	20.5
(三)薯类	7241.1	7173.2	811.8	795.8	1056.3	934.7
其中：马铃薯	4802.4	4859.9	301.7	306.4	476.7	486.5
二、油料作物	**13191.1**	**13223.2**	**1978.3**	**1957.9**	**5271.9**	**5331.8**
其中：花　生	4448.4	4607.7	1516.9	1503.5	1692.8	1795.7
油菜籽	6622.8	6653.0	335.0	320.1	3220.7	3197.8
芝　麻	230.2	227.7	10.7	10.2	193.0	191.0
胡麻籽	243.1	234.5	30.2	38.1	40.0	36.0
向日葵	1278.9	1170.7	68.3	68.6	49.9	44.5
三、棉花	**3198.3**	**3194.7**	**561.0**	**441.9**	**542.1**	**500.5**
四、麻类	**54.2**	**58.5**	**0.7**	**0.5**	**11.3**	**10.1**
其中：黄红麻	6.6	5.6	0.2	0.1	4.4	3.6
苎　麻	28.0	27.1	0.3	0.3	5.9	5.7
大　麻	13.7	21.9	0.2	0.1	0.6	0.6
亚　麻	2.9	2.2			0.1	0.0
五、糖料	**1555.3**	**1545.6**	**217.2**	**214.1**	**33.7**	**33.8**
(一)甘蔗	1401.7	1371.4	205.0	201.9	32.2	32.6
(二)甜菜	153.6	174.3	12.2	12.2	1.6	1.2
六、烟叶	**1208.4**	**1130.6**	**99.6**	**93.6**	**294.9**	**273.9**
其中：烤烟	1152.9	1080.9	96.6	91.1	285.3	267.2
七、药材	**1932.4**	**2161.1**	**215.0**	**240.4**	**445.8**	**515.3**
八、蔬菜(含菜用瓜)	**19553.1**	**19981.1**	**6438.0**	**6458.4**	**5467.8**	**5613.2**
九、瓜果类	**2119.1**	**2112.9**	**651.9**	**655.8**	**695.7**	**709.5**
其中：西瓜	1515.1	1519.7	450.7	450.2	568.7	579.5
甜瓜	345.9	348.8	100.6	104.7	89.6	90.5
草莓	102.4	107.8	49.3	51.0	24.0	27.2
十、其他农作物	**4897.0**	**4935.2**	**774.0**	**840.8**	**1000.1**	**929.2**
其中：青饲料	1813.5	1874.1	192.3	210.9	317.2	312.8

7-2　续表 2　　单位：千公顷

指　　标	西部		东北	
	2016年	2017年	2016年	2017年
全年农作物播种面积	**55912.7**	**55993.7**	**25135.4**	**25026.1**
一、粮食	**34779.0**	**34331.8**	**23259.2**	**23165.7**
其中：夏收粮食	6768.4	6643.5		
(一)谷物	26602.6	26005.4	19185.4	18451.1
1.稻谷	6352.8	6294.7	5201.9	5262.4
(1)早稻	867.0	849.8		
(2)中稻和一季晚稻	4584.5	4565.7	5201.9	5262.4
(3)双季晚稻	901.2	879.2		
2.小麦	5137.9	4990.8	81.9	107.8
(1)冬小麦	3625.6	3508.8		
(2)春小麦	1512.4	1482.0	81.9	107.8
3.玉米	13356.2	12976.8	13560.2	12718.8
4.谷子	334.2	337.7	106.2	118.6
5.高粱	228.8	232.0	187.8	207.7
6.其它谷物	1192.6	1173.4	47.5	35.8
其中：大麦	243.2	230.6	0.0	0.6
(二)豆类	3098.5	3202.0	3778.6	4396.4
其中：大　豆	2096.3	2170.8	3480.1	4030.0
绿　豆	176.4	199.3	125.2	151.7
红小豆	48.3	51.1	100.5	137.0
(三)薯类	5077.9	5124.4	295.1	318.3
其中：马铃薯	3755.9	3779.4	268.2	287.6
二、油料作物	**5149.0**	**5170.1**	**791.9**	**763.4**
其中：花　生	677.2	685.5	561.5	623.0
油菜籽	3066.0	3133.6	1.1	1.5
芝　麻	25.6	25.9	1.0	0.6
胡麻籽	173.0	160.4		
向日葵	1044.6	992.8	116.1	64.9
三、棉花	**2095.1**	**2252.4**	**0.1**	
四、麻类	**28.8**	**28.4**	**13.4**	**19.5**
其中：黄红麻	2.0	1.9		
苎　麻	21.8	21.2	0.0	0.0
大　麻	2.2	3.2	10.7	18.0
亚　麻	1.5	0.9	1.4	1.2
五、糖料	**1299.1**	**1285.7**	**5.3**	**12.1**
(一)甘蔗	1163.5	1136.8		
(二)甜菜	135.6	148.8	5.3	12.1
六、烟叶	**777.0**	**733.8**	**36.9**	**29.2**
其中：烤烟	739.2	697.6	31.8	25.0
七、药材	**1209.4**	**1334.0**	**62.2**	**71.5**
八、蔬菜(含菜用瓜)	**7057.6**	**7312.7**	**589.8**	**596.8**
九、瓜果类	**645.2**	**626.4**	**126.3**	**121.3**
其中：西瓜	430.0	427.7	65.7	62.3
甜瓜	120.4	120.1	35.4	33.5
草莓	16.6	17.8	12.5	11.8
十、其他农作物	**2872.4**	**2918.6**	**250.4**	**246.7**
其中：青饲料	1205.3	1279.9	98.7	70.5

7-2 续表 3

单位：千公顷

指 标	粮食主产区		粮食主销区		粮食平衡区	
	2016年	2017年	2016年	2017年	2016年	2017年
全年农作物播种面积	**116584.2**	**116037.0**	**9301.7**	**9312.8**	**41053.2**	**40982.1**
一、粮食	**89458.5**	**88735.3**	**4860.0**	**4814.0**	**24911.6**	**24439.8**
其中：夏收粮食	20335.1	20269.6	525.5	515.3	6194.2	6078.2
(一)谷物	78895.5	77526.6	4200.7	4159.7	19605.5	19078.2
1.稻谷	22938.8	23012.8	3436.4	3436.1	4370.7	4298.4
(1)早稻	3233.6	3108.8	1208.7	1182.9	867.0	849.8
(2)中稻和一季晚稻	16363.1	16627.8	814.4	831.0	2602.5	2569.3
(3)双季晚稻	3342.1	3276.1	1413.3	1422.1	901.2	879.2
2.小麦	20089.6	20037.9	245.2	245.4	4359.1	4224.7
(1)冬小麦	19328.0	19236.1	233.5	232.3	3516.8	3427.4
(2)春小麦	761.6	801.8	11.7	13.1	842.4	797.3
3.玉米	34182.6	32741.7	487.7	453.8	9507.3	9203.5
4.谷子	554.9	555.9	2.5	2.6	299.8	302.4
5.高粱	342.7	372.3	1.9	2.9	128.2	131.3
6.其它谷物	787.0	806.1	27.0	18.9	940.3	917.9
其中：大麦	167.4	145.6	14.7	8.3	178.8	176.2
(二)豆类	7325.0	8102.3	206.6	198.5	1755.6	1750.5
其中：大 豆	6487.7	7152.2	154.5	149.3	956.3	943.3
绿 豆	338.6	404.3	2.3	2.5	95.9	94.9
红小豆	141.1	180.8	1.7	2.0	38.2	38.3
(三)薯类	3238.0	3106.4	452.7	455.8	3550.4	3611.1
其中：马铃薯	1869.9	1885.1	139.1	143.5	2793.4	2831.3
二、油料作物	**9900.4**	**9960.4**	**576.0**	**570.5**	**2714.7**	**2692.2**
其中：花 生	3609.8	3761.6	437.1	439.3	401.5	406.8
油菜籽	4894.9	4904.1	118.2	112.3	1609.7	1636.6
芝 麻	201.5	199.0	4.4	4.4	24.3	24.3
胡麻籽	105.4	102.0	0.0		137.7	132.5
向日葵	906.0	857.5	6.2	4.5	366.8	308.8
三、棉花	**1085.1**	**918.3**	**19.3**	**25.6**	**2093.9**	**2250.9**
四、麻类	**42.3**	**47.9**	**0.2**	**0.1**	**11.7**	**10.4**
其中：黄红麻	4.5	3.8	0.2	0.1	1.8	1.7
苎 麻	23.0	22.5	0.0	0.0	5.0	4.6
大 麻	11.7	19.9			2.0	2.0
亚 麻	1.4	1.3			1.5	0.9
五、糖料	**128.2**	**150.8**	**204.2**	**201.1**	**1222.9**	**1193.7**
(一)甘蔗	42.1	42.5	204.2	201.1	1154.4	1127.8
(二)甜菜	86.1	108.4	0.0		68.5	65.9
六、烟叶	**446.4**	**412.4**	**74.5**	**70.9**	**687.6**	**647.3**
其中：烤烟	425.7	396.0	71.5	68.4	655.7	616.6
七、药材	**755.5**	**865.2**	**106.1**	**121.4**	**1070.8**	**1174.5**
八、蔬菜(含菜用瓜)	**11059.4**	**11201.4**	**2801.7**	**2840.1**	**5692.0**	**5939.5**
九、瓜果类	**1360.6**	**1378.3**	**206.1**	**208.0**	**552.4**	**526.5**
其中：西瓜	1006.2	1012.7	138.7	139.9	370.1	367.1
甜瓜	222.4	227.5	25.1	26.3	98.4	95.1
草莓	81.2	85.4	10.1	10.3	11.1	12.0
十、其他农作物	**2348.0**	**2367.0**	**453.5**	**461.1**	**2095.6**	**2107.2**
其中：青饲料	999.8	1012.5	63.9	62.2	749.9	799.4

7-3 主要农作物播种面积构成

（以农作物总播种面积为100） 单位：%

指 标	1990年	1995年	2000年	2016年	2017年
农作物总播种面积	**100.0**	**100.0**	**100.0**	**100.0**	**100.0**
一、粮食作物	**76.5**	**73.4**	**69.4**	**71.4**	**70.9**
1.谷物		59.6	54.6	61.5	60.6
稻谷	22.3	20.5	19.2	18.4	18.5
小麦	20.7	19.3	17.1	14.8	14.7
玉米	14.4	15.2	14.8	26.5	25.5
谷子	1.5	1.0	0.8	0.5	0.5
高粱	1.0	0.8	0.6	0.3	0.3
其他谷物		2.8	2.2	1.1	1.0
2.豆类		7.5	8.1	5.6	6.0
其中：大豆	5.1	5.4	6.0	4.6	5.0
杂豆		2.1	2.1	1.0	1.1
3.薯类	6.1	6.4	6.7	4.3	4.3
其中：马铃薯	1.9	2.3	3.0	2.9	2.9
二、油料作物	**7.3**	**8.7**	**9.9**	**7.9**	**7.9**
其中：花 生	2.0	2.5	3.1	2.7	2.8
油菜籽	3.7	4.6	4.8	4.0	4.0
芝 麻	0.5	0.4	0.5	0.1	0.1
胡麻籽	0.5	0.4	0.3	0.1	0.1
向日葵	0.5	0.5	0.8	0.8	0.7
三、棉花	**3.8**	**3.6**	**2.6**	**1.9**	**1.9**
四、麻类	**0.3**	**0.3**	**0.2**	**0.0**	**0.0**
其中：黄红麻	0.2	0.1	…	0.0	0.0
苎 麻	…	0.1	0.1	0.0	0.0
大 麻	…	…	…	0.0	0.0
亚 麻	0.1	0.1	0.1	0.0	0.0
五、糖料	**1.1**	**1.2**	**1.0**	**0.9**	**0.9**
甘蔗	0.7	0.8	0.8	0.8	0.8
甜菜	0.5	0.5	0.2	0.1	0.1
六、烟叶	**1.1**	**1.0**	**0.9**	**0.7**	**0.7**
其中：烤烟	0.9	0.9	0.8	0.7	0.6
七、药材	**0.1**	**0.2**	**0.4**	**1.2**	**1.3**
八、蔬菜、瓜类	**4.8**	**7.1**	**11.1**	**13.0**	**13.3**
其中：蔬菜	4.3	6.3	9.7	11.7	12.0
九、其他农作物	**4.2**	**4.5**	**4.7**	**2.9**	**3.0**
其中：青饲料	1.3	1.2	1.4	1.1	1.1

7-3 续表 1 (以农作物总播种面积为100) 单位：%

指　　标	全国		东部		中部	
	2016年	2017年	2016年	2017年	2016年	2017年
全年农作物播种面积	**100.0**	**100.0**	**100.0**	**100.0**	**100.0**	**100.0**
一、粮食	**71.4**	**70.9**	**70.2**	**70.0**	**72.0**	**71.6**
其中：夏收粮食	16.2	16.1	26.1	26.2	21.8	21.9
(一)谷物	61.5	60.6	66.1	66.0	66.4	66.0
1.稻谷	18.4	18.5	16.0	16.1	27.1	27.2
(1)早稻	3.2	3.1	3.3	3.3	6.6	6.4
(2)中稻和一季晚稻	11.8	12.0	8.9	8.9	13.7	14.2
(3)双季晚稻	3.4	3.4	3.9	3.9	6.8	6.7
2.小麦	14.8	14.7	24.9	25.1	21.0	21.0
(1)冬小麦	13.8	13.8	24.9	25.0	21.0	21.0
(2)春小麦	1.0	1.0	0.1	0.1		
3.玉米	26.5	25.5	23.9	23.5	17.2	16.7
4.谷子	0.5	0.5	0.4	0.4	0.5	0.5
5.高粱	0.3	0.3	0.0	0.0	0.1	0.1
6.其它谷物	1.1	1.0	0.8	0.9	0.4	0.5
其中：大麦	0.2	0.2	0.2	0.2	0.1	0.1
(二)豆类	5.6	6.0	1.8	1.8	3.5	3.7
其中：大　豆	4.6	5.0	1.5	1.5	3.0	3.1
绿　豆	0.3	0.3	0.0	0.0	0.2	0.3
红小豆	0.1	0.1	0.0	0.0	0.0	0.0
(三)薯类	4.3	4.3	2.2	2.2	2.1	1.9
其中：马铃薯	2.9	2.9	0.8	0.8	1.0	1.0
二、油料作物	**7.9**	**7.9**	**5.4**	**5.4**	**10.7**	**10.9**
其中：花　生	2.7	2.8	4.1	4.1	3.4	3.7
油菜籽	4.0	4.0	0.9	0.9	6.5	6.5
芝　麻	0.1	0.1	0.0	0.0	0.4	0.4
胡麻籽	0.1	0.1	0.1	0.1	0.1	0.1
向日葵	0.8	0.7	0.2	0.2	0.1	0.1
三、棉花	**1.9**	**1.9**	**1.5**	**1.2**	**1.1**	**1.0**
四、麻类	**0.0**	**0.0**	**0.0**	**0.0**	**0.0**	**0.0**
其中：黄红麻	0.0	0.0	0.0	0.0	0.0	0.0
苎　麻	0.0	0.0	0.0	0.0	0.0	0.0
大　麻	0.0	0.0	0.0	0.0	0.0	0.0
亚　麻	0.0	0.0			0.0	0.0
五、糖料	**0.9**	**0.9**	**0.6**	**0.6**	**0.1**	**0.1**
(一)甘蔗	0.8	0.8	0.6	0.6	0.1	0.1
(二)甜菜	0.1	0.1	0.0	0.0	0.0	0.0
六、烟叶	**0.7**	**0.7**	**0.3**	**0.3**	**0.6**	**0.6**
其中：烤烟	0.7	0.6	0.3	0.3	0.6	0.5
七、药材	**1.2**	**1.3**	**0.6**	**0.7**	**0.9**	**1.1**
八、蔬菜(含菜用瓜)	**11.7**	**12.0**	**17.5**	**17.8**	**11.1**	**11.5**
九、瓜果类	**1.3**	**1.3**	**1.8**	**1.8**	**1.4**	**1.4**
其中：西瓜	0.9	0.9	1.2	1.2	1.2	1.2
甜瓜	0.2	0.2	0.3	0.3	0.2	0.2
草莓	0.1	0.1	0.1	0.1	0.0	0.1
十、其他农作物	**2.9**	**3.0**	**2.1**	**2.3**	**2.0**	**1.9**
其中：青饲料	1.1	1.1	0.5	0.6	0.6	0.6

7-3 续表 2 (以农作物总播种面积为100) 单位：%

指 标	西部		东北	
	2016年	2017年	2016年	2017年
全年农作物播种面积	**100.0**	**100.0**	**100.0**	**100.0**
一、粮食	**62.2**	**61.3**	**92.5**	**92.6**
其中：夏收粮食	12.1	11.9		
(一)谷物	47.6	46.4	76.3	73.7
1.稻谷	11.4	11.2	20.7	21.0
(1)早稻	1.6	1.5		
(2)中稻和一季晚稻	8.2	8.2	20.7	21.0
(3)双季晚稻	1.6	1.6		
2.小麦	9.2	8.9	0.3	0.4
(1)冬小麦	6.5	6.3		
(2)春小麦	2.7	2.6	0.3	0.4
3.玉米	23.9	23.2	53.9	50.8
4.谷子	0.6	0.6	0.4	0.5
5.高粱	0.4	0.4	0.7	0.8
6.其它谷物	2.1	2.1	0.2	0.1
其中：大麦	0.4	0.4	0.0	0.0
(二)豆类	5.5	5.7	15.0	17.6
其中：大　豆	3.7	3.9	13.8	16.1
绿　豆	0.3	0.4	0.5	0.6
红小豆	0.1	0.1	0.4	0.5
(三)薯类	9.1	9.2	1.2	1.3
其中：马铃薯	6.7	6.7	1.1	1.1
二、油料作物	**9.2**	**9.2**	**3.2**	**3.1**
其中：花　生	1.2	1.2	2.2	2.5
油菜籽	5.5	5.6	0.0	0.0
芝　麻	0.0	0.0	0.0	0.0
胡麻籽	0.3	0.3		
向日葵	1.9	1.8	0.5	0.3
三、棉花	**3.7**	**4.0**	**0.0**	
四、麻类	**0.1**	**0.1**	**0.1**	**0.1**
其中：黄红麻	0.0	0.0		
苎　麻	0.0	0.0	0.0	0.0
大　麻	0.0	0.0	0.0	0.1
亚　麻	0.0	0.0	0.0	0.0
五、糖料	**2.3**	**2.3**	**0.0**	**0.0**
(一)甘蔗	2.1	2.0		
(二)甜菜	0.2	0.3	0.0	0.0
六、烟叶	**1.4**	**1.3**	**0.1**	**0.1**
其中：烤烟	1.3	1.2	0.1	0.1
七、药材	**2.2**	**2.4**	**0.2**	**0.3**
八、蔬菜(含菜用瓜)	**12.6**	**13.1**	**2.3**	**2.4**
九、瓜果类	**1.2**	**1.1**	**0.5**	**0.5**
其中：西瓜	0.8	0.8	0.3	0.2
甜瓜	0.2	0.2	0.1	0.1
草莓	0.0	0.0	0.0	0.0
十、其他农作物	**5.1**	**5.2**	**1.0**	**1.0**
其中：青饲料	2.2	2.3	0.4	0.3

7-3 续表 3　　(以农作物总播种面积为100)　　单位：%

指　标	粮食主产区		粮食主销区		粮食平衡区	
	2016年	2017年	2016年	2017年	2016年	2017年
全年农作物播种面积	**100.0**	**100.0**	**100.0**	**100.0**	**100.0**	**100.0**
一、粮食	**76.7**	**76.5**	**52.2**	**51.7**	**60.7**	**59.6**
其中：夏收粮食	17.5	17.5	5.6	5.5	15.1	14.8
(一)谷物	67.7	66.8	45.2	44.7	47.8	46.6
1.稻谷	19.7	19.8	36.9	36.9	10.6	10.5
(1)早稻	2.8	2.7	13.0	12.7	2.1	2.1
(2)中稻和一季晚稻	14.0	14.3	8.8	8.9	6.3	6.3
(3)双季晚稻	2.9	2.8	15.2	15.3	2.2	2.1
2.小麦	17.2	17.3	2.6	2.6	10.6	10.3
(1)冬小麦	16.6	16.6	2.5	2.5	8.6	8.4
(2)春小麦	0.6	0.7	0.1	0.1	2.1	1.9
3.玉米	29.3	28.2	5.2	4.9	23.2	22.5
4.谷子	0.5	0.5	0.0	0.0	0.7	0.7
5.高粱	0.3	0.3	0.0	0.0	0.3	0.3
6.其它谷物	0.7	0.7	0.3	0.2	2.3	2.2
其中：大麦	0.1	0.1	0.2	0.1	0.4	0.4
(二)豆类	6.3	7.0	2.2	2.1	4.3	4.3
其中：大　豆	5.6	6.2	1.6	1.6	2.3	2.3
绿　豆	0.3	0.3	0.0	0.0	0.2	0.2
红小豆	0.1	0.2	0.0	0.0	0.1	0.1
(三)薯类	2.8	2.7	4.9	4.9	8.7	8.8
其中：马铃薯	1.6	1.6	1.5	1.5	6.8	6.9
二、油料作物	**8.5**	**8.6**	**6.2**	**6.1**	**6.6**	**6.6**
其中：花　生	3.1	3.2	4.7	4.7	1.0	1.0
油菜籽	4.2	4.2	1.3	1.2	3.9	4.0
芝　麻	0.2	0.2	0.0	0.0	0.1	0.1
胡麻籽	0.1	0.1	0.0		0.3	0.3
向日葵	0.8	0.7	0.1	0.0	0.9	0.8
三、棉花	**0.9**	**0.8**	**0.2**	**0.3**	**5.1**	**5.5**
四、麻类	**0.0**	**0.0**	**0.0**	**0.0**	**0.0**	**0.0**
其中：黄红麻	0.0	0.0	0.0	0.0	0.0	0.0
苎　麻	0.0	0.0	0.0	0.0	0.0	0.0
大　麻	0.0	0.0			0.0	0.0
亚　麻	0.0	0.0			0.0	0.0
五、糖料	**0.1**	**0.1**	**2.2**	**2.2**	**3.0**	**2.9**
(一)甘蔗	0.0	0.0	2.2	2.2	2.8	2.8
(二)甜菜	0.1	0.1	0.0		0.2	0.2
六、烟叶	**0.4**	**0.4**	**0.8**	**0.8**	**1.7**	**1.6**
其中：烤烟	0.4	0.3	0.8	0.7	1.6	1.5
七、药材	**0.6**	**0.7**	**1.1**	**1.3**	**2.6**	**2.9**
八、蔬菜(含菜用瓜)	**9.5**	**9.7**	**30.1**	**30.5**	**13.9**	**14.5**
九、瓜果类	**1.2**	**1.2**	**2.2**	**2.2**	**1.3**	**1.3**
其中：西瓜	0.9	0.9	1.5	1.5	0.9	0.9
甜瓜	0.2	0.2	0.3	0.3	0.2	0.2
草莓	0.1	0.1	0.1	0.1	0.0	0.0
十、其他农作物	**2.0**	**2.0**	**4.9**	**5.0**	**5.1**	**5.1**
其中：青饲料	0.9	0.9	0.7	0.7	1.8	2.0

7-3 续表 4　　　　(以全国为100%)　　　　单位：%

指　　标	东部		中部		西部		东北	
	2016年	2017年	2016年	2017年	2016年	2017年	2016年	2017年
全年农作物播种面积	**22.0**	**21.9**	**29.5**	**29.4**	**33.5**	**33.7**	**15.1**	**15.0**
一、粮食	**21.6**	**21.6**	**29.7**	**29.7**	**29.2**	**29.1**	**19.5**	**19.6**
其中：夏收粮食	35.3	35.4	39.6	39.8	25.0	24.7		
(一)谷物	23.6	23.8	31.8	32.1	25.9	25.8	18.7	18.3
1.稻谷	19.1	19.1	43.3	43.4	20.7	20.5	16.9	17.1
(1)早稻	22.8	23.0	60.9	60.5	16.3	16.5		
(2)中稻和一季晚稻	16.4	16.2	34.1	34.7	23.2	22.8	26.3	26.3
(3)双季晚稻	25.0	25.5	59.1	58.7	15.9	15.8		
2.小麦	37.0	37.2	41.8	42.0	20.8	20.4	0.3	0.4
(1)冬小麦	39.5	39.7	44.8	44.9	15.8	15.4		
(2)春小麦	1.3	1.4			93.6	91.9	5.1	6.7
3.玉米	19.9	20.1	19.2	19.3	30.2	30.6	30.7	30.0
4.谷子	18.7	18.7	30.0	28.3	39.0	39.2	12.4	13.8
5.高粱	1.4	1.7	10.4	11.4	48.4	45.8	39.7	41.0
6.其它谷物	16.9	17.9	12.4	12.7	68.0	67.3	2.7	2.1
其中：大麦	23.0	18.8	9.6	11.1	67.4	69.9	0.0	0.2
(二)豆类	7.3	6.6	18.6	17.8	33.4	31.9	40.7	43.7
其中：大　豆	7.1	6.5	19.4	18.3	27.6	26.3	45.8	48.9
绿　豆	3.2	2.7	28.0	27.4	40.4	39.7	28.7	30.2
红小豆	6.6	5.7	11.0	9.3	26.7	23.1	55.5	62.0
(三)薯类	11.2	11.1	14.6	13.0	70.1	71.4	4.1	4.4
其中：马铃薯	6.3	6.3	9.9	10.0	78.2	77.8	5.6	5.9
二、油料作物	**15.0**	**14.8**	**40.0**	**40.3**	**39.0**	**39.1**	**6.0**	**5.8**
其中：花　生	34.1	32.6	38.1	39.0	15.2	14.9	12.6	13.5
油菜籽	5.1	4.8	48.6	48.1	46.3	47.1	0.0	0.0
芝　麻	4.7	4.5	83.8	83.9	11.1	11.4	0.4	0.3
胡麻籽	12.4	16.2	16.4	15.4	71.1	68.4		
向日葵	5.3	5.9	3.9	3.8	81.7	84.8	9.1	5.5
三、棉花	**17.5**	**13.8**	**17.0**	**15.7**	**65.5**	**70.5**	**0.0**	
四、麻类	**1.3**	**0.8**	**20.8**	**17.2**	**53.1**	**48.6**	**24.8**	**33.4**
其中：黄红麻	3.3	2.1	66.1	64.6	30.6	33.3		
苎　麻	1.1	1.0	21.2	20.9	77.7	78.1	0.0	0.0
大　麻	1.1	0.3	4.4	2.8	16.3	14.8	78.2	82.2
亚　麻			1.9	0.9	50.8	42.4	47.3	56.6
五、糖料	**14.0**	**13.9**	**2.2**	**2.2**	**83.5**	**83.2**	**0.3**	**0.8**
(一)甘蔗	14.6	14.7	2.3	2.4	83.1	82.9		
(二)甜菜	7.9	7.0	1.0	0.7	87.7	85.4	3.4	6.9
六、烟叶	**8.2**	**8.3**	**24.4**	**24.2**	**64.3**	**64.9**	**3.1**	**2.6**
其中：烤烟	8.4	8.4	24.7	24.7	64.1	64.5	2.8	2.3
七、药材	**11.1**	**11.1**	**23.1**	**23.8**	**62.6**	**61.7**	**3.2**	**3.3**
八、蔬菜(含菜用瓜)	**32.9**	**32.3**	**28.0**	**28.1**	**36.1**	**36.6**	**3.0**	**3.0**
九、瓜果类	**30.8**	**31.0**	**32.8**	**33.6**	**30.4**	**29.6**	**6.0**	**5.7**
其中：西瓜	29.7	29.6	37.5	38.1	28.4	28.1	4.3	4.1
甜瓜	29.1	30.0	25.9	25.9	34.8	34.4	10.2	9.6
草莓	48.1	47.3	23.5	25.2	16.2	16.6	12.2	10.9
十、其他农作物	**15.8**	**17.0**	**20.4**	**18.8**	**58.7**	**59.1**	**5.1**	**5.0**
其中：青饲料	10.6	11.3	17.5	16.7	66.5	68.3	5.4	3.8

7-3 续表 5 （以全国为100%） 单位：%

指　　标	粮食主产区		粮食主销区		粮食平衡区	
	2016年	2017年	2016年	2017年	2016年	2017年
全年农作物播种面积	**69.8**	**69.8**	**5.6**	**5.6**	**24.6**	**24.6**
一、粮食	**75.0**	**75.2**	**4.1**	**4.1**	**20.9**	**20.7**
其中：夏收粮食	75.2	75.5	1.9	1.9	22.9	22.6
(一)谷物	76.8	76.9	4.1	4.1	19.1	18.9
1.稻谷	74.6	74.8	11.2	11.2	14.2	14.0
(1)早稻	60.9	60.5	22.8	23.0	16.3	16.5
(2)中稻和一季晚稻	82.7	83.0	4.1	4.1	13.2	12.8
(3)双季晚稻	59.1	58.7	25.0	25.5	15.9	15.8
2.小麦	81.4	81.8	1.0	1.0	17.7	17.2
(1)冬小麦	83.8	84.0	1.0	1.0	15.2	15.0
(2)春小麦	46.8	49.4	0.7	0.8	52.5	49.8
3.玉米	77.4	77.2	1.1	1.1	21.5	21.7
4.谷子	64.7	64.6	0.3	0.3	35.0	35.1
5.高粱	72.5	73.5	0.4	0.6	27.1	25.9
6.其它谷物	44.9	46.3	1.5	1.1	53.6	52.7
其中：大麦	46.4	44.1	4.1	2.5	49.5	53.4
(二)豆类	78.9	80.6	2.2	2.0	18.9	17.4
其中：大　豆	85.4	86.7	2.0	1.8	12.6	11.4
绿　豆	77.5	80.6	0.7	0.5	21.7	18.9
红小豆	78.0	81.8	0.8	0.9	21.3	17.3
(三)薯类	44.7	43.3	6.2	6.4	49.0	50.3
其中：马铃薯	38.9	38.8	2.9	3.0	58.1	58.3
二、油料作物	**75.1**	**75.3**	**4.4**	**4.3**	**20.6**	**20.4**
其中：花　生	81.1	81.6	9.8	9.5	9.0	8.8
油菜籽	73.9	73.7	1.8	1.7	24.3	24.6
芝　麻	87.5	87.4	1.9	1.9	10.6	10.7
胡麻籽	43.3	43.5	0.0		56.7	56.5
向日葵	70.8	73.2	0.5	0.4	28.7	26.4
三、棉花	**33.9**	**28.7**	**0.6**	**0.8**	**65.5**	**70.5**
四、麻类	**78.1**	**82.0**	**0.4**	**0.2**	**21.5**	**17.8**
其中：黄红麻	68.7	67.6	3.3	2.1	28.0	30.3
苎　麻	82.0	83.0	0.0	0.1	18.0	17.0
大　麻	85.6	91.0			14.4	9.0
亚　麻	49.2	57.6			50.8	42.4
五、糖料	**8.2**	**9.8**	**13.1**	**13.0**	**78.6**	**77.2**
(一)甘蔗	3.0	3.1	14.6	14.7	82.4	82.2
(二)甜菜	55.7	62.2	0.0		44.3	37.8
六、烟叶	**36.9**	**36.5**	**6.2**	**6.3**	**56.9**	**57.3**
其中：烤烟	36.9	36.6	6.2	6.3	56.9	57.0
七、药材	**39.1**	**40.0**	**5.5**	**5.6**	**55.4**	**54.3**
八、蔬菜(含菜用瓜)	**56.6**	**56.1**	**14.3**	**14.2**	**29.1**	**29.7**
九、瓜果类	**64.2**	**65.2**	**9.7**	**9.8**	**26.1**	**24.9**
其中：西瓜	66.4	66.6	9.2	9.2	24.4	24.2
甜瓜	64.3	65.2	7.2	7.5	28.5	27.3
草莓	79.3	79.2	9.9	9.6	10.8	11.2
十、其他农作物	**47.9**	**48.0**	**9.3**	**9.3**	**42.8**	**42.7**
其中：青饲料	55.1	54.0	3.5	3.3	41.3	42.7

7-3 续表 6 （以粮食作物播种面积为100） 单位：%

指 标	全 国		东 部		中 部	
	2016年	2017年	2016年	2017年	2016年	2017年
粮食	**100.0**	**100.0**	**100.0**	**100.0**	**100.0**	**100.0**
夏粮	22.7	22.8	37.1	37.4	30.3	30.6
早稻	4.5	4.4	4.7	4.6	9.1	8.9
秋粮	72.8	72.9	58.2	58.0	60.6	60.6
谷物	86.1	85.4	94.2	94.3	92.1	92.2
稻谷	25.8	26.1	22.8	23.0	37.6	38.1
小麦	20.7	20.8	35.5	35.8	29.2	29.4
其中：冬小麦	19.4	19.4	35.4	35.7	29.2	29.4
玉米	37.1	35.9	34.1	33.6	23.9	23.3
豆类	7.8	8.5	2.6	2.6	4.9	5.1
其中：大豆	6.4	7.0	2.1	2.1	4.2	4.3
薯类	6.1	6.1	3.2	3.1	3.0	2.7
其中：马铃薯	4.0	4.1	1.2	1.2	1.3	1.4

指 标	全 国		西 部		东 北	
	2016年	2017年	2016年	2017年	2016年	2017年
粮食	**100.0**	**100.0**	**100.0**	**100.0**	**100.0**	**100.0**
夏粮	22.7	22.8	19.5	19.3		
早稻	4.5	4.4	2.5	2.5		
秋粮	72.8	72.9	78.0	78.2	100.0	100.0
谷物	86.1	85.4	76.5	75.7	82.5	79.6
稻谷	25.8	26.1	18.3	18.3	22.4	22.7
小麦	20.7	20.8	14.8	14.5	0.4	0.5
其中：冬小麦	19.4	19.4	10.5	10.3		
玉米	37.1	35.9	38.4	37.8	58.3	54.9
豆类	7.8	8.5	8.9	9.3	16.2	19.0
其中：大豆	6.4	7.0	6.0	6.3	15.0	17.4
薯类	6.1	6.1	14.6	14.9	1.3	1.4
其中：马铃薯	4.0	4.1	10.8	11.0	1.2	1.2

指 标	粮食主产区		粮食主销区		粮食平衡区	
	2016年	2017年	2016年	2017年	2016年	2017年
粮食	**100.0**	**100.0**	**100.0**	**100.0**	**100.0**	**100.0**
夏粮	22.8	22.8	10.8	10.7	24.9	24.9
早稻	3.6	3.5	24.9	24.6	3.5	3.5
秋粮	73.6	73.7	64.3	64.7	71.6	71.7
谷物	88.2	87.4	86.4	86.4	78.7	78.1
稻谷	25.6	25.9	70.7	71.4	17.5	17.6
小麦	22.5	22.6	5.0	5.1	17.5	17.3
其中：冬小麦	21.6	21.7	4.8	4.8	14.1	14.0
玉米	38.2	36.9	10.0	9.4	38.2	37.7
豆类	8.2	9.1	4.3	4.1	7.0	7.2
其中：大豆	7.3	8.1	3.2	3.1	3.8	3.9
薯类	3.6	3.5	9.3	9.5	14.3	14.8
其中：马铃薯	2.1	2.1	2.9	3.0	11.2	11.6

7-4 各地区农作物总播种面积

单位：千公顷

地 区	1990年	1995年	2000年	2016年	2017年	2017年为2016年百分比(%)
全 国	**148361.5**	**149879.4**	**156299.8**	**166939.0**	**166331.9**	**99.6**
北 京	590.3	553.2	457.3	145.5	120.9	83.1
天 津	573.2	572.7	533.1	443.7	439.5	99.1
河 北	8786.7	8720.1	9024.4	8467.5	8381.6	99.0
山 西	4016.3	3895.6	4042.4	3591.5	3577.6	99.6
内蒙古	4722.4	5079.4	5914.4	8957.2	9014.2	100.6
辽 宁	3618.9	3623.7	3622.0	4242.7	4172.3	98.3
吉 林	4039.8	4059.8	4542.2	6063.2	6086.2	100.4
黑龙江	8558.5	8647.4	9329.5	14829.5	14767.6	99.6
上 海	631.1	542.1	520.7	303.8	284.9	93.8
江 苏	8259.2	7909.0	7944.9	7639.9	7556.4	98.9
浙 江	4384.7	3923.0	3554.3	1946.5	1981.1	101.8
安 徽	8313.6	8354.2	9005.8	8790.1	8726.7	99.3
福 建	2745.9	2835.1	2793.3	1548.8	1549.3	100.0
江 西	5758.1	5950.6	5650.8	5668.9	5638.5	99.5
山 东	10882.6	10837.3	11147.3	11278.6	11107.8	98.5
河 南	11889.7	12136.8	13136.9	14902.7	14732.5	98.9
湖 北	7361.1	7413.7	7584.1	7908.5	7956.1	100.6
湖 南	7951.8	7840.4	8002.1	8341.5	8322.0	99.8
广 东	5671.5	5304.3	5156.9	4181.6	4227.5	101.1
广 西	5141.3	5745.7	6260.7	5966.7	5969.9	100.1
海 南	821.3	870.0	906.0	731.9	709.4	96.9
重 庆			3590.8	3333.1	3339.6	100.2
四 川	12475.3	12838.8	9609.1	9493.8	9575.1	100.9
贵 州	3578.3	4203.1	4696.7	5604.8	5659.4	101.0
云 南	4492.1	4958.9	5786.0	6786.6	6790.8	100.1
西 藏	213.5	219.3	231.1	263.1	254.1	96.5
陕 西	4859.8	4496.9	4555.4	4160.2	4063.9	97.7
甘 肃	3611.3	3773.3	3740.2	3749.2	3752.0	100.1
青 海	544.7	568.8	553.7	557.7	555.3	99.6
宁 夏	888.9	956.0	1016.5	1118.8	1132.6	101.2
新 疆	2979.5	3050.2	3391.6	5921.3	5887.0	99.4

7-5 各地区粮食播种面积及增减情况

单位：千公顷

地区	1990年	1995年	2000年	2016年	2017年	2017年为2016年百分比(%)
全国	**113465.9**	**110060.4**	**108462.5**	**119230.1**	**117989.1**	**99.0**
北京	484.4	434.1	308.3	85.5	66.8	78.1
天津	457.9	443.3	345.9	362.0	351.4	97.1
河北	6827.8	6829.5	6918.7	6791.4	6658.5	98.0
山西	3290.3	3151.5	3186.5	3227.3	3180.9	98.6
内蒙古	3874.5	4143.2	4435.9	6803.4	6780.9	99.7
辽宁	3121.6	3030.9	2858.6	3515.0	3467.5	98.6
吉林	3525.9	3576.9	3833.7	5542.4	5544.0	100.0
黑龙江	7420.0	7500.2	7852.5	14201.8	14154.3	99.7
上海	417.1	343.9	258.8	158.5	133.1	84.0
江苏	6363.0	5755.2	5304.3	5583.3	5527.3	99.0
浙江	3266.0	2814.4	2300.3	951.4	977.2	102.7
安徽	6246.1	5852.5	6183.8	7359.0	7321.8	99.5
福建	2080.6	2017.3	1828.5	832.8	833.2	100.0
江西	3699.3	3509.3	3322.0	3807.2	3786.3	99.5
山东	8151.9	8131.6	7363.2	8517.3	8455.6	99.3
河南	9316.1	8810.0	9029.6	11219.6	10915.1	97.3
湖北	5200.0	4776.7	4156.2	4816.1	4853.0	100.8
湖南	5365.7	5115.6	5029.9	5010.7	4978.9	99.4
广东	3996.3	3472.3	3311.1	2177.8	2169.7	99.6
广西	3639.9	3662.7	3655.9	2897.1	2853.1	98.5
海南	567.5	574.9	542.0	292.0	282.5	96.7
重庆			2773.4	2039.1	2030.7	99.6
四川	9827.7	9933.7	6854.5	6291.3	6292.0	100.0
贵州	2543.2	2864.5	3151.3	3122.2	3052.8	97.8
云南	3622.3	3643.0	4238.7	4201.3	4169.2	99.2
西藏	191.7	188.2	201.4	188.5	185.6	98.5
陕西	4134.7	3807.7	3821.5	3144.0	3019.4	96.0
甘肃	2875.1	2928.7	2798.2	2684.2	2647.2	98.6
青海	400.3	384.3	322.7	284.7	282.6	99.2
宁夏	723.5	761.8	807.1	717.9	722.5	100.6
新疆	1835.5	1602.5	1468.2	2405.3	2295.9	95.5

7-6 各地区粮食播种面积

(按季节分)

单位：千公顷

地区	夏收粮食		早稻		秋收粮食	
	2016年	2017年	2016年	2017年	2016年	2017年
全国	**27054.8**	**26863.1**	**5309.3**	**5141.6**	**86866.0**	**85984.4**
北京	16.0	11.4			69.6	55.4
天津	107.3	108.8			254.7	242.6
河北	2408.3	2400.5			4383.1	4258.0
山西	573.5	570.1			2653.8	2610.8
内蒙古					6803.4	6780.9
辽宁					3515.0	3467.5
吉林					5542.4	5544.0
黑龙江					14201.8	14154.3
上海	46.0	24.6			112.5	108.6
江苏	2551.4	2514.2			3031.9	3013.1
浙江	145.3	162.3	86.5	86.4	719.5	728.5
安徽	2888.1	2823.5	225.4	207.4	4245.4	4291.0
福建	49.0	49.2	139.1	118.6	644.7	665.5
江西	68.3	69.5	1296.1	1279.2	2442.8	2437.6
山东	4070.0	4086.1			4447.3	4369.5
河南	5730.2	5741.3			5489.3	5173.8
湖北	1344.8	1363.2	224.7	174.0	3246.6	3315.8
湖南	126.2	135.9	1487.3	1448.2	3397.2	3394.8
广东	138.9	137.8	852.8	853.5	1186.1	1178.5
广西	111.2	108.9	828.2	810.7	1957.7	1933.4
海南	23.0	21.3	130.3	124.5	138.7	136.8
重庆	393.3	390.4			1645.8	1640.3
四川	1147.8	1135.3			5143.5	5156.7
贵州	786.2	782.8			2336.0	2269.9
云南	985.4	987.5	38.8	39.1	3177.0	3142.6
西藏					188.5	185.6
陕西	1118.8	1105.5			2025.2	1913.9
甘肃	878.6	871.2			1805.7	1776.0
青海					284.7	282.6
宁夏	128.7	133.8			589.3	588.7
新疆	1218.5	1128.1			1186.8	1167.8

7-7 各地区粮食播种面积

(按品种分)

单位：千公顷

地区	谷物		#稻谷		中稻和一季晚稻		双季晚稻	
	2016年	2017年	2016年	2017年	2016年	2017年	2016年	2017年
全国	**102701.7**	**100764.6**	**30745.9**	**30747.2**	**19779.9**	**20028.1**	**5656.7**	**5577.5**
北京	82.1	62.9	0.2	0.1	0.2	0.1		
天津	356.1	344.7	26.5	30.5	26.5	30.5		
河北	6490.6	6356.7	76.3	75.0	76.3	75.0		
山西	2807.5	2757.9	0.8	0.8	0.8	0.8		
内蒙古	5266.4	5177.4	108.8	122.2	108.8	122.2		
辽宁	3356.8	3291.8	476.4	492.7	476.4	492.7		
吉林	5193.3	5152.9	800.2	820.8	800.2	820.8		
黑龙江	10635.4	10006.4	3925.3	3948.9	3925.3	3948.9		
上海	154.8	131.2	106.3	104.1	106.3	104.1		
江苏	5305.3	5251.8	2256.3	2237.7	2256.3	2237.7		
浙江	758.0	784.9	613.1	620.7	433.9	439.6	92.6	94.7
安徽	6651.2	6597.8	2537.4	2605.1	2096.3	2190.1	215.6	207.7
福建	662.0	660.2	630.9	628.6	247.4	256.7	244.4	253.3
江西	3583.4	3561.1	3527.1	3504.7	845.2	858.6	1385.7	1366.8
山东	8265.3	8228.0	106.7	108.9	106.7	108.9		
河南	10608.1	10412.6	614.1	615.0	614.1	615.0		
湖北	4312.0	4331.8	2358.7	2368.1	1920.5	1991.7	213.4	202.4
湖南	4689.5	4650.6	4277.6	4238.7	1263.0	1291.3	1527.3	1499.2
广东	1934.2	1929.2	1806.0	1805.4			953.2	951.9
广西	2482.5	2436.5	1836.7	1801.7	136.8	141.0	871.8	849.9
海南	253.6	246.7	253.3	246.7			123.0	122.2
重庆	1169.4	1156.8	660.9	658.9	660.9	658.9		
四川	4538.2	4507.7	1874.0	1874.9	1874.0	1874.9		
贵州	2005.2	1938.8	714.2	700.5	714.2	700.5		
云南	3207.1	3173.1	881.4	870.6	813.1	802.2	29.5	29.3
西藏	181.8	180.0	1.1	0.9	1.1	0.9		
陕西	2644.6	2483.7	107.4	105.6	107.4	105.6		
甘肃	2003.1	1954.0	4.2	4.0	4.2	4.0		
青海	187.7	182.5						
宁夏	574.8	585.1	80.9	81.1	80.9	81.1		
新疆	2341.9	2229.9	83.1	74.2	83.1	74.2	0.0	

7-7 续表 1

地 区	#小麦		冬小麦		春小麦		#玉米	
	2016年	2017年	2016年	2017年	2016年	2017年	2016年	2017年
全 国	**24694.0**	**24508.0**	**23078.2**	**22895.8**	**1615.7**	**1612.2**	**44177.6**	**42399.0**
北 京	15.9	11.3	15.9	11.2	0.0	0.1	64.3	49.7
天 津	107.3	108.8	95.6	95.7	11.7	13.0	219.5	201.4
河 北	2389.8	2373.4	2380.0	2364.1	9.7	9.3	3696.1	3544.1
山 西	564.0	560.5	564.0	560.5			1860.7	1806.9
内蒙古	658.8	673.9			658.8	673.9	3843.6	3716.3
辽 宁	2.9	3.6			2.9	3.6	2789.8	2692.0
吉 林	0.4	2.4			0.4	2.4	4242.0	4164.0
黑龙江	78.6	101.8			78.6	101.8	6528.4	5862.8
上 海	35.6	21.0	35.6	21.0			4.0	3.0
江 苏	2436.8	2412.8	2436.8	2412.8			540.2	543.2
浙 江	85.3	103.7	85.3	103.7			49.9	51.9
安 徽	2887.6	2822.8	2887.6	2822.8			1203.3	1160.1
福 建	0.2	0.2	0.2	0.2			26.2	26.8
江 西	14.4	14.5	14.4	14.5			35.6	35.7
山 东	4068.0	4083.9	4068.0	4083.9			4059.3	4000.1
河 南	5704.9	5714.6	5704.9	5714.6			4210.5	3998.9
湖 北	1140.7	1153.2	1140.7	1153.2			797.3	794.8
湖 南	22.8	28.3	22.8	28.3			370.5	365.8
广 东	0.9	0.5	0.9	0.5			123.8	121.0
广 西	3.2	3.1	3.2	3.1			603.2	591.2
海 南								
重 庆	34.3	30.1	34.3	30.1			453.9	447.3
四 川	684.0	652.7	672.8	641.9	11.2	10.8	1866.0	1863.9
贵 州	169.2	156.0	169.2	156.0			1041.6	1006.4
云 南	344.2	343.7	344.2	343.7			1784.8	1763.8
西 藏	42.6	39.3	32.1	25.8	10.5	13.6	4.9	4.9
陕 西	980.8	963.1	980.8	963.1			1341.8	1196.9
甘 肃	774.7	766.5	571.2	569.1	203.5	197.4	1056.7	1041.0
青 海	112.9	112.4			112.9	112.4	20.1	18.9
宁 夏	117.3	123.1	55.1	57.2	62.3	65.9	313.2	306.3
新 疆	1215.9	1126.8	762.6	718.8	453.3	408.0	1026.4	1019.9

7-7 续表 2

单位：千公顷

地区	#谷子		#高粱		#其他谷物		大麦	
	2016年	2017年	2016年	2017年	2016年	2017年	2016年	2017年
全国	**857.2**	**861.0**	**472.8**	**506.5**	**1754.3**	**1742.9**	**360.9**	**330.0**
北京	1.6	1.5	0.2	0.2	0.0	0.1		
天津	0.8	1.1	1.6	2.6	0.4	0.4	0.0	
河北	130.0	127.2	2.0	2.4	196.3	234.7	0.2	0.1
山西	195.9	199.2	20.5	22.5	165.6	168.1		
内蒙古	230.3	234.4	90.7	90.2	334.2	340.3	52.2	42.7
辽宁	38.2	54.0	36.9	36.1	12.6	13.5		
吉林	43.7	46.2	105.7	117.8	1.3	1.6		
黑龙江	24.2	18.4	45.2	53.9	33.7	20.7	0.0	0.6
上海					8.9	3.1	8.9	3.1
江苏	0.2	0.1	0.2	0.2	71.7	57.8	67.2	53.1
浙江					9.6	8.6	5.8	5.1
安徽	22.1	8.8	0.3	0.3	0.5	0.7	0.1	0.1
福建			0.1	0.1	4.6	4.5	0.0	0.0
江西			2.5	2.5	3.8	3.7	0.3	0.3
山东	27.3	30.6	2.7	3.3	1.3	1.2	0.7	0.7
河南	38.7	36.0	14.7	21.3	25.3	26.7	25.3	26.7
湖北	0.1	0.1	5.3	5.0	9.9	10.6	7.6	8.2
湖南			6.1	6.3	12.6	11.4	1.5	1.4
广东	0.2	0.1	0.0	0.0	3.2	2.2		
广西	4.7	5.4	6.3	5.8	28.4	29.2		
海南					0.2	0.0		
重庆			15.5	16.0	4.8	4.4	0.7	0.5
四川			30.4	33.0	83.7	83.3	12.2	11.7
贵州	4.6	4.2	46.9	45.1	28.6	26.7	1.8	2.5
云南	0.4	0.4	3.4	3.4	192.8	191.2	94.0	95.8
西藏					133.1	134.9	0.1	0.9
陕西	65.7	67.0	16.0	16.3	132.9	134.7	3.6	3.6
甘肃	10.0	9.7	12.4	14.1	145.2	118.6	20.8	20.9
青海					54.8	51.2	53.5	49.8
宁夏	15.3	14.7		3.1	48.0	56.8		
新疆	3.2	1.8	7.2	4.9	6.2	2.1	4.4	2.1

7-7 续表 3

单位：千公顷

地区	燕麦		荞麦		豆类		#大豆	
	2016年	2017年	2016年	2017年	2016年	2017年	2016年	2017年
全国	**369.7**	**372.1**	**337.7**	**360.6**	**9287.2**	**10051.3**	**7598.5**	**8244.8**
北京					2.4	2.9	2.0	2.2
天津	0.1	0.1	0.0		3.8	3.8	3.5	3.4
河北	111.1	115.8	0.9	2.6	89.1	90.1	68.7	70.1
山西	53.7	54.4	16.0	16.5	240.6	238.3	134.1	130.8
内蒙古	169.9	168.1	80.6	96.2	1087.4	1171.4	923.4	989.0
辽宁			0.4	0.3	79.2	85.3	69.5	74.3
吉林			0.5	0.6	287.9	329.0	187.5	220.2
黑龙江	0.5	0.6	0.5	0.1	3411.5	3982.1	3223.1	3735.5
上海					3.2	1.5	1.8	1.1
江苏			0.5	0.5	251.2	249.7	196.9	194.4
浙江					114.4	108.3	83.8	80.4
安徽			0.0	0.0	637.1	658.7	599.5	620.5
福建					35.7	36.0	28.7	29.0
江西			0.3	0.5	122.4	123.3	101.9	102.1
山东					131.3	125.0	124.7	119.5
河南					366.4	389.9	341.1	345.2
湖北	0.1	0.1	0.3	0.3	227.8	238.5	202.2	212.3
湖南			2.1	2.2	137.6	141.0	98.5	99.7
广东					40.9	40.5	32.3	31.2
广西			27.1	28.1	145.3	149.4	91.3	94.3
海南					6.2	5.5	2.3	2.1
重庆	0.1	0.1	4.0	3.8	197.8	200.2	95.3	96.7
四川	4.2	4.0	32.0	32.1	496.0	518.4	350.7	369.3
贵州	0.3	0.7	3.8	8.8	311.8	298.2	209.7	194.7
云南	5.3	5.2	7.0	6.8	466.2	468.4	170.9	173.1
西藏					5.7	4.7	1.9	0.0
陕西			83.3	84.0	189.6	189.1	151.2	151.9
甘肃	23.5	19.4	40.3	37.1	127.1	127.9	64.1	64.4
青海					11.4	13.2	0.2	
宁夏		3.6	38.0	40.0	19.8	18.7	8.5	8.0
新疆	0.8		0.1		40.3	42.4	29.2	29.5

7-7 续表 4 单位：千公顷

地区	#绿豆		#红小豆		薯类		#马铃薯	
	2016年	2017年	2016年	2017年	2016年	2017年	2016年	2017年
全国	**436.8**	**501.8**	**181.0**	**221.1**	**7241.1**	**7173.2**	**4802.4**	**4859.9**
北京	0.1	0.1	0.3	0.4	1.0	1.1		
天津	0.1	0.1	0.1	0.1	2.1	2.9	1.4	1.7
河北	6.6	6.9	3.6	3.5	211.8	211.6	162.6	162.8
山西	48.1	47.2	10.5	10.9	179.3	184.7	163.3	168.1
内蒙古	116.6	139.7	19.4	22.4	449.6	432.2	449.2	432.1
辽宁	4.7	4.1	2.4	4.7	79.0	90.4	56.7	63.5
吉林	93.8	100.4	6.6	8.3	61.2	62.1	59.0	60.1
黑龙江	26.8	47.2	91.6	124.0	154.9	165.7	152.5	164.1
上海					0.4	0.4		
江苏	2.1	2.0	6.4	6.3	26.7	25.8		
浙江					79.0	84.1	41.9	45.0
安徽	31.1	31.6	6.6	6.5	70.6	65.3	6.5	2.4
福建	0.6	0.6	0.3	0.3	135.2	137.0	45.3	45.6
江西	3.2	3.2	0.2	0.2	101.5	101.9	36.5	37.0
山东	2.0	2.1	0.7	0.7	120.7	102.6		
河南	25.3	40.0			245.0	112.7		
湖北	4.4	4.5	1.8	1.8	276.4	282.7	198.7	203.8
湖南	10.1	10.7	0.8	1.1	183.5	187.4	71.6	75.2
广东	1.4	1.5	0.7	0.9	202.7	200.0	50.5	51.1
广西	16.7	17.2	0.7	0.8	269.3	267.2	60.0	55.3
海南	0.2	0.2	0.4	0.4	32.3	30.3		0.1
重庆	11.1	11.2	1.5	1.5	671.9	673.7	334.6	335.0
四川	12.0	11.9	1.3	1.3	1257.2	1265.9	676.6	684.1
贵州	4.4	4.1	4.4	3.9	805.2	815.8	687.8	699.8
云南	4.0	4.0	4.7	4.5	528.0	527.6	470.0	471.0
西藏					1.0	1.0	1.0	1.0
陕西	9.6	9.4	13.9	13.7	309.8	346.6	291.9	311.0
甘肃	0.2	0.4	1.9	2.1	554.0	565.3	554.0	565.3
青海					85.5	86.8	85.5	86.8
宁夏					123.3	118.7	123.3	118.7
新疆	1.8	1.6	0.6	0.9	23.1	23.6	21.9	19.3

7-8 各地区油料播种面积

单位：千公顷

地区	油料合计		#花生		#油菜籽	
	2016年	2017年	2016年	2017年	2016年	2017年
全国	**13191.1**	**13223.2**	**4448.4**	**4607.7**	**6622.8**	**6653.0**
北京	2.2	2.2	1.5	1.4		0.0
天津	5.6	5.6	1.3	1.5	0.1	0.2
河北	383.1	394.6	270.6	266.8	19.5	24.5
山西	118.0	114.1	6.2	5.8	12.8	18.8
内蒙古	1112.0	1113.1	21.7	23.3	302.2	309.6
辽宁	278.1	278.4	269.8	271.7	0.7	0.8
吉林	390.0	408.7	268.7	332.6	0.3	0.5
黑龙江	123.7	76.3	23.1	18.7	0.2	0.3
上海	5.0	3.2	1.1	1.0	3.8	2.2
江苏	283.4	267.6	90.1	88.2	188.8	175.3
浙江	126.0	122.3	17.3	17.1	99.3	96.2
安徽	542.7	518.3	138.7	138.9	375.3	354.1
福建	73.5	72.5	68.1	67.1	4.9	4.9
江西	698.2	699.0	160.4	162.5	510.6	509.1
山东	735.8	725.2	719.0	709.2	8.5	8.0
河南	1302.3	1397.5	1051.0	1151.9	162.2	155.7
湖北	1310.9	1291.3	232.1	230.5	983.6	971.2
湖南	1299.8	1311.6	104.3	106.1	1176.2	1188.9
广东	329.5	331.8	314.5	319.1	10.0	8.7
广西	233.1	239.3	199.8	206.0	20.7	20.8
海南	34.3	33.0	33.4	32.1		
重庆	310.4	318.5	61.6	62.1	236.9	244.3
四川	1440.4	1478.9	260.2	261.1	1166.8	1206.2
贵州	662.5	661.2	51.3	51.5	520.0	516.1
云南	292.7	288.8	38.0	37.5	237.3	232.1
西藏	22.6	19.6	0.1	0.1	22.5	19.5
陕西	272.8	278.6	39.0	39.5	179.8	179.6
甘肃	358.6	346.5	0.6	0.6	194.9	198.5
青海	148.8	155.3			147.1	153.6
宁夏	35.4	33.3	0.2	0.1	1.7	1.9
新疆	259.7	237.2	4.8	3.6	36.1	51.3

7-8 续表 1

单位：千公顷

地区	#芝麻		#胡麻籽		#向日葵籽	
	2016年	2017年	2016年	2017年	2016年	2017年
全国	**230.2**	**227.7**	**243.1**	**234.5**	**1278.9**	**1170.7**
北京	0.03	0.02			0.7	0.7
天津	0.04	0.03	0.0		4.1	3.6
河北	1.5	1.4	30.2	38.1	60.1	62.1
山西	1.8	1.7	39.3	35.4	36.9	31.8
内蒙古	1.6	2.0	74.6	63.3	711.1	713.1
辽宁	0.1	0.3			4.2	4.1
吉林	0.4	0.3			98.7	52.3
黑龙江	0.5	0.0			13.1	8.5
上海	0.0	0.0			0.0	
江苏	4.3	4.0			0.1	0.2
浙江					0.7	
安徽	5.0	4.5	0.0	0.0	0.8	1.4
福建	0.3	0.3			0.2	0.2
江西	27.1	27.5				
山东	0.5	0.4			1.9	1.9
河南	83.2	84.1			6.0	5.8
湖北	64.3	62.7			5.0	4.3
湖南	11.7	10.5	0.6	0.6	1.2	1.3
广东	3.1	3.1			0.5	
广西	2.8	2.8			1.1	1.0
海南	0.9	0.9				
重庆	9.7	9.7			2.3	2.4
四川	1.4	1.4			3.6	2.6
贵州	0.5	0.5	0.0	0.0	14.5	16.1
云南	0.2	0.2	0.0	0.0	4.7	4.6
西藏						
陕西	9.1	9.2	3.8	4.6	26.4	29.3
甘肃			66.3	66.4	82.3	62.5
青海			1.7	1.7		
宁夏			20.1	19.4	10.5	8.8
新疆	0.2	0.1	6.4	5.0	188.2	152.4

7-9 各地区棉花和麻类播种面积

单位：千公顷

地区	棉花		麻类		#黄红麻	
	2016年	2017年	2016年	2017年	2016年	2017年
全国	**3198.3**	**3194.7**	**54.2**	**58.5**	**6.6**	**5.6**
北京	0.0					
天津	12.9	20.7				
河北	230.9	220.6	0.0	0.0	0.0	
山西	3.5	2.9	0.0	0.1		
内蒙古	0.2		0.2	1.3		
辽宁	0.1		1.28	0.1		
吉林			0.02	0.06		
黑龙江			12.1	19.3		
上海	0.3	0.4				
江苏	31.7	21.0	0.3	0.3		
浙江	5.6	4.5	0.1	0.0	0.0	0.03
安徽	110.1	88.1	0.9	0.9	0.3	0.3
福建	0.1		0.0	0.0	0.0	0.0
江西	67.0	69.0	3.8	3.7	0.1	0.0
山东	279.1	174.7	0.15	0.04		
河南	50.0	40.0	4.1	3.3	3.9	3.2
湖北	205.0	204.8	0.6	0.6	0.0	0.0
湖南	106.5	95.7	1.8	1.6	0.1	0.1
广东	0.3		0.1	0.1	0.1	0.1
广西	1.5	1.3	2.1	1.9	1.8	1.6
海南	0.0		0.1	0.0	0.1	0.0
重庆	0.0		4.5	4.2	0.0	0.04
四川	4.5	4.4	16.9	16.8	0.2	0.2
贵州	1.8	1.4	0.7	0.6	0.0	0.0
云南	0.1		0.5	0.2		
西藏	0.0					
陕西	12.0	8.5	0.3	0.3		
甘肃	15.2	19.4	1.7	1.7		
青海						
宁夏	0.0					
新疆	2059.6	2217.5	1.9	1.5		

7-10　各地区糖料播种面积

单位：千公顷

地　区	糖料合计		1. 甘　蔗		2. 甜　菜	
	2016年	2017年	2016年	2017年	2016年	2017年
全　国	**1555.3**	**1545.6**	**1401.7**	**1371.4**	**153.6**	**174.3**
北　京						
天　津					0.0	
河　北	12.1	12.2			12.1	12.2
山　西	0.5	0.1			0.5	0.1
内蒙古	67.3	82.7			67.3	82.7
辽　宁	1.8	2.0			1.8	2.0
吉　林	0.2	0.7			0.2	0.7
黑龙江	3.3	9.4			3.3	9.4
上　海	0.1	0.0	0.1	0.0	0.0	
江　苏	0.8	0.8	0.8	0.8	0.0	0.0
浙　江	6.3	5.7	6.3	5.7		
安　徽	2.9	2.9	1.9	1.9	1.0	1.0
福　建	5.3	4.9	5.3	4.9		
江　西	14.7	14.6	14.7	14.6		
山　东	0.0	0.0			0.0	0.0
河　南	2.4	2.3	2.4	2.3		
湖　北	6.4	6.6	6.4	6.6	0.0	0.0
湖　南	6.7	7.3	6.7	7.2	0.0	0.0
广　东	165.5	169.2	165.5	169.2		
广　西	891.1	876.1	891.1	876.1		
海　南	27.0	21.2	27.0	21.2		
重　庆	2.2	2.1	2.2	2.1	0.0	
四　川	9.4	9.3	9.1	9.1	0.3	0.28
贵　州	12.7	8.7	12.1	8.3	0.6	0.40
云　南	247.3	239.9	247.3	239.9		
西　藏						
陕　西	1.7	1.4	1.6	1.4	0.1	0.04
甘　肃	3.3	4.3			3.3	4.3
青　海	0.0	0.0			0.0	0.0
宁　夏						
新　疆	63.9	61.1			63.9	61.1

7-11 各地区烟叶和药材播种面积

单位：千公顷

地区	烟叶合计		#烤烟		药材	
	2016年	2017年	2016年	2017年	2016年	2017年
全国	**1208.4**	**1130.6**	**1152.9**	**1080.9**	**1932.4**	**2161.1**
北京	0.0			0.0	2.5	2.2
天津					3.5	3.4
河北	1.4	1.3	1.4	1.3	66.7	74.9
山西	1.9	1.5	1.9	1.5	45.0	67.5
内蒙古	2.7	1.6	2.1	1.3	89.7	118.8
辽宁	9.5	8.0	9.0	7.4	20.3	24.3
吉林	7.5	6.2	4.3	3.0	13.2	14.3
黑龙江	19.9	15.0	18.5	14.6	28.7	32.9
上海					0.6	0.5
江苏					14.8	13.7
浙江	0.6	0.6			43.0	48.6
安徽	8.8	8.3	8.7	8.2	68.7	71.0
福建	55.9	52.7	55.7	52.6	17.7	19.1
江西	31.3	25.7	30.2	25.1	24.2	35.5
山东	23.7	21.4	23.7	21.4	27.3	30.5
河南	109.2	104.0	106.5	102.8	99.8	112.2
湖北	44.6	39.7	40.9	36.6	139.5	155.4
湖南	99.2	94.8	97.2	93.1	68.4	73.7
广东	17.8	17.4	15.6	15.6	28.5	34.9
广西	13.3	11.8	11.5	9.9	70.9	74.1
海南	0.1	0.1	0.1	0.1	10.2	12.7
重庆	43.5	34.9	39.4	30.7	108.3	109.4
四川	88.7	86.3	83.4	81.3	93.9	108.2
贵州	168.0	155.7	155.6	143.2	163.6	185.3
云南	438.3	424.6	424.7	412.5	152.3	172.6
西藏						
陕西	20.5	17.1	20.5	17.1	160.6	174.4
甘肃	1.9	1.5	1.8	1.4	218.5	226.5
青海					34.8	37.9
宁夏	0.2	0.2	0.2	0.2	48.7	52.7
新疆					68.2	74.0

7-12 各地区蔬菜、瓜果类和青饲料播种面积

单位：千公顷

地　区	蔬菜		瓜果类		青饲料	
	2016年	2017年	2016年	2017年	2016年	2017年
全　国	**19553.1**	**19981.1**	**2119.1**	**2112.9**	**1813.5**	**1874.1**
北　京	46.1	40.3	4.2	3.9	2.5	2.5
天　津	46.9	49.3	4.6	4.3	2.5	1.6
河　北	751.6	748.6	70.3	70.7	98.1	115.0
山　西	158.8	169.9	14.7	14.5	19.4	22.0
内蒙古	228.6	218.7	60.6	66.7	325.6	352.6
辽　宁	332.1	308.6	45.7	44.0	26.7	25.9
吉　林	80.6	82.8	21.1	22.1	0.9	1.3
黑龙江	177.1	205.3	59.5	55.2	71.2	43.3
上　海	98.0	92.9	6.8	6.8	3.0	2.7
江　苏	1430.4	1407.6	157.1	162.1	28.1	30.0
浙　江	633.2	644.1	101.9	102.1	5.0	4.8
安　徽	610.9	628.2	74.1	74.9	4.6	4.6
福　建	530.3	533.4	17.6	17.7	3.2	3.2
江　西	607.4	619.3	79.5	80.9	76.7	71.7
山　东	1454.3	1462.0	218.5	215.0	2.2	3.7
河　南	1682.1	1736.1	312.4	318.2	3.4	6.3
湖　北	1168.9	1188.6	90.0	92.4	64.7	66.0
湖　南	1239.8	1271.1	125.0	128.5	148.4	142.2
广　东	1189.9	1227.2	40.0	41.2	47.3	46.8
广　西	1351.8	1399.7	117.2	117.9	38.1	40.3
海　南	257.4	252.9	30.9	31.9	0.4	0.6
重　庆	714.7	727.2	23.7	24.7	52.9	56.1
四　川	1295.7	1324.3	46.9	47.7	149.2	149.8
贵　州	1145.1	1253.1	29.4	29.9	141.6	154.8
云　南	1040.1	1084.8	26.8	24.3	168.7	177.8
西　藏	23.0	23.3	0.2	0.1	28.6	24.8
陕　西	465.8	480.6	71.9	71.5	3.4	4.1
甘　肃	323.5	337.0	44.7	51.2	64.2	58.4
青　海	43.2	43.1	1.6	1.6	40.6	32.0
宁　夏	117.0	118.6	61.4	59.1	82.2	88.9
新　疆	308.9	302.2	160.9	131.7	110.1	140.3

7-13 各地区主要农作物播种面积构成

(以农作物总播种面积为100)　　单位：%

地　区	粮食	棉花	油料	糖料	烟叶	蔬菜	瓜果类
全　国	**70.9**	**1.9**	**7.9**	**0.9**	**0.7**	**12.0**	**1.3**
北　京	55.3		1.8			33.3	3.2
天　津	80.0	4.7	1.3			11.2	1.0
河　北	79.4	2.6	4.7	0.1	0.02	8.9	0.8
山　西	88.9	0.1	3.2	0.004	0.04	4.7	0.4
内蒙古	75.2		12.3	0.9	0.02	2.4	0.7
辽　宁	83.1		6.7	0.05	0.2	7.4	1.1
吉　林	91.1		6.7	0.01	0.1	1.4	0.4
黑龙江	95.8		0.5	0.1	0.1	1.4	0.4
上　海	46.7	0.1	1.1	0.01		32.6	2.4
江　苏	73.1	0.3	3.5	0.01		18.6	2.1
浙　江	49.3	0.2	6.2	0.3	0.03	32.5	5.2
安　徽	83.9	1.0	5.9	0.03	0.1	7.2	0.9
福　建	53.8		4.7	0.3	3.4	34.4	1.1
江　西	67.2	1.2	12.4	0.3	0.5	11.0	1.4
山　东	76.1	1.6	6.5	0.0	0.2	13.2	1.9
河　南	74.1	0.3	9.5	0.02	0.7	11.8	2.2
湖　北	61.0	2.6	16.2	0.1	0.5	14.9	1.2
湖　南	59.8	1.1	15.8	0.1	1.1	15.3	1.5
广　东	51.3		7.8	4.0	0.4	29.0	1.0
广　西	47.8	0.02	4.0	14.7	0.2	23.4	2.0
海　南	39.8		4.6	3.0	0.02	35.6	4.5
重　庆	60.8		9.5	0.1	1.0	21.8	0.7
四　川	65.7	0.05	15.4	0.1	0.9	13.8	0.5
贵　州	53.9	0.02	11.7	0.2	2.8	22.1	0.5
云　南	61.4		4.3	3.5	6.3	16.0	0.4
西　藏	73.1		7.7			9.2	0.1
陕　西	74.3	0.2	6.9	0.03	0.4	11.8	1.8
甘　肃	70.6	0.5	9.2	0.1	0.04	9.0	1.4
青　海	50.9		28.0	0.0		7.8	0.3
宁　夏	63.8		2.9		0.02	10.5	5.2
新　疆	39.0	37.7	4.0	1.0		5.1	2.2

7-14 主要农作物产品产量

单位：万吨

年 份	粮食总产量	#稻 谷	#小 麦	#玉 米	#大 豆	#薯 类
1949	11318	4865	1381	1242	509	985
1952	16392	6843	1813	1685	952	1633
1957	19505	8678	2364	2144	1005	2192
1962	15441	6299	1667	1626	651	2345
1965	19453	8772	2522	2366	614	1986
1970	23996	10999	2919	3303	871	2668
1975	28452	12556	4531	4722	724	2857
1978	30477	13693	5384	5595	757	3174
1979	33212	14375	6273	6004	746	2846
1980	32056	13991	5521	6260	794	2873
1981	32502	14396	5964	5921	933	2597
1982	35450	16160	6847	6056	903	2705
1983	38728	16887	8139	6821	976	2925
1984	40731	17826	8782	7341	970	2848
1985	37911	16857	8581	6383	1050	2604
1986	39151	17222	9004	7086	1161	2534
1987	40298	17426	8590	7924	1247	2821
1988	39408	16911	8543	7735	1165	2697
1989	40755	18013	9081	7893	1023	2730
1990	44624	18933	9823	9682	1100	2743
1991	43529	18381	9595	9877	971	2716
1992	44266	18622	10159	9538	1030	2844
1993	45649	17751	10639	10270	1531	3181
1994	44510	17593	9930	9928	1600	3025
1995	46662	18523	10221	11199	1350	3263
1996	50454	19510	11057	12747	1322	3536
1997	49417	20073	12329	10431	1473	3192
1998	51230	19871	10973	13295	1515	3604
1999	50839	19849	11388	12809	1425	3641
2000	46218	18791	9964	10600	1541	3685
2001	45264	17758	9387	11409	1541	3563
2002	45706	17454	9029	12131	1651	3666
2003	43070	16066	8649	11583	1539	3513
2004	46947	17909	9195	13029	1740	3558
2005	48402	18059	9745	13937	1635	3469
2006	49804	18172	10847	15160	1508	2701
2007	50414	18638	10953	15512	1279	2742
2008	53434	19261	11293	17212	1571	2843
2009	53941	19620	11583	17326	1522	2793
2010	55911	19723	11614	19075	1541	2843
2011	58849	20288	11863	21132	1488	2924
2012	61223	20653	12254	22956	1344	2883
2013	63048	20629	12371	24845	1241	2855
2014	63965	20961	12832	24976	1269	2799
2015	66060	21214	13264	26499	1237	2729
2016	66044	21109	13327	26361	1360	2726
2017	66161	21268	13433	25907	1528	2799

7-15 主要农作物产品产量

单位：万吨

指　　标	1990年	1995年	2000年	2016年	2017年	2017年为2016年百分比(%)
一、粮食作物	**44624.3**	**46661.8**	**46217.5**	**66043.5**	**66160.7**	**100.2**
1.谷物		41611.6	40522.4	61666.5	61520.5	99.8
稻谷	18933.1	18522.6	18790.8	21109.4	21267.6	100.7
小麦	9822.9	10220.7	9963.6	13327.0	13433.4	100.8
玉米	9681.9	11198.6	10600.0	26361.3	25907.1	98.3
谷子	457.5	301.9	212.5	233.0	254.8	109.3
高粱	567.5	475.6	258.2	223.4	246.5	110.3
其他谷物		892.3	697.3	412.3	411.2	99.7
2.豆类		1787.5	2010.0	1650.7	1841.6	111.6
其中：大豆	1100.0	1350.2	1540.9	1359.5	1528.2	112.4
杂豆		437.3	469.1	291.1	313.3	107.6
3.薯类	2743.3	3262.6	3685.2	2726.3	2798.6	102.7
其中：马铃薯	648.4	914.4	1325.5	1698.6	1769.6	104.2
二、油料作物	**1613.2**	**2250.3**	**2954.8**	**3400.0**	**3475.2**	**102.2**
其中：花　生	636.8	1023.5	1443.7	1636.1	1709.2	104.5
油菜籽	695.8	977.7	1138.1	1312.8	1327.4	101.1
芝　麻	46.9	58.3	81.1	35.2	36.6	104.1
胡麻籽	53.5	36.4	34.4	32.5	30.1	92.6
向日葵	133.9	126.9	195.4	320.1	314.9	98.4
三、棉花	**450.8**	**476.8**	**441.7**	**534.3**	**565.2**	**105.8**
四、麻类	**109.7**	**89.7**	**52.9**	**18.1**	**21.8**	**120.2**
其中：黄红麻	72.6	37.1	12.6	3.4	2.9	86.0
苎　麻	8.9	14.7	16.1	5.2	5.1	97.4
大　麻	3.2	2.2	1.7	7.2	12.5	174.1
亚　麻	24.2	35.2	21.4	1.2	1.1	87.2
五、糖料	**7214.5**	**7940.1**	**7635.3**	**11176.0**	**11378.8**	**101.8**
甘蔗	5762.0	6541.7	6828.0	10321.5	10440.4	101.2
甜菜	1452.5	1398.4	807.3	854.5	938.4	109.8
六、烟叶	**262.7**	**231.4**	**255.2**	**257.4**	**239.1**	**92.9**
其中：烤烟	225.9	207.2	223.8	244.5	227.9	93.2
七、蔬菜				**67434.2**	**69192.7**	**102.6**
八、瓜果类				**8202.3**	**8292.5**	**101.1**

7-15 续表 1

单位：万吨

指　　标	全国		东部		中部	
	2016年	2017年	2016年	2017年	2016年	2017年
一、粮食	**66043.5**	**66160.7**	**15415.1**	**15581.5**	**19923.2**	**20040.5**
其中：夏收粮食	14050.2	14174.5	5502.9	5591.2	6060.8	6156.2
(一)谷物	61666.5	61520.5	14801.8	14964.0	19299.0	19387.8
1.稻谷	21109.4	21267.6	4152.2	4152.8	8818.4	8926.9
(1)早稻	3102.6	2987.2	722.2	704.5	1862.9	1790.8
(2)中稻和一季晚稻	14638.9	14957.3	2635.5	2642.1	4875.1	5086.1
(3)双季晚稻	3368.0	3323.2	794.5	806.2	2080.5	2050.0
2.小麦	13327.0	13433.4	5325.5	5415.6	5934.0	6021.7
(1)冬小麦	12660.8	12794.1	5314.8	5404.1	5934.0	6021.7
(2)春小麦	666.2	639.3	10.7	11.5		
3.玉米	26361.3	25907.1	5181.7	5259.4	4441.5	4330.0
4.谷子	233.0	254.8	55.2	55.9	55.1	54.0
5.高粱	223.4	246.5	2.5	3.7	11.9	14.6
6.其它谷物	412.3	411.2	84.8	76.6	38.1	40.6
其中：大麦	119.2	108.5	42.0	32.1	13.7	14.7
(二)豆类	1650.7	1841.6	166.5	165.2	263.0	277.6
其中：大豆	1359.5	1528.2	134.5	133.0	232.5	244.2
绿豆	56.5	65.1	2.6	2.6	12.2	13.4
红小豆	27.5	36.0	2.7	2.8	2.0	2.2
(三)薯类	2726.3	2798.6	446.7	452.3	361.2	375.2
其中：马铃薯	1698.6	1769.6	147.9	165.8	148.1	157.8
二、油料作物	**3400.0**	**3475.2**	**689.3**	**692.4**	**1369.3**	**1411.1**
其中：花　生	1636.1	1709.2	579.8	584.1	714.6	752.6
油菜籽	1312.8	1327.4	81.9	79.7	601.4	606.3
芝　麻	35.2	36.6	1.8	1.7	28.7	30.2
胡麻籽	32.5	30.1	3.1	3.8	4.2	3.6
向日葵	320.1	314.9	18.5	18.9	8.9	8.5
三、棉花	**534.3**	**565.2**	**63.5**	**50.5**	**58.1**	**53.1**
四、麻类	**18.1**	**21.8**	**0.2**	**0.1**	**4.4**	**3.8**
其中：黄红麻	3.4	2.9	0.1	0.0	2.8	2.4
苎　麻	5.2	5.1	0.1	0.1	1.2	1.2
大　麻	7.2	12.5	0.0	0.0	0.2	0.2
亚　麻	1.2	1.1			0.0	0.0
五、糖料	**11176.0**	**11378.8**	**1600.5**	**1608.0**	**156.1**	**155.6**
(一)甘蔗	10321.5	10440.4	1540.0	1545.5	147.8	149.9
(二)甜菜	854.5	938.4	60.5	62.5	8.3	5.7
六、烟叶	**257.4**	**239.1**	**23.1**	**22.0**	**66.9**	**62.5**
其中：烤烟	244.5	227.9	22.3	21.3	64.7	61.0
七、药材						
八、蔬菜(含菜用瓜)	**67434.2**	**69192.7**	**26260.1**	**26509.0**	**18624.7**	**19344.7**
九、瓜果类	**8202.3**	**8292.5**	**2752.2**	**2800.1**	**2837.2**	**2918.8**
其中：西瓜	6220.6	6314.7	2044.1	2060.1	2437.5	2506.6
甜瓜	1187.6	1232.6	382.1	410.3	299.9	311.7
草莓	268.0	285.1	143.8	155.1	53.0	58.3

7-15 续表 2

单位：万吨

指标	西部		东北	
	2016年	2017年	2016年	2017年
一、粮食	**16822.8**	**16643.6**	**13882.4**	**13895.1**
其中：夏收粮食	2486.5	2427.0		
(一)谷物	14496.8	14253.8	13068.9	12915.0
1.稻谷	4294.3	4262.1	3844.5	3925.8
(1)早稻	517.5	491.8		
(2)中稻和一季晚稻	3283.7	3303.3	3844.5	3925.8
(3)双季晚稻	493.1	466.9		
2.小麦	2037.7	1956.6	29.8	39.5
(1)冬小麦	1412.0	1368.3		
(2)春小麦	625.7	588.3	29.8	39.5
3.玉米	7729.0	7574.4	9009.2	8743.3
4.谷子	78.9	95.3	43.9	49.6
5.高粱	83.9	83.9	125.3	144.3
6.其它谷物	273.1	281.5	16.3	12.4
其中：大麦	63.5	61.4		0.2
(二)豆类	563.6	591.1	657.5	807.7
其中：大豆	377.6	392.2	615.0	758.9
绿豆	21.2	28.1	20.4	21.0
红小豆	6.6	9.0	16.2	22.1
(三)薯类	1762.4	1798.8	156.0	172.4
其中：马铃薯	1256.6	1284.8	146.0	161.2
二、油料作物	**1132.0**	**1147.6**	**209.4**	**224.2**
其中：花　生	174.2	178.3	167.5	194.3
油菜籽	629.3	641.2	0.2	0.2
芝　麻	4.5	4.6	0.2	0.1
胡麻籽	25.2	22.7		
向日葵	272.3	272.8	20.3	14.8
三、棉花	**412.7**	**461.6**	**0.0**	**0.0**
四、麻类	**5.9**	**6.0**	**7.7**	**11.8**
其中：黄红麻	0.5	0.5		
苎　麻	3.9	3.8	0.0	0.0
大　麻	0.5	1.1	6.4	11.2
亚　麻	0.8	0.5	0.4	0.6
五、糖料	**9397.8**	**9564.6**	**21.6**	**50.7**
(一)甘蔗	8633.7	8745.0		
(二)甜菜	764.1	819.6	21.6	50.7
六、烟叶	**157.0**	**145.6**	**10.3**	**9.1**
其中：烤烟	148.6	137.7	8.9	7.8
七、药材				
八、蔬菜(含菜用瓜)	**19664.3**	**20385.9**	**2885.2**	**2953.1**
九、瓜果类	**2139.0**	**2103.7**	**474.0**	**469.9**
其中：西瓜	1452.3	1460.7	286.8	287.3
甜瓜	396.3	404.3	109.4	106.3
草莓	27.7	30.1	43.6	41.6

7-15 续表 3

单位：万吨

指　　标	粮食主产区		粮食主销区		粮食平衡区	
	2016年	2017年	2016年	2017年	2016年	2017年
一、粮食	**51816.2**	**52138.3**	**2757.4**	**2767.1**	**11470.0**	**11255.3**
其中：夏收粮食	11531.6	11697.7	226.9	238.7	2291.6	2238.1
(一)谷物	49154.8	49255.3	2486.6	2494.1	10025.1	9771.2
1.稻谷	16238.5	16444.3	2113.2	2119.7	2757.7	2703.7
(1)早稻	1862.9	1790.8	722.2	704.5	517.5	491.8
(2)中稻和一季晚稻	12295.2	12603.4	596.5	608.9	1747.1	1744.9
(3)双季晚稻	2080.5	2050.0	794.5	806.2	493.1	466.9
2.小麦	11398.2	11564.1	109.3	120.9	1819.5	1748.4
(1)冬小麦	11172.8	11328.1	103.5	114.1	1384.5	1351.9
(2)春小麦	225.4	236.1	5.8	6.8	435.1	396.4
3.玉米	20983.2	20676.6	252.2	243.7	5125.9	4986.8
4.谷子	174.9	193.8	0.7	0.7	57.4	60.3
5.高粱	182.9	203.7	0.7	1.6	39.8	41.1
6.其它谷物	176.9	172.8	10.5	7.5	224.9	230.9
其中：大麦	62.1	54.7	5.8	3.4	51.3	50.5
(二)豆类	1289.2	1475.7	52.1	51.9	309.4	314.0
其中：大　豆	1157.5	1328.6	38.9	38.8	163.1	160.8
绿　豆	44.1	52.0	0.5	0.6	11.8	12.5
红小豆	22.4	29.4	0.5	0.5	4.6	6.0
(三)薯类	1372.3	1407.3	218.6	221.1	1135.4	1170.2
其中：马铃薯	760.0	802.1	59.5	63.1	879.1	904.4
二、油料作物	**2669.8**	**2751.8**	**157.3**	**159.3**	**572.9**	**564.1**
其中：花　生	1401.3	1469.2	129.7	132.4	105.2	107.7
油菜籽	976.8	984.5	23.9	23.6	312.2	319.3
芝　麻	30.2	31.5	0.7	0.7	4.3	4.4
胡麻籽	10.8	9.8	0.0		21.7	20.3
向日葵	215.1	227.3	1.0	0.8	104.0	86.9
三、棉花	**118.6**	**100.4**	**3.0**	**3.2**	**412.7**	**461.6**
四、麻类	**15.3**	**19.5**	**0.1**	**0.0**	**2.7**	**2.3**
其中：黄红麻	2.8	2.4	0.1	0.0	0.5	0.5
苎　麻	4.3	4.2	0.0	0.0	0.9	0.8
大　麻	6.8	12.1			0.3	0.3
亚　麻	0.4	0.6			0.8	0.5
五、糖料	**544.0**	**652.2**	**1535.2**	**1540.7**	**9096.9**	**9185.9**
(一)甘蔗	188.3	189.5	1535.1	1540.6	8598.1	8710.3
(二)甜菜	355.7	462.7	0.0	0.0	498.8	475.7
六、烟叶	**103.8**	**95.7**	**16.4**	**16.1**	**137.2**	**127.4**
其中：烤烟	98.6	91.3	15.6	15.4	130.4	121.2
七、药材						
八、蔬菜(含菜用瓜)	**44769.3**	**45587.4**	**7592.6**	**7776.2**	**15072.3**	**15829.0**
九、瓜果类	**5777.8**	**5919.2**	**601.8**	**615.3**	**1822.7**	**1758.1**
其中：西瓜	4553.3	4638.2	429.6	437.5	1237.7	1239.0
甜瓜	803.0	853.7	63.0	67.4	321.6	311.6
草莓	228.4	242.0	21.1	22.6	18.6	20.6

7-15 续表 4　　(以全国为100)　　单位：%

指　标	东部		中部		西部		东北	
	2016年	2017年	2016年	2017年	2016年	2017年	2016年	2017年
一、粮食	**23.3**	**23.6**	**30.2**	**30.3**	**25.5**	**25.2**	**21.0**	**21.0**
其中：夏收粮食	39.2	39.4	43.1	43.4	17.7	17.1		
(一)谷物	24.0	24.3	31.3	31.5	23.5	23.2	21.2	21.0
1.稻谷	19.7	19.5	41.8	42.0	20.3	20.0	18.2	18.5
(1)早稻	23.3	23.6	60.0	59.9	16.7	16.5		
(2)中稻和一季晚稻	18.0	17.7	33.3	34.0	22.4	22.1	26.3	26.2
(3)双季晚稻	23.6	24.3	61.8	61.7	14.6	14.1		
2.小麦	40.0	40.3	44.5	44.8	15.3	14.6	0.2	0.3
(1)冬小麦	42.0	42.2	46.9	47.1	11.2	10.7		
(2)春小麦	1.6	1.8			93.9	92.0	4.5	6.2
3.玉米	19.7	20.3	16.8	16.7	29.3	29.2	34.2	33.7
4.谷子	23.7	21.9	23.6	21.2	33.8	37.4	18.8	19.5
5.高粱	1.1	1.5	5.3	5.9	37.5	34.0	56.1	58.5
6.其它谷物	20.6	18.6	9.2	9.9	66.2	68.5	4.0	3.0
其中：大麦	35.2	29.6	11.5	13.6	53.3	56.6		0.2
(二)豆类	10.1	9.0	15.9	15.1	34.1	32.1	39.8	43.9
其中：大　豆	9.9	8.7	17.1	16.0	27.8	25.7	45.2	49.7
绿　豆	4.6	4.0	21.6	20.5	37.6	43.1	36.2	32.3
红小豆	9.8	7.7	7.4	6.0	24.0	25.0	58.9	61.3
(三)薯类	16.4	16.2	13.2	13.4	64.6	64.3	5.7	6.2
其中：马铃薯	8.7	9.4	8.7	8.9	74.0	72.6	8.6	9.1
二、油料作物	**20.3**	**19.9**	**40.3**	**40.6**	**33.3**	**33.0**	**6.2**	**6.5**
其中：花　生	35.4	34.2	43.7	44.0	10.6	10.4	10.2	11.4
油菜籽	6.2	6.0	45.8	45.7	47.9	48.3	0.0	0.0
芝　麻	5.1	4.7	81.6	82.4	12.9	12.7	0.5	0.2
胡麻籽	9.5	12.7	13.0	11.8	77.5	75.5		
向日葵	5.8	6.0	2.8	2.7	85.1	86.6	6.4	4.7
三、棉花	**11.9**	**8.9**	**10.9**	**9.4**	**77.2**	**81.7**	**0.0**	**0.0**
四、麻类	**1.2**	**0.6**	**24.1**	**17.5**	**32.5**	**27.6**	**42.2**	**54.3**
其中：黄红麻	2.3	1.4	82.3	81.2	15.5	17.4		
苎　麻	1.6	1.3	23.5	23.4	75.0	75.3	0.0	0.0
大　麻	0.6	0.2	2.8	1.6	6.7	8.5	89.9	89.7
亚　麻			0.0	0.0	68.3	45.4	31.7	54.6
五、糖料	**14.3**	**14.1**	**1.4**	**1.4**	**84.1**	**84.1**	**0.2**	**0.4**
(一)甘蔗	14.9	14.8	1.4	1.4	83.6	83.8		
(二)甜菜	7.1	6.7	1.0	0.6	89.4	87.3	2.5	5.4
六、烟叶	**9.0**	**9.2**	**26.0**	**26.2**	**61.0**	**60.9**	**4.0**	**3.8**
其中：烤烟	9.1	9.3	26.5	26.8	60.8	60.4	3.6	3.4
七、药材								
八、蔬菜(含菜用瓜)	**38.9**	**38.3**	**27.6**	**28.0**	**29.2**	**29.5**	**4.3**	**4.3**
九、瓜果类	**33.6**	**33.8**	**34.6**	**35.2**	**26.1**	**25.4**	**5.8**	**5.7**
其中：西瓜	32.9	32.6	39.2	39.7	23.3	23.1	4.6	4.5
甜瓜	32.2	33.3	25.3	25.3	33.4	32.8	9.2	8.6
草莓	53.7	54.4	19.8	20.4	10.3	10.6	16.3	14.6

7-15 续表 5 (以全国为100) 单位：%

指　　标	粮食主产区		粮食主销区		粮食平衡区	
	2016年	2017年	2016年	2017年	2016年	2017年
一、粮食	**78.5**	**78.8**	**4.2**	**4.2**	**17.4**	**17.0**
其中：夏收粮食	82.1	82.5	1.6	1.7	16.3	15.8
(一)谷物	79.7	80.1	4.0	4.1	16.3	15.9
1.稻谷	76.9	77.3	10.0	10.0	13.1	12.7
(1)早稻	60.0	59.9	23.3	23.6	16.7	16.5
(2)中稻和一季晚稻	84.0	84.3	4.1	4.1	11.9	11.7
(3)双季晚稻	61.8	61.7	23.6	24.3	14.6	14.1
2.小麦	85.5	86.1	0.8	0.9	13.7	13.0
(1)冬小麦	88.2	88.5	0.8	0.9	10.9	10.6
(2)春小麦	33.8	36.9	0.9	1.1	65.3	62.0
3.玉米	79.6	79.8	1.0	0.9	19.4	19.2
4.谷子	75.1	76.0	0.3	0.3	24.6	23.7
5.高粱	81.9	82.7	0.3	0.7	17.8	16.7
6.其它谷物	42.9	42.0	2.5	1.8	54.5	56.2
其中：大麦	52.1	50.4	4.9	3.1	43.0	46.5
(二)豆类	78.1	80.1	3.2	2.8	18.7	17.0
其中：大　豆	85.1	86.9	2.9	2.5	12.0	10.5
绿　豆	78.1	80.0	1.0	0.9	20.9	19.2
红小豆	81.5	81.8	1.7	1.5	16.8	16.8
(三)薯类	50.3	50.3	8.0	7.9	41.6	41.8
其中：马铃薯	44.7	45.3	3.5	3.6	51.8	51.1
二、油料作物	**78.5**	**79.2**	**4.6**	**4.6**	**16.9**	**16.2**
其中：花　生	85.6	86.0	7.9	7.7	6.4	6.3
油菜籽	74.4	74.2	1.8	1.8	23.8	24.1
芝　麻	85.7	86.1	1.9	1.9	12.3	12.1
胡麻籽	33.4	32.5	0.0		66.6	67.5
向日葵	67.2	72.2	0.31	0.2	32.5	27.6
三、棉花	**22.2**	**17.8**	**0.6**	**0.6**	**77.2**	**81.7**
四、麻类	**84.6**	**89.4**	**0.5**	**0.2**	**14.8**	**10.4**
其中：黄红麻	83.2	82.3	2.3	1.4	14.5	16.3
苎　麻	82.9	83.5	0.0	0.0	17.1	16.5
大　麻	95.5	97.3			4.5	2.7
亚　麻	31.7	54.6			68.3	45.4
五、糖料	**4.9**	**5.7**	**13.7**	**13.5**	**81.4**	**80.7**
(一)甘蔗	1.8	1.8	14.9	14.8	83.3	83.4
(二)甜菜	41.6	49.3	0.0	0.0	58.4	50.7
六、烟叶	**40.3**	**40.0**	**6.4**	**6.7**	**53.3**	**53.3**
其中：烤烟	40.3	40.1	6.4	6.7	53.3	53.2
七、药材						
八、蔬菜(含菜用瓜)	**66.4**	**65.9**	**11.3**	**11.2**	**22.4**	**22.9**
九、瓜果类	**70.4**	**71.4**	**7.3**	**7.4**	**22.2**	**21.2**
其中：西瓜	73.2	73.5	6.9	6.9	19.9	19.6
甜瓜	67.6	69.3	5.3	5.5	27.1	25.3
草莓	85.2	84.9	7.9	7.9	6.9	7.2

7-15 续表 6 （以粮食作物产量为100） 单位：%

指　标	全　国		东　部		中　部	
	2016年	2017年	2016年	2017年	2016年	2017年
粮食	**100.0**	**100.0**	**100.0**	**100.0**	**100.0**	**100.0**
夏粮	21.3	21.4	35.7	35.9	30.4	30.7
早稻	4.7	4.5	4.7	4.5	9.4	8.9
秋粮	74.0	74.1	59.6	59.6	60.2	60.3
谷物	93.4	93.0	96.0	96.0	96.9	96.7
稻谷	32.0	32.1	26.9	26.7	44.3	44.5
小麦	20.2	20.3	34.5	34.8	29.8	30.0
其中：冬小麦	19.2	19.3	34.5	34.7	29.8	30.0
玉米	39.9	39.2	33.6	33.8	22.3	21.6
豆类	2.5	2.8	1.1	1.1	1.3	1.4
其中：大豆	2.1	2.3	0.9	0.9	1.2	1.2
薯类	4.1	4.2	2.9	2.9	1.8	1.9
其中：马铃薯	2.6	2.7	1.0	1.1	0.7	0.8

指　标	全　国		西　部		东　北	
	2016年	2017年	2016年	2017年	2016年	2017年
粮食	**100.0**	**100.0**	**100.0**	**100.0**	**100.0**	**100.0**
夏粮	21.3	21.4	14.8	14.6		
早稻	4.7	4.5	3.1	3.0		
秋粮	74.0	74.1	82.1	82.5	100.0	100.0
谷物	93.4	93.0	86.2	85.6	94.1	92.9
稻谷	32.0	32.1	25.5	25.6	27.7	28.3
小麦	20.2	20.3	12.1	11.8	0.2	0.3
其中：冬小麦	19.2	19.3	8.4	8.2		
玉米	39.9	39.2	45.9	45.5	64.9	62.9
豆类	2.5	2.8	3.4	3.6	4.7	5.8
其中：大豆	2.1	2.3	2.2	2.4	4.4	5.5
薯类	4.1	4.2	10.5	10.8	1.1	1.2
其中：马铃薯	2.6	2.7	7.5	7.7	1.1	1.2

指　标	粮食主产区		粮食主销区		粮食平衡区	
	2016年	2017年	2016年	2017年	2016年	2017年
粮食	**100.0**	**100.0**	**100.0**	**100.0**	**100.0**	**100.0**
夏粮	22.3	22.4	8.2	8.6	20.0	19.9
早稻	3.6	3.4	26.2	25.5	4.5	4.4
秋粮	74.1	74.1	65.6	65.9	75.5	75.7
谷物	94.9	94.5	90.2	90.1	87.4	86.8
稻谷	31.3	31.5	76.6	76.6	24.0	24.0
小麦	22.0	22.2	4.0	4.4	15.9	15.5
其中：冬小麦	21.6	21.7	3.8	4.1	12.1	12.0
玉米	40.5	39.7	9.1	8.8	44.7	44.3
豆类	2.5	2.8	1.9	1.9	2.7	2.8
其中：大豆	2.2	2.5	1.4	1.4	1.4	1.4
薯类	2.6	2.7	7.9	8.0	9.9	10.4
其中：马铃薯	1.5	1.5	2.2	2.3	7.7	8.0

7-16 各地区粮食总产量

单位：万吨

地　区	1990年	1995年	2000年	2016年	2017年	2017年为2016年百分比(%)
全　国	**44624.3**	**46661.8**	**46217.5**	**66043.5**	**66160.7**	**100.2**
北　京	264.6	259.8	144.2	52.8	41.1	78.0
天　津	188.9	207.5	124.1	200.4	212.3	105.9
河　北	2276.9	2739.2	2551.1	3783.0	3829.2	101.2
山　西	969.0	917.1	853.4	1380.3	1355.1	98.2
内蒙古	973.0	1055.4	1241.9	3263.3	3254.5	99.7
辽　宁	1494.7	1423.5	1140.0	2315.6	2330.7	100.7
吉　林	2046.5	1992.4	1638.0	4150.7	4154.0	100.1
黑龙江	2312.5	2552.1	2545.5	7416.1	7410.3	99.9
上　海	239.5	210.4	174.0	111.8	99.8	89.3
江　苏	3230.8	3286.3	3106.6	3542.4	3610.8	101.9
浙　江	1586.1	1430.9	1217.7	564.8	580.1	102.7
安　徽	2457.2	2580.7	2472.1	3961.8	4019.7	101.5
福　建	879.6	919.7	854.7	477.3	487.2	102.1
江　西	1658.2	1607.4	1614.6	2234.4	2221.7	99.4
山　东	3354.9	4246.4	3837.7	5332.3	5374.3	100.8
河　南	3303.7	3466.5	4101.5	6498.0	6524.2	100.4
湖　北	2475.0	2463.8	2218.5	2796.4	2846.1	101.8
湖　南	2651.4	2691.6	2767.9	3052.3	3073.6	100.7
广　东	1896.9	1734.8	1760.1	1204.2	1208.6	100.4
广　西	1363.1	1508.2	1528.5	1419.0	1370.5	96.6
海　南	169.6	201.8	199.6	146.1	138.1	94.5
重　庆			1106.9	1078.2	1079.9	100.2
四　川	4266.8	4365.0	3372.0	3469.9	3488.9	100.5
贵　州	721.0	948.9	1161.3	1264.3	1242.4	98.3
云　南	1057.2	1188.9	1467.8	1815.1	1843.4	101.6
西　藏	55.5	70.0	96.2	103.9	106.5	102.6
陕　西	1070.7	913.4	1089.1	1264.0	1194.2	94.5
甘　肃	690.7	644.2	713.5	1117.5	1105.9	99.0
青　海	114.0	114.2	82.7	104.8	102.5	97.9
宁　夏	190.1	203.2	252.7	370.7	370.1	99.8
新　疆	666.2	718.5	783.7	1552.3	1484.7	95.6

7-17 各地区分季粮食作物产量

单位：万吨

地　区	夏收粮食		早　稻		秋收粮食	
	2016年	2017年	2016年	2017年	2016年	2017年
全　国	**14050.2**	**14174.5**	**3102.6**	**2987.2**	**48890.8**	**48999.1**
北　京	8.6	6.2			44.2	34.9
天　津	58.9	62.4			141.5	149.9
河　北	1491.8	1520.8			2291.2	2308.5
山　西	230.4	233.7			1149.9	1121.3
内 蒙 古					3263.3	3254.5
辽　宁					2315.6	2330.7
吉　林					4150.7	4154.0
黑 龙 江					7416.1	7410.3
上　海	17.1	11.6			94.7	88.1
江　苏	1293.2	1335.8			2249.2	2275.0
浙　江	48.6	64.5	55.3	52.8	460.9	462.9
安　徽	1635.7	1644.7	125.3	126.4	2200.8	2248.7
福　建	20.2	20.6	83.8	72.8	373.3	393.8
江　西	24.6	25.0	746.2	717.1	1463.7	1479.6
山　东	2491.0	2496.0			2841.3	2878.3
河　南	3628.3	3716.0			2869.7	2808.3
湖　北	497.6	488.2	117.9	100.9	2180.9	2257.0
湖　南	44.3	48.6	873.5	846.5	2134.5	2178.5
广　东	64.0	64.3	510.0	509.0	630.2	635.3
广　西	22.5	21.7	496.5	470.2	900.0	878.7
海　南	9.4	9.0	73.1	70.0	63.6	59.1
重　庆	123.0	122.9			955.2	957.0
四　川	425.3	422.6			3044.6	3066.3
贵　州	215.1	222.2			1049.2	1020.2
云　南	238.4	241.7	21.0	21.7	1555.7	1580.1
西　藏					103.9	106.5
陕　西	437.3	442.1			826.7	752.1
甘　肃	303.1	301.9			814.4	804.0
青　海					104.8	102.5
宁　夏	39.0	38.8			331.7	331.2
新　疆	682.8	613.1			869.5	871.6

7-18 各地区分品种粮食作物产量

单位：万吨

地区	谷物		#稻谷		中稻和一季晚稻		双季晚稻	
	2016年	2017年	2016年	2017年	2016年	2017年	2016年	2017年
全国	**61666.5**	**61520.5**	**21109.4**	**21267.6**	**14638.9**	**14957.3**	**3368.0**	**3323.2**
北京	51.7	39.9	0.1	0.1	0.1	0.1		
天津	198.6	209.9	20.0	26.3	20.0	26.3		
河北	3645.6	3674.5	51.2	50.4	51.2	50.4		
山西	1310.5	1280.1	0.6	0.5	0.6	0.5		
内蒙古	2960.1	2930.8	69.8	85.2	69.8	85.2		
辽宁	2260.0	2261.3	410.4	422.0	410.4	422.0		
吉林	4054.2	4044.0	670.5	684.4	670.5	684.4		
黑龙江	6754.8	6609.7	2763.6	2819.3	2763.6	2819.3		
上海	111.0	99.3	91.4	85.6	91.4	85.6		
江苏	3466.6	3536.2	1898.9	1892.6	1898.9	1892.6		
浙江	498.9	513.4	444.8	444.9	330.7	333.6	58.9	58.5
安徽	3852.4	3907.7	1570.0	1647.5	1333.9	1414.6	110.9	106.4
福建	399.3	406.3	386.6	393.2	154.3	163.3	148.5	157.1
江西	2160.1	2145.9	2140.5	2126.1	551.9	564.4	842.4	844.7
山东	5202.9	5259.2	88.8	90.1	88.8	90.1		
河南	6360.4	6382.9	508.3	485.2	508.3	485.2		
湖北	2677.7	2716.0	1874.5	1927.2	1609.2	1688.7	147.4	137.6
湖南	2937.8	2955.2	2724.6	2740.4	871.4	932.6	979.8	961.3
广东	1096.4	1102.0	1039.5	1046.3			529.5	537.3
广西	1347.9	1298.0	1066.0	1019.8	90.5	96.8	479.1	452.8
海南	130.8	123.2	130.7	123.2			57.6	53.2
重庆	758.5	756.4	487.6	487.0	487.6	487.0		
四川	2822.1	2831.8	1467.3	1473.7	1467.3	1473.7		
贵州	974.7	950.6	456.0	448.8	456.0	448.8		
云南	1540.0	1568.1	524.1	529.2	489.1	493.4	14.0	14.1
西藏	101.3	102.0	0.6	0.5	0.6	0.5		
陕西	1155.2	1074.3	80.5	80.6	80.5	80.6		
甘肃	908.6	889.3	2.8	2.9	2.8	2.9		
青海	67.9	64.9						
宁夏	334.3	333.1	67.9	68.8	67.9	68.8		
新疆	1526.2	1454.4	71.7	65.5	71.7	65.5		

7-18 续表 1 单位：万吨

地 区	#小 麦		冬小麦		春小麦		#玉 米	
	2016年	2017年	2016年	2017年	2016年	2017年	2016年	2017年
全 国	**13327.0**	**13433.4**	**12660.8**	**12794.1**	**666.2**	**639.3**	**26361.3**	**25907.1**
北 京	8.5	6.2	8.5	6.2			42.5	33.2
天 津	58.9	62.4	53.1	55.6	5.8	6.8	118.7	119.3
河 北	1480.2	1504.1	1475.3	1499.4	4.9	4.7	2031.2	2035.5
山 西	229.1	232.4	229.1	232.4			1018.0	977.9
内蒙古	187.7	189.1			187.7	189.1	2563.1	2497.4
辽 宁	1.1	1.3			1.1	1.3	1810.1	1789.4
吉 林	0.2	0.1			0.2	0.1	3286.3	3250.8
黑龙江	28.6	38.1			28.6	38.1	3912.8	3703.1
上 海	13.2	10.2	13.2	10.2			2.7	2.1
江 苏	1245.8	1295.5	1245.8	1295.5			284.4	318.1
浙 江	28.3	41.9	28.3	41.9			21.9	23.0
安 徽	1635.5	1644.5	1635.5	1644.5			634.5	610.7
福 建	0.1	0.1	0.1	0.1			11.0	11.4
江 西	3.0	3.1	3.0	3.1			15.3	15.4
山 东	2490.1	2495.1	2490.1	2495.1			2613.8	2662.2
河 南	3618.6	3705.2	3618.6	3705.2			2216.3	2170.1
湖 北	440.7	426.9	440.7	426.9			357.4	356.7
湖 南	7.0	9.6	7.0	9.6			200.0	199.2
广 东	0.3	0.1	0.3	0.1			55.4	54.6
广 西	0.5	0.5	0.5	0.5			275.8	271.6
海 南								
重 庆	11.3	9.8	11.3	9.8			252.8	252.6
四 川	259.6	251.6	256.7	248.8	2.9	2.8	1058.0	1068.0
贵 州	41.8	41.2	41.8	41.2			456.4	441.2
云 南	71.5	73.7	71.5	73.7			892.3	912.9
西 藏	26.9	21.9	21.3	15.6	5.6	6.4	2.9	3.0
陕 西	403.2	406.4	403.2	406.4			636.2	551.1
甘 肃	272.1	269.7	173.3	174.3	98.8	95.4	591.9	576.7
青 海	43.3	42.3			43.3	42.3	13.6	12.2
宁 夏	38.0	37.8	10.6	9.3	27.4	28.5	220.5	214.9
新 疆	681.8	612.6	421.8	388.8	260.0	223.8	765.6	772.6

7-18 续表 2

单位：万吨

地 区	#谷 子		#高 梁		#其他谷物		大 麦	
	2016年	2017年	2016年	2017年	2016年	2017年	2016年	2017年
全 国	**233.0**	**254.8**	**223.4**	**246.5**	**412.3**	**411.2**	**119.2**	**108.5**
北 京	0.4	0.4	0.1	0.1	0.0	0.0		
天 津	0.2	0.3	0.6	1.5	0.1	0.1	0.0	
河 北	45.8	45.0	0.7	0.9	36.5	38.7	0.1	0.1
山 西	37.8	41.6	5.7	6.6	19.4	21.1		
内蒙古	59.3	76.6	33.3	31.5	46.9	51.0	7.7	6.5
辽 宁	13.5	19.9	21.5	24.6	3.4	4.1		
吉 林	20.7	22.4	76.2	85.7	0.3	0.4		
黑龙江	9.6	7.3	27.6	33.9	12.6	7.9		0.2
上 海					3.6	1.4	3.6	1.4
江 苏	0.0	0.0	0.2	0.2	37.3	29.9	35.7	28.3
浙 江					3.9	3.6	2.2	2.0
安 徽	12.1	4.8	0.1	0.2	0.1	0.2	0.1	0.1
福 建			0.0	0.0	1.6	1.6	0.0	0.0
江 西			0.3	0.3	0.9	0.9	0.1	0.1
山 东	8.7	10.2	0.8	1.1	0.6	0.6	0.4	0.4
河 南	5.1	7.6	1.5	3.3	10.6	11.4	10.6	11.4
湖 北	0.0	0.0	1.9	1.8	3.2	3.4	2.5	2.7
湖 南			2.3	2.5	3.8	3.6	0.5	0.6
广 东	0.0	0.0	0.0	0.0	1.2	0.8		
广 西	1.0	1.3	1.9	1.7	2.7	3.1		
海 南					0.1	0.0		
重 庆			5.9	6.1	0.9	0.9	0.1	0.1
四 川			16.4	17.8	20.8	20.7	4.5	4.4
贵 州	0.9	0.8	12.8	12.5	6.8	6.1	0.5	0.4
云 南	0.1	0.1	1.0	1.0	51.0	51.1	27.0	28.0
西 藏					71.0	76.6	0.0	0.2
陕 西	11.2	11.4	5.5	5.5	18.6	19.3	1.6	1.6
甘 肃	1.8	1.8	4.7	5.3	35.3	32.8	9.4	9.1
青 海					11.0	10.4	10.7	10.1
宁 夏	2.0	2.3		0.8	6.0	8.6		
新 疆	2.5	1.0	2.4	1.6	2.2	1.0	2.0	1.0

7-18 续表 3

单位：万吨

地区	燕麦		荞麦		豆类		#大豆	
	2016年	2017年	2016年	2017年	2016年	2017年	2016年	2017年
全国	**50.3**	**54.6**	**47.8**	**53.9**	**1650.7**	**1841.6**	**1359.5**	**1528.2**
北京					0.4	0.6	0.4	0.5
天津	0.0	0.0	0.0		0.9	0.8	0.8	0.8
河北	16.1	16.1	0.1	0.3	19.8	20.8	16.0	17.1
山西	5.7	6.1	1.9	2.0	27.4	28.3	16.7	17.1
内蒙古	20.8	23.0	14.2	17.1	168.7	186.2	150.8	162.6
辽宁			0.1	0.1	16.2	21.0	14.8	19.3
吉林			0.1	0.1	55.0	67.1	37.3	50.2
黑龙江	0.2	0.1		0.0	586.3	719.6	562.8	689.4
上海					0.7	0.3	0.5	0.2
江苏			0.2	0.2	59.4	58.8	46.0	45.0
浙江					27.1	27.4	20.4	20.4
安徽			0.0	0.03	93.6	97.1	90.5	94.0
福建					9.7	9.9	7.6	7.8
江西			0.1	0.1	27.2	28.3	24.3	25.2
山东					35.2	33.6	33.6	32.1
河南					49.0	53.4	46.9	50.4
湖北	0.02	0.02	0.05	0.05	35.4	38.5	31.4	34.3
湖南			0.6	0.6	30.5	32.0	22.8	23.2
广东					11.2	11.1	8.6	8.5
广西			2.5	2.9	23.1	24.7	14.0	15.3
海南					1.9	1.7	0.6	0.7
重庆	0.01	0.01	0.8	0.8	39.5	40.2	19.1	19.5
四川	0.9	0.8	6.4	6.5	113.0	119.2	80.5	85.9
贵州	0.1	0.1	0.7	1.7	33.1	25.6	26.7	19.3
云南	1.1	1.2	1.4	1.4	117.0	118.3	43.1	43.5
西藏			0.4	0.3	2.0	4.0	0.8	2.0
陕西			8.8	8.7	29.2	28.6	24.3	23.9
甘肃	5.4	6.7	4.5	4.8	23.0	25.2	9.8	9.3
青海					2.6	2.8		
宁夏		0.4	5.0	6.1	2.1	1.7	1.1	0.7
新疆					10.3	14.6	7.6	10.2

7-18 续表 4　　　　单位：万吨

地区	#绿豆		#红小豆		薯类		#马铃薯	
	2016年	2017年	2016年	2017年	2016年	2017年	2016年	2017年
全　国	**56.5**	**65.1**	**27.5**	**36.0**	**2726.3**	**2798.6**	**1698.6**	**1769.6**
北　京	0.01	0.01	0.03	0.04	0.6	0.6		
天　津	0.01	0.02	0.01	0.02	0.9	1.5	0.6	0.6
河　北	1.1	1.1	0.6	0.6	117.6	133.9	88.4	102.7
山　西	4.6	4.7	1.1	1.2	42.4	46.7	37.0	40.9
内蒙古	11.7	17.9	2.8	3.9	134.5	137.5	134.3	137.5
辽　宁	0.7	0.6	0.6	0.9	39.4	48.4	32.4	39.5
吉　林	16.2	15.1	1.4	1.8	41.5	42.9	40.0	41.7
黑龙江	3.5	5.2	14.2	19.3	75.1	81.0	73.6	80.0
上　海					0.0	0.2		
江　苏	0.5	0.5	1.5	1.5	16.4	15.8		
浙　江					38.8	39.3	16.5	18.7
安　徽	2.5	2.5	0.7	0.6	15.7	14.8	1.7	1.4
福　建	0.1	0.1	0.1	0.1	68.3	70.9	18.4	18.8
江　西	0.4	0.5	0.0	0.1	47.2	47.5	19.1	19.3
山　东	0.5	0.5	0.2	0.2	94.2	81.5		
河　南	2.1	3.0			88.6	88.0		
湖　北	0.6	0.6	0.1	0.1	83.3	91.6	60.1	64.9
湖　南	2.0	2.2	0.2	0.2	84.0	86.5	30.2	31.3
广　东	0.4	0.4	0.2	0.2	96.5	95.4	24.0	25.0
广　西	2.5	2.4	0.1	0.1	48.0	47.8	15.1	13.8
海　南	0.0	0.0	0.2	0.2	13.4	13.1		0.0
重　庆	2.1	2.2	0.3	0.3	280.2	283.3	116.3	117.6
四　川	2.4	2.4	0.2	0.2	534.8	537.9	280.2	283.8
贵　州	0.4	0.4	0.3	0.3	256.5	266.3	221.6	231.7
云　南	0.8	0.8	0.9	0.9	158.0	157.0	145.4	145.4
西　藏					0.6	0.5	0.6	0.5
陕　西	0.9	0.9	1.7	1.7	79.6	91.3	73.7	79.6
甘　肃	0.0	0.1	0.2	0.5	185.8	191.4	185.8	191.4
青　海					34.3	34.8	34.3	34.8
宁　夏					34.2	35.2	34.2	35.2
新　疆	0.5	1.0	0.0	1.0	15.8	15.8	15.0	13.6

7-19 各地区油料产量

单位：吨

地区	油料合计		#花生		#油菜籽	
	2016年	2017年	2016年	2017年	2016年	2017年
全国	**34000490**	**34752385**	**16361324**	**17092333**	**13128036**	**13274131**
北京	5570	5326	4443	4092		30
天津	13375	12608	4301	5262	313	435
河北	1262022	1293984	1026794	1034076	32177	41681
山西	159473	150425	12599	13049	15177	17759
内蒙古	2288164	2406905	55729	59280	416565	356032
辽宁	793958	814563	759264	800159	1336	1302
吉林	1093038	1284836	868373	1092701		446
黑龙江	207488	142586	46937	49652	535	709
上海	10636	7612	2863	2802	7756	4830
江苏	886711	853611	352413	347835	525986	497711
浙江	259800	269000	50100	51000	193700	202000
安徽	1594523	1546592	687107	687564	875818	831562
福建	194059	195516	185992	187283	7396	7550
江西	1177400	1206400	456061	467719	689120	704035
山东	3171371	3183002	3121341	3135284	22696	21235
河南	5498183	5869460	4942675	5298139	409046	420842
湖北	3051518	3076878	779843	783718	2111367	2131710
湖南	2212171	2260783	268154	275925	1912990	1956971
广东	993474	1012849	954831	984178	29405	21379
广西	624978	649251	584003	608011	21592	21640
海南	95946	90284	94783	89158		
重庆	608526	623962	130329	134239	462397	474285
四川	3461783	3578899	647812	659928	2769958	2880335
贵州	1152834	1155191	108462	112659	885510	880245
云南	563442	562563	63029	62389	475072	475215
西藏	62133	59422	383	242	61750	59180
陕西	572800	597500	122900	124600	374900	382400
甘肃	821158	773530	2200	2097	411007	437761
青海	313403	302767			310626	290200
宁夏	76234	69443	952	584	3828	4240
新疆	774318	696636	26650	18706	100012	150414

7-20 各地区棉花和麻类产量

单位：吨

地区	棉花		麻类合计		#黄红麻	
	2016年	2017年	2016年	2017年	2016年	2017年
全 国	**5342843**	**5651935**	**181288**	**217950**	**33859**	**29131**
北 京	45	2				
天 津	21000	24805				
河 北	239000	240380	3	3	0	
山 西	5162	4014	97	134		
内蒙古	329	1	1605	7301		
辽 宁	101	0	8141	423		
吉 林			37	114		
黑龙江			68343	117879		
上 海	1000	409				
江 苏	36924	25725	821	794		
浙 江	8262	6433	200	200	200	200
安 徽	110779	85541	3055	3055	1044	1044
福 建	86	1	27	26	26	26
江 西	99636	104645	6270	5765	588	157
山 东	328956	207199	420	81		
河 南	48750	43585	27093	22449	25907	22197
湖 北	190000	183635	2446	2526	132	83
湖 南	126208	109503	4675	4162	180	182
广 东			200	206		179
广 西	1732	1494	5904	5748	4812	4654
海 南			540	2	540	2
重 庆			7434	6957	79	75
四 川	5000	4276	30527	30283	320	314
贵 州	2000	1115	1222	1159	30	20
云 南	105		464	210		
西 藏						
陕 西	16910	11594	500	500		
甘 肃	22858	31592	2689	2839		
青 海						
宁 夏						
新 疆	4078000	4565984	8576	5135		

7-21 各地区糖料产量

单位：吨

地　区	糖料合计		1.甘　蔗		2.甜　菜	
	2016年	2017年	2016年	2017年	2016年	2017年
全　国	**111760293**	**113788403**	**103215381**	**104404301**	**8544938**	**9384068**
北　京						
天　津						
河　北	604438	624863			604438	624863
山　西	32374	6433			32400	6400
内蒙古	2683616	3443413			2683616	3443413
辽　宁	93526	106986			93526	106986
吉　林	8787	25896			8787	25896
黑龙江	113877	373707			113877	373707
上　海	3104	2134	2772	1906	332	228
江　苏	49229	48606	49079	48456	150	150
浙　江	409800	375000	409800	375000		
安　徽	112148	112110	61766	62085	50382	50025
福　建	288254	263695	288254	263695		
江　西	667099	672816	667099	672816		
山　东	120	119			120	119
河　南	166680	162369	166680	162369		
湖　北	269762	269946	269714	269813	48	133
湖　南	312811	332318	312640	332317	171	
广　东	12938697	13434745	12938697	13434745		
广　西	69914476	71323456	69914476	71323456		
海　南	1711809	1330974	1711809	1330974		
重　庆	89101	87926	89085	87926	17	
四　川	357435	349215	355602	347401	1833	1814
贵　州	716179	503055	714778	503055	1401	
云　南	15237729	15161486	15237729	15161486		
西　藏						
陕　西	25700	27200	25400	26800	300	400
甘　肃	191914	266926			191914	266926
青　海	561	283			561	283
宁　夏						
新　疆	4761065	4482726			4761065	4482726

7-22 各地区烟叶和蔬菜产量

单位：吨

地区	烟叶合计		#烤烟		蔬菜	
	2016年	2017年	2016年	2017年	2016年	2017年
全国	**2573893**	**2391422**	**2445002**	**2278745**	**674341603**	**691926811**
北京	2	1		1	1835771	1568184
天津					2744342	2696123
河北	2318	2231	2265	2189	50388857	50585300
山西	6059	5217	6059	5216	7779381	8067433
内蒙古	9432	6154	8044	5310	12517797	11113486
辽宁	30472	26255	28986	24853	18498779	17978426
吉林	20502	17888	10902	7826	3480113	3566357
黑龙江	52520	46543	49288	45763	6872710	7985902
上海					3046246	2935033
江苏					55939133	55404835
浙江	1400	1400			18650900	19104500
安徽	19826	20924	19418	20505	19366090	20196378
福建	118463	116437	118026	116195	13749714	14153063
江西	64089	55731	61981	54131	14204300	14900702
山东	64816	56953	64816	56953	80347206	81337705
河南	282625	266960	276145	263731	72381766	75302172
湖北	81479	68413	73141	61844	37127659	38263995
湖南	215009	208201	210590	204582	35387348	36716224
广东	43995	42616	37506	37377	30364498	31774886
广西	23541	25099	19436	21041	31143900	32826294
海南	110	114	110	114	5534120	5530511
重庆	83921	69053	72672	58942	17954900	18626281
四川	195235	180489	180154	165576	41181204	42522660
贵州	297434	267959	274565	244523	20335609	22721596
云南	907413	862335	878931	838531	19686101	20777644
西藏					706886	727320
陕西	46200	38700	45200	38200	16669300	17339900
甘肃	5969	4829	5704	4422	10928900	12123100
青海					1481400	1480797
宁夏	1066	920	1066	920	5244781	5399391
新疆					18791891	18200612

7-23 主要农作物单位面积产量

单位：千克/公顷、%

指 标	1990年	1995年	2000年	2016年	2017年	2017年为2016年百分比
一、粮食作物	**3933**	**4240**	**4261**	**5539.2**	**5607.4**	**101.2**
1.谷物		4659	4753	6004.4	6105.4	101.7
稻谷	5726	6025	6272	6865.8	6916.9	100.7
小麦	3194	3541	3738	5396.9	5481.2	101.6
玉米	4524	4917	4598	5967.1	6110.3	102.4
谷子	2008	1982	1700	2718.4	2959.2	108.9
高粱	3674	3914	2904	4726.0	4866.8	103.0
其他谷物		2129	2019	2350.2	2359.3	100.4
2.豆类		1591	1588	1777.4	1832.2	103.1
其中：大豆	1455	1661	1656	1789.2	1853.6	103.6
杂豆		1408	1399	1723.9	1734.4	100.6
3.薯类	3008	3428	3497	3765.0	3901.5	103.6
其中：马铃薯	2263	2663	2806	3536.9	3641.3	103.0
二、油料作物	**1480**	**1718**	**1919**	**2577.5**	**2628.1**	**102.0**
其中：花 生	2191	2687	2973	3678.0	3709.6	100.9
油菜籽	1264	1415	1519	1982.2	1995.2	100.7
芝 麻	702	908	1034	1529.3	1609.7	105.3
胡麻籽	761	586	690	1337.0	1283.3	96.0
向日葵	1878	1562	1590	2502.9	2690.1	107.5
三、棉花	**807**	**879**	**1093**	**1670.5**	**1769.1**	**105.9**
四、麻类	**2216**	**2386**	**2024**	**3346.4**	**3728.5**	**111.4**
其中：黄红麻	2421	2534	2516	5131.6	5177.9	100.9
苎 麻	1099	1513	1685	1863.0	1874.4	100.6
大 麻	1524	1404	1324	5238.4	5693.0	108.7
亚 麻	2782	3115	2229	4255.2	4915.1	115.5
五、糖料	**42965**	**43630**	**50426**	**71859.9**	**73618.6**	**102.4**
甘蔗	57118	58133	57626	73638.4	76132.1	103.4
甜菜	21668	20132	24518	55629.8	53842.7	96.8
六、烟叶	**1650**	**1574**	**1776**	**2130.0**	**2115.2**	**99.3**
其中：烤烟	1683	1584	1763	2120.8	2108.1	99.4

7-23　续表 1　　　　　　　　　　　　　　　　　　　　　　　　　　　　　单位：公斤/公顷

指　　标	全国		东部		中部	
	2016年	2017年	2016年	2017年	2016年	2017年
一、粮食	**5539.2**	**5607.4**	**5986.0**	**6121.1**	**5621.7**	**5720.0**
其中：夏收粮食	5193.2	5276.5	5759.1	5875.5	5647.8	5751.6
(一)谷物	6004.4	6105.4	6100.8	6236.0	5910.5	6000.2
1.稻谷	6865.8	6916.9	7066.9	7089.6	6622.7	6695.6
(1)早稻	5843.6	5809.8	5975.1	5955.7	5761.0	5760.4
(2)中稻和一季晚稻	7400.9	7468.1	8100.4	8123.0	7233.3	7320.8
(3)双季晚稻	5954.0	5958.1	5621.5	5669.1	6224.9	6257.4
2.小麦	5396.9	5481.2	5826.7	5941.2	5742.1	5849.7
(1)冬小麦	5486.1	5588.0	5828.7	5943.1	5742.1	5849.7
(2)春小麦	4123.3	3965.4	4970.0	5151.3		
3.玉米	5967.1	6110.3	5899.4	6157.6	5238.9	5305.0
4.谷子	2718.4	2959.2	3447.8	3478.8	2146.2	2212.1
5.高粱	4726.0	4866.8	3604.4	4195.1	2400.0	2527.5
6.其它谷物	2350.2	2359.3	2862.7	2451.3	1747.3	1836.0
其中：大麦	3303.9	3288.7	5072.6	5164.8	3937.9	4024.6
(二)豆类	1777.4	1832.2	2455.3	2490.1	1518.8	1550.9
其中：大　豆	1789.2	1853.6	2468.5	2493.0	1573.6	1616.4
绿　豆	1293.3	1296.7	2015.3	1945.5	998.0	973.9
红小豆	1521.5	1628.4	2190.5	2210.7	1026.3	1060.3
(三)薯类	3765.0	3901.5	5503.1	5683.6	3419.1	802.7
其中：马铃薯	3536.9	3641.3	4904.2	5413.2	3106.2	3243.4
二、油料作物	**2577.5**	**2628.1**	**3484.2**	**3536.4**	**2597.4**	**2646.5**
其中：花　生	3678.0	3709.6	3822.3	3885.0	4221.6	4191.2
油菜籽	1982.2	1995.2	2445.8	2489.2	1867.1	1896.0
芝　麻	1529.3	1609.7	1679.1	1692.1	1488.0	1581.0
胡麻籽	1337.0	1283.3	1022.5	1001.0	1059.6	987.2
向日葵	2502.9	2690.1	2707.5	2752.0	1790.8	1899.9
三、棉花	**1670.5**	**1769.1**	**1132.4**	**1142.8**	**1070.9**	**1060.9**
四、麻类	**3346.4**	**3728.5**	**3226.3**	**2906.8**	**3864.7**	**3778.4**
其中：黄红麻	5131.6	5177.9	3508.8	3517.2	6385.6	6506.3
苎　麻	1863.0	1874.4	2619.4	2370.2	2064.9	2106.2
大　麻	5238.4	5693.0	2758.4	3785.4	3333.5	3217.8
亚　麻	4255.2	4915.1				
五、糖料	**71859.9**	**73618.6**	**73704.7**	**75110.7**	**46253.5**	**45970.1**
(一)甘蔗	73638.4	76132.1	75127.1	76558.3	45968.2	45939.2
(二)甜菜	55629.8	53842.7	49726.3	51204.6	52028.9	46766.9
六、烟叶	**2130.0**	**2115.2**	**2320.9**	**2346.8**	**2268.7**	**2283.1**
其中：烤烟	2120.8	2108.1	2306.2	2336.7	2268.9	2282.7
七、药材						
八、蔬菜(含菜用瓜)	**34487.6**	**34629.1**	**40789.3**	**41046.0**	**34062.2**	**34462.7**
九、瓜果类	**38706.7**	**39247.7**	**42218.0**	**42696.9**	**40783.0**	**41140.9**
其中：西瓜	41058.7	41552.0	45351.0	45760.4	42863.3	43255.3
甜瓜	34331.7	35337.4	37973.2	39191.6	33483.4	34446.4
草莓	26177.1	26456.0	29180.3	30437.3	22058.5	21424.2

7-23　续表 2　　　　单位：公斤/公顷

指　　标	西部		东北	
	2016年	2017年	2016年	2017年
一、粮食	**4837.1**	**4847.9**	**5968.6**	**5998.1**
其中：夏收粮食	3673.6	3653.2		
(一)谷物	5449.4	5481.1	6811.9	6999.6
1.稻谷	6759.7	6770.8	7390.5	7460.1
(1)早稻	5968.6	5787.5		
(2)中稻和一季晚稻	7162.6	7235.1	7390.5	7460.1
(3)双季晚稻	5470.8	5310.5		
2.小麦	3966.0	3920.4	3645.0	3663.9
(1)冬小麦	3894.6	3899.7		
(2)春小麦	4137.2	3969.4	3645.0	3663.9
3.玉米	5786.9	5836.8	6643.8	6874.3
4.谷子	2360.0	2823.0	4131.4	4180.4
5.高粱	3665.2	3615.1	6671.2	6945.9
6.其它谷物	2289.7	2399.3	3433.5	3480.7
其中：大麦	2611.1	2663.9		3975.7
(二)豆类	1819.0	1846.0	1740.0	1837.3
其中：大　豆	1801.4	1806.8	1767.1	1883.1
绿　豆	1204.8	1408.0	1631.1	1384.9
红小豆	1365.6	1762.3	1612.7	1610.5
(三)薯类	3470.7	3510.2	5287.2	1083.1
其中：马铃薯	3345.6	3399.4	5443.5	5604.9
二、油料作物	**2198.4**	**2219.7**	**2644.8**	**2936.9**
其中：花　生	2573.0	2600.7	2982.3	3118.0
油菜籽	2052.6	2046.2	1739.5	1611.8
芝　麻	1769.3	1791.1	1758.3	1489.2
胡麻籽	1455.9	1416.8		
向日葵	2606.8	2747.8	1752.8	2283.6
三、棉花	**1969.8**	**2049.4**	**1354.8**	
四、麻类	**2047.1**	**2115.7**	**5704.1**	**6072.4**
其中：黄红麻	2597.1	2701.8		
苎　麻	1797.2	1806.1		
大　麻	2164.5	3297.2	6019.6	6212.6
亚　麻	5717.9	5255.2	2851.1	4739.8
五、糖料	**72342.0**	**74394.7**	**41004.7**	**42001.9**
(一)甘蔗	74204.0	76923.3		
(二)甜菜	56360.5	55076.4	41004.7	42001.9
六、烟叶	**2020.8**	**1983.6**	**2805.2**	**3104.0**
其中：烤烟	2009.9	1974.5	2807.0	3139.2
七、药材				
八、蔬菜(含菜用瓜)	**27862.7**	**27877.5**	**48919.8**	**49480.5**
九、瓜果类	**33149.9**	**33587.1**	**37535.0**	**38755.6**
其中：西瓜	33775.5	34151.1	43661.6	46104.2
甜瓜	32915.3	33661.5	30941.3	31708.9
草莓	16715.5	16869.6	34757.7	35383.2

7-23 续表 3

单位：公斤/公顷

指 标	粮食主产区		粮食主销区		粮食平衡区	
	2016年	2017年	2016年	2017年	2016年	2017年
一、粮食	**5792.2**	**5875.7**	**5673.6**	**5748.1**	**4604.3**	**4605.3**
其中：夏收粮食	5670.8	5771.0	4318.2	4631.8	3699.6	3682.2
(一)谷物	6230.4	6353.3	5919.5	5995.8	5113.4	5121.6
1.稻谷	7079.1	7145.7	6149.6	6168.9	6309.4	6290.0
(1)早稻	5761.0	5760.4	5975.1	5955.7	5968.6	5787.5
(2)中稻和一季晚稻	7514.0	7579.7	7325.2	7327.7	6713.3	6791.3
(3)双季晚稻	6224.9	6257.4	5621.5	5669.1	5470.8	5310.5
2.小麦	5673.7	5771.1	4456.9	4927.2	4174.1	4138.4
(1)冬小麦	5780.7	5889.0	4434.4	4912.9	3936.8	3944.4
(2)春小麦	2959.1	2944.5	4904.2	5180.5	5164.9	4972.1
3.玉米	6138.6	6315.1	5171.0	5369.4	5391.5	5418.4
4.谷子	3152.7	3485.4	2652.5	2727.4	1915.0	1993.9
5.高粱	5338.5	5473.0	3920.0	5547.4	3101.5	3133.2
6.其它谷物	2248.1	2144.1	3893.3	3953.8	2391.3	2515.5
其中：大麦	3708.5	3755.4	3974.6	4066.9	2869.8	2866.6
(二)豆类	1759.9	1821.3	2521.3	2616.2	1762.4	1793.7
其中：大 豆	1784.2	1857.6	2518.3	2600.1	1705.4	1704.7
绿 豆	1303.3	1286.5	2351.2	2322.2	1232.6	1313.0
红小豆	1590.8	1628.2	2717.3	2628.9	1212.9	1576.8
(三)薯类	4238.0	4530.5	4830.1	4851.7	3198.0	3240.4
其中：马铃薯	4064.3	4255.0	4279.9	4397.8	3146.9	3194.3
二、油料作物	**2696.7**	**2762.8**	**2730.5**	**2792.6**	**2110.5**	**2095.2**
其中：花 生	3881.8	3905.8	2967.9	3013.5	2618.8	2646.6
油菜籽	1995.5	2007.4	2017.7	2103.7	1939.4	1951.2
芝 麻	1497.8	1584.7	1553.7	1574.5	1785.4	1820.7
胡麻籽	1029.5	957.3			1572.1	1534.3
向日葵	2374.2	2650.9	1602.6	1696.0	2835.8	2813.3
三、棉花	**1092.7**	**1093.9**	**1574.2**	**1236.3**	**1970.8**	**2050.7**
四、麻类	**3628.7**	**4066.8**	**4167.8**	**3358.6**	**2306.2**	**2177.4**
其中：黄红麻	6212.3	6301.5	3510.6	3517.2	2667.1	2783.8
苎 麻	1883.1	1887.0			1776.3	1818.3
大 麻	5846.9	6089.1			1621.7	1694.5
亚 麻	2743.4	4664.4			5721.1	5255.2
五、糖料	**42435.4**	**43238.2**	**75180.5**	**76621.8**	**74389.8**	**76951.8**
(一)甘蔗	44720.3	44605.7	75181.2	76622.1	74483.9	77232.5
(二)甜菜	41317.1	42702.1			72804.7	72149.4
六、烟叶	**2326.2**	**2320.0**	**2201.3**	**2264.6**	**1994.8**	**1968.3**
其中：烤烟	2315.8	2306.1	2176.5	2248.1	1988.1	1965.4
七、药材						
八、蔬菜(含菜用瓜)	**40480.9**	**40697.9**	**27099.4**	**27380.0**	**26479.6**	**26650.3**
九、瓜果类	**42466.1**	**42945.0**	**29201.3**	**29573.1**	**32994.1**	**33391.6**
其中：西瓜	45251.4	45801.2	30975.8	31267.1	33438.8	33750.2
甜瓜	36101.0	37531.7	25141.3	25659.0	32673.6	32763.5
草莓	28123.9	28337.8	20899.8	21798.6	16730.3	17113.7

7-24 各地区分季粮食作物单位面积产量

单位：千克/公顷

地区	夏收粮食		早稻		秋收粮食	
	2016年	2017年	2016年	2017年	2016年	2017年
全国	**5193.2**	**5276.5**	**5843.6**	**5809.8**	**5628.3**	**5698.6**
北京	5363.8	5451.8			6351.9	6296.9
天津	5490.2	5737.7			5555.3	6176.6
河北	6194.4	6335.1			5227.3	5421.5
山西	4017.5	4099.9			4333.1	4295.1
内蒙古					4796.5	4799.6
辽宁					6587.8	6721.7
吉林					7489.0	7492.8
黑龙江					5222.0	5235.4
上海	3725.1	4742.6			8413.3	8116.7
江苏	5068.6	5313.1			7418.6	7550.3
浙江	3347.0	3974.8	6389.6	6104.7	6406.0	6353.9
安徽	5663.3	5825.0	5558.0	6094.1	5183.9	5240.5
福建	4121.8	4192.1	6026.5	6136.7	5789.4	5917.2
江西	3595.6	3600.6	5757.2	5605.5	5991.6	6070.1
山东	6120.3	6108.4			6388.8	6587.4
河南	6331.9	6472.3			5227.8	5427.8
湖北	3700.1	3581.6	5244.9	5795.6	6717.5	6806.9
湖南	3509.1	3572.2	5873.1	5845.2	6283.2	6417.3
广东	4610.1	4663.9	5980.5	5964.0	5313.0	5390.8
广西	2022.3	1991.8	5995.0	5799.0	4597.4	4544.5
海南	4104.1	4228.1	5609.1	5623.2	4582.4	4324.2
重庆	3128.3	3147.8			5803.7	5834.1
四川	3705.2	3722.5			5919.4	5946.2
贵州	2735.7	2838.5			4491.3	4494.5
云南	2419.1	2447.1	5406.2	5548.9	4896.6	5027.9
西藏					5511.9	5738.3
陕西	3908.7	3999.4			4082.0	3929.5
甘肃	3449.7	3465.7			4510.2	4527.0
青海					3680.3	3629.2
宁夏	3031.1	2901.3			5628.3	5626.4
新疆	5603.9	5434.9			7326.5	7464.0

7-25 各地区分品种粮食作物单位面积产量

单位：千克/公顷

地区	谷物		#稻谷		#小麦		#玉米	
	2016年	2017年	2016年	2017年	2016年	2017年	2016年	2017年
全国	**6004.4**	**6105.4**	**6865.8**	**6916.9**	**5396.9**	**5481.2**	**5967.1**	**6110.3**
北京	6291.8	6350.0	6721.0	5992.0	5373.9	5492.3	6620.6	6676.8
天津	5577.1	6090.4	7557.1	8636.9	5490.2	5737.7	5406.5	5922.5
河北	5616.8	5780.5	6712.5	6722.3	6194.1	6337.5	5495.5	5743.4
山西	4668.1	4641.4	7000.0	6810.0	4062.9	4146.0	5470.9	5412.0
内蒙古	5620.8	5660.9	6415.1	6975.0	2849.5	2805.2	6668.5	6720.2
辽宁	6732.6	6869.5	8614.5	8566.5	3793.1	3516.4	6488.2	6647.3
吉林	7806.6	7848.0	8378.7	8338.3	3703.7	613.8	7747.1	7806.9
黑龙江	6351.2	6605.5	7040.5	7139.6	3639.2	3741.6	5993.5	6316.3
上海	7168.9	7562.2	8600.0	8221.7	3709.7	4846.4	6843.0	6924.6
江苏	6534.3	6733.3	8416.3	8457.6	5112.5	5369.2	5265.7	5855.3
浙江	6582.1	6541.7	7255.5	7168.2	3315.1	4043.4	4381.9	4440.4
安徽	5792.1	5922.8	6187.6	6323.9	5663.9	5825.7	5272.8	5264.0
福建	6031.5	6154.3	6127.9	6255.1	2827.2	2844.6	4183.1	4251.3
江西	6028.1	6026.1	6068.8	6066.6	2113.8	2137.1	4290.4	4319.2
山东	6294.8	6391.8	8328.3	8280.6	6121.2	6109.7	6439.0	6655.2
河南	5995.8	6130.0	8277.1	7889.9	6343.0	6483.7	5263.8	5426.8
湖北	6209.9	6270.0	7947.2	8138.1	3863.9	3701.8	4482.6	4488.6
湖南	6264.5	6354.4	6369.5	6465.1	3072.0	3391.0	5399.1	5444.7
广东	5668.9	5712.2	5755.9	5795.6	3296.6	3192.5	4474.7	4517.7
广西	5429.8	5327.3	5803.9	5660.1	1640.6	1654.7	4571.6	4594.5
海南	5156.3	4996.0	5158.0	4996.2				
重庆	6485.9	6538.9	7377.4	7390.5	3283.1	3245.8	5569.4	5647.2
四川	6218.7	6282.1	7830.0	7860.0	3795.0	3855.0	5670.0	5730.0
贵州	4860.9	4903.1	6384.5	6407.3	2471.8	2641.1	4381.6	4383.8
云南	4801.9	4941.8	5946.0	6079.2	2077.6	2143.9	4999.3	5175.9
西藏	5573.9	5666.8	5280.0	5606.5	6306.9	5576.3	5843.3	6153.8
陕西	4368.1	4325.4	7491.0	7626.8	4110.8	4219.6	4741.6	4604.9
甘肃	4535.9	4551.3	6709.7	7216.0	3512.5	3519.0	5601.0	5539.8
青海	3614.0	3558.3			3832.1	3765.2	6788.1	6479.6
宁夏	5817.1	5693.0	8394.4	8490.6	3238.6	3071.5	7038.4	7014.4
新疆	6516.9	6522.1	8626.7	8819.0	5607.9	5436.3	7459.5	7575.3

7-25 续表 单位：千克/公顷

地区	豆类		#大豆		薯类		#马铃薯	
	2016年	2017年	2016年	2017年	2016年	2017年	2016年	2017年
全国	**1777.4**	**1832.2**	**1789.2**	**1853.6**	**3765.0**	**3901.5**	**3536.9**	**3641.3**
北京	1800.5	2022.8	1894.9	2141.3	6370.3	5600.0		
天津	2322.2	2246.7	2350.9	2301.0	4423.3	5087.2	4223.2	3619.8
河北	2223.1	2311.3	2332.1	2434.0	5551.4	6327.2	5438.1	6308.2
山西	1139.9	1187.9	1245.2	1306.5	2362.8	2529.5	2268.3	2431.3
内蒙古	1551.0	1589.6	1632.6	1644.4	2991.6	3181.5	2990.4	3181.4
辽宁	2046.7	2468.4	2132.7	2598.5	4990.1	5351.9	5713.5	6220.4
吉林	1910.5	2039.0	1991.2	2277.6	6784.6	6916.4	6772.4	6943.7
黑龙江	1718.5	1807.1	1746.2	1845.6	4846.8	4888.3	4828.7	4877.1
上海	2293.3	1971.1	2604.6	1954.6	1184.0	6191.5		
江苏	2364.0	2354.4	2335.5	2312.4	6135.3	6125.1		
浙江	2373.0	2529.4	2428.5	2535.1	4910.5	4676.7	3934.9	4148.0
安徽	1468.9	1474.7	1509.5	1515.3	2228.2	2270.6	2603.8	5846.2
福建	2720.4	2760.4	2663.9	2700.1	5052.9	5175.5	4070.4	4132.2
江西	2218.9	2294.1	2380.5	2468.0	4645.9	4660.8	5216.3	5219.2
山东	2683.5	2689.8	2692.2	2687.4	7802.9	7940.4		
河南	1337.4	1368.6	1375.1	1458.9	3615.9	7810.7		
湖北	1552.0	1613.5	1550.1	1615.6	3013.1	3240.9	3025.1	3184.3
湖南	2217.6	2267.9	2312.1	2327.8	4579.5	4614.7	4210.9	4162.2
广东	2746.8	2750.1	2671.7	2720.3	4762.0	4771.1	4755.5	4881.0
广西	1588.4	1652.2	1532.8	1624.9	1782.9	1790.0	2520.5	2486.5
海南	3146.3	3135.2	2540.2	3215.0	4152.4	4339.5		4105.6
重庆	1999.1	2009.1	2003.6	2017.0	4170.4	4204.3	3475.9	3509.5
四川	2277.6	2300.0	2295.0	2325.0	4254.2	4249.0	4141.8	4148.1
贵州	1060.3	857.3	1273.8	990.0	3185.5	3264.0	3221.1	3311.4
云南	2510.7	2525.7	2520.0	2511.8	2992.4	2975.8	3093.6	3086.2
西藏	3510.4	8528.6			5598.5	5584.8	5598.5	5584.8
陕西	1538.1	1513.7	1608.3	1573.8	2570.1	2633.3	2525.9	2558.5
甘肃	1812.6	1967.5	1522.6	1450.8	3354.6	3386.3	3354.6	3386.3
青海	2288.8	2114.8			4011.5	4009.2	4011.5	4009.2
宁夏	1063.9	925.1	1305.9	908.5	2773.0	2966.3	2773.0	2966.3
新疆	2566.2	3441.5	2599.6	3454.4	6844.5	6699.2	6846.4	7033.6

7-26 各地区油料作物单位面积产量

单位：千克/公顷

地区	油料合计		#花生		#油菜籽	
	2016年	2017年	2016年	2017年	2016年	2017年
全国	**2577.5**	**2628.1**	**3678.0**	**3709.6**	**1982.2**	**1995.2**
北京	2523.1	2471.7	2981.8	2834.7		941.5
天津	2393.6	2259.7	3397.6	3594.4	2299.4	1762.0
河北	3293.8	3279.3	3794.0	3876.0	1652.0	1700.2
山西	1351.1	1318.6	2022.2	2263.1	1188.2	944.7
内蒙古	2057.8	2162.4	2566.4	2539.1	1378.2	1149.8
辽宁	2854.5	2926.0	2814.5	2945.5	1839.2	1677.1
吉林	2802.4	3144.0	3232.2	3284.9		936.9
黑龙江	1676.7	1868.3	2035.0	2654.7	2601.9	2604.7
上海	2144.2	2356.8	2721.4	2820.4	2016.5	2177.2
江苏	3128.9	3190.1	3909.5	3945.8	2785.4	2839.7
浙江	2061.9	2199.6	2890.4	2975.5	1950.0	2100.8
安徽	2938.3	2983.9	4955.1	4951.1	2333.4	2348.1
福建	2641.6	2698.2	2732.9	2791.9	1506.4	1541.3
江西	1686.4	1725.9	2842.4	2879.0	1349.5	1383.0
山东	4310.2	4389.2	4341.4	4420.7	2675.8	2638.4
河南	4221.7	4200.0	4702.7	4599.4	2522.0	2703.0
湖北	2327.9	2382.7	3359.4	3399.6	2146.5	2195.0
湖南	1701.9	1723.7	2570.3	2599.5	1626.5	1646.0
广东	3015.2	3052.4	3035.9	3084.2	2936.2	2445.2
广西	2680.6	2713.5	2922.8	2951.1	1043.9	1041.9
海南	2795.6	2739.3	2837.7	2780.6		
重庆	1960.2	1959.0	2117.4	2161.1	1952.2	1941.5
四川	2403.3	2420.0	2489.6	2527.3	2373.9	2388.0
贵州	1740.1	1747.2	2115.1	2186.2	1702.9	1705.5
云南	1925.2	1947.8	1658.7	1662.7	2001.7	2047.1
西藏	2748.3	3033.8	3092.0	3128.8	2746.4	3033.4
陕西	2099.9	2145.0	3149.7	3158.2	2085.0	2129.7
甘肃	2289.9	2232.5	3548.4	3556.9	2109.3	2205.0
青海	2106.2	1949.6			2112.1	1888.8
宁夏	2152.4	2087.4			2278.6	2184.4
新疆	2981.8	2937.2	5562.3	5136.9	2766.9	2932.5

7-27 各地区棉花和麻类作物单位面积产量

单位：千克/公顷

地区	棉花		麻类合计		#黄红麻	
	2016年	2017年	2016年	2017年	2016年	2017年
全国	**1670.5**	**1769.1**	**3346.4**	**3728.5**	**5131.6**	**5177.9**
北京	1164.0					
天津	1624.3	1200.2				
河北	1035.3	1089.7	2876.3	1378.5	1727.3	
山西	1463.7	1400.3	1965.5	1983.8		
内蒙古	1493.2		6616.1	5837.4		
辽宁	1354.8		6345.3	2838.9		
吉林			2000.0	1937.5		
黑龙江			5641.8	6110.0		
上海	2977.0	1023.7				
江苏	1165.0	1225.0	2736.7	2835.7		
浙江	1470.5	1419.1	3333.3	5000.0	4285.7	7500.0
安徽	1006.5	970.6	3424.4	3469.4	3772.4	3894.0
福建	769.0		2997.7	2968.6	3042.6	3012.6
江西	1486.3	1516.6	1660.9	1572.6	5708.7	4757.6
山东	1178.5	1186.3	2758.4	2028.1		
河南	974.4	1089.6	6600.0	6825.5	6682.2	6848.8
湖北	927.0	896.7	3912.4	4397.2	3681.9	3188.0
湖南	1185.0	1144.6	2534.9	2595.3	2609.3	2640.5
广东			2557.7	2580.5		2241.5
广西	1127.2	1179.5	2856.9	2987.6	2702.9	2828.8
海南			6362.8	3000.0	6362.8	3000.0
重庆			1657.7	1671.3	1766.0	1844.3
四川	1104.6	971.8	1803.0	1800.2	1849.7	1869.0
贵州	1089.3	796.4	1807.7	1925.7	1500.0	1000.0
云南	1340.9		1025.4	1044.3		
西藏						
陕西	1405.0	1369.3	1530.6	1500.0		
甘肃	1502.2	1628.5	1626.5	1696.4		
青海						
宁夏						
新疆	1980.0	2059.1	4399.2	3533.8		

7-28 各地区糖料作物单位面积产量

单位：千克/公顷

地区	糖料合计		1.甘蔗		2.甜菜	
	2016年	2017年	2016年	2017年	2016年	2017年
全国	**71860**	**73619**	**73638**	**76132**	**55630**	**53843**
北京						
天津						
河北	49784	51238			49784	51238
山西	61431	50892			61519	50526
内蒙古	39875	41627			39875	41627
辽宁	51135	52664			51135	52664
吉林	47908	38245			47908	38245
黑龙江	34933	39958			34933	39958
上海	54201	63528	54201	63528	54201	
江苏	60383	59618	61327	60548		
浙江	65394	65636	65394	65636		
安徽	38650	38324	32665	32757	49847	48568
福建	54533	53388	54533	53388		
江西	45322	45967	45322	45967		
山东	45000	44715			28125	44715
河南	68866	70346	68866	70346		
湖北	41920	40939	42043	41047	2424	6407
湖南	46391	45792	46628	45995	4508	
广东	78157	79421	78157	79421		
广西	78455	81409	78455	81409		
海南	63307	62697	63307	62697		
重庆	41055	41392	41055	41392	41055	
四川	37892	37429	38881	38387	6387	6479
贵州	56268	57960	58902	60779		
云南	61608	63199	61608	63199		
西藏						
陕西	15482	19155	16008	19420		
甘肃	57345	62177			57345	62177
青海	21914	28682			21914	28682
宁夏						
新疆	74459	73419			74459	73419

7-29 茶叶、水果产量

单位：万吨

年 份	茶叶产量	水果产量					
			苹 果	柑 桔	梨	葡 萄	香 蕉
1952	8.2	244.3	11.8	20.7	39.4	4.8	11.0
1957	11.2	324.7	22.2	32.2	50.4	8.5	7.3
1962	7.4	271.2	22.5	20.6	44.3	8.4	3.5
1965	10.1	323.9	31.8	25.4	51.1	10.0	14.5
1970	13.6	374.5	79.8	24.2	65.4	8.5	16.6
1975	21.1	538.1	158.3	33.6	108.7	12.3	16.5
1978	26.8	657.0	227.5	38.3	151.7	10.4	8.5
1979	27.7	701.5	286.9	58.2	143.8	12.6	7.4
1980	30.4	679.3	236.3	71.3	146.6	11.0	6.1
1981	34.3	780.1	300.6	79.8	159.3	14.8	12.6
1982	39.7	771.3	243.0	93.9	175.5	18.6	20.1
1983	40.1	948.7	354.1	129.6	179.5	24.7	20.7
1984	41.4	984.5	294.1	149.9	210.0	29.4	30.0
1985	43.2	1163.9	361.4	180.8	213.7	36.1	63.1
1986	46.1	1347.7	333.7	254.8	234.8	44.2	125.1
1987	50.8	1667.9	426.4	322.4	248.9	64.1	202.9
1988	54.5	1666.1	434.4	256.0	272.1	79.2	183.0
1989	53.5	1831.9	449.9	456.1	256.5	87.4	140.4
1990	54.0	1874.4	431.9	485.5	235.3	85.9	145.6
1991	54.2	2176.1	454.0	633.3	249.8	91.6	198.1
1992	56.0	2440.1	655.6	516.0	284.6	112.5	245.1
1993	60.0	3011.2	907.0	656.1	321.7	135.5	270.1
1994	58.8	3499.8	1112.9	680.5	404.2	152.2	289.8
1995	58.8	4214.6	1400.8	822.5	494.2	174.2	312.5
1996	59.3	4652.8	1704.7	845.7	580.7	188.3	253.6
1997	61.3	5089.3	1721.9	1010.2	641.5	203.2	289.2
1998	66.5	5452.9	1948.1	859.0	727.5	235.8	351.8
1999	67.6	6237.6	2080.2	1078.7	774.2	270.8	419.4
2000	68.3	6225.1	2043.1	878.3	841.2	328.2	494.1
2001	70.2	6658.0	2001.5	1160.7	879.6	368.0	527.2
2002	74.5	6952.0	1924.1	1199.0	930.9	447.9	555.7
2003	76.8	14517.4	2110.2	1345.4	979.8	517.6	590.3
2004	83.5	15340.9	2367.5	1495.8	1064.2	567.5	605.6
2005	93.5	16120.1	2401.1	1591.9	1132.4	579.4	651.8
2006	102.8	17102.0	2605.9	1789.8	1198.6	627.1	690.1
2007	101.0	16800.1	2734.7	1837.7	1222.8	644.0	764.0
2008	125.5	18108.8	2899.5	2297.0	1296.4	698.2	748.4
2009	135.1	19093.7	3047.5	2471.7	1343.6	764.9	829.6
2010	146.2	20095.4	3164.9	2581.7	1409.5	813.5	884.1
2011	160.8	21018.6	3367.3	2864.1	1448.6	857.7	946.1
2012	176.1	22091.5	3581.4	3089.4	1550.4	1000.6	1036.0
2013	188.7	22748.1	3629.8	3196.4	1544.4	1088.5	1103.0
2014	204.9	23302.6	3735.4	3362.2	1581.9	1173.1	1062.2
2015	227.7	24524.6	3889.9	3617.5	1652.7	1316.4	1062.7
2016	231.3	24405.2	4039.3	3591.5	1596.3	1262.9	1094.0
2017	246.0	25241.9	4139.0	3816.8	1641.0	1308.3	1117.0

注：2003年起，水果产量包括种植业中的瓜果类产量(后同)。

7-30　茶叶、水果主要品种面积和产量及增减情况

指　　标	单　位	1990年	1995年	2000年	2016年	2017年	2017年为2016年百分比(%)
一、茶叶生产情况							
年末实有茶园面积	千公顷	1061.3	1115.3	1089.0	2722.8	2848.7	104.6
茶叶产量	吨	540070	588553	683324	2313274	2460409	106.4
绿茶	吨	332502	413784	498057	1552499	1638155	105.5
青茶	吨	33411	55372	67608	254609	266711	104.8
红茶	吨	109680	52003	47294	206505	225501	109.2
黑茶	吨	25026	17476	22558	143682	162867	113.4
黄茶	吨				686	516	75.3
白茶	吨				19480	24596	126.3
其它茶	吨	39451	49918	47807	135739	141933	104.6
二、水果生产情况							
年末果园面积	千公顷	5178.7	8097.6	8931.6	10902.8	11135.9	102.1
#香蕉园	千公顷	108.8	190.2	249.2	350.1	351.0	100.3
苹果园	千公顷	1633.1	2953.1	2254.1	1945.5	1946.9	100.1
柑桔园	千公顷	1061.2	1214.1	1271.8	2324.0	2435.7	104.8
梨　园	千公顷	480.7	859.4	1014.6	929.1	921.0	99.1
葡萄园	千公顷	122.6	152.5	283.0	712.6	703.3	98.7
园林水果产量	万吨	1874.4	4214.6	6225.1	16202.9	16949.4	104.6
#香蕉	万吨	145.6	312.5	494.1	1094.0	1117.0	102.1
苹果	万吨	431.9	1400.8	2043.1	4039.3	4139.0	102.5
柑桔	万吨	485.5	822.5	878.3	3591.5	3816.8	106.3
梨	万吨	235.3	494.2	841.2	1596.3	1641.0	102.8
葡萄	万吨	85.9	174.2	328.2	1262.9	1308.3	103.6
菠萝	万吨	46.3	53.9	85.7	139.9	149.5	106.8
红枣	万吨	42.3	78.2	130.6	685.1	721.3	105.3
柿子	万吨	62.5	96.9	159.2	296.7	302.9	102.1

7-31 各地区茶园面积和茶叶产量

单位：千公顷、吨

地区	年末实有茶园面积		本年采摘面积		茶叶产量		绿茶	
	2016年	2017年	2016年	2017年	2016年	2017年	2016年	2017年
全国	**2722.8**	**2848.7**	**2071.4**	**2191.1**	**2313274**	**2460409**	**1552499**	**1638155**
北京								
天津								
河北	0.0	0.0	0.0	0.0	6	6	6	6
山西	0.2	0.2	0.2	0.2	47	62		
内蒙古								
辽宁								
吉林								
黑龙江								
上海								
江苏	33.8	33.7	30.6	30.5	13951	13943	11296	10760
浙江	197.0	198.5	179.4	180.3	172200	178300	166200	172100
安徽	160.8	165.4	136.7	145.0	104976	107787	97751	99769
福建	204.4	207.1	190.3	193.4	372945	394941	113554	117537
江西	93.3	104.4	67.8	73.3	57528	61399	46988	49319
山东	21.4	20.7	15.5	16.2	18950	19501	18950	19501
河南	118.3	115.8	99.3	97.6	68583	63954	63567	58229
湖北	267.5	283.3	193.3	202.9	286974	303254	207378	211203
湖南	143.5	155.8	106.7	114.1	181587	197133	79332	88483
广东	56.4	58.4	44.7	46.7	89220	92889	36385	37607
广西	70.3	74.7	58.7	60.9	66795	71919	43432	48581
海南	1.7	2.1	1.1	1.3	975	1024	421	473
重庆	39.5	39.9	29.2	30.0	36636	38752	31757	33623
四川	341.7	356.3	236.5	252.4	265079	277777	223393	232536
贵州	420.8	456.2	231.4	281.3	141285	176498	116237	141306
云南	422.1	437.9	362.6	371.8	373124	393499	237388	255281
西藏	0.7		0.3		80			
陕西	118.0	126.6	80.9	87.0	61131	66572	57263	60641
甘肃	11.4	11.7	6.1	6.1	1200	1200	1200	1200
青海								
宁夏								
新疆								

7-31 续表 1

单位：吨

地区	青茶		红茶		黑茶	
	2016年	2017年	2016年	2017年	2016年	2017年
全国	**254609**	**266711**	**206505**	**225501**	**143682**	**162867**
北京						
天津						
河北						
山西						
内蒙古						
辽宁						
吉林						
黑龙江						
上海						
江苏		93	2500	3011	150	75
浙江			1300	1400	3100	3200
安徽	29	28	5604	5772		
福建	199438	209387	43641	47398		
江西	787	803	5837	7162	30	40
山东						
河南			5016	5637		
湖北	1323	1136	29851	34243	41293	48431
湖南	2429	2449	19602	21198	73945	78795
广东	38927	41050	5459	6396	9	10
广西	315	356	16470	16021	1587	2331
海南			388	319		
重庆	49	57	3602	3687		
四川	5572	5198	4378	5352	16641	17975
贵州	769	914	7146	12634	6090	10130
云南	4971	5240	52681	51212		
西藏						
陕西			3032	4060	836	1880
甘肃						
青海						
宁夏						
新疆						

7-31 续表 2

单位：吨

地区	黄茶		白茶		其他茶	
	2016年	2017年	2016年	2017年	2016年	2017年
全国	**686**	**516**	**19480**	**24596**	**135739**	**141933**
北京						
天津						
河北						
山西					47	62
内蒙古						
辽宁						
吉林						
黑龙江						
上海						
江苏			4	3	2	0
浙江					1600	1600
安徽			135	471	1458	1539
福建			15276	19135	1036	1483
江西	42	33	955	1049	2889	2993
山东						
河南						
湖北	432	247	1183	1477	5514	6518
湖南	44	63	202	191	6034	5954
广东					8440	7826
广西			2	2	4995	4784
海南					166	233
重庆			16	17	1213	1369
四川	106	86	437	360	14552	16270
贵州	62	87	1268	1888	9713	9539
云南			3	3	78081	81763
西藏						
陕西						
甘肃						
青海						
宁夏						
新疆						

7-32 各地区果园面积

单位：千公顷

地　区	年末实有果园面积		#香蕉园		#苹果园	
	2016年	2017年	2016年	2017年	2016年	2017年
全　国	**10902.8**	**11135.9**	**350.1**	**351.0**	**1945.5**	**1946.9**
北　京	52.5	47.7			6.7	6.6
天　津	33.6	31.5			4.4	4.0
河　北	553.0	560.0			117.7	122.2
山　西	357.4	359.5			153.0	152.1
内蒙古	60.4	59.8			18.8	17.8
辽　宁	359.1	350.7			141.4	140.0
吉　林	18.1	18.6			4.7	4.8
黑龙江	32.3	27.2			9.1	8.6
上　海						
江　苏	210.0	209.1			30.9	31.3
浙　江	327.7	325.7				
安　徽	128.6	138.0			7.2	7.2
福　建	304.5	310.4	10.4	10.4		
江　西	401.1	396.9				
山　东	588.7	579.4			270.4	265.4
河　南	449.5	442.7			157.8	147.4
湖　北	338.8	345.8			1.0	1.3
湖　南	494.6	500.7			0.0	0.0
广　东	949.3	960.5	106.1	107.0		
广　西	1106.8	1174.4	114.0	120.2		
海　南	158.0	165.3	35.3	34.4		
重　庆	272.1	290.3	0.5	0.5	0.6	0.6
四　川	659.6	693.7	1.8	2.0	33.9	36.6
贵　州	332.7	406.3	2.2	3.1	13.6	14.0
云　南	548.9	570.0	79.8	73.4	69.3	70.7
西　藏	4.7				2.3	
陕　西	1065.7	1086.9			576.4	586.2
甘　肃	311.4	303.3			230.2	230.3
青　海	6.2	6.2			0.5	0.5
宁　夏	84.6	79.6			31.2	28.3
新　疆	692.8	695.4			64.3	71.1

7-32 续表 单位：千公顷

地区	#柑桔园		#梨园		#葡萄园	
	2016年	2017年	2016年	2017年	2016年	2017年
全国	**2324.0**	**2435.7**	**929.1**	**921.0**	**712.6**	**703.3**
北京			7.8	6.7	3.0	2.7
天津			5.1	5.1	5.3	4.8
河北			121.5	122.0	43.2	42.7
山西			38.5	39.7	12.0	12.4
内蒙古			6.9	6.1	8.1	7.6
辽宁			99.5	93.3	40.7	31.7
吉林			4.4	4.4	5.0	4.9
黑龙江			2.7	2.7	5.4	4.0
上海						
江苏	2.5	2.3	39.0	38.4	34.9	35.9
浙江	93.5	91.4	22.6	22.2	32.5	32.5
安徽	1.2	1.0	40.0	40.7	18.6	20.1
福建	121.6	124.1	13.6	13.7	8.4	8.8
江西	330.7	323.1	24.5	24.5	7.1	8.0
山东			34.4	34.3	36.6	37.8
河南	11.6	11.7	54.8	55.5	38.1	36.9
湖北	218.8	217.8	21.6	22.9	12.8	14.2
湖南	360.1	369.4	33.2	33.6	24.8	25.9
广东	224.7	223.6	8.1	8.3		
广西	370.4	441.3	21.7	21.9	34.9	33.9
海南	6.4	7.2				
重庆	186.7	200.4	23.5	22.9	8.3	8.8
四川	273.7	284.3	68.7	67.9	29.9	31.8
贵州	36.9	39.2	42.5	41.9	24.4	23.9
云南	59.1	75.6	66.0	64.4	57.9	55.5
西藏	0.2		0.5		0.5	
陕西	25.9	23.2	45.8	46.2	42.0	44.7
甘肃	0.0	0.0	17.6	17.7	19.3	17.2
青海			0.3	0.3	0.0	0.1
宁夏			1.1	1.1	24.0	22.6
新疆			63.1	62.8	135.1	133.7

7-33　各地区水果产量

单位：吨

地　区	水果产量		#香　蕉		#苹　果	
	2016年	2017年	2016年	2017年	2016年	2017年
全　国	**244052413**	**252418960**	**10940255**	**11169813**	**40393255**	**41390038**
北　京	789714	744013			72542	70529
天　津	541462	582466			53294	56266
河　北	13330713	13653397			2172984	2281498
山　西	8351638	8440220			4626373	4449441
内蒙古	2966047	3228780			135655	154936
辽　宁	7552363	7702674			2400071	2409450
吉　林	882297	895151			46531	45642
黑龙江	2446747	2369142			147118	144496
上　海	456686	463911			21	15
江　苏	8930035	9425037			564137	580002
浙　江	7243200	7512900				
安　徽	5817679	6063467			197393	199867
福　建	5917648	6446710	377162	387087	12	12
江　西	6176906	6701215				
山　东	27992250	28043016			9373264	9395202
河　南	25410506	26024381			4424231	4345272
湖　北	10032166	9484438			13601	12357
湖　南	9245461	9563859				
广　东	14445740	15387323	3739611	3952438		
广　西	17297581	19003955	3394888	3715679		
海　南	3900653	4054773	1256274	1271723		
重　庆	3692436	4033758	10922	11766	3961	4202
四　川	9600489	10078775	51949	45748	618530	652206
贵　州	2358412	2801365	7151	17299	56509	70673
云　南	7977449	7839001	2102299	1768073	573702	596959
西　藏	16541	1557			6699	
陕　西	18263806	19220638			10331485	10924554
甘　肃	5640544	6308533			2818000	3111300
青　海	38456	36453			4000	3600
宁　夏	2177818	2106003			463947	439849
新　疆	14558971	14202049			1289194	1441708

7-33 续表 1

单位：吨

地区	#柑桔		#梨		#葡萄	
	2016年	2017年	2016年	2017年	2016年	2017年
全国	**35915239**	**38167784**	**15963038**	**16409704**	**12629359**	**13082860**
北京			101273	90677	28414	26509
天津			39923	64067	103633	114112
河北			3325068	3424349	1095222	1115727
山西			842045	866535	274532	304528
内蒙古			78091	78866	84759	74569
辽宁			1208673	1161854	664607	705477
吉林			38486	38748	62528	63273
黑龙江			36923	36587	97721	72848
上海	103793	93773	29915	31793	68028	63642
江苏	32727	31713	758273	779779	609972	649038
浙江	1786900	1867900	387400	388600	780300	808000
安徽	6699	8063	1201889	1242368	426346	425348
福建	2854653	3153927	161304	166632	178998	196137
江西	3601014	4042623	161801	167795	66579	80135
山东			1041794	1037279	1020025	1098698
河南	47924	49086	1182714	1218395	685368	702948
湖北	5345460	4658958	388111	374865	223993	241813
湖南	4763552	5009023	171039	166466	168171	176231
广东	3906156	4102811	97288	104015		
广西	5782189	6820611	339910	358607	509005	549530
海南	58739	66267				
重庆	2235264	2505840	263005	267750	93829	102464
四川	3979093	4156786	928395	917214	356430	379184
贵州	205699	253871	241680	280362	177184	202705
云南	768998	888481	603035	635555	1365252	1264970
西藏	521		1543		941	
陕西	435617	457489	1001326	1052072	692060	785573
甘肃	240	562	199600	210400	228700	249300
青海			3000	300	200	100
宁夏			9405	16889	141093	137331
新疆			1120130	1230884	2425469	2492669

7-33 续表 2

单位：吨

地区	#菠萝		#红枣		#柿子	
	2016年	2017年	2016年	2017年	2016年	2017年
全国	**1399488**	**1494795**	**6850755**	**7212569**	**2967274**	**3029004**
北京			9095	9299	34508	27612
天津			36235	55251	15135	10502
河北			771358	772949	319254	318444
山西			703639	725311	88807	102862
内蒙古			1779	1107		
辽宁			110697	122681		
吉林						
黑龙江						
上海			351	269	675	467
江苏			9029	6693	115572	108886
浙江					52900	56700
安徽			15852	15086	134057	122563
福建	13888	14472			92658	97694
江西					19964	14084
山东			882202	831929	124584	115296
河南			330014	299054	511425	508652
湖北			32531	31012	49038	46882
湖南			32057	31949	16271	22048
广东	880092	945317			119277	123644
广西	34203	35470	28464	29149	828420	897306
海南	398031	409891				
重庆			10123	9124	13455	14575
四川			18911	18965	60595	60620
贵州			2799	2908	15880	15566
云南	73273	89645	27499	30633	96530	96821
西藏						
陕西			822109	924650	233870	231083
甘肃			72600	79300	24400	36700
青海						
宁夏			44887	56246		
新疆			2888525	3159003		

7-33 续表 3

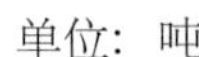

地区	#瓜果类		#西瓜		#甜瓜	
	2016年	2017年	2016年	2017年	2016年	2017年
全国	**82023313**	**82925338**	**62206459**	**63147189**	**11876428**	**12326499**
北京	167920	171690	152560	156615	3500	2630
天津	217706	202624	189375	184500	15583	9622
河北	3902255	3954019	2589746	2542733	762788	900777
山西	473631	465145	401045	389460	58515	59183
内蒙古	2422158	2675113	1577254	1596326	791979	973934
辽宁	2113575	2117806	1226812	1303898	401030	350022
吉林	709698	723212	511135	509170	56858	56184
黑龙江	1916560	1858343	1129571	1060091	636430	656473
上海	218353	218214	152554	156869	45478	39270
江苏	5966956	6327158	4450942	4816134	757246	737538
浙江	2870600	2933000	2154100	2166200	385400	443300
安徽	2834459	2897378	2458473	2507942	48597	50735
福建	432548	435310	384683	389498	19550	19340
江西	2123179	2148873	1797442	1840769	171118	171217
山东	11634772	11567237	9103896	8867900	1670471	1790916
河南	16139331	16704565	14021842	14470056	1916953	2013759
湖北	3169355	3271959	2551126	2689529	431214	398361
湖南	3631650	3699652	3144882	3168273	372418	423913
广东	1125796	1174974	822750	842318	117214	123014
广西	3159274	3233240	2730799	2788432	204979	213636
海南	985306	1016704	440052	478601	43425	37079
重庆	537000	558000	511971	532000	7848	7000
四川	1213787	1246513	970151	1009407	12919	12889
贵州	678000	691511	469902	484107	31872	37078
云南	620712	585094	524611	474248	19813	24707
西藏	1747	1557	1208	1308		
陕西	2587800	2612700	1769700	1716100	654500	652900
甘肃	2041244	2337033	1634293	1947449	100755	131969
青海	27356	25253	12864	13046		
宁夏	1488883	1424729	1473316	1409277	13903	13375
新疆	6611702	5646734	2847401	2634934	2124072	1975681

7-34 主要林产品产量

单位：万吨

年 份	橡胶	生漆	油桐籽	油茶籽	乌桕子	松脂
1952			43.5	24.9	11.8	
1957		0.2	51.8	49.4	12.5	
1962	0.5	0.1	18.3	20.1	8.1	
1965	1.7	0.2	13.0	33.2		
1970	4.6	0.1	22.4	35.0		
1975	6.9	0.2	37.0	42.5	7.7	30.3
1978	10.2	0.2	39.1	47.9	8.5	33.8
1979	10.8	0.3	32.5	61.7	8.1	40.4
1980	11.3	0.2	30.3	49.0	9.3	42.1
1981	12.8	0.3	36.0	65.4	9.5	56.2
1982	15.3	0.3	33.9	49.4	8.5	47.0
1983	17.2	0.3	36.8	43.5	8.5	30.4
1984	18.9	0.2	36.2	53.6	8.1	36.9
1985	18.8	0.2	37.9	61.9	7.1	34.4
1986	20.9	0.3	34.6	43.8	7.0	41.6
1987	23.8	0.3	34.2	51.8	6.8	52.3
1988	24.0	0.3	35.9	46.3	6.3	46.1
1989	24.3	0.3	33.5	66.7	5.6	48.7
1990	26.4	0.3	35.1	52.3	5.2	43.5
1991	29.6	0.3	32.8	62.1	4.5	44.0
1992	30.9	0.3	43.7	62.9	4.3	46.9
1993	32.6	0.3	42.1	48.8	4.1	58.1
1994	37.4	0.2	43.5	63.1	3.7	56.9
1995	42.4	0.3	40.5	62.3	3.9	54.8
1996	40.2	0.4	40.8	69.7	4.2	58.1
1997	45.2	0.4	45.4	85.7	4.1	70.1
1998	46.2	0.5	43.9	72.3	4.1	54.3
1999	49.0	0.5	44.8	79.3	3.5	57.1
2000	48.0	0.5	45.3	82.3	3.6	55.1
2001	47.7	0.5	40.7	82.5	2.9	56.4
2002	52.7	0.6	38.9	85.5	3.2	56.3
2003	56.5	0.9	37.3	77.9	2.8	62.6
2004	57.5	1.0	38.1	87.5	2.3	67.3
2005	51.4	1.4	36.9	87.5	3.0	76.7
2006	53.8	2.1	38.3	92.0	2.7	90.9
2007	58.8	1.3	36.1	93.9	2.6	96.6
2008	54.8	1.6	37.1	99.0	3.2	84.9
2009	61.9	2.0	36.7	116.9	3.3	104.7
2010	69.1	2.0	43.4	109.2	3.4	111.6
2011	75.1	1.9	43.8	148.0	3.6	115.7
2012	80.2	2.6	42.7	172.8	3.9	121.5
2013	86.5	2.5	41.9	177.7	3.7	130.8
2014	84.0	2.2	41.6	202.3	3.6	131.0
2015	81.6	2.3	41.2	216.3	3.2	132.6
2016	81.6	2.2	40.9	216.4	2.6	132.9
2017		1.8	37.0	243.2	2.6	144.4

注：根据第三次全国农业普查结果，对2007-2016林业数据进行了修订，后同。

7-35 营林面积和主要林产品产量及增减情况

指 标	单 位	1990年	1995年	2000年	2016年	2017年	2017年为2016年百分比(%)
一、营林情况							
1.人工造林面积	千公顷	4353.4	4405.4	4345.0	3823.7	4295.9	112.4
2.飞播造林面积		855.1	561.8	760.1	162.3	141.2	87.0
3.当年新封山(沙)育林面积	千公顷	5208.5	4967.2	5105.1	1953.6	1657.2	84.8
4.退化林修复面积	千公顷				991.1	1281.0	129.3
5.人工更新面积	千公顷	671.5	729.7	919.8	272.8	305.4	112.0
6.森林抚育面积	千公顷				8500.4	8856.4	104.2
7.年末实有封山(沙)育林面积	千公顷				25497	24683	96.8
8.四旁(零星)植树	万 株	337596.3	326377.6	300504.0	183094	174798.9	95.5
9.育苗面积	千公顷	213.5	206.0	278.6	1407.4	1419.2	100.8
二、主要林产品产量							
板 栗	吨				2289212	2364548	103.3
竹笋干	吨	83551	174588	339084	770705	858083	111.3
油茶籽	吨	523313	623128	823224	2164440	2431647	112.3
核 桃	吨				3645170	4171386	114.4
生 漆	吨	2683	2976	5279	21934	18145	82.7
油桐籽	吨	350770	404929	453461	408518	370083	90.6
乌桕子	吨	51947	38834	35775	26204	25689	98.0
五倍子	吨	5783	10084	8678	21647	20198	93.3
棕 片	吨	39860	52955	61082	60782	61429	101.1
松 脂	吨	435244	548133	551057	1328877	1443868	108.7
紫胶(原胶)	吨	1421	3486	1419	7980	7579	95.0
三、木竹采伐							
木材(商品材)	万立方米				7776	8398	108.0
竹材	万根				250630	272013	108.5

注：自2015年起，根据国家林业局提供的数据，林业面积指标有较大的调整。

7-36 各地区造林面积

单位：千公顷

地区	当年造林面积		飞播造林面积		当年新封山(沙)育林面积	
	2016年	2017年	2016年	2017年	2016年	2017年
全国	**3823.7**	**4295.9**	**162.3**	**141.2**	**1953.6**	**1657.2**
北京	10.0	9.3			4.0	12.7
天津	9.3	9.6				2.7
河北	345.6	371.8	33.3	20.2	135.1	84.8
山西	199.7	280.0			60.0	32.0
内蒙古	311.1	346.3	74.1	68.3	136.0	138.1
辽宁	55.3	56.9			55.3	55.3
吉林	88.6	80.8			2.3	
黑龙江	41.3	36.6			36.8	42.3
上海	3.9	2.7				
江苏	27.2	34.0			0.3	
浙江	12.8	8.5			4.8	2.2
安徽	91.4	56.7			31.7	41.9
福建	10.3	8.1			141.9	144.3
江西	94.9	89.4			78.3	68.6
山东	115.2	92.3				0.5
河南	97.6	126.3	13.4	13.7	22.4	19.8
湖北	171.7	162.3			66.7	67.5
湖南	197.5	186.1			167.5	160.9
广东	100.7	80.7			97.3	89.0
广西	82.4	54.6			28.1	26.1
海南	8.3	4.6				
重庆	100.6	100.8			62.4	63.3
四川	425.6	483.9	1.6		31.5	61.5
贵州	228.1	584.5			250.6	82.2
云南	308.4	277.7			97.3	72.5
西藏	42.9	37.5			12.4	45.2
陕西	184.1	163.1	33.6	34.0	63.9	58.4
甘肃	260.1	280.3			57.4	35.4
青海	16.1	56.6			159.7	138.8
宁夏	59.0	45.5			22.9	19.1
新疆	118.1	165.7	6.3	4.9	126.6	92.2
大兴安岭	5.8	2.7				
军事管理区						

7-36 续表 1 单位：千公顷

地　区	退化林修复面积		人工更新面积		森林抚育面积	
	2016年	2017年	2016年	2017年	2016年	2017年
全　国	**991.1**	**1281.0**	**272.8**	**305.4**	**8500.4**	**8856.4**
北　京	4.0	18.3	1.1	0.1	80.0	101.9
天　津					49.5	51.8
河　北	65.7	1.7	3.6	2.8	408.4	403.7
山　西	7.0				61.3	63.6
内蒙古	90.4	125.6	7.0	2.2	620.1	723.2
辽　宁	25.1	25.0	6.7	7.0	93.4	94.0
吉　林	53.3	62.5	13.6	9.7	179.1	214.1
黑龙江	14.9	18.7		0.1	648.7	663.4
上　海					20.6	23.5
江　苏	0.3	0.1	2.8	2.5	59.3	74.1
浙　江	27.4	24.9	10.6	8.4	126.5	102.0
安　徽	3.3	40.2	1.6	6.1	621.6	616.6
福　建	19.5	20.0	56.9	61.1	293.5	372.8
江　西	109.7	118.1	6.6	6.3	394.6	381.5
山　东	22.3	17.9	9.2	31.5	318.7	230.0
河　南	15.4	21.1	0.1		300.4	300.7
湖　北	2.8	167.0	4.5	4.0	217.3	405.8
湖　南	124.9	198.6	13.4	8.5	375.4	466.9
广　东	59.8	66.0	47.6	34.8	715.3	509.7
广　西	8.2	2.7	74.6	92.7	832.0	869.9
海　南	0.1	0.2	6.1	8.1	12.1	61.7
重　庆	63.3	63.4		0.6	159.8	160.0
四　川	106.6	108.0	3.2	4.9	176.0	175.3
贵　州		11.6			400.0	400.0
云　南	90.7	37.0	0.1	0.0	164.0	143.3
西　藏					24.5	22.5
陕　西	16.1	75.1		4.2	161.8	150.2
甘　肃	8.0	9.7			98.1	176.0
青　海	2.6	3.3			24.2	26.0
宁　夏	8.3	7.2	1.3	6.4	43.0	23.9
新　疆	10.8	16.1	2.1	3.4	590.7	617.7
大兴安岭	30.7	20.9			230.6	230.6
军事管理区						

7-36 续表 2

单位：千公顷

地区	年末实有封山育林面积		零四旁(零星)植树(万株)		育苗面积	
	2016年	2017年	2016年	2017年	2016年	2017年
全国	**25497.1**	**24682.8**	**183094.5**	**174798.9**	**1407.4**	**1419.2**
北京	59.0	36.3	97.3	237.5	14.9	15.6
天津	26.0	26.0	252.0	235.0	13.3	12.9
河北	937.2	865.0	10429.6	9729.0	85.5	92.4
山西	694.3	596.4	10131.3	10775.0	70.9	74.1
内蒙古	4033.8	4090.6	2202.2	973.7	46.3	46.8
辽宁	528.5	601.8	6018.3	6527.5	27.1	27.5
吉林	578.5	421.3	926.4	825.2	10.0	9.7
黑龙江	806.2	764.9	1136.3	1825.5	10.8	11.7
上海			85.4	58.5	10.2	9.8
江苏	4.7	2.9	5584.5	6233.7	184.4	196.1
浙江	1279.5	1196.2	2423.1	1567.5	138.9	138.2
安徽	387.6	397.2	11361.0	10773.5	85.5	88.7
福建	572.7	662.8	3937.9	4412.7	0.8	1.0
江西	880.9	885.1	6002.2	5656.4	113.8	101.1
山东	35.1	59.1	17680.9	15073.0	203.3	202.6
河南	403.5	404.0	14011.7	13610.9	60.7	55.5
湖北	1093.0	1151.4	13309.5	14577.0	50.5	52.0
湖南	1232.8	1316.4	10590.1	9015.7	1.4	3.9
广东	822.9	846.7	7107.6	8180.2	13.1	3.3
广西	1591.0	1549.1	5050.6	4354.2	7.6	9.0
海南	53.9		150.8	143.1	1.1	1.4
重庆	356.9	310.3	4934.4	7415.7	25.2	19.0
四川	488.3	273.0	14020.9	13825.2	40.6	27.7
贵州	633.9	638.8	5608.4	3441.6	4.3	3.9
云南	972.5	1053.6	9816.5	9554.4	2.4	2.1
西藏	1340.5	1423.4	57.1	8.1	0.7	1.2
陕西	853.2	706.9	8279.5	7763.8	43.7	75.5
甘肃	1636.6	1027.0	7355.6	5638.4	47.5	49.5
青海	1362.3	1501.2	1354.4		8.4	8.9
宁夏	338.6	306.5	693.8	701.3	37.5	35.3
新疆	1493.1	1568.9	2485.4	1665.7	47.2	42.6
大兴安岭						
军事管理区						

7-37 各地区主要林产品产量

单位：吨

地区	生漆		油桐籽		油茶籽	
	2016年	2017年	2016年	2017年	2016年	2017年
全国	**21934**	**18145**	**408518**	**370083**	**2164440**	**2431647**
北京						
天津						
河北						
山西						
内蒙古						
辽宁						
吉林						
黑龙江						
上海						
江苏					263	265
浙江	20	20	161	168	51421	61039
安徽	161	343	1977	1894	81735	85763
福建	133	155	26312	26972	137922	155172
江西	813	655	22299	12644	366135	454077
山东						
河南	2092	2086	81155	68173	29213	32047
湖北	3568	3217	22066	21593	142498	146879
湖南	1060	1009	35287	33347	874642	1007523
广东	55		6904	7469	146833	125195
广西	47	423	82068	83676	196853	225213
海南					3385	3439
重庆	2246	1400	5024	4310	8779	9131
四川	431	458	14490	6972	17254	20852
贵州	7649	6942	66031	65902	73980	74528
云南	385	518	17144	15475	18058	14237
西藏						
陕西	3239	885	27549	21436	15469	16287
甘肃	35	34	51	52		
青海						
宁夏						
新疆						

7-37　续表 1　　　　单位：吨

地　区	乌桕子		五倍子	
	2016年	2017年	2016年	2017年
全　国	**26204**	**25689**	**21647**	**20198**
北　京				
天　津				
河　北				
山　西				
内蒙古				
辽　宁				
吉　林				
黑龙江				
上　海				
江　苏				
浙　江				
安　徽	95	145	60	56
福　建	424	438	387	167
江　西	210	94	86	42
山　东				
河　南	7869	7220	4072	4062
湖　北	11607	11701	2830	2826
湖　南	796	616	920	867
广　东	956	1034		
广　西	75	413	133	148
海　南				
重　庆	500	479	1866	1890
四　川	1217	1237	477	398
贵　州	2194	1807	6122	6971
云　南		298	116	108
西　藏				
陕　西	261	207	4388	2472
甘　肃			190	191
青　海				
宁　夏				
新　疆				

7-37 续表 2 单位：吨

地　区	松脂		竹笋干	
	2016年	2017年	2016年	2017年
全　国	**1328877**	**1443868**	**770705**	**858083**
北　京				
天　津				
河　北				
山　西				
内蒙古				
辽　宁				
吉　林				
黑龙江				
上　海			187	174
江　苏			852	746
浙　江	309	287	159305	186580
安　徽	13842	15057	31872	35628
福　建	110309	105171	185054	207796
江　西	110392	215713	43547	54374
山　东				
河　南	7	7	1112	1097
湖　北	43237	42665	22880	22154
湖　南	46566	46986	41643	62041
广　东	225805	238825	45118	57503
广　西	630873	638216	35475	33598
海　南	9665	7464	348	686
重　庆	20	82	31494	29148
四　川	370	384	135266	122376
贵　州	17904	19077	17691	25818
云　南	118662	113016	12151	13495
西　藏				
陕　西	916	918	6700	4859
甘　肃			10	10
青　海				
宁　夏				
新　疆				

注：竹笋干即为竹笋片。

7-37 续表 3 单位：吨

地 区	棕 片		紫 胶	
	2016年	2017年	2016年	2017年
全 国	**60782**	**61429**	**7980**	**7579**
北 京				
天 津				
河 北				
山 西				
内蒙古				
辽 宁				
吉 林				
黑龙江				
上 海				
江 苏				
浙 江	516	522		
安 徽	4057	3981		
福 建	18354	18177	4766	3851
江 西	2337	2803		
山 东				
河 南				
湖 北	2444	3044		
湖 南	6060	4818		
广 东	3541	3871	1031	748
广 西	2320	3292	98	4
海 南				
重 庆	430	614		
四 川	1395	1427		
贵 州	5462	5533	135	
云 南	10277	10022	1950	2976
西 藏				
陕 西	3575	3311		
甘 肃	14	14		
青 海				
宁 夏				
新 疆				

7-38　主要牲畜出栏量和畜产品产量及增长情况

指　　标	单　位	1999年	2000年	2016年	2017年	2017年为2016年百分比(%)
一、牲畜出栏量						
1.大牲畜出栏						
牛	万头	3766.2	3806.9	4265.0	4340.3	101.8
马	万头	136.1	146.1	98.1	92.9	94.7
驴	万头	194.3	201.7	102.3	106.6	104.2
骡	万头	59.2	65.3	15.1	15.8	105.1
骆驼	万头	6.7	6.7	7.9	7.6	95.2
2.猪	万头	51977.2	51862.3	70073.9	70202.1	100.2
3.羊	万只	18820.4	19653.4	30005.3	30797.7	102.6
4.家禽	亿只	74.3	82.6	132.0	130.2	98.7
5.兔	万只	22103.0	25878.2	35056.7	31955.3	91.2
二、肉类总产量	**万吨**	**5949.0**	**6013.9**	**8628.3**	**8654.4**	**100.3**
#猪牛羊肉产量	万吨	4762.3	4743.2	6502.6	6557.5	100.8
猪肉产量	万吨	4005.6	3966.0	5425.5	5451.8	100.5
平均每头产肉量	千克/头	77.1	76.5	77.4	77.7	100.3
牛肉产量	万吨	505.4	513.1	616.9	634.6	102.9
平均每头产肉量	千克/头	134.2	134.8	144.6	146.2	101.1
羊肉产量	万吨	251.3	264.1	460.3	471.1	102.4
平均每只产肉量	千克/只	13.5	13.4	15.3	15.3	99.7
禽肉产量	万吨	1115.5	1191.1	2001.7	1981.7	99.0
兔肉产量	万吨	31.0	37.0	53.5	46.9	87.6
三、其他畜产品产量						
奶类产量	万吨	806.9	919.1	3173.9	3148.6	99.2
#牛奶产量	万吨	717.6	827.4	3064.0	3038.6	99.2
山羊粗毛产量	吨	31849	33266	35785	32863	91.8
绵羊毛产量	吨	283152	292502	411642	410523	99.7
#细羊毛	吨	114103	117386	129164	127921	99.0
半细羊毛	吨	73700	84921	137973	133458	96.7
山羊绒产量	吨	10180	11057	18844	17852	94.7
蜂蜜产量	万吨	23.0	24.6	55.5	54.3	97.7
禽蛋产量	万吨	2134.7	2182.0	3160.5	3096.3	98.0
蚕茧产量	吨	484702	547613	803419	817442	101.7
#桑蚕茧	吨	447261	500640	737688	750885	101.8
柞蚕茧	吨	37234	46782	65730	66556	101.3

注：1.本年鉴中2000-2006年畜牧业数据根据第二次全国农业普查结果进行了修订。
　　2.根据第三次全国农业普查结果，对2007-2017年畜牧业数据进行了修订(后同)。

7-39 各地区主要牲畜出栏量

单位：万头、万只

地 区	当年出栏肉猪	当年出栏肉牛	当年出栏肉羊	当年出栏家禽
全 国	**70202.1**	**4340.3**	**30797.7**	**1302190.6**
北 京	242.1	8.4	64.5	3115.2
天 津	297.2	19.5	55.2	6137.6
河 北	3785.3	340.5	2168.9	60637.8
山 西	822.8	40.1	590.5	12330.3
内蒙古	919.0	363.2	6257.9	10271.1
辽 宁	2627.2	159.9	620.8	75891.8
吉 林	1691.7	233.6	406.7	42818.4
黑龙江	2090.5	281.5	780.4	25464.7
上 海	189.7	1.0	22.4	1272.7
江 苏	2805.5	16.4	707.7	66150.9
浙 江	1022.4	8.8	142.0	17319.9
安 徽	2828.9	53.1	1170.3	87351.9
福 建	1606.1	16.0	138.3	91460.6
江 西	3180.5	115.9	123.5	43888.2
山 东	5180.7	361.6	2629.8	220172.5
河 南	6220.0	233.0	2145.0	90681.6
湖 北	4448.0	107.9	604.4	51946.2
湖 南	6116.3	147.0	901.8	42263.8
广 东	3712.0	33.3	110.4	108703.3
广 西	3355.1	117.0	209.7	86486.3
海 南	547.8	19.2	84.3	15564.9
重 庆	1751.1	55.7	448.9	21315.9
四 川	6579.1	267.3	1780.4	65259.8
贵 州	1825.2	151.0	286.1	11045.0
云 南	3795.1	307.8	1024.1	24017.8
西 藏	19.1	163.3	397.2	203.4
陕 西	1141.0	57.6	620.4	5377.6
甘 肃	682.7	198.3	1414.7	3704.3
青 海	110.6	132.2	726.1	520.4
宁 夏	113.7	71.0	560.0	1796.0
新 疆	495.8	259.3	3605.6	9020.7

注：从2000年开始，牲畜出栏量使用抽样调查推算数。

7-40 各地区肉类总产量

单位：万吨

地　区	肉类总产量	#猪牛羊肉	猪　肉	牛　肉	羊　肉	禽　肉
全　国	**8654.4**	**6557.5**	**5451.8**	**634.6**	**471.1**	**1981.7**
北　京	26.4	21.7	19.2	1.5	1.1	4.5
天　津	36.1	27.4	22.6	3.4	1.4	8.7
河　北	474.2	377.2	291.5	55.6	30.1	90.3
山　西	93.3	77.1	62.7	5.9	8.6	15.3
内 蒙 古	265.2	237.1	73.5	59.5	104.1	20.1
辽　宁	385.4	253.0	220.9	25.1	7.0	129.9
吉　林	256.1	179.0	136.1	38.0	4.9	75.2
黑 龙 江	260.3	216.1	159.3	43.9	12.9	42.8
上　海	17.6	15.1	14.6	0.1	0.3	1.9
江　苏	342.3	225.2	214.3	2.9	8.0	110.2
浙　江	114.7	87.0	83.3	1.3	2.4	27.0
安　徽	415.2	267.3	242.7	8.1	16.5	146.4
福　建	264.9	132.0	128.4	1.7	1.9	130.8
江　西	326.1	263.5	249.5	12.0	2.0	60.8
山　东	866.0	539.4	427.4	75.9	36.0	320.6
河　南	655.8	528.0	466.9	35.0	26.1	119.0
湖　北	435.3	364.7	339.3	15.8	9.7	69.6
湖　南	543.3	481.5	449.6	17.0	14.9	59.2
广　东	444.1	284.0	278.0	4.1	2.0	151.7
广　西	420.2	270.0	255.0	11.7	3.3	142.0
海　南	78.7	47.4	44.4	1.8	1.1	27.2
重　庆	180.6	144.1	130.0	7.3	6.8	32.2
四　川	653.8	532.8	472.2	33.3	27.2	99.0
贵　州	206.5	184.0	160.1	19.1	4.8	18.8
云　南	419.2	374.1	320.2	35.8	18.1	43.8
西　藏	32.1	30.0	1.1	22.5	6.4	0.5
陕　西	113.4	104.0	85.8	8.3	9.8	8.6
甘　肃	99.1	93.6	49.9	21.0	22.8	4.6
青　海	35.3	34.2	8.7	12.9	12.7	0.9
宁　夏	33.5	29.7	8.9	10.9	9.9	3.4
新　疆	159.9	137.1	35.8	43.0	58.2	16.6

7-41 各地区其他畜产品产量

单位：万吨

地区	奶类		#牛奶		蜂蜜		禽蛋	
	2016年	2017年	2016年	2017年	2016年	2017年	2016年	2017年
全国	**3173.9**	**3148.6**	**3064.0**	**3038.6**	**55.5**	**54.3**	**3160.5**	**3096.3**
北京	45.7	37.4	45.7	37.4	0.2	0.2	18.3	15.7
天津	50.0	52.1	50.0	52.1	0.0	0.0	19.1	19.0
河北	373.9	388.3	366.4	381.0	1.4	1.4	395.6	383.7
山西	79.4	78.1	78.6	77.4	0.5	0.6	113.9	101.9
内蒙古	592.9	559.6	585.7	552.9	0.5	0.5	53.8	53.2
辽宁	123.4	120.7	122.2	119.7	0.2	0.3	251.0	270.4
吉林	36.6	34.4	36.0	34.0	1.5	1.1	132.5	121.0
黑龙江	473.4	468.4	470.7	465.2	2.1	1.9	117.2	113.8
上海	36.0	36.4	36.0	36.4	0.1	0.1	4.0	3.4
江苏	48.3	49.0	48.3	49.0	0.4	0.3	211.0	183.4
浙江	14.8	14.3	14.8	14.3	16.4	16.4	37.8	35.9
安徽	30.5	29.8	30.5	29.8	1.7	1.8	163.2	154.7
福建	13.4	13.5	12.9	13.1	1.4	1.5	40.6	46.5
江西	10.0	9.5	10.0	9.5	1.5	1.5	46.3	45.7
山东	233.8	231.3	225.3	223.5	0.5	0.5	440.6	444.8
河南	223.3	212.9	213.5	202.9	8.8	7.1	379.6	401.2
湖北	13.4	12.8	13.4	12.8	2.8	2.8	171.2	168.2
湖南	6.4	6.1	6.4	6.1	1.0	1.0	104.8	103.2
广东	13.6	13.9	13.6	13.9	2.1	2.3	36.1	38.5
广西	7.8	8.1	7.8	8.1	1.4	1.5	25.7	24.2
海南	0.4	0.5	0.4	0.5	0.1	0.1	7.2	4.8
重庆	5.2	5.1	5.2	5.1	2.0	2.3	39.1	40.3
四川	62.8	63.8	62.8	63.7	5.6	5.8	149.7	144.5
贵州	4.3	4.4	4.3	4.4	0.3	0.4	23.4	18.7
云南	61.2	64.5	54.0	56.8	1.1	1.1	29.2	30.3
西藏	38.4	42.0	33.4	37.1			0.5	0.5
陕西	160.5	156.9	111.6	107.3	0.5	0.6	71.6	60.1
甘肃	41.0	41.0	40.3	40.4	0.2	0.2	21.1	13.8
青海	32.9	33.2	31.7	32.4	0.2	0.2	3.0	2.5
宁夏	145.6	160.1	145.6	160.1	0.1	0.1	15.7	15.3
新疆	195.0	200.3	186.7	191.9	1.0	0.9	37.8	37.4

7-42 牲畜年末存栏头数及增减情况

指 标	单 位	1999年	2000年	2016年	2017年	2017年为2016年百分比(%)
一、大牲畜头数	**万头**	**15024.8**	**14638.1**	**9559.9**	**9763.6**	**102.1**
#役畜	万头	7403.8	7446.2	1616.4	1341.1	83.0
1.牛	万头	12698.3	12353.2	8834.5	9038.7	102.3
#黄牛	万头	9436.6	9271.4			
#水牛	万头	2258.7	2185.0			
#肉牛	万头			6181.0	6617.9	107.1
#奶牛	万头	442.8	469.4	1037.0	1079.8	104.1
2.马	万头	891.4	876.6	351.2	343.6	97.9
3.驴	万头	934.8	922.7	259.3	267.8	103.3
4.骡	万头	467.3	453.0	84.5	81.1	96.0
5.骆驼	万头	33.0	32.6	30.5	32.3	106.1
二、猪	**万头**	**43144.2**	**41633.6**	**44209.2**	**44158.9**	**99.9**
三、羊	**万只**	**27925.8**	**27948.2**	**29930.5**	**30231.7**	**101.0**
山羊	万只	14816.3	14945.6	13691.8	13823.8	101.0
绵羊	万只	13109.5	13002.6	16238.8	16407.9	101.0
四、家禽	**亿只**	**45.5**	**46.4**	**61.7**	**60.5**	**98.1**
五、兔	**万只**	**15789.3**	**17781.7**	**13225.7**	**12114.0**	**91.6**

注：从2008年起牛的品种修正为肉牛、奶牛和役用牛。

7-43 各地区牲畜年末存栏情况

单位：万头

地　区	大牲畜			
		牛		
			肉　牛	奶　牛
全　国	**9763.6**	**9038.7**	**6617.9**	**1079.8**
北　京	13.3	12.8	4.4	8.4
天　津	26.7	25.8	13.8	11.9
河　北	387.9	359.5	196.4	124.6
山　西	116.8	100.7	49.7	32.9
内 蒙 古	824.4	656.2	526.5	123.4
辽　宁	290.8	227.8	193.9	27.5
吉　林	342.1	337.6	322.0	14.0
黑 龙 江	509.3	489.3	363.1	124.1
上　海	6.5	6.5		6.5
江　苏	32.9	30.5	16.6	13.9
浙　江	14.9	14.9	10.9	3.3
安　徽	80.9	80.6	58.9	12.9
福　建	32.6	32.6	9.8	3.9
江　西	241.4	241.4	210.2	3.2
山　东	413.8	401.5	274.6	93.1
河　南	376.1	372.7	230.5	33.7
湖　北	238.5	238.0	120.3	4.5
湖　南	381.0	379.4	296.0	5.7
广　东	120.7	120.7	79.9	6.0
广　西	352.4	326.6	96.6	5.0
海　南	52.8	52.8	42.7	0.1
重　庆	110.9	108.5	80.4	1.5
四　川	947.2	853.2	494.8	79.0
贵　州	504.0	492.4	373.5	5.9
云　南	855.4	810.9	747.7	16.1
西　藏	628.3	592.6	470.0	38.0
陕　西	154.5	151.2	121.7	28.4
甘　肃	491.2	424.3	394.1	29.8
青　海	559.3	546.6	521.9	24.7
宁　夏	123.1	118.3	77.5	40.8
新　疆	534.3	433.0	219.6	157.1

7-43 续表 1 单位：万头

地　区	马	驴	骡
全　国	**343.6**	**267.8**	**81.1**
北　京	0.2	0.2	0.0
天　津	0.1	0.7	0.0
河　北	5.9	17.3	5.1
山　西	1.0	11.0	4.1
内蒙古	64.4	75.5	11.5
辽　宁	6.9	49.9	6.2
吉　林	2.4	1.9	0.2
黑龙江	15.5	3.3	1.1
上　海	0.0		
江　苏	0.2	1.7	0.5
浙　江			
安　徽	0.1	0.2	0.0
福　建	0.0		
江　西			
山　东	0.7	11.1	0.4
河　南	1.0	2.2	0.3
湖　北	0.3	0.1	0.0
湖　南	1.4	0.1	0.1
广　东	0.0		
广　西	22.0	0.1	3.7
海　南			
重　庆	1.6	0.2	0.6
四　川	75.5	9.3	9.3
贵　州	11.2	0.1	0.3
云　南	13.3	12.0	19.2
西　藏	28.2	6.1	1.4
陕　西	0.2	2.7	0.4
甘　肃	11.9	36.5	15.8
青　海	11.1	0.5	0.2
宁　夏	0.1	4.2	0.4
新　疆	68.6	20.8	0.1

7-43 续表 2 单位：万头、万只

地区	猪	羊		
			山羊	绵羊
全 国	**44158.9**	**30231.7**	**13823.8**	**16407.9**
北 京	112.2	35.2	8.4	26.8
天 津	180.0	43.5	5.3	38.1
河 北	1957.8	1228.1	401.4	826.7
山 西	544.1	943.2	382.1	561.1
内蒙古	505.6	6111.9	1694.2	4417.8
辽 宁	1308.0	792.6	418.8	373.8
吉 林	911.1	399.9	52.0	347.9
黑龙江	1433.9	835.2	175.9	659.3
上 海	111.2	19.6	18.5	1.1
江 苏	1640.3	398.5	389.3	9.3
浙 江	542.6	133.8	48.4	85.4
安 徽	1417.2	505.1	504.3	0.8
福 建	921.8	89.0	89.0	
江 西	1621.3	95.3	95.3	
山 东	3040.3	1754.0	924.4	829.7
河 南	4390.0	1682.0	1412.9	269.1
湖 北	2578.5	543.5	543.5	
湖 南	3968.1	661.7	661.7	
广 东	2132.8	93.3	93.3	
广 西	2293.7	222.4	222.4	
海 南	399.6	68.4	68.3	0.1
重 庆	1191.6	327.0	326.7	0.2
四 川	4376.6	1599.3	1425.9	173.3
贵 州	1596.9	383.5	362.5	21.0
云 南	3029.2	1240.2	1149.4	90.8
西 藏	42.3	1105.3	387.6	717.6
陕 西	854.4	868.5	712.0	156.5
甘 肃	551.3	1839.9	398.3	1441.6
青 海	82.7	1387.4	180.0	1207.4
宁 夏	81.0	506.6	99.8	406.8
新 疆	342.7	4317.9	572.1	3745.8

7-44 水产品产量和养殖面积

年 份	水产品总产量(万吨)	内陆水产品(万吨)	#人工养殖	海水产品(万吨)	#人工养殖	水产品养殖面积(千公顷) 内陆养殖	海水养殖
1952	166.6	60.6	14.0	106.0	6.0		
1957	311.6	117.9	57.0	193.7	12.0	1054.7	60.0
1962	228.3	78.5	31.0	149.8	9.0	1600.0	50.0
1965	298.4	97.0	51.0	201.4	10.0	1979.3	83.3
1970	318.5	90.4	58.0	228.1	18.0	2721.3	83.3
1975	441.2	106.5	75.0	334.7	28.0	3244.0	112.0
1978	465.3	105.9	76.2	359.5	45.0	2722.8	100.6
1979	430.5	111.6	81.3	318.9	41.6	2737.8	116.5
1980	449.7	124.0	90.1	325.7	44.4	2864.1	133.6
1981	460.6	137.3	101.4	323.2	45.8	2880.3	138.5
1982	515.5	156.2	120.7	359.3	49.5	3050.6	162.5
1983	545.8	184.1	142.8	361.7	54.5	3082.6	186.7
1984	619.3	225.0	181.1	394.4	63.9	3259.5	242.6
1985	705.2	285.4	237.8	419.7	71.2	3687.5	277.0
1986	823.6	348.2	294.4	475.4	85.8	3787.9	325.2
1987	955.3	407.2	347.2	548.2	110.1	3859.3	369.3
1988	1060.9	455.2	389.8	605.7	142.4	3894.9	409.5
1989	1151.7	490.5	417.0	661.2	157.6	3812.3	423.1
1990	1237.0	523.7	445.4	713.3	162.4	3829.8	428.9
1991	1350.8	550.7	459.2	800.1	190.5	3827.5	449.3
1992	1557.1	623.5	533.4	933.7	242.4	3975.7	499.1
1993	1823.0	747.0	644.1	1076.0	308.7	4132.6	586.3
1994	2143.2	901.7	785.0	1241.5	345.7	4429.9	653.5
1995	2517.2	1078.0	940.8	1439.1	412.3	4669.4	715.9
1996	3288.1	1275.2	1099.0	2012.9	763.9	4832.3	822.1
1997	3118.6	1230.5	1067.0	1888.1	691.7	4962.9	937.9
1998	3382.7	1338.1	1140.6	2044.5	752.0	5064.2	1004.4
1999	3570.1	1424.9	1226.9	2145.3	851.9	5182.1	1095.0
2000	3706.2	1502.3	1308.9	2203.9	928.0	5264.8	1243.2
2001	3795.9	1562.4	1376.2	2233.5	989.4	5399.4	1286.9
2002	3954.9	1656.4	1461.7	2298.5	1060.5	5509.7	1344.7
2003	4077.0	1744.2	1530.9	2332.8	1095.9	5609.4	1532.2
2004	4246.6	1842.1	1632.5	2404.5	1151.3	5723.3	1623.8
2005	4419.9	1954.0	1733.0	2465.9	1210.8	5863.7	1694.5
2006	4583.6	2074.0	1853.6	2509.6	1264.2	4253.8	1271.7
2007	4747.5	2196.6	1971.0	2550.9	1307.3	4413.6	1331.5
2008	4895.6	2297.3	2072.5	2598.3	1340.3	4971.0	1578.9
2009	5116.4	2434.8	2216.5	2681.6	1405.2	5423.8	1859.3
2010	5373.0	2575.5	2346.5	2797.5	1482.3	5564.3	2080.9
2011	5603.2	2695.2	2471.9	2908.0	1551.3	5728.6	2106.4
2012	5481.8	2612.5	2408.5	2869.3	1575.2	5907.5	2180.9
2013	5721.7	2751.9	2547.7	2969.8	1664.7	6006.1	2315.6
2014	5975.8	2865.7	2663.2	3110.2	1732.4	6080.9	2305.5
2015	6182.9	2978.7	2779.3	3204.2	1796.6	6147.2	2317.8
2016	6379.5	3078.2	2877.9	3301.3	1915.3	5347.4	2098.1
2017	6445.3	3123.6	2905.3	3321.7	2000.7	5365.0	2084.1

注：1. 1997-2006年全国水产品总产量、海洋、内陆水产品产量、捕捞、养殖水产品产量根据第二次全国农业普查结果进行了修订，各地区数据以及全国其他细项数据未作修订。

2. 2012-2016年全国水产品总产量、海洋、内陆水产品产量、捕捞、养殖水产品产量根据第三次全国农业普查结果进行了修订，各地区数据以及全国其他细项数据未作修订。

7-45 水产品产量和养殖面积及增减情况

指　标	单位	1990年	1995年	2000年	2016年	2017年	2017年为2016年百分比(%)
一、水产品总产量	**吨**	**12370203**	**25171794**	**37062295**	**63794834**	**64453279**	**101.0**
1.按海水、内陆分							
海水产品产量	吨	7132915	14391297	22039081	33012620	33217376	100.6
内陆水产品产量	吨	5237288	10780497	15023215	30782214	31235903	101.5
2.按生产性质分							
捕捞产量	吨	6291908	11641237	14693895	15862874	15393376	97.0
养殖产量	吨	6078295	13530557	22368401	47931960	49059903	102.4
3.按品种分							
鱼类	吨	9280816	17767539	26060480	38357713	38183273	99.5
甲壳类	吨	1165054	2121365	3853954	6609247	6915015	104.6
贝类	吨	1549061	4127896	10849816	14830993	15280869	103.0
藻类	吨	275186	749140	1221988	2137890	2255361	105.5
其他类	吨	100086	405854	798607	1858991	1818761	97.8
二、水产养殖面积	**千公顷**	**4258.7**	**5385.3**	**6508.1**	**7445.5**	**7449.0**	**100.0**
1.海水养殖面积	千公顷	428.9	715.9	1243.2	2098.1	2084.1	99.3
浅海养殖	千公顷		131.8	326.0	1102.4	1102.9	100.0
滩涂养殖	千公顷		424.6	686.5	652.7	658.3	100.9
陆基养殖	千公顷		159.5	230.8	343.0	322.9	94.2
2.内陆养殖面积	千公顷	3829.8	4669.4	5264.8	5347.4	5365.0	100.3
池塘养殖	千公顷		1857.9	2212.6	2447.1	2527.8	103.3
湖泊养殖	千公顷		824.2	879.1	914.7	886.5	96.9
河沟养殖	千公顷		347.4	379.8	220.0	213.7	97.1
水库养殖	千公顷		1515.7	1620.0	1644.1	1615.4	98.3
其他养殖	千公顷		124.2	173.3	121.5	121.5	100.0
三、稻田养殖面积	**千公顷**				**1484.0**	**1682.7**	**113.4**

注：1. 2008年以来海水养殖面积中的陆基养殖面积为其他养殖面积。
2. 2016年水产品数据根据农业普查结果进行了修订，（后同）。

7-46 海水产品和内陆水产品产量

单位：吨

指 标	1990年	1995年	2000年	2016年	2017年	2017年为2016年百分比(%)
海水产品产量	**7132915**	**14391297**	**22039081**	**33012620**	**33217376**	**100.6**
一、海洋捕捞产量	**5508862**	**10268373**	**12759487**	**13859541**	**13210403**	**95.3**
鱼类		7436501	9902931	10195970	7652163	75.1
甲壳类		1732445	2626967	2181850	2075964	95.1
贝类		823691	1779621	462482	442890	95.8
藻类		10637	20429	23133	19976	86.4
其他类		265099	444576	996106	933210	93.7
二、海水养殖产量	**1624053**	**4122924**	**9279594**	**19153079**	**20006973**	**104.5**
鱼类		144937	426957	1308917	1419389	108.4
甲壳类		115901	343940	1504168	1631185	108.4
贝类		3099099	8607050	13893716	14371304	103.4
藻类		738503	1201559	2107060	2227838	105.7
其他类		24484	33359	339218	357257	105.3
内陆水产品产量	**5237288**	**10780497**	**15023215**	**30782214**	**31235903**	**101.5**
一、内陆捕捞产量	**783046**	**1372864**	**1934408**	**2003333**	**2182973**	**109.0**
鱼类		1080666	1703586	1451900	1615758	111.3
甲壳类		137195	254844	286597	289326	101.0
贝类		125496	256281	236710	251847	106.4
其他类		29507	48941	28126	26042	92.6
二、内陆养殖产量	**4454242**	**9407633**	**13088807**	**28778881**	**29052930**	**101.0**
鱼类		9105435	14027006	25400926	25409763	100.0
甲壳类		135824	628203	2636632	2918540	110.7
贝类		79610	206864	238085	214828	90.2
其他类		86764	271731	503238	509799	101.3

注：2016年水产品数据根据农业普查结果进行了修订。

7-47 各地区水产品产量

(按来源分) 单位：吨

地　区	水产品总产量		捕捞产量		养殖产量	
	2016年	2017年	2016年	2017年	2016年	2017年
全　国	**63794834**	**64453279**	**15862874**	**15393376**	**47931960**	**49059903**
北　京	54288	45098	16865	12016	37423	33082
天　津	326624	323321	55922	44951	270702	278370
河　北	1194099	1164600	353327	331267	840772	833333
山　西	52209	53047	1071	2142	51138	50905
内蒙古	158298	156181	29303	28354	128995	127827
辽　宁	4799595	4794374	883895	883000	3915700	3911374
吉　林	188000	220350	6800	19304	181200	201046
黑龙江	556200	587302	52900	51640	503300	535662
上　海	269633	268882	143833	146132	125800	122750
江　苏	5082179	5075922	874190	864157	4207989	4211765
浙　江	5843363	5944516	3820191	3674687	2023172	2269829
安　徽	2141800	2179632	279200	278508	1862600	1901124
福　建	7111323	7445737	2239652	2240333	4871671	5205404
江　西	2417617	2505549	223478	226043	2194139	2279506
山　东	8899622	8680030	2508012	2264621	6391610	6415409
河　南	947600	946730	52100	111480	895500	835250
湖　北	4708394	4654222	190167	292961	4518227	4361261
湖　南	2383888	2415312	95288	94928	2288600	2320384
广　东	8182894	8335387	1631348	1609433	6551546	6725954
广　西	3074737	3207683	750228	724263	2324509	2483420
海　南	1921289	1807899	1293682	1140626	627607	667273
重　庆	490626	515130	19709	18943	470917	496187
四　川	1421600	1507396	56947	53783	1364653	1453613
贵　州	246500	254782	11600	11520	234900	243262
云　南	601487	631182	53281	55949	548206	575233
西　藏	912	454	832	383	80	71
陕　西	159000	163030	7220	7200	151780	155830
甘　肃	15333	15441			15333	15441
青　海	12050	16073			12050	16073
宁　夏	174591	180889	416	429	174175	180460
新　疆	161651	165528	13985	12723	147666	152805
中农发集团	197432	191600	197432	191600		

7-48 各地区水产品产量

（按类别分）　　　　　　　　　　　　　　　　　单位：吨

地　区	水产品总产量					
		鱼　类	甲壳类	贝　类	藻　类	其他类
全　国	**64453279**	**38183273**	**6915015**	**15280869**	**2255361**	**1818761**
北　京	45098	45089	5			4
天　津	323321	279995	40128	1798		1400
河　北	1164600	510656	110191	497144		46609
山　西	53047	52584	144			319
内蒙古	156181	152775	1362		1914	130
辽　宁	4794374	1479180	215188	2535999	330473	233534
吉　林	220350	216686	3377	287		
黑龙江	587302	579801	6981	439		81
上　海	268882	233169	34831	2		880
江　苏	5075922	3003982	1120717	825099	44925	81199
浙　江	5944516	3542869	1041108	982648	74756	303135
安　徽	2179632	1693601	352179	88653		45199
福　建	7445737	2752323	585972	2903889	1034145	169408
江　西	2505549	2204519	162190	67587	2724	68529
山　东	8680030	2983139	432630	4284822	660344	319095
河　南	946730	912411	26525	1542	172	6080
湖　北	4654222	3695296	869016	22480		67430
湖　南	2415312	2175978	167476	26796		45062
广　东	8335387	5063133	1052318	1962173	81702	176061
广　西	3207683	1649956	443888	999398		114441
海　南	1807899	1370695	220363	73574	23755	119512
重　庆	515130	506499	5154	404		3073
四　川	1507396	1482970	12368	4129		7929
贵　州	254782	251732	2170	249		631
云　南	631182	622973	3722	1684	450	2353
西　藏	454	118				336
陕　西	163030	156488	397	8	1	6136
甘　肃	15441	15355	63			23
青　海	16073	15959	114			
宁　夏	180889	179409	1450			30
新　疆	165528	162333	2988	65		142
中农发集团	191600	191600				

7-49　各地区海水产品产量

(按来源分)　　单位：吨

地　　区	海水产品产量		海洋捕捞产量		海水养殖产量	
	2016年	2017年	2016年	2017年	2016年	2017年
全　　国	**33012620**	**33217376**	**13859541**	**13210403**	**19153079**	**20006973**
北　　京	13514	9000	13514	9000		
天　　津	60954	48589	49620	39417	11334	9172
河　　北	806799	811407	295427	282249	511372	529158
山　　西						
内 蒙 古						
辽　　宁	3923995	3918774	838495	837400	3085500	3081374
吉　　林						
黑 龙 江						
上　　海	141833	144701	141833	144701		
江　　苏	1472415	1487281	568242	556522	904173	930759
浙　　江	4700757	4723721	3728856	3561163	971901	1162558
安　　徽						
福　　建	6332421	6624580	2172552	2171408	4159869	4453172
江　　西						
山　　东	7541952	7371727	2414112	2180891	5127840	5190836
河　　南						
湖　　北						
湖　　南						
广　　东	4415356	4518133	1510148	1489063	2905208	3029070
广　　西	1844908	1919010	648728	619658	1196180	1299352
海　　南	1560284	1448853	1280582	1127331	279702	321522
重　　庆						
四　　川						
贵　　州						
云　　南						
西　　藏						
陕　　西						
甘　　肃						
青　　海						
宁　　夏						
新　　疆						
中农发集团	197432	191600	197432	191600		

注：2016年水产品数据根据农业普查结果进行了修订。

7-50 各地区海水产品产量

(按类别分)

单位：吨

地区	海水产品产量	鱼类	甲壳类	贝类	藻类	其他类
全国	**33217376**	**11157752**	**3707149**	**14814194**	**2247814**	**1290467**
北京	9000	9000				
天津	48589	37763	8474	1617		735
河北	811407	196931	76994	494534		42948
山西						
内蒙古						
辽宁	3918774	682773	146633	2535615	330473	223280
吉林						
黑龙江						
上海	144701	134661	9757	2		281
江苏	1487281	402722	270383	721773	43483	48920
浙江	4723721	2625997	902764	949117	74613	171230
安徽						
福建	6624580	2068958	511473	2857367	1033480	153302
江西						
山东	7371727	1768166	351167	4280099	660344	311951
河南						
湖北						
湖南						
广东	4518133	1609659	777332	1915323	81666	134153
广西	1919010	408749	434241	987000		89020
海南	1448853	1020773	217931	71747	23755	114647
重庆						
四川						
贵州						
云南						
西藏						
陕西						
甘肃						
青海						
宁夏						
新疆						
中农发集团	191600	191600				

7-51 各地区内陆水产品产量

（按来源分）

单位：吨

地区	内陆水产品产量		内陆捕捞产量		内陆养殖产量	
	2016年	2017年	2016年	2017年	2016年	2017年
全国	**30782214**	**31235903**	**2003333**	**2182973**	**28778881**	**29052930**
北京	40774	36098	3351	3016	37423	33082
天津	265670	274732	6302	5534	259368	269198
河北	387300	353193	57900	49018	329400	304175
山西	52209	53047	1071	2142	51138	50905
内蒙古	158298	156181	29303	28354	128995	127827
辽宁	875600	875600	45400	45600	830200	830000
吉林	188000	220350	6800	19304	181200	201046
黑龙江	556200	587302	52900	51640	503300	535662
上海	127800	124181	2000	1431	125800	122750
江苏	3609764	3588641	305948	307635	3303816	3281006
浙江	1142606	1220795	91335	113524	1051271	1107271
安徽	2141800	2179632	279200	278508	1862600	1901124
福建	778902	821157	67100	68925	711802	752232
江西	2417617	2505549	223478	226043	2194139	2279506
山东	1357670	1308303	93900	83730	1263770	1224573
河南	947600	946730	52100	111480	895500	835250
湖北	4708394	4654222	190167	292961	4518227	4361261
湖南	2383888	2415312	95288	94928	2288600	2320384
广东	3767538	3817254	121200	120370	3646338	3696884
广西	1229829	1288673	101500	104605	1128329	1184068
海南	361005	359046	13100	13295	347905	345751
重庆	490626	515130	19709	18943	470917	496187
四川	1421600	1507396	56947	53783	1364653	1453613
贵州	246500	254782	11600	11520	234900	243262
云南	601487	631182	53281	55949	548206	575233
西藏	912	454	832	383	80	71
陕西	159000	163030	7220	7200	151780	155830
甘肃	15333	15441			15333	15441
青海	12050	16073			12050	16073
宁夏	174591	180889	416	429	174175	180460
新疆	161651	165528	13985	12723	147666	152805

注：2016年水产品数据根据农业普查结果进行了修订。

7-52 各地区内陆水产品产量

(按类别分)　　单位：吨

地　区	内陆水产品产量	鱼　类	甲壳类	贝　类	其他类
全　国	**31235903**	**27025521**	**3207866**	**466675**	**535841**
北　京	36098	36089	5		4
天　津	274732	242232	31654	181	665
河　北	353193	313725	33197	2610	3661
山　西	53047	52584	144		319
内蒙古	156181	152775	1362		2044
辽　宁	875600	796407	68555	384	10254
吉　林	220350	216686	3377	287	
黑龙江	587302	579801	6981	439	81
上　海	124181	98508	25074		599
江　苏	3588641	2601260	850334	103326	33721
浙　江	1220795	916872	138344	33531	132048
安　徽	2179632	1693601	352179	88653	45199
福　建	821157	683365	74499	46522	16771
江　西	2505549	2204519	162190	67587	71253
山　东	1308303	1214973	81463	4723	7144
河　南	946730	912411	26525	1542	6252
湖　北	4654222	3695296	869016	22480	67430
湖　南	2415312	2175978	167476	26796	45062
广　东	3817254	3453474	274986	46850	41944
广　西	1288673	1241207	9647	12398	25421
海　南	359046	349922	2432	1827	4865
重　庆	515130	506499	5154	404	3073
四　川	1507396	1482970	12368	4129	7929
贵　州	254782	251732	2170	249	631
云　南	631182	622973	3722	1684	2803
西　藏	454	118			336
陕　西	163030	156488	397	8	6137
甘　肃	15441	15355	63		23
青　海	16073	15959	114		
宁　夏	180889	179409	1450		30
新　疆	165528	162333	2988	65	142

7-53 各地区水产养殖面积

单位：千公顷

地　区	水产品养殖面积		内陆养殖面积		海水养殖面积	
	2016年	2017年	2016年	2017年	2016年	2017年
全　国	**7445.5**	**7449.0**	**5347.4**	**5365.0**	**2098.1**	**2084.1**
北　京	2.8	2.9	2.8	2.9		
天　津	41.0	33.3	32.0	30.1	9.0	3.2
河　北	179.6	153.5	54.8	45.9	124.8	107.6
山　西	9.9	10.7	9.9	10.7		
内蒙古	136.9	137.1	136.9	137.1		
辽　宁	878.7	878.7	180.3	180.3	698.4	698.4
吉　林	181.3	250.7	181.3	250.7		
黑龙江	375.4	382.7	375.4	382.7		
上　海	16.3	15.6	16.3	15.6		
江　苏	625.0	632.2	439.6	439.8	185.5	192.4
浙　江	280.9	274.0	202.2	198.0	78.7	76.0
安　徽	476.6	477.2	476.6	477.2		
福　建	238.6	241.9	85.6	86.2	153.0	155.7
江　西	412.9	412.8	412.9	412.8		
山　东	839.5	833.6	234.7	223.2	604.8	610.4
河　南	147.0	146.6	147.0	146.6		
湖　北	853.1	797.6	853.1	797.6		
湖　南	414.0	417.5	414.0	417.5		
广　东	480.8	473.8	314.6	312.1	166.2	161.7
广　西	180.6	182.0	135.2	134.9	45.4	47.0
海　南	62.1	61.1	29.7	29.4	32.3	31.7
重　庆	80.1	82.2	80.1	82.2		
四　川	181.1	188.4	181.1	188.4		
贵　州	33.4	35.2	33.4	35.2		
云　南	91.4	93.5	91.4	93.5		
西　藏	0.0	0.0	0.0	0.0		
陕　西	42.9	42.9	42.9	42.9		
甘　肃	6.1	6.5	6.1	6.5		
青　海	17.4	17.4	17.4	17.4		
宁　夏	32.4	35.1	32.4	35.1		
新　疆	127.7	132.4	127.7	132.4		

注：2016年水产品数据根据农业普查结果进行了修订。

农村市场与物价

8-1 农村主要物价总指数

(以上年价格为100)

年 份	农村居民消费价格指数	农业生产资料价格指数	农产品生产者价格总指数
1952			101.7
1957			105.0
1962			99.4
1965			99.2
1970			100.1
1975			102.1
1978		99.9	103.9
1979		100.4	122.1
1980		101.0	107.1
1981		101.7	105.9
1982		101.9	102.2
1983		103.0	104.4
1984		108.9	104.0
1985	107.6	104.8	108.6
1986	106.1	101.1	106.4
1987	106.2	107.0	112.0
1988	117.5	116.2	123.0
1989	119.3	118.9	115.0
1990	104.5	105.5	97.4
1991	102.3	102.9	98.0
1992	104.7	103.7	103.4
1993	113.7	114.1	113.4
1994	123.4	121.6	139.9
1995	117.5	127.4	119.9
1996	107.9	108.4	104.2
1997	102.5	99.5	95.5
1998	99.0	94.5	92.0
1999	98.5	95.8	87.8
2000	99.9	99.1	96.4
2001	100.8	99.1	103.1
2002	99.6	100.5	99.7
2003	101.6	101.4	104.4
2004	104.8	110.6	113.1
2005	102.2	108.3	101.4
2006	101.5	101.5	101.2
2007	105.4	107.7	118.5
2008	106.5	120.3	114.1
2009	99.7	97.5	97.6
2010	103.6	102.9	110.9
2011	105.8	111.3	116.5
2012	102.5	105.6	102.7
2013	102.8	101.4	103.2
2014	101.8	99.1	99.8
2015	101.3	100.4	101.7
2016	101.9	100.1	103.4
2017	101.3	100.6	96.5

注：2000年以前农产品生产者价格总指数为农副产品收购价格指数。

8-2 各地区农村商品零售价格分类指数

(上年价格=100)

地区	总指数	一、食品	1.粮食	2.薯类	3.豆类	4.食用油
全国平均	**101.3**	**98.7**	**101.9**	**97.4**	**100.6**	**99.3**
北京						
天津						
河北	102.2	99.0	103.0	99.0	100.7	101.2
山西	100.6	98.3	101.8	94.9	100.0	101.9
内蒙古	101.0	98.7	100.5	103.4	103.7	102.7
辽宁	100.7	98.7	101.3	98.8	101.4	100.1
吉林	101.3	98.3	100.8	91.8	99.1	98.8
黑龙江	99.6	98.1	101.5	93.2	101.3	101.2
上海						
江苏	102.2	99.4	101.7	98.7	103.8	100.4
浙江	101.7	99.8	102.1	99.6	100.8	99.3
安徽	101.3	98.1	100.9	95.4	101.1	96.1
福建	100.8	98.0	100.7	93.3	99.5	100.1
江西	101.0	98.3	100.5	94.6	101.2	100.4
山东	100.8	98.9	103.7	96.2	99.8	99.8
河南	101.6	97.8	101.7	92.9	101.1	99.6
湖北	100.9	99.0	102.5	96.7	98.9	100.5
湖南	101.4	98.6	102.5	99.1	99.0	96.5
广东	101.5	98.9	101.0	96.9	99.7	98.8
广西	100.8	97.9	101.2	98.5	102.9	95.9
海南	103.1	98.8	101.0	94.3	102.4	94.4
重庆						
四川	100.8	97.0	101.4	105.0	100.3	96.2
贵州	100.5	99.7	101.7	105.2	99.7	96.3
云南	101.6	100.8	102.5	98.9	101.5	98.3
西藏	101.3	102.7	102.7	98.0	103.2	102.6
陕西	101.4	98.1	101.8	98.3	100.0	100.0
甘肃	100.7	100.3	102.7	99.0	102.0	98.1
青海	101.4	99.7	101.3	97.5	101.2	100.8
宁夏	102.1	99.5	101.2	92.8	100.1	99.2
新疆	101.3	101.1	100.0	94.9	100.8	99.2

8-2 续表 1

地　区	5.菜	6.畜肉类	7.禽肉类	8.水产品	9.蛋类	10.奶类
全国平均	**93.0**	**93.4**	**98.9**	**103.9**	**95.3**	**100.0**
北　京						
天　津						
河　北	91.7	94.1	97.3	104.2	96.5	99.5
山　西	90.7	92.7	96.1	102.3	93.7	99.8
内蒙古	92.6	95.0	98.0	105.6	96.3	100.7
辽　宁	94.8	92.4	98.1	104.0	96.5	100.2
吉　林	94.1	92.5	95.8	106.5	92.8	100.4
黑龙江	93.0	89.6	98.3	103.0	90.2	101.5
上　海						
江　苏	94.2	95.5	99.0	102.4	94.5	101.0
浙　江	91.3	94.8	101.8	105.6	96.3	99.4
安　徽	90.7	92.0	99.2	106.0	93.6	99.5
福　建	86.4	94.8	99.5	103.6	95.9	99.6
江　西	92.6	91.1	99.5	106.7	98.2	100.3
山　东	93.0	91.9	99.1	103.2	94.7	99.9
河　南	89.8	90.2	96.0	103.1	91.6	99.9
湖　北	92.2	94.3	99.0	106.3	95.8	99.4
湖　南	97.7	93.6	100.6	104.4	98.6	102.6
广　东	93.4	96.1	99.1	102.5	97.5	99.6
广　西	95.7	91.8	97.8	102.1	95.6	102.1
海　南	93.3	94.6	96.9	100.5	93.7	97.7
重　庆						
四　川	93.5	90.1	99.2	102.9	96.0	99.1
贵　州	97.0	95.7	96.1	100.1	98.0	100.3
云　南	103.6	96.9	99.1	98.6	101.9	100.6
西　藏	100.4	102.9	102.4	102.2	99.3	102.5
陕　西	92.4	91.9	96.2	105.7	94.6	100.7
甘　肃	97.7	98.2	96.5	103.2	100.5	100.6
青　海	93.0	99.6	101.4	102.3	97.2	100.1
宁　夏	89.0	101.6	96.1	99.2	103.8	101.4
新　疆	96.4	103.3	101.4	104.4	99.4	99.1

8-2 续表 2

地 区	11.干鲜瓜果类	12.糖果糕点类	13.调味品	14.其他食品类	15.在外餐饮	二、饮料、烟酒
全国平均	**102.7**	**102.2**	**101.8**	**101.1**	**102.4**	**100.7**
北 京						
天 津						
河 北	105.3	101.5	101.6	100.7	101.2	99.7
山 西	104.0	102.2	100.7	100.6	101.1	99.9
内蒙古	101.2	101.8	100.7	100.8	101.0	100.3
辽 宁	103.9	100.5	99.9	100.2	102.4	100.2
吉 林	100.0	101.3	100.0	97.7	101.5	100.2
黑龙江	103.9	101.7	101.7	102.0	100.5	100.3
上 海						
江 苏	105.3	102.6	106.8	100.4	101.4	101.2
浙 江	102.2	101.7	103.3	101.5	104.2	100.9
安 徽	101.3	102.3	103.9	99.9	101.9	101.1
福 建	100.9	101.7	101.8	99.7	101.4	100.6
江 西	101.5	104.0	102.2	99.6	102.3	99.6
山 东	104.1	102.7	102.7	105.0	104.7	101.4
河 南	103.9	103.1	101.3	100.2	102.7	100.2
湖 北	100.9	101.6	102.5	100.6	103.9	100.7
湖 南	101.1	102.2	100.4	101.3	100.2	100.9
广 东	99.3	102.0	101.0	102.1	102.0	101.1
广 西	103.7	101.7	102.6	97.5	102.4	100.7
海 南	109.2	104.4	101.4	102.3	104.2	98.4
重 庆						
四 川	100.3	102.3	100.4	99.9	101.7	101.5
贵 州	111.0	100.2	101.2	99.9	101.8	99.9
云 南	105.5	102.1	100.9	100.6	102.4	100.0
西 藏	107.1	102.0	102.8	101.8	104.8	99.7
陕 西	99.4	101.8	100.3	100.2	102.0	101.0
甘 肃	104.5	102.2	99.9	101.0	101.5	100.1
青 海	100.0	101.6	104.3	101.6	101.1	100.5
宁 夏	102.9	104.6	106.9	99.7	100.1	100.1
新 疆	107.7	102.9	100.3	99.6	101.4	100.8

8-2 续表 3

地　区	1.茶及饮料	2.烟草	3.酒	三、服装、鞋帽	1.服装	2.鞋袜帽
全国平均	**101.4**	**99.8**	**101.7**	**101.1**	**101.4**	**100.6**
北　京						
天　津						
河　北	99.7	98.8	100.9	100.9	101.4	99.8
山　西	101.0	99.8	99.8	100.8	100.9	100.3
内蒙古	101.2	100.0	100.4	100.9	100.8	101.3
辽　宁	100.7	100.0	100.4	100.9	100.5	101.8
吉　林	100.2	99.9	100.5	102.2	102.3	102.0
黑龙江	99.9	100.1	100.7	99.4	99.3	99.7
上　海						
江　苏	102.0	100.0	103.2	102.1	102.0	102.3
浙　江	102.3	100.1	101.4	102.5	103.5	99.5
安　徽	104.2	100.2	101.0	101.8	102.2	100.4
福　建	101.4	99.3	101.8	101.0	100.8	101.4
江　西	100.2	99.4	99.6	101.9	101.7	102.8
山　东	102.5	99.8	103.2	99.9	99.9	100.1
河　南	101.4	99.2	100.5	101.3	101.5	100.9
湖　北	100.5	99.9	101.6	100.7	101.0	100.0
湖　南	100.1	100.0	102.3	100.5	100.7	100.2
广　东	101.1	100.1	102.4	101.3	101.7	100.3
广　西	101.5	99.8	101.2	101.7	101.7	101.9
海　南	97.9	100.2	95.8	103.6	102.1	108.7
重　庆						
四　川	100.9	99.7	104.6	102.4	103.1	100.8
贵　州	100.6	100.0	99.4	99.3	99.9	98.0
云　南	100.6	99.8	100.4	100.8	100.9	100.5
西　藏	103.0	100.0	98.1	100.9	101.0	100.5
陕　西	101.2	100.0	101.6	101.0	100.9	101.3
甘　肃	100.3	99.7	100.6	99.9	99.6	100.5
青　海	101.8	100.0	100.1	100.6	101.0	99.3
宁　夏	100.5	100.0	100.1	100.8	101.2	99.7
新　疆	100.3	100.3	101.8	102.1	101.6	103.2

8-2 续表 4

地区	3.其他衣着配件	四、纺织品	1.服装材料	2.床上用品	五、家用电器及音像器材	1.家庭设备
全国平均	**100.3**	**100.5**	**101.5**	**100.2**	**100.2**	**100.9**
北京						
天津						
河北	101.1	100.1	101.3	99.8	100.1	100.3
山西	101.1	100.4	101.5	100.2	100.0	100.1
内蒙古	100.9	100.5	99.9	100.7	100.2	100.7
辽宁	101.8	100.7	100.6	100.7	100.6	100.6
吉林	100.6	100.4	101.2	100.3	101.4	104.2
黑龙江	100.3	99.6	102.2	98.7	96.0	96.9
上海						
江苏	100.8	101.4	100.6	101.7	103.1	103.8
浙江	99.5	99.6	103.3	98.3	100.4	101.0
安徽	99.1	99.7	102.1	99.2	101.1	101.7
福建	100.2	100.4	100.2	100.5	100.1	100.1
江西	99.3	100.7	102.4	100.1	101.1	101.2
山东	99.7	100.6	101.1	100.5	98.5	100.2
河南	100.0	101.0	102.0	100.7	101.7	102.6
湖北	99.7	99.5	100.0	99.3	99.7	100.2
湖南	100.3	100.1	100.6	100.0	100.3	100.5
广东	99.6	100.0	100.5	99.7	100.5	100.8
广西	101.5	103.4	107.7	100.9	99.5	99.3
海南	97.7	99.1	99.5	99.0	101.7	101.3
重庆						
四川	101.5	101.0	101.4	100.9	100.1	100.8
贵州	99.6	100.8	102.9	100.6	100.0	99.4
云南	101.1	100.0	100.4	100.0	99.4	99.5
西藏	100.8	101.2	100.3	102.3	99.4	100.0
陕西	100.5	102.1	105.3	101.2	100.1	102.2
甘肃	100.7	100.9	102.0	100.5	99.1	99.7
青海	99.7	100.6	100.7	100.6	99.5	100.7
宁夏	100.0	100.5	100.1	100.6	102.7	103.0
新疆	102.7	103.0	104.9	101.7	99.9	100.1

8-2 续表 5

地 区	2.文娱用耐用消费品	3.专业音像器材	六、文化办公用品	七、日用品	1.日用百货	2.厨具餐具茶具
全国平均	**99.1**	**98.9**	**100.2**	**100.9**	**101.2**	**101.8**
北 京						
天 津						
河 北	99.7	98.2	99.8	100.6	99.7	101.2
山 西	100.2	97.4	100.5	100.1	100.2	100.6
内 蒙 古	99.4	99.3	101.3	101.1	101.5	103.5
辽 宁	100.8	97.3	97.8	100.2	100.0	100.2
吉 林	97.1	98.9	102.1	101.0	103.1	100.0
黑 龙 江	94.4	97.5	99.1	100.2	100.0	101.3
上 海						
江 苏	101.7	100.5	101.1	102.2	102.3	102.9
浙 江	99.2	100.8	101.6	101.5	101.9	103.1
安 徽	100.4	98.1	102.5	101.2	102.9	100.8
福 建	100.4	98.8	100.5	101.5	103.2	100.3
江 西	100.8	102.1	102.2	100.4	100.4	101.1
山 东	95.2	95.5	99.3	101.5	101.7	105.8
河 南	99.7	94.9	104.1	100.7	100.9	101.5
湖 北	98.6	100.0	101.0	100.4	100.7	100.3
湖 南	100.1	99.8	100.9	100.5	100.4	100.1
广 东	100.3	99.6	99.8	99.9	99.5	100.1
广 西	99.9	98.2	100.0	101.3	103.1	100.7
海 南	102.4	100.0	101.4	99.6	99.0	100.0
重 庆						
四 川	99.0	98.9	95.2	100.9	101.9	100.4
贵 州	100.4	102.1	100.3	100.5	101.0	99.5
云 南	99.2	99.4	99.5	100.5	100.2	100.1
西 藏	98.5	99.9	100.4	100.5	100.2	101.1
陕 西	97.5	98.7	98.9	101.2	101.2	101.6
甘 肃	97.8	101.4	100.7	101.1	100.0	102.2
青 海	98.1	99.9	101.5	100.0	100.3	99.9
宁 夏	102.5	99.1	100.5	102.1	104.6	102.2
新 疆	99.6	100.0	100.1	100.3	101.1	100.8

8-2 续表 6

地　区	3.清洗用品	4.其他日用品	八、体育娱乐用品	1.体育户外用品	2.娱乐用品	九、交通、通信用品
全国平均	**100.5**	**100.3**	**100.8**	**100.5**	**100.8**	**98.7**
北　京						
天　津						
河　北	101.4	101.0	101.8	103.3	101.5	97.3
山　西	99.8	99.8	100.3	100.0	100.4	97.7
内蒙古	100.2	100.4	101.2	102.0	101.0	101.0
辽　宁	100.3	100.4	100.4	101.8	100.2	98.0
吉　林	100.3	100.6	101.1	100.8	101.2	98.9
黑龙江	100.1	99.7	100.5	100.0	100.6	95.5
上　海						
江　苏	101.3	103.2	101.6	101.4	101.7	101.0
浙　江	100.8	99.9	99.6	99.5	99.6	99.7
安　徽	99.5	99.9	100.1	100.0	100.1	98.2
福　建	100.8	99.9	101.5	101.3	101.5	98.6
江　西	99.7	100.8	100.3	101.2	99.9	97.3
山　东	100.9	98.3	101.9	100.9	102.4	98.7
河　南	99.7	100.5	100.0	99.7	100.2	95.3
湖　北	100.3	100.4	100.4	100.1	100.7	97.3
湖　南	101.6	100.0	100.1	100.0	100.1	98.9
广　东	100.3	99.9	100.1	100.3	100.0	99.7
广　西	100.3	99.9	99.6	99.2	99.9	98.3
海　南	97.3	102.5	98.9	98.0	99.2	100.0
重　庆						
四　川	100.3	100.8	100.5	100.1	100.6	100.1
贵　州	99.8	101.3	99.2	99.2	99.2	98.2
云　南	101.0	100.3	99.9	99.7	100.1	100.0
西　藏	101.1	100.2	100.8	101.1	100.7	99.8
陕　西	101.1	100.5	102.2	102.2	102.2	99.1
甘　肃	101.2	101.7	100.0	99.0	100.4	98.4
青　海	98.8	101.8	100.4	101.1	99.6	97.5
宁　夏	100.1	100.8	101.6	100.3	101.9	103.5
新　疆	99.3	100.0	102.0	103.2	101.0	98.4

8-2 续表 7

地　区	1.交通运输机械	2.通信器材	十、家具	十一、化妆品	十二、金银饰品	十三、中西药品及医疗保健用品
全国平均	**99.2**	**97.7**	**102.3**	**101.1**	**101.8**	**106.8**
北　京						
天　津						
河　北	96.2	98.9	103.1	101.1	102.9	113.3
山　西	99.6	92.3	100.8	100.9	101.7	102.2
内蒙古	100.8	101.2	101.4	99.9	102.6	103.5
辽　宁	98.3	97.5	101.8	100.2	101.4	108.2
吉　林	97.4	101.3	103.5	100.0	100.6	108.9
黑龙江	99.1	90.0	98.5	99.0	101.5	106.3
上　海						
江　苏	99.8	102.3	105.0	102.0	102.2	104.2
浙　江	99.3	100.9	100.6	101.9	106.5	105.8
安　徽	99.0	95.6	100.5	100.7	102.2	107.5
福　建	99.0	97.5	104.7	101.2	101.6	107.6
江　西	98.4	94.2	105.5	101.9	103.4	105.2
山　东	99.6	96.1	102.6	102.7	97.7	103.8
河　南	98.2	91.6	101.7	100.5	102.7	113.0
湖　北	96.6	98.4	101.4	101.9	101.7	106.5
湖　南	100.2	96.6	100.5	100.5	104.4	107.5
广　东	100.1	98.8	102.7	100.0	101.1	106.1
广　西	100.0	95.9	101.4	99.9	99.7	105.3
海　南	100.8	98.6	105.4	101.0	100.1	123.3
重　庆						
四　川	100.7	99.1	103.6	100.8	104.1	106.0
贵　州	99.3	96.2	102.7	99.3	103.4	101.5
云　南	100.1	99.9	100.1	100.0	101.1	109.1
西　藏	100.0	99.4	102.3	100.5	98.0	102.0
陕　西	101.6	94.5	101.7	100.3	103.1	108.6
甘　肃	98.8	97.9	98.1	100.8	102.1	103.9
青　海	100.8	97.0	100.6	99.9	101.3	110.9
宁　夏	103.1	104.2	102.6	101.3	101.0	103.4
新　疆	99.3	97.3	102.4	100.8	102.8	102.8

8-2 续表 8

地　区	1.医疗卫生器具	2.中药	3.西药	4.保健器具及用品	十四、书报杂志及电子出版物	1.教材及参考书	2.书报杂志
全国平均	**101.1**	**106.8**	**107.6**	**105.7**	**102.0**	**102.5**	**101.8**
北　京							
天　津							
河　北	108.7	113.1	114.4	103.0	103.2	101.5	101.6
山　西	100.8	101.1	102.4	103.6	104.2	106.1	102.8
内蒙古	101.3	105.1	103.5	100.3	99.9	100.0	100.0
辽　宁	99.4	107.8	108.6	107.6	100.8	101.3	100.4
吉　林	100.1	110.0	111.5	101.7	99.6	100.4	100.5
黑龙江	100.5	101.5	108.9	104.7	100.6	101.3	100.0
上　海							
江　苏	100.8	103.4	103.1	110.3	103.0	104.8	102.0
浙　江	101.8	105.8	104.3	110.2	101.5	100.6	102.6
安　徽	100.6	106.7	108.2	108.9	104.6	105.6	105.0
福　建	98.8	104.3	110.5	100.6	105.6	108.7	104.1
江　西	99.1	104.6	105.7	105.3	102.2	103.5	101.3
山　东	97.5	104.7	103.8	106.4	101.5	102.9	100.0
河　南	104.0	112.9	114.0	106.4	101.2	101.7	101.0
湖　北	101.5	106.7	107.1	104.6	101.7	102.0	101.7
湖　南	103.6	104.2	110.0	106.6	100.2	100.3	100.0
广　东	101.3	107.4	107.5	101.8	101.6	101.7	102.7
广　西	100.6	104.9	106.6	101.1	101.7	100.7	103.8
海　南	105.1	135.2	122.0	108.5	105.0	103.3	109.2
重　庆							
四　川	100.2	105.2	107.9	101.2	101.7	103.2	100.7
贵　州	100.6	101.2	101.9	100.7	101.3	100.9	102.4
云　南	98.4	104.3	112.9	104.2	100.2	100.1	101.1
西　藏	102.1	103.9	101.8	100.4	99.1	98.5	100.0
陕　西	101.2	108.1	111.1	101.7	104.7	103.8	108.0
甘　肃	100.4	106.1	104.0	99.2	100.7	101.4	100.1
青　海	102.3	107.2	115.3	107.4	104.3	106.1	103.3
宁　夏	103.2	104.7	103.4	100.3	101.4	102.1	100.6
新　疆	102.4	102.7	102.9	102.7	101.7	103.3	100.6

8-2 续表 9

地 区	3.计算机办公软件	十五、燃料	1.煤炭及制品	2.石油及制品	十六、建筑材料及五金电料	1.建筑装璜材料	2.五金水暖
全国平均	**100.9**	**108.9**	**111.3**	**108.1**	**103.2**	**103.4**	**102.5**
北 京							
天 津							
河 北	113.7	119.0	132.7	106.6	100.9	100.8	101.3
山 西	100.0	110.3	116.3	106.1	101.6	101.7	101.2
内 蒙 古	99.4	105.8	105.0	106.4	100.8	101.0	100.2
辽 宁	100.0	106.5	104.5	107.5	100.3	100.3	100.5
吉 林	95.0	107.0	111.0	106.4	100.7	100.7	100.5
黑 龙 江	99.9	106.6	104.9	108.0	100.1	100.6	98.7
上 海							
江 苏	98.9	107.4	110.6	106.7	106.5	107.5	103.8
浙 江	100.7	107.2	104.3	107.6	102.8	102.8	102.6
安 徽	96.1	110.1	108.9	110.5	103.0	103.4	101.7
福 建	100.0	106.0	103.4	106.5	101.7	101.9	101.0
江 西	100.3	109.9	103.6	111.3	103.6	104.0	102.6
山 东	99.7	106.2	106.1	106.2	104.7	104.1	105.9
河 南	100.0	111.3	112.5	110.8	104.8	105.3	102.5
湖 北	101.2	106.4	104.8	106.9	102.9	103.6	100.4
湖 南	100.4	108.6	112.1	107.6	104.7	105.4	101.2
广 东	98.4	110.5	101.2	111.2	101.9	102.2	100.5
广 西	100.0	107.0	102.3	108.1	103.2	103.1	103.7
海 南	100.0	111.8	101.5	112.7	102.5	100.6	109.5
重 庆							
四 川	96.6	109.4	115.3	106.8	104.1	104.8	101.0
贵 州	100.0	106.7	103.4	107.5	101.6	101.7	101.1
云 南	100.1	108.1	106.3	108.7	100.9	101.2	100.2
西 藏	105.5	105.0	101.2	106.6	100.5	100.3	101.3
陕 西	101.2	107.3	110.4	105.2	105.0	105.4	103.9
甘 肃	100.0	105.0	103.2	106.2	101.2	101.2	101.1
青 海	99.4	106.8	102.3	109.2	102.0	101.4	104.0
宁 夏	100.0	109.2	113.8	106.8	104.1	104.4	102.1
新 疆	99.4	106.0	103.9	107.0	101.2	101.5	100.5

8-3 各地区农村居民消费价格分类指数

(以上年价格为100)

地区	居民消费价格总指数	一、食品烟酒	1.食品	(1)粮食	(2)薯类
全国平均	**101.3**	**98.9**	**98.0**	**101.6**	**97.3**
北京					
天津					
河北	101.4	99.2	98.8	102.5	99.3
山西	100.5	98.5	97.7	101.8	94.7
内蒙古	101.6	99.1	98.5	100.5	102.4
辽宁	101.1	99.1	98.4	101.0	97.9
吉林	101.8	98.1	97.2	100.9	92.3
黑龙江	101.8	98.4	97.7	101.5	93.3
上海					
江苏	101.5	99.8	99.0	101.7	97.3
浙江	102.0	100.0	98.9	101.9	100.2
安徽	101.1	98.6	97.5	101.0	94.9
福建	100.8	98.5	97.5	100.9	93.2
江西	101.9	98.5	97.4	100.2	96.5
山东	101.4	99.3	97.8	103.0	95.4
河南	101.2	97.5	95.8	101.4	92.9
湖北	101.2	99.3	98.2	102.8	97.0
湖南	101.1	99.1	98.7	102.4	99.5
广东	100.8	98.3	97.3	101.1	94.1
广西	101.1	99.0	97.9	101.2	99.5
海南	101.9	98.9	97.9	101.2	94.3
重庆					
四川	100.8	97.8	96.2	101.4	102.9
贵州	100.6	99.8	99.5	101.7	104.7
云南	101.3	100.7	100.2	102.0	102.2
西藏	101.7	102.3	102.3	102.4	98.2
陕西	101.1	98.3	97.1	102.3	98.5
甘肃	101.3	100.1	99.8	102.3	97.6
青海	101.1	99.9	99.6	101.3	98.4
宁夏	101.3	99.5	99.3	100.5	93.8
新疆	101.8	100.9	100.7	99.9	93.2

8-3 续表 1

地区	(3)豆类	(4)食用油	(5)菜	(6)畜肉类	(7)禽肉类
全国平均	**100.5**	**99.1**	**93.1**	**93.5**	**98.6**
北京					
天津					
河北	99.8	100.9	91.4	94.1	96.4
山西	100.2	102.2	90.3	92.3	96.5
内蒙古	103.4	104.8	92.2	94.4	98.1
辽宁	101.1	99.9	94.3	92.3	97.3
吉林	98.9	99.2	93.4	90.0	97.1
黑龙江	101.1	101.3	92.7	89.4	98.2
上海					
江苏	103.1	100.6	94.5	95.2	99.5
浙江	100.5	99.1	90.9	95.2	101.4
安徽	101.1	96.4	91.0	91.9	99.4
福建	100.1	100.2	86.7	94.5	99.2
江西	101.2	100.3	92.9	91.0	99.6
山东	99.7	100.2	91.9	92.2	98.7
河南	100.8	99.4	89.6	90.4	95.7
湖北	98.5	101.5	91.9	94.1	99.2
湖南	99.5	96.5	97.9	93.6	101.5
广东	99.2	98.5	91.0	95.7	97.4
广西	101.7	96.0	96.4	91.8	98.2
海南	101.7	93.4	93.6	94.6	97.3
重庆					
四川	100.5	95.2	93.7	89.9	98.7
贵州	99.7	95.2	97.9	96.2	95.8
云南	101.6	99.2	103.8	95.4	99.5
西藏	103.4	102.9	100.1	102.6	102.4
陕西	99.5	100.5	91.9	92.0	94.5
甘肃	101.0	98.7	97.3	97.2	98.3
青海	100.1	100.0	92.5	100.8	100.8
宁夏	100.1	99.4	87.6	102.6	97.5
新疆	101.2	99.0	95.2	102.4	101.1

8-3　续表 2

地　　区	(8)水产品	(9)蛋类	(10)奶类	(11)干鲜瓜果类	(12)糖果糕点类
全国平均	**103.6**	**95.2**	**100.1**	**102.8**	**102.0**
北　　京					
天　　津					
河　　北	104.6	96.9	98.9	106.0	101.2
山　　西	102.2	93.7	99.8	103.2	102.3
内 蒙 古	106.7	96.2	100.4	100.3	101.9
辽　　宁	103.7	97.0	100.4	104.2	100.6
吉　　林	103.7	90.2	100.7	102.8	102.3
黑 龙 江	103.2	90.3	101.7	104.0	101.4
上　　海					
江　　苏	102.9	94.7	101.0	105.3	102.5
浙　　江	104.9	96.1	99.6	102.7	101.8
安　　徽	106.2	92.8	99.5	101.3	102.0
福　　建	103.4	95.4	99.8	101.0	101.8
江　　西	106.9	98.7	100.1	101.7	103.2
山　　东	103.2	94.3	99.0	104.1	102.5
河　　南	103.3	91.8	100.3	102.8	103.1
湖　　北	106.0	94.1	99.6	100.4	102.0
湖　　南	104.2	99.1	102.2	100.9	102.0
广　　东	101.7	96.7	100.2	97.6	101.6
广　　西	102.5	96.1	102.6	105.4	102.1
海　　南	100.5	94.1	97.6	108.6	104.6
重　　庆					
四　　川	103.0	95.3	99.1	100.3	101.4
贵　　州	99.6	98.0	100.2	112.6	100.2
云　　南	99.9	101.4	100.8	106.1	102.4
西　　藏	102.0	100.0	103.2	106.3	102.4
陕　　西	105.2	94.8	100.2	99.6	102.3
甘　　肃	104.4	99.1	100.9	104.5	101.8
青　　海	101.5	97.8	100.4	99.8	101.0
宁　　夏	99.9	106.4	100.9	102.7	104.1
新　　疆	104.2	99.7	99.3	106.7	102.3

8-3 续表 3

地 区	(13)调味品	(14)其他食品类	2.茶及饮料	3.烟酒	(1)烟草
全国平均	**101.6**	**100.5**	**101.2**	**100.5**	**99.8**
北 京					
天 津					
河 北	102.1	100.6	100.1	99.7	99.0
山 西	100.8	100.7	101.0	99.8	99.7
内蒙古	100.4	101.4	101.0	100.4	100.0
辽 宁	99.9	100.1	100.8	100.3	100.0
吉 林	100.1	96.9	100.5	100.1	99.8
黑龙江	101.9	102.0	99.9	100.5	100.1
上 海					
江 苏	106.4	100.4	102.3	101.0	100.0
浙 江	103.7	101.2	102.9	100.5	100.0
安 徽	103.7	100.3	104.4	100.5	100.2
福 建	101.5	99.7	101.1	100.1	99.3
江 西	102.3	99.8	100.2	99.6	99.5
山 东	103.4	101.8	101.9	101.5	100.0
河 南	101.5	100.0	101.0	99.5	99.0
湖 北	102.4	100.4	100.4	100.6	99.9
湖 南	100.3	101.4	100.1	100.8	100.0
广 东	100.5	101.1	101.2	100.9	100.5
广 西	102.2	98.8	101.1	100.5	99.7
海 南	101.8	101.8	98.3	99.5	100.3
重 庆					
四 川	100.6	99.7	100.6	101.7	99.7
贵 州	101.2	100.5	100.6	99.7	99.9
云 南	101.1	100.6	100.7	100.1	99.8
西 藏	103.0	101.9	103.5	99.5	100.0
陕 西	100.2	100.1	101.1	100.4	100.0
甘 肃	100.1	101.2	100.3	99.9	99.7
青 海	104.1	101.8	100.7	100.0	100.0
宁 夏	105.5	100.0	100.9	100.0	100.0
新 疆	100.3	99.9	100.2	101.0	100.1

8-3 续表 4

地　区	(2)酒类	4.在外餐饮	二、衣着	1.服装	(1)男式服装
全国平均	**101.6**	**102.1**	**101.3**	**101.4**	**101.4**
北　京					
天　津					
河　北	100.5	101.1	101.2	101.5	102.2
山　西	100.0	101.3	100.6	100.7	101.0
内蒙古	100.9	101.4	100.4	100.0	98.4
辽　宁	100.8	102.1	101.1	100.8	100.7
吉　林	100.5	101.4	101.9	102.0	101.8
黑龙江	101.0	100.5	99.6	99.5	100.2
上　海					
江　苏	102.9	101.4	102.2	102.1	102.3
浙　江	101.5	103.7	103.1	103.9	103.5
安　徽	100.9	101.7	101.7	102.2	101.8
福　建	101.7	101.4	101.2	101.1	98.7
江　西	99.9	102.5	102.1	101.6	102.2
山　东	103.2	103.9	100.3	99.8	99.5
河　南	100.4	103.2	101.4	101.5	101.6
湖　北	101.8	103.3	101.2	101.2	100.8
湖　南	102.3	100.2	100.5	100.7	100.5
广　东	102.1	101.9	101.4	101.9	101.7
广　西	101.6	102.8	100.7	100.6	101.3
海　南	97.3	104.1	103.6	102.5	103.8
重　庆					
四　川	104.8	101.5	102.2	103.0	103.2
贵　州	99.2	101.5	99.8	100.2	100.3
云　南	100.9	103.5	100.3	100.5	100.8
西　藏	99.1	104.5	101.0	100.9	101.5
陕　西	100.9	102.0	101.8	101.3	101.4
甘　肃	100.2	102.2	100.7	100.0	100.9
青　海	100.0	101.2	100.3	100.7	101.4
宁　夏	100.0	100.3	100.3	100.7	100.8
新　疆	102.1	101.9	102.2	101.7	101.2

8-3 续表 5

地区	(2)女式服装	(3)儿童服装	2.服装材料	3.其他衣着及配件	4.衣着加工服务费
全国平均	**101.3**	**101.8**	**101.7**	**101.1**	**104.0**
北京					
天津					
河北	101.3	100.4	100.5	99.7	102.4
山西	99.9	102.4	100.8	101.4	100.8
内蒙古	99.7	105.1	99.9	102.7	100.9
辽宁	100.4	102.2	100.5	101.2	100.4
吉林	102.2	101.7	100.9	101.8	106.3
黑龙江	99.0	99.6	102.9	100.1	100.0
上海					
江苏	101.7	102.6	100.6	102.2	104.8
浙江	104.5	103.0	104.7	100.5	103.8
安徽	102.4	102.3	102.1	101.2	103.3
福建	102.5	102.2	100.2	100.8	102.5
江西	101.1	101.9	102.7	101.4	108.7
山东	99.5	102.3	101.3	100.7	104.9
河南	101.2	102.2	101.1	100.9	104.5
湖北	101.7	100.4	99.9	99.9	107.2
湖南	100.8	100.7	100.5	100.5	100.9
广东	101.8	102.3	100.9	101.6	101.1
广西	100.4	100.3	106.1	100.0	104.5
海南	102.5	100.3	99.2	99.8	99.1
重庆					
四川	102.8	103.2	100.6	100.5	105.9
贵州	100.5	98.9	104.0	100.0	100.3
云南	100.1	100.9	101.0	102.8	101.3
西藏	101.0	100.1	100.7	100.4	104.3
陕西	101.0	102.1	106.3	103.3	106.8
甘肃	99.3	99.6	101.0	101.4	103.6
青海	100.8	100.0	100.6	99.7	106.9
宁夏	99.9	105.5	100.1	101.1	102.9
新疆	101.6	103.3	104.0	103.3	104.7

8-3 续表 6

地　区	5.鞋类	(1)鞋	(2)鞋类加工服务	三、居住	1.租赁房房租
全国平均	**100.9**	**100.8**	**103.7**	**102.7**	**102.8**
北　京					
天　津					
河　北	100.5	100.4	104.7	103.2	101.0
山　西	100.5	100.5	100.0	102.4	100.2
内蒙古	101.1	101.1	100.3	99.9	100.7
辽　宁	101.8	101.8	103.8	101.5	100.4
吉　林	101.3	101.3	101.9	100.9	99.3
黑龙江	99.8	99.8	100.0	102.6	106.2
上　海					
江　苏	102.4	102.4	104.3	102.8	103.4
浙　江	100.7	100.6	102.7	105.1	106.2
安　徽	100.3	100.3	102.4	102.3	103.2
福　建	101.7	101.7	102.9	101.3	100.2
江　西	103.4	103.3	104.2	105.2	105.7
山　东	101.0	100.7	111.9	102.9	103.4
河　南	100.8	100.8	101.4	104.2	103.2
湖　北	100.7	100.6	103.9	102.8	105.7
湖　南	100.1	100.1	101.0	103.3	105.6
广　东	99.9	99.8	101.7	102.1	100.9
广　西	100.4	99.9	104.4	102.6	102.9
海　南	108.9	109.1	99.1	102.5	103.6
重　庆					
四　川	100.2	100.2	100.8	102.4	101.2
贵　州	98.7	98.7	100.9	100.3	100.2
云　南	99.6	99.4	105.8	101.4	102.5
西　藏	100.4	100.0	113.7	100.9	100.3
陕　西	102.1	101.6	109.3	102.8	101.9
甘　肃	102.3	102.5	100.0	103.4	105.5
青　海	98.9	98.8	102.4	99.9	98.6
宁　夏	98.8	98.8	99.7	102.4	102.7
新　疆	103.3	102.7	106.9	100.8	103.3

8-3 续表 7

地　区	2.住房保养维修及管理	(1)住房装潢材料	(2)物业管理费	(3)住房装潢维修	3.水电燃料
全国平均	**102.9**	**103.4**	**101.6**	**102.5**	**102.9**
北　京					
天　津					
河　北	101.9	100.6	100.0	102.7	106.2
山　西	104.5	102.3	100.0	105.9	105.6
内蒙古	100.5	100.4	100.6	100.5	98.8
辽　宁	100.5	100.5	104.0	100.4	102.8
吉　林	99.8	100.2	104.6	99.6	104.7
黑龙江	100.3	100.4	101.0	100.3	101.9
上　海					
江　苏	104.7	107.7	100.3	102.2	101.5
浙　江	103.7	102.8	101.2	105.8	103.4
安　徽	103.4	103.3	100.6	103.6	102.9
福　建	102.4	102.3	100.3	102.9	102.3
江　西	106.2	104.1	100.1	107.9	103.8
山　东	102.9	103.3	100.0	102.6	103.2
河　南	104.0	105.5	101.1	103.1	106.0
湖　北	102.5	105.0	100.2	99.6	100.7
湖　南	104.5	105.0	110.4	103.6	102.6
广　东	102.0	102.7	100.0	101.3	103.9
广　西	102.2	102.9	103.5	101.2	101.4
海　南	100.4	100.4	100.0	100.4	107.5
重　庆					
四　川	103.4	105.1	100.0	101.4	101.2
贵　州	101.2	101.1	100.9	101.6	99.9
云　南	101.9	101.2	104.3	102.2	97.6
西　藏	101.0	100.5	100.0	101.8	100.8
陕　西	104.3	104.7	100.9	104.3	101.5
甘　肃	101.6	101.3	100.9	102.2	101.8
青　海	101.5	101.8	101.6	100.6	100.9
宁　夏	102.2	103.9	100.0	100.0	105.7
新　疆	101.2	101.4	103.8	99.9	99.8

8-3 续表 8

地 区	(1)水	(2)电	(3)燃气	(4)取暖费	(5)其他燃料
全国平均	**105.7**	**99.5**	**104.2**	**100.6**	**110.1**
北 京					
天 津					
河 北	102.7	100.0	102.3	100.0	114.0
山 西	105.1	100.0	98.3	100.0	112.9
内蒙古	102.3	99.7	97.3	99.0	97.7
辽 宁	107.2	100.0	103.7	100.0	105.8
吉 林	107.0	100.0	101.8	98.6	111.7
黑龙江	106.1	100.0	101.8	100.0	103.9
上 海					
江 苏	103.2	100.0	103.3	100.0	109.9
浙 江	113.2	100.0	105.1	100.0	103.9
安 徽	106.5	100.0	107.4	100.0	107.5
福 建	111.7	100.0	103.2	100.0	104.9
江 西	100.0	100.0	112.0	100.0	105.6
山 东	104.2	100.0	102.2	101.5	107.4
河 南	107.6	100.0	102.0	100.0	136.3
湖 北	104.7	100.0	100.9	100.0	102.1
湖 南	104.2	100.0	100.4	100.0	112.6
广 东	105.1	98.8	114.1	100.0	99.5
广 西	100.4	100.0	104.3	100.0	99.8
海 南	103.2	100.0	124.3	100.0	100.0
重 庆					
四 川	107.0	98.0	100.1	100.0	114.3
贵 州	107.7	100.0	93.9	100.0	98.8
云 南	101.1	92.1	109.2	86.7	108.6
西 藏	101.8	100.5	101.3	100.0	100.2
陕 西	100.1	100.0	100.1	102.6	105.4
甘 肃	113.2	100.0	99.3	100.1	103.5
青 海	107.8	100.0	100.2	99.2	103.2
宁 夏	112.9	99.9	98.2	100.0	115.9
新 疆	102.0	98.8	99.9	100.0	99.8

8-3 续表 9

地 区	4.自有住房	四、生活用品及服务	1.家具及室内装饰品	(1)家具	(2)室内装饰品
全国平均	**102.6**	**101.2**	**102.0**	**102.1**	**100.9**
北 京					
天 津					
河 北	101.8	100.9	102.3	102.6	99.4
山 西	99.9	100.3	100.6	100.7	100.4
内蒙古	100.4	100.7	101.9	102.3	98.9
辽 宁	101.4	100.6	101.4	101.6	99.2
吉 林	99.4	101.4	102.6	102.9	100.1
黑龙江	104.0	100.0	99.1	98.9	100.1
上 海					
江 苏	102.7	103.2	105.5	105.5	105.6
浙 江	106.1	101.5	100.6	100.7	100.3
安 徽	101.3	100.9	100.5	100.5	100.0
福 建	100.5	101.1	103.5	103.9	100.7
江 西	105.7	102.0	105.7	106.1	101.6
山 东	102.7	101.7	102.2	102.7	98.4
河 南	103.1	101.7	101.4	101.5	100.9
湖 北	103.8	100.8	101.9	101.9	102.5
湖 南	102.9	100.6	100.4	100.5	100.2
广 东	101.3	101.0	101.8	102.0	98.7
广 西	103.5	101.1	101.6	101.6	101.1
海 南	100.7	101.5	104.5	104.7	103.0
重 庆					
四 川	102.6	101.4	103.8	104.0	102.6
贵 州	100.0	100.4	102.4	102.7	100.9
云 南	102.5	99.9	100.2	100.1	101.0
西 藏	101.0	101.3	101.9	102.1	100.3
陕 西	103.5	101.5	101.5	101.7	100.5
甘 肃	105.1	100.5	98.5	98.1	101.0
青 海	98.3	100.6	100.8	100.5	102.4
宁 夏	100.0	101.8	102.3	103.0	98.9
新 疆	101.3	100.9	101.5	102.0	97.7

8-3 续表 10

地　区	2.家用器具	(1)大型家用器具	(2)小家电	3.家用纺织品	(1)床上用品
全国平均	**100.9**	**101.0**	**100.7**	**100.6**	**100.4**
北　京					
天　津					
河　北	100.3	100.3	100.5	99.9	99.7
山　西	100.0	100.0	100.1	100.2	100.3
内蒙古	99.7	99.6	99.7	100.5	100.3
辽　宁	100.7	100.8	100.0	101.1	101.0
吉　林	103.5	103.9	101.0	100.5	100.3
黑龙江	96.4	96.1	98.3	99.3	99.0
上　海					
江　苏	103.7	103.8	102.8	102.1	102.0
浙　江	101.2	101.0	102.3	99.0	98.7
安　徽	101.6	101.7	101.1	99.7	99.3
福　建	100.2	99.8	102.5	100.3	100.4
江　西	101.2	100.9	103.1	101.0	100.6
山　东	100.8	100.8	101.3	102.2	101.9
河　南	102.7	103.1	99.1	101.0	100.9
湖　北	100.5	100.5	100.3	98.6	98.2
湖　南	100.2	100.3	99.9	100.2	100.0
广　东	100.2	100.4	99.0	100.4	100.1
广　西	99.5	99.6	99.2	101.5	101.6
海　南	101.2	101.6	99.3	99.3	99.0
重　庆					
四　川	100.9	100.8	101.3	100.8	100.5
贵　州	99.7	99.6	100.2	100.5	100.8
云　南	99.0	98.9	99.5	100.0	99.9
西　藏	100.2	100.7	97.8	101.8	102.1
陕　西	102.0	102.1	101.8	101.6	101.5
甘　肃	99.6	99.3	101.1	101.1	100.7
青　海	100.7	100.7	100.1	100.7	100.9
宁　夏	101.8	102.3	98.1	101.1	100.7
新　疆	99.4	99.0	101.0	101.3	100.7

8-3 续表 11

地 区	(2)窗帘门帘	(3)其他家用纺织品	4.家庭日用杂品	(1)洗涤卫生用品	(2)厨具餐具茶具
全国平均	**101.9**	**100.5**	**100.8**	**100.5**	**101.1**
北 京					
天 津					
河 北	99.9	101.4	101.0	100.6	101.3
山 西	99.9	100.4	100.2	99.8	100.5
内蒙古	100.8	102.3	100.7	100.4	101.7
辽 宁	101.8	100.5	100.2	100.0	100.2
吉 林	101.8	100.0	100.3	100.2	99.9
黑龙江	100.0	100.0	101.0	100.2	101.9
上 海					
江 苏	103.3	101.8	102.0	101.5	103.4
浙 江	101.9	99.2	101.7	101.0	103.8
安 徽	101.6	101.8	100.4	99.7	101.0
福 建	99.9	99.4	100.8	100.9	100.7
江 西	103.3	103.5	101.2	100.3	101.0
山 东	105.5	98.4	101.2	100.8	102.6
河 南	102.5	100.0	101.0	100.6	101.5
湖 北	100.8	98.7	100.4	100.7	100.1
湖 南	101.4	100.2	100.6	101.4	100.0
广 东	102.5	100.0	99.8	99.6	100.0
广 西	101.3	101.0	101.8	101.0	100.8
海 南	99.7	101.6	100.5	97.8	100.2
重 庆					
四 川	102.4	101.3	100.5	100.4	100.3
贵 州	98.2	100.4	100.2	100.1	99.4
云 南	101.3	98.2	100.2	100.5	100.1
西 藏	99.8	101.3	101.4	101.5	100.9
陕 西	102.3	101.4	101.8	100.6	101.9
甘 肃	103.0	100.2	101.2	101.2	100.6
青 海	100.1	100.4	100.6	99.5	100.0
宁 夏	102.6	100.3	101.6	100.8	103.5
新 疆	103.9	99.8	100.5	99.8	100.7

8-3 续表 12

地 区	(3)家用手工工具	(4)其他家庭日用杂品	5.个人护理用品	(1)化妆品	(2)其他护理用品类
全国平均	**102.6**	**101.1**	**100.9**	**100.9**	**100.9**
北 京					
天 津					
河 北	101.9	101.3	101.3	101.2	101.4
山 西	100.9	100.6	100.5	100.8	100.2
内 蒙 古	99.9	101.0	100.8	100.5	101.3
辽 宁	100.4	100.5	100.2	100.4	99.9
吉 林	99.0	100.6	100.1	100.7	99.3
黑 龙 江	100.0	101.8	99.6	99.6	99.5
上 海					
江 苏	101.4	102.6	101.9	101.4	102.7
浙 江	101.7	101.7	101.7	102.6	100.5
安 徽	103.1	101.1	100.6	100.5	100.6
福 建	101.3	100.6	101.1	101.6	100.4
江 西	106.0	102.4	101.0	101.6	100.4
山 东	104.1	100.9	102.0	102.1	101.8
河 南	101.7	101.9	100.6	100.9	100.2
湖 北	100.7	100.2	101.3	101.4	101.3
湖 南	100.5	100.2	100.5	100.1	100.6
广 东	100.1	100.2	100.0	99.6	100.2
广 西	103.9	103.8	100.8	100.3	101.2
海 南	108.5	105.6	101.8	105.2	100.5
重 庆					
四 川	102.1	100.6	101.5	100.2	102.6
贵 州	100.0	100.8	99.5	98.6	100.8
云 南	100.1	99.7	100.0	99.8	100.2
西 藏	100.5	101.7	100.4	100.2	100.5
陕 西	106.1	102.2	100.6	101.0	100.1
甘 肃	100.4	101.6	101.2	100.7	101.8
青 海	101.1	103.4	100.1	100.0	100.4
宁 夏	101.7	101.1	100.8	101.0	100.4
新 疆	99.8	100.9	100.8	100.9	100.6

8-3 续表 13

地　区	6.家庭服务	五、交通和通信	1.交通	(1)交通工具	(2)交通工具用燃料
全国平均	**104.4**	**101.4**	**102.5**	**99.0**	**110.1**
北　京					
天　津					
河　北	100.8	100.3	100.6	96.2	109.0
山　西	101.3	100.6	102.1	99.3	109.3
内蒙古	102.8	101.9	102.6	100.3	110.5
辽　宁	100.9	100.6	101.4	98.2	108.8
吉　林	101.6	102.2	103.2	97.2	112.5
黑龙江	111.0	100.0	101.8	98.2	109.6
上　海					
江　苏	104.2	101.7	102.2	99.7	109.1
浙　江	108.6	101.7	102.3	98.9	108.6
安　徽	104.9	101.0	102.4	98.1	109.5
福　建	102.7	101.4	102.4	99.2	109.2
江　西	102.8	101.3	102.7	99.3	111.6
山　东	107.1	101.5	102.5	100.2	109.2
河　南	103.4	100.3	102.4	99.3	113.2
湖　北	103.7	101.8	103.0	98.0	111.9
湖　南	104.4	102.6	104.6	100.1	111.5
广　东	107.0	101.6	102.9	98.3	108.7
广　西	104.4	101.9	103.4	99.5	111.5
海　南	100.7	102.4	103.5	100.8	107.7
重　庆					
四　川	102.5	101.7	102.7	99.0	111.0
贵　州	100.2	102.1	104.4	98.0	111.7
云　南	103.8	101.3	102.7	99.3	110.7
西　藏	105.0	101.9	103.3	100.0	109.1
陕　西	101.3	100.3	101.5	98.9	108.5
甘　肃	105.1	101.1	101.8	99.3	109.2
青　海	100.9	101.5	102.8	99.9	111.3
宁　夏	103.4	102.9	103.8	101.6	110.6
新　疆	105.8	101.5	102.4	99.4	111.1

8-3 续表 14

地　区	(3)交通工具使用和维修	(4)交通费	2.通信	(1)通信工具	(2)通信服务
全国平均	**102.1**	**101.4**	**99.3**	**96.8**	**100.1**
北　京					
天　津					
河　北	100.7	100.2	99.6	99.0	99.9
山　西	100.9	99.4	97.7	91.4	100.0
内 蒙 古	100.9	99.8	100.6	101.3	100.3
辽　宁	100.7	99.7	99.0	96.5	100.0
吉　林	100.6	103.7	100.2	100.8	99.9
黑 龙 江	103.2	100.9	97.0	90.1	100.0
上　海					
江　苏	103.9	101.1	100.8	103.1	100.0
浙　江	104.9	101.7	100.5	99.6	100.8
安　徽	108.6	101.2	98.9	95.6	99.6
福　建	102.1	103.4	99.6	97.5	100.1
江　西	102.6	99.3	98.8	92.5	100.3
山　东	101.5	100.6	99.8	97.1	100.5
河　南	101.9	101.0	96.8	91.6	99.2
湖　北	101.3	102.0	99.8	96.8	100.8
湖　南	101.7	105.7	99.1	96.1	100.0
广　东	100.8	101.7	99.7	98.1	100.0
广　西	102.8	101.3	99.5	97.2	100.2
海　南	99.8	105.5	100.8	98.1	101.8
重　庆					
四　川	100.9	100.8	99.7	97.3	100.5
贵　州	101.4	102.6	99.3	97.1	100.0
云　南	100.9	101.9	99.2	98.6	99.4
西　藏	102.1	104.2	100.2	99.7	100.4
陕　西	102.0	100.3	98.0	93.5	99.8
甘　肃	101.2	99.9	99.8	99.1	100.1
青　海	106.8	98.8	97.9	93.6	99.7
宁　夏	105.3	100.7	101.2	102.8	100.0
新　疆	100.8	100.9	99.6	97.6	100.5

8-3 续表 15

地 区	(3)邮递服务	六、教育文化和娱乐	1.教育	(1)教育用品	(2)教育服务
全国平均	**100.5**	**102.3**	**102.8**	**102.2**	**102.9**
北 京					
天 津					
河 北	100.0	102.2	102.7	100.9	102.7
山 西	99.6	101.0	101.3	104.3	101.1
内蒙古	99.8	100.5	100.7	100.0	101.1
辽 宁	100.0	103.7	104.5	101.5	104.7
吉 林	100.0	101.2	101.4	100.7	101.5
黑龙江	100.0	104.7	105.9	101.0	106.2
上 海					
江 苏	105.5	101.7	101.6	105.0	101.3
浙 江	100.6	102.2	102.4	100.5	102.4
安 徽	102.0	104.1	104.9	105.3	104.9
福 建	100.7	101.8	102.1	108.6	101.8
江 西	100.8	102.8	103.3	102.8	103.4
山 东	101.3	103.8	104.9	102.6	105.0
河 南	100.2	103.1	103.6	101.7	103.7
湖 北	99.7	102.3	102.9	102.2	103.0
湖 南	100.0	100.7	100.7	100.4	100.7
广 东	100.8	102.5	103.4	101.9	103.7
广 西	99.0	102.4	103.1	100.4	103.3
海 南	98.3	105.0	106.1	103.3	106.5
重 庆					
四 川	100.3	102.0	102.2	104.6	102.1
贵 州	100.0	101.9	101.5	100.9	101.5
云 南	100.0	102.0	103.0	100.1	103.2
西 藏	100.5	102.2	100.7	97.5	101.4
陕 西	100.0	101.3	102.1	104.9	101.5
甘 肃	100.1	100.7	101.0	100.8	101.0
青 海	100.0	102.3	103.5	105.7	103.4
宁 夏	107.0	101.6	100.9	103.0	100.8
新 疆	99.8	100.8	100.3	102.6	100.2

8-3 续表 16

地 区	2.文化娱乐	(1)文娱耐用消费品	(2)其他文娱用品	(3)文化娱乐服务	(4)旅游
全国平均	**101.1**	**99.6**	**101.1**	**100.6**	**104.0**
北 京					
天 津					
河 北	100.5	99.6	101.9	100.2	99.7
山 西	100.3	100.0	101.1	100.3	98.8
内 蒙 古	99.8	99.1	100.4	100.1	99.7
辽 宁	99.7	98.2	100.5	100.4	102.3
吉 林	100.1	98.9	100.7	99.9	103.4
黑 龙 江	98.9	95.8	100.1	100.7	106.0
上 海					
江 苏	101.8	101.0	102.2	101.6	102.7
浙 江	101.7	100.4	100.8	100.9	105.2
安 徽	101.5	101.5	101.1	100.3	102.9
福 建	100.9	100.0	101.4	100.5	102.4
江 西	101.0	101.5	101.5	99.1	102.4
山 东	100.7	97.6	102.1	100.8	103.7
河 南	101.9	102.6	100.9	99.8	102.8
湖 北	101.3	99.7	101.0	100.8	106.3
湖 南	100.6	100.4	100.0	101.2	101.2
广 东	100.9	99.1	100.4	100.5	105.1
广 西	100.9	99.6	100.8	100.5	103.1
海 南	102.7	101.3	101.3	105.4	104.4
重 庆					
四 川	101.5	96.3	100.8	100.7	106.8
贵 州	102.4	100.4	99.6	100.1	107.7
云 南	100.0	98.7	100.7	100.9	101.1
西 藏	103.6	98.8	100.6	113.6	104.4
陕 西	100.2	97.1	104.6	100.0	102.3
甘 肃	99.9	98.8	100.4	100.8	100.0
青 海	99.7	98.3	101.4	100.4	99.5
宁 夏	103.5	102.2	105.4	101.4	106.3
新 疆	101.9	99.7	101.0	99.9	108.4

8-3 续表 17

地　区	七、医疗保健	1.药品及医疗器具	(1)中药	(2)西药	(3)滋补保健品
全国平均	**104.2**	**106.7**	**106.2**	**107.9**	**106.3**
北　京					
天　津					
河　北	104.4	111.2	109.5	114.2	104.3
山　西	101.6	102.2	101.2	102.2	105.1
内蒙古	112.9	102.9	104.7	102.5	102.4
辽　宁	103.1	107.3	106.7	108.3	108.2
吉　林	113.3	110.5	110.0	112.7	102.6
黑龙江	111.1	106.9	102.0	109.5	104.2
上　海					
江　苏	101.8	104.3	103.5	102.9	110.9
浙　江	101.5	104.9	105.3	103.9	109.4
安　徽	103.3	107.4	106.5	108.3	109.2
福　建	102.7	105.9	104.2	108.7	100.7
江　西	106.2	104.6	104.7	105.0	105.5
山　东	102.3	103.9	104.4	103.8	107.5
河　南	105.0	112.1	112.7	113.1	113.2
湖　北	102.1	105.8	106.8	105.9	104.6
湖　南	102.9	108.3	104.1	110.6	109.0
广　东	104.2	105.4	106.7	106.6	102.3
广　西	102.5	104.3	105.4	105.2	101.7
海　南	108.5	120.4	132.8	120.2	110.3
重　庆					
四　川	103.8	106.6	106.2	109.4	102.1
贵　州	100.8	101.3	101.6	101.5	100.3
云　南	104.7	108.0	104.2	111.6	104.0
西　藏	101.3	101.8	102.9	101.8	100.3
陕　西	105.9	109.2	108.9	111.6	103.0
甘　肃	103.0	102.8	106.7	102.4	98.2
青　海	106.2	115.4	107.4	119.1	107.7
宁　夏	102.5	103.6	103.9	104.0	100.0
新　疆	107.3	102.3	102.2	102.5	101.4

8-3 续表 18

地　　区	(4)医疗卫生器具	(5)保健器具	2.医疗服务	(1)综合医疗类	(2)诊断类
全国平均	**101.0**	**100.8**	**102.9**	**105.0**	**100.7**
北　　京					
天　　津					
河　　北	102.8	100.6	101.0	101.6	100.3
山　　西	100.8	99.7	101.3	104.3	99.3
内 蒙 古	101.5	100.0	117.5	124.8	98.4
辽　　宁	99.7	99.5	100.8	103.4	99.3
吉　　林	100.1	101.6	114.9	125.2	108.4
黑 龙 江	100.5	100.2	113.5	102.2	106.7
上　　海					
江　　苏	100.8	99.9	100.9	101.5	100.4
浙　　江	101.2	100.7	100.2	100.8	100.0
安　　徽	100.4	99.8	101.8	103.9	102.3
福　　建	99.0	100.2	101.7	105.9	99.8
江　　西	99.2	101.1	106.8	116.7	102.1
山　　东	98.9	101.2	101.0	102.5	99.6
河　　南	104.3	104.7	101.3	102.4	100.0
湖　　北	100.6	101.0	100.2	102.0	99.9
湖　　南	103.2	99.3	100.3	100.7	100.0
广　　东	100.8	100.0	103.6	111.1	100.2
广　　西	100.9	100.7	101.6	105.5	100.3
海　　南	106.1	95.2	99.7	98.5	100.0
重　　庆					
四　　川	100.2	100.2	101.7	103.0	100.6
贵　　州	100.3	100.0	100.5	100.5	101.0
云　　南	100.3	104.2	102.3	103.4	102.4
西　　藏	101.7	100.0	101.0	100.2	101.9
陕　　西	101.0	99.5	102.8	106.3	101.4
甘　　肃	101.4	100.1	103.1	109.5	100.1
青　　海	101.9	100.3	101.1	112.3	95.5
宁　　夏	102.2	102.0	101.7	100.7	102.0
新　　疆	102.0	100.8	109.6	121.9	100.0

8-3 续表 19

地　区	(3)治疗类	(4)康复类	(5)中医医疗服务类	(6)其他医疗服务	八、其他用品和服务
全国平均	**103.9**	**102.6**	**102.7**	**103.9**	**102.4**
北　京					
天　津					
河　北	100.8	100.6	100.7	106.4	106.3
山　西	101.3	99.2	100.0	103.0	102.2
内蒙古	133.7	138.6	113.9	100.1	101.3
辽　宁	100.5	99.9	100.0	101.0	102.8
吉　林	113.6	108.2	110.8	100.0	102.3
黑龙江	125.0	106.9	114.8	170.6	101.4
上　海					
江　苏	101.2	100.2	101.5	100.2	102.4
浙　江	100.1	100.0	100.1	100.0	102.3
安　徽	100.8	100.0	100.3	97.4	101.0
福　建	102.1	99.9	96.5	103.0	108.6
江　西	106.3	100.0	105.4	104.1	101.9
山　东	100.8	111.3	100.0	100.0	101.3
河　南	101.6	102.6	102.0	104.1	102.8
湖　北	99.6	100.0	100.1	100.0	101.1
湖　南	100.0	101.5	102.5	100.0	101.3
广　东	104.4	101.9	100.9	102.9	100.7
广　西	100.7	100.9	105.9	100.0	101.2
海　南	100.0	100.0	100.0	100.0	102.8
重　庆					
四　川	104.2	100.9	103.0	100.8	103.2
贵　州	100.1	100.0	97.0	99.4	101.6
云　南	101.9	101.7	102.1	100.4	100.7
西　藏	100.5	100.0	100.5	100.0	99.6
陕　西	103.0	100.7	101.5	98.0	102.7
甘　肃	101.9	101.8	107.6	102.5	101.9
青　海	100.2	132.3	99.8	100.0	100.6
宁　夏	102.0	103.9	99.7	103.4	103.3
新　疆	110.1	107.3	109.0	103.4	102.8

8-3 续表 20

地　区	1.其他用品类	(1)首饰手表	(2)其他杂项用品	2.其他服务类	(1)旅馆住宿
全国平均	**101.2**	**102.1**	**100.2**	**103.5**	**101.5**
北　京					
天　津					
河　北	101.8	102.6	101.1	110.2	101.2
山　西	100.6	101.3	99.8	103.6	97.7
内蒙古	101.7	102.7	100.9	100.9	110.6
辽　宁	101.0	101.5	100.5	104.1	102.8
吉　林	100.2	99.5	100.8	103.7	99.7
黑龙江	100.7	101.4	99.3	101.8	103.5
上　海					
江　苏	101.9	102.0	101.8	102.9	104.1
浙　江	103.4	105.7	99.8	101.5	102.0
安　徽	100.7	101.8	99.7	101.2	100.6
福　建	100.7	101.6	99.9	116.7	99.0
江　西	101.6	102.5	100.5	102.2	102.4
山　东	99.0	98.6	99.3	103.6	101.3
河　南	102.0	103.1	100.0	103.9	100.5
湖　北	100.7	101.5	100.2	101.4	98.9
湖　南	101.5	104.6	100.0	101.0	100.7
广　东	100.7	101.1	99.7	100.7	100.4
广　西	99.2	100.4	98.5	102.7	99.8
海　南	101.6	100.2	102.6	103.9	101.9
重　庆					
四　川	102.5	104.6	99.8	103.8	103.0
贵　州	101.4	102.2	101.1	101.7	99.3
云　南	100.5	100.9	100.2	102.1	101.8
西　藏	97.4	96.0	99.6	102.0	99.1
陕　西	102.0	103.0	100.4	103.6	98.4
甘　肃	101.4	100.3	102.2	102.4	106.9
青　海	100.2	100.3	99.9	101.1	101.7
宁　夏	100.6	100.8	100.3	106.2	92.6
新　疆	101.3	102.3	99.8	104.2	111.7

8-3 续表 21

地　区	(2)美容美发洗浴	(3)养老服务	(4)金融保险	(5)其他服务类
全国平均	**103.5**	**102.5**	**104.5**	**101.6**
北　京				
天　津				
河　北	102.2	101.4	114.9	102.5
山　西	102.1	100.0	106.6	100.1
内 蒙 古	102.9	99.8	100.0	100.2
辽　宁	104.9	105.8	101.8	117.7
吉　林	106.1	107.9	102.3	100.0
黑 龙 江	104.3	101.6	100.4	102.4
上　海				
江　苏	105.2	102.2	100.0	100.9
浙　江	103.6	100.5	98.8	105.5
安　徽	101.5	104.6	100.0	101.9
福　建	101.1	102.4	144.0	100.3
江　西	103.0	102.6	101.4	101.1
山　东	105.1	106.6	102.2	100.0
河　南	107.2	103.2	102.4	100.3
湖　北	103.1	103.5	100.0	101.8
湖　南	101.5	100.0	100.3	103.1
广　东	102.7	100.0	100.0	99.3
广　西	101.9	104.0	103.6	102.7
海　南	102.3	104.3	106.3	100.0
重　庆				
四　川	102.4	101.7	107.0	100.1
贵　州	106.5	100.0	100.1	100.0
云　南	102.4	101.0	100.3	113.5
西　藏	105.8	100.0	100.1	102.5
陕　西	104.3	100.0	107.0	99.4
甘　肃	100.4	100.0	102.4	101.2
青　海	102.1	104.5	100.3	102.1
宁　夏	109.5	111.0	106.8	105.3
新　疆	102.1	102.4	101.0	101.9

8-4 各地区农业生产资料价格分类指数

(以上年价格为100)

地　区	农业生产资料价格指数	一、农用手工工具	二、饲料	三、仔畜幼禽及产品畜	四、半机械化农具
全国平均	**100.6**	**102.3**	**99.1**	**94.1**	**101.0**
北　京					
天　津					
河　北	101.0	100.7	99.6	101.0	102.0
山　西	102.2	101.0	99.3	100.5	100.1
内蒙古	100.0	101.0	88.9	110.3	103.1
辽　宁	100.3	100.9	98.5	100.1	100.0
吉　林	97.9	102.2	93.0	92.6	103.5
黑龙江	100.6	101.4	97.5	95.9	99.6
上　海					
江　苏	102.1	105.5	100.7	96.5	99.8
浙　江	101.8	105.7	100.3	97.0	101.2
安　徽	101.3	103.1	102.4	81.3	101.2
福　建	100.0	99.7	99.8	90.6	99.2
江　西	101.0	104.3	99.9	86.8	102.2
山　东	100.9	100.4	99.6	93.9	99.9
河　南	99.7	104.3	100.4	84.3	102.1
湖　北	100.9	99.7	100.6	93.5	99.6
湖　南	101.0	105.6	98.4	94.3	100.8
广　东	100.4	104.3	95.8	88.2	100.2
广　西	101.4	102.3	101.3	90.4	101.5
海　南	99.9	111.9	97.6	87.2	100.3
重　庆					
四　川	99.8	100.5	101.5	90.4	103.0
贵　州	98.8	98.4	98.5	93.8	104.7
云　南	100.4	102.1	98.5	97.6	99.2
西　藏	101.6	102.6	100.9	101.3	100.0
陕　西	102.1	101.7	102.6	90.9	101.7
甘　肃	103.7	104.7	101.0	106.2	101.3
青　海	102.4	100.2	101.3	105.7	100.0
宁　夏	103.1	100.6	105.5	103.4	100.0
新　疆	100.8	103.6	100.2	92.8	99.9

8-4 续表 1

地　区	五、机械化农具	六、化学肥料	七、农药及农药器械	1.化学农药	2.农药器械
全国平均	**101.5**	**102.1**	**101.0**	**101.0**	**101.1**
北　京					
天　津					
河　北	100.2	102.4	100.9	100.9	101.3
山　西	100.5	104.9	100.8	100.8	100.7
内蒙古	99.2	102.4	99.6	99.3	101.0
辽　宁	100.8	97.5	99.6	99.5	100.0
吉　林	105.2	95.9	99.9	99.4	102.2
黑龙江	101.1	102.9	100.3	100.4	100.0
上　海					
江　苏	102.4	104.5	101.4	101.4	101.5
浙　江	100.6	103.9	101.7	101.8	99.6
安　徽	101.4	105.5	100.3	100.4	98.7
福　建	100.0	102.9	98.6	98.6	98.0
江　西	103.8	104.7	103.3	103.2	104.5
山　东	102.3	101.0	103.3	103.3	102.7
河　南	101.3	100.7	100.4	100.4	100.5
湖　北	100.8	102.5	100.4	100.5	99.6
湖　南	100.4	104.1	100.4	100.4	100.1
广　东	100.8	102.3	102.1	102.0	103.1
广　西	102.6	103.0	100.7	100.6	100.8
海　南	101.9	101.6	103.4	103.5	102.8
重　庆					
四　川	102.1	102.5	100.8	100.8	100.7
贵　州	99.5	99.3	100.3	100.5	99.3
云　南	100.4	102.1	100.1	100.2	99.7
西　藏	100.0	99.8	100.1	100.0	101.7
陕　西	100.1	104.1	103.3	103.6	101.7
甘　肃	103.6	105.7	99.8	99.8	100.2
青　海	101.4	100.8	100.6	100.6	99.7
宁　夏	102.0	103.7	99.0	98.7	102.3
新　疆	99.9	101.1	102.1	101.3	105.6

8-4 续表 2

地区	八、农用机油	九、其他农用生产资料	十、农业生产服务
全国平均	**110.0**	**100.7**	**101.5**
北京			
天津			
河北	107.8	100.5	100.1
山西	110.9	100.4	102.4
内蒙古	111.3	94.4	102.2
辽宁	109.7	100.4	102.0
吉林	112.1	96.3	98.0
黑龙江	109.9	100.3	99.8
上海			
江苏	110.8	102.3	102.8
浙江	107.9	103.3	102.4
安徽	110.9	102.5	100.7
福建	107.9	100.2	99.4
江西	109.9	100.8	100.6
山东	108.6	102.6	102.0
河南	114.5	99.7	100.6
湖北	110.4	100.9	100.7
湖南	112.1	102.6	101.4
广东	107.5	104.2	107.4
广西	111.5	100.6	104.8
海南	108.7	99.8	102.1
重庆			
四川	110.1	102.2	101.6
贵州	106.2	99.7	104.0
云南	106.1	101.8	101.9
西藏	104.5	100.7	111.9
陕西	107.3	101.6	103.5
甘肃	110.3	100.7	102.2
青海	111.1	99.7	101.7
宁夏	111.2	99.2	99.8
新疆	110.2	99.5	102.7

8-5 农产品生产者价格指数

(以上年价格为100)

指 标	2013年	2014年	2015年	2016年	2017年
农产品生产者价格总指数	**103.2**	**99.8**	**101.7**	**103.4**	**96.5**
农业产品	**104.3**	**101.8**	**99.2**	**97.0**	**99.5**
谷物	103.1	102.7	98.7	92.2	100.5
小麦	106.7	105.1	99.2	94.1	104.4
稻谷	102.2	102.2	101.6	98.8	100.7
玉米	100.2	101.7	96.5	86.8	97.1
豆类	105.7	102.4	98.9	97.9	97.4
油料	102.4	99.9	100.8	101.1	100.5
棉花	103.9	87.1	87.5	118.4	100.8
糖料	98.9	99.7	98.8	106.5	106.3
蔬菜	106.9	98.5	104.6	107.0	95.6
水果	106.2	106.4	99.7	92.5	104.8
林业产品	**99.1**	**99.4**	**97.9**	**96.1**	**104.9**
饲养动物及其产品	**102.4**	**97.1**	**104.2**	**110.4**	**90.8**
猪	99.3	92.2	108.9	119.4	86.0
牛	113.1	104.4	99.1	98.7	98.8
羊	109.1	100.8	89.4	93.6	107.1
家禽	103.2	104.4	101.3	99.6	96.7
蛋类	105.8	105.7	96.9	94.3	92.8
奶类	111.0	107.9	92.2	96.2	100.0
渔业产品	**104.3**	**103.1**	**102.5**	**103.4**	**104.9**
海水养殖产品	100.7	101.9	101.0	104.1	107.9
海水捕捞产品	107.7	103.1	106.0	106.2	103.1
淡水养殖产品	104.7	103.8	102.1	102.0	102.4
淡水捕捞产品	103.5	101.5			

8-6 各地区农产品生产者价格指数

(以上年价格为100)

地 区	总指数	一、农业产品	二、林业产品	三、饲养动物及其产品	四、渔业产品
全国平均	**96.5**	**99.5**	**104.9**	**90.8**	**104.9**
北 京	96.2	98.5		93.6	97.6
天 津	95.5	97.8		90.5	99.7
河 北	96.2	98.8	109.5	90.6	103.2
山 西	95.9	97.6	92.3	92.1	110.5
内蒙古	95.6	93.5	92.6	97.7	99.6
辽 宁	93.6	93.9	106.5	92.6	104.6
吉 林	89.5	88.8	101.6	91.3	98.9
黑龙江	95.1	96.1	115.3	89.8	95.3
上 海	98.4	95.6	101.3	91.0	115.6
江 苏	97.9	101.5	99.5	91.2	102.6
浙 江	99.1	99.8	99.1	89.0	105.0
安 徽	98.4	102.5	96.6	88.7	101.2
福 建	98.9	95.9	100.1	94.7	105.5
江 西	97.3	101.1	98.4	87.9	106.1
山 东	98.6	99.3	101.2	90.7	106.8
河 南	94.9	99.8	103.7	86.6	100.9
湖 北	99.3	103.5	103.1	87.0	106.9
湖 南	98.0	107.4	91.9	86.6	102.8
广 东	99.4	100.9	102.0	92.0	103.9
广 西	98.2	104.4	101.1	87.5	103.7
海 南	101.9	99.8	115.6	90.3	108.1
重 庆	96.8	102.8	99.3	91.3	104.1
四 川	97.8	102.6	103.7	93.3	101.7
贵 州	96.7	101.3	100.9	92.9	100.9
云 南	98.7	102.6	104.7	90.5	103.5
西 藏					
陕 西	98.4	100.4	107.9	93.8	101.8
甘 肃	99.1	100.9	93.8	95.4	91.1
青 海	101.0	101.6		100.2	100.0
宁 夏	99.3	99.1		99.2	103.2
新 疆	100.7	100.4	88.1	101.7	116.7

8-7 各地区主要农产品分品种生产者价格指数

(以上年价格为100)

地　区	一、农业产品	谷物	小麦	稻谷	玉米	豆类
全国平均	**99.5**	**100.5**	**104.4**	**100.7**	**97.1**	**97.4**
北　京	98.5	88.1	98.3		85.2	
天　津	97.8	100.3	102.5		99.4	
河　北	98.8	101.8	103.4		100.6	102.9
山　西	97.6	93.3	106.5		91.4	91.5
内蒙古	93.5	91.5	101.5	99.0	89.6	92.3
辽　宁	93.9	91.2		100.1	86.8	89.6
吉　林	88.8	86.8		97.2	83.7	97.5
黑龙江	96.1	93.8		96.6	91.8	101.3
上　海	95.6	99.2	111.4	97.1		
江　苏	101.5	105.5	113.6	102.6	93.8	99.0
浙　江	99.8	102.0		102.4	92.8	111.0
安　徽	102.5	104.0	108.5	101.1	96.7	99.9
福　建	95.9	102.1		102.1		
江　西	101.1	101.8		101.8		103.0
山　东	99.3	100.5	104.6	101.3	97.5	101.6
河　南	99.8	103.8	107.5	94.2	100.3	93.8
湖　北	103.5	102.4	109.1	101.5	98.1	97.8
湖　南	107.4	101.7		101.5	106.7	97.3
广　东	100.9	100.5		100.5		96.4
广　西	104.4	100.6		100.1	102.1	100.0
海　南	99.8	100.8		101.1	98.6	100.1
重　庆	102.8	100.8		102.4	97.8	
四　川	102.6	102.4	104.9	101.7	102.8	104.2
贵　州	101.3	101.1	100.0	98.4	104.8	94.6
云　南	102.6	96.0	99.6	93.6	97.3	102.7
西　藏						
陕　西	100.4	103.0	106.4	103.0	101.3	95.0
甘　肃	100.9	105.0	107.3		103.2	97.4
青　海	101.6	98.6	96.8		101.6	90.3
宁　夏	99.1	102.0	101.6	100.6	103.1	
新　疆	100.4	102.5	104.5	90.9	102.3	

8-7 续表 1

地　区		薯类	油料			棉花	糖料
	大豆			花生	油菜籽		
全国平均	**97.7**	**97.6**	**100.5**	**99.7**	**103.0**	**100.8**	**106.3**
北　京							
天　津		7 0				99.1	
河　北	104.1	101.3	88.3	88.3		97.8	
山　西	91.5	82.7					
内蒙古	97.1	90.8	96.8				1 0 0
辽　宁	89.6	90.2	98.7	98.7			
吉　林	101.0	96.2	96.9	94.8			
黑龙江	101.3	94.6	74.7				
上　海			118.2		118.2		
江　苏	99.0	105.2	104.2	98.5	105.5	104.6	
浙　江	111.1	99.2	107.4	126.6	99.2		
安　徽	99.9	92.9	112.7	96.4	117.0	102.4	
福　建		86.1	101.4	101.4			
江　西	103.0	102.4	100.9	97.2	109.7	103.1	
山　东	101.6	91.5	92.3	92.3		116.5	
河　南	93.8	105.8	91.0	91.6	86.2	101.5	
湖　北	97.8	97.9	113.3	97.5	121.6	101.6	
湖　南	97.3	104.3	103.6		101.1	121.9	
广　东	96.4	107.6	98.8	98.8			114.4
广　西	1 0 0	99.0	100.1	100.1			108.6
海　南	97.1	98.8	102.9	102.9			124.1
重　庆		98.5	103.7		103.7		
四　川	103.2	103.9	103.2	102.4	103.6		95.6
贵　州	94.5	99.5	108.3	101.2	109.0		101.5
云　南	101.7	87.8	99.5		99.7		100.6
西　藏							
陕　西	94.5	89.0	98.5	110.2	96.5	95.3	
甘　肃	98.7	96.4	95.7		105.2		98.8
青　海		105.6	102.3		102.3		
宁　夏		89.1	105.0				
新　疆		96.8	88.8			104.6	104.9

8-7 续表 2

地区	麻类	烟叶	蔬菜	水果	茶叶
全国平均	**100.3**	**97.8**	**95.6**	**104.8**	**102.3**
北京			98.9	102.2	
天津			93.8	107.8	
河北			92.0	102.9	
山西			98.9	104.9	
内蒙古			104.5	89.7	
辽宁		116.7	94.3	113.5	
吉林		101.2	96.4	97.7	
黑龙江			92.7	99.7	
上海			90.3	101.8	
江苏			95.4	99.6	103.6
浙江			97.0	106.4	97.1
安徽	98.6	108.1	92.9	102.1	103.0
福建		94.6	86.5	95.5	106.9
江西	104.8	99.3	97.4	105.9	99.2
山东		100.9	95.1	103.8	98.2
河南		104.4	85.2	108.4	109.9
湖北	100.0	103.7	97.6	110.2	102.5
湖南		110.4	98.8	122.8	98.1
广东		99.4	95.3	106.1	103.7
广西	98.2	100.4	98.9	112.0	99.8
海南			92.8	100.8	
重庆	100.0	83.5	103.0	116.2	101.2
四川	104.4	102.6	100.8	107.1	99.5
贵州		102.5	99.7	101.8	105.4
云南		103.4	103.3	105.5	104.4
西藏					
陕西		84.2	93.6	104.7	102.2
甘肃			97.5	103.0	
青海			97.4		
宁夏			100.1	92.6	
新疆	95.6		98.3	98.2	

8-7 续表 3

地　区	二、林产品	三、饲养动物及其产品	#猪	#家禽	#蛋类	#奶类
全国平均	**104.9**	**90.8**	**86.0**	**96.7**	**92.8**	**100.0**
北　京		93.6	84.8	103.1	90.4	99.3
天　津		90.5	82.5	93.1	92.1	98.9
河　北	109.5	90.6	83.1	87.4	82.2	100.2
山　西	92.3	92.1	85.6	90.8	88.4	94.1
内蒙古	92.6	97.7	87.9	96.2	85.7	96.7
辽　宁	106.5	92.6	87.6	94.5	89.0	97.9
吉　林	101.6	91.3	85.6	93.7	91.2	103.6
黑龙江	115.3	89.8	84.5	91.7	82.9	92.1
上　海	101.3	91.0	85.7	91.8	96.0	101.1
江　苏	99.5	91.2	84.4	94.7	93.8	99.2
浙　江	99.1	89.0	85.1	94.0	93.0	97.8
安　徽	96.6	88.7	82.5	95.0	90.0	
福　建	100.1	94.7	91.8	99.5	101.9	
江　西	98.4	87.9	85.9	94.0	94.0	
山　东	101.2	90.7	84.2	94.5	89.7	99.3
河　南	103.7	86.6	81.4	90.8	85.8	96.8
湖　北	103.1	87.0	84.7	86.7	95.4	102.2
湖　南	91.9	86.6	82.5	97.7	98.8	
广　东	102.0	92.0	88.7	96.7	87.6	
广　西	101.1	87.5	81.7	92.6	92.6	
海　南	115.6	90.3	84.4	96.9	103.1	
重　庆	99.3	91.3	84.6	108.4	100.5	
四　川	103.7	93.3	88.5	100.4	95.3	102.5
贵　州	100.9	92.9	91.9	100.3	96.5	
云　南	104.7	90.5	89.3	95.8	94.3	103.2
西　藏						
陕　西	107.9	93.8	86.6	84.9	89.8	111.5
甘　肃	93.8	95.4	84.9	102.0	84.8	103.6
青　海		100.2	92.7	100.1	93.3	101.8
宁　夏		99.2	83.8	91.5	89.3	97.2
新　疆	88.1	101.7	82.5	98.4	96.0	99.0

8-7 续表 4

地　区	四、渔业产品	海水养殖产品	海水捕捞产品	淡水养殖产品
全国平均	**104.9**	**107.9**	**103.1**	**102.4**
北　京	97.6			97.6
天　津	99.7	80.4		103.7
河　北	103.2			103.2
山　西	110.5			110.5
内蒙古	99.6			99.6
辽　宁	104.6	106.6		101.1
吉　林	98.9			98.9
黑龙江	95.3			95.3
上　海	115.6		130.4	108.8
江　苏	102.6	126.4	103.9	99.2
浙　江	105.0	102.4	109.2	98.5
安　徽	101.2			101.2
福　建	105.5	107.9	99.9	102.1
江　西	106.1			106.1
山　东	106.8	110.5	102.4	103.2
河　南	100.9			100.9
湖　北	106.9			106.9
湖　南	102.8			102.8
广　东	103.9	104.9	104.7	103.0
广　西	103.7	109.3	104.4	99.7
海　南	108.1	116.1	102.5	101.6
重　庆	104.1			104.1
四　川	101.7			101.7
贵　州	100.9			100.9
云　南	103.5			103.5
西　藏				
陕　西	101.8			101.8
甘　肃	91.1			91.1
青　海	100.0			100.0
宁　夏	103.2			103.2
新　疆	116.7			116.7

9

农产品进出口

9-1 海关出口主要农产品数量

单位：万头、万吨

年 份	活猪	大米	棉花(原棉)	蔬菜	水果	水海产品
1980	316	109	1.0	34	24	11
1981	318	59		47	20	12
1982	324	47		51	21	10
1983	321	58	6.0	54	20	11
1984	308	116	19.0	52	17	12
1985	296	101	35.0	51	21	12
1986	310	95	56.0	64	22	17
1987	302	102	75.0	64	24	22
1988	303	70	47.0	77	30	29
1989	297	32	27.0	82	25	29
1990	300	33	17.0	98	23	36
1991	285	69	20.0	104	16	38
1992	290	95	14.0	138	15	44
1993	272	143	15.0	137	32	48
1994	270	152	11.0	154	39	57
1995	253	5	2.0	158	40	61
1996	240	26	0.4	167	56	64
1997	227	94	0.1	167	68	72
1998	219	375	4.5	201	66	79
1999	196	271	23.6	225	73	109
2000	203	295	29.2	245	82	120
2001	196	186	5.2	298	81	154
2002	188	199	15.0	360	113	163
2003	188	262	11.2	432	146	158
2004	197	91	0.9	470	175	177
2005	176	69	0.5	520	200	176
2006	172	124	1.3	568	198	194
2007	161	134	2.1	622	240	183
2008	164	97	1.6	624	285	175
2009	169	79	0.8	636	330	209
2010	172	62	0.6	655	300	243
2011	156	52	2.6	772	289	288
2012	164	28	1.8	741	304	368
2013	168	48	0.7	778	298	384
2014	173	42	1.3	803	272	403
2015	169	28.7	2.9	833	287	391
2016	155	39.5	0.8	827	347	409
2017	157	120	1.7	925	344	421

注：1. 水果1996年及以后为干、鲜水果及坚果数据。
2. 9-1至9-6数据来源于海关统计。

9-2 海关进口主要农产品数量

单位：万吨

年 份	小麦	玉米	大豆	棉花(原棉)	食用植物油
1980	1057	163.8	57	89	9
1981	1300	67.6	57	80	4
1982	1380	156.9	36	47	6
1983	1111	211.0	…	23	4
1984	987	5.5	…	4	1
1985	541	9.1	0	…	4
1986	611	58.8	29	…	20
1987	1320	154.2	27	1	51
1988	1455	10.9	15	3	21
1989	1488	6.8	0	52	106
1990	1253	36.9	0	42	112
1991	1237	0.1	0	37	61
1992	1058	…	12	28	42
1993	642	…	10	1	24
1994	730	0.1	5	50	163
1995	1159	518.1	29	74	213
1996	825	44.1	111	65	263
1997	186	…	280	75	275
1998	149	25.1	320	20	206
1999	45	7.0	432	5	208
2000	88	…	1042	5	179
2001	69	…	1394	6	165
2002	63	1.0	1131	18	319
2003	45	…	2074	87	541
2004	726	…	2023	191	676
2005	354	…	2659	257	621
2006	61	7	2824	364	669
2007	10	4	3082	246	838
2008	4.3	5	3744	211	816
2009	90.4	8	4255	153	816
2010	123	157	5480	284	687
2011	125.8	175.3	5264	336	657
2012	370	520.8	5838	513	845
2013	554	326.6	6338	415	810
2014	300	260	7140	244	650
2015	301	473	8169	147	676
2016	341	317	8391	90	553
2017	442	283	9553	116	577

9-3 海关出口农副产品及加工品数量

指 标	单位	1995年	2000年	2016年	2017年	2017年比2016年增长(%)
活猪	万头	253	203	155	157	1.2
活家禽	万只	5263	4890	440	230	-47.8
鲜、冻牛肉	万吨	2	2	0.4	0.1	-77.8
鲜、冻猪肉	万吨	15	5	4.9	5.1	5.7
冻鸡	万吨	24.9	35.7	11.5	12.9	11.6
鲜蛋	百万个	358	757	1303	1369	5.1
水海产品	万吨	61	120	409	421	3.0
谷物及谷物粉	万吨	64	1378	58	156	132.1
其中：稻谷和大米	万吨	5	295	39.5	119.7	147.0
玉米	万吨	11	1047	0.4	8.6	2010.4
棉花(原棉)	万吨	2.2	29.2	0.8	0.4	-25.1
蔬菜	万吨	158	245	827	925	11.8
鲜、干水果及坚果	万吨	49	82	347	344	-1.4
其中：橘、橙	万吨	13.2	19.1	72.2	56.2	-22.4
鲜苹果	万吨	10.9	29.8	132.2	133.5	-0.3
食糖	万吨	48	41.4	14.9	15.8	6.0
天然蜂蜜	万吨	8.7	10.3	12.8	12.9	0.7
茶叶	万吨	16.7	22.8	32.9	35.5	8.1
辣椒干	万吨	3.6	5.4	8.0	6.2	-23.0
猪肉罐头	万吨	6.4	3.8	3.9	4.3	10.6
蘑菇罐头	万吨	19.0	20.4	23.6	22.6	-4.2
烤烟	万吨	5.7	9.4	12.0	14.7	22.4
生丝	万吨	1.3	1.3	0.7	0.6	-14.3
山羊绒	吨	1829	3123	2995	3072	2.6
肠衣	吨	44971	52316	96537	105955	9.8
填充用羽毛羽绒	吨	23345	36882	43677	53376	22.2
药材	万吨	13.7	17.6	15.2	15.6	2.4
食用油籽	万吨	121	76	57	71	23.6
其中：大豆	万吨	38	21	13	11	-11.8
花生和花生仁	万吨	39	40	12	15	22.9
食用植物油	万吨	51	11.2	11.4	20.0	58.7

注：1. 1995年鲜、干水果及坚果仅包括鲜、干水果。
2. 本表数据来源于《海关统计月刊》。

9-4 海关出口农副产品及加工品金额

单位：万美元

指　　标	2016年	2017年
活猪	51303	45015
活家禽	1532	223
鲜、冻牛肉	4026	790
鲜、冻猪肉	25357	25857
冻鸡	23134	24135
鲜蛋	11878	11384
水产品	1999553	2040740
谷物及谷物粉	46135	75656
其中：稻谷和大米	35107	59685
玉米	266	2224
棉花(原棉)	1525	3358
蔬菜	1229524	1315237
鲜、干水果及坚果	520922	506496
#橘、橙	103588	83597
鲜苹果	145293	145637
食糖	8318	9059
天然蜂蜜	27656	27070
茶叶	148488	160996
辣椒干	15669	12148
猪肉罐头	12168	13210
烤烟	47177	51415
生丝	31568	32809
山羊绒	19700	18891
肠衣	107292	134741
填充用羽毛羽绒	43147	64085
药材	123807	121802
食用油籽	78208	84864
其中：大豆	10843	9116
花生和花生仁	19118	22479
食用植物油	15259	22970

注：鲜、干水果及坚果1995年为水果数据。

9-5 海关进口农副产品及加工品数量

指　标	单位	1990年	1995年	2000年	2016年	2017年	2017年比2016年增长(%)
冻鱼	万吨			89	193	214	10.8
鲜、干水果及坚果	万吨				397	451	13.0
其中：香蕉	万吨			59	89	104	17.1
谷物及谷物粉	万吨			315	2199	2559	16.4
其中：玉米	万吨				317	283	-10.8
小麦	万吨	1253	1159	88	341	442	29.6
#小麦粉	万吨				4	13	236.4
大麦	万吨	65	127	197	500	886	77.1
稻谷和大米	万吨			24	356	403	13.0
大豆	万吨	…	29	1042	8391	9553	13.8
食用植物油	万吨	112	213	179	553	577	4.4
#豆油	万吨				56	65	16.6
棕榈油	万吨				316	346	9.8
菜子油和芥子油	万吨				70	76	8.2
食糖	万吨	113	295	64	306	229	-25.2
饲料用鱼粉	万吨				104	157	51.6
豆饼、豆粕	吨				18077	61203	238.6
纸烟	万条				7612	7431	-2.4
天然橡胶(包括胶乳)	万吨				250	279	11.7
合成橡胶(包括胶乳)	万吨				331	436	31.9
原木	万立方米				4872	5540	13.7
锯材	万立方米				3151	3739	18.7
纸浆	万吨				2106	2372	12.6
羊毛(包括羊毛条)	万吨	3	28	30	32	35	8.5
棉花(原棉)	万吨	42	74	5	90	116	28.7
肥料	万吨	1626	1991	1189	832	918	10.3
化肥	万吨				832	917	10.3
尿素	吨				65794	114655	74.3
氮磷钾复合肥料	万吨				113	111	-2.3
磷酸氢二胺	万吨				3		-100.0
氯化钾	万吨				682	753	10.5
硫酸钾	万吨				5	6	24.0
杀虫剂、除草剂及类似品	吨				84790	83544	-1.5

9-6 海关进口农副产品及加工品金额

单位:万美元

指　　标	2016年	2017年
冻鱼	323681	371647
鲜、干水果及坚果	570536	622224
其中:香蕉	58548	57951
谷物及谷物粉	570503	648524
其中: 玉米	63856	60337
小麦	81585	108252
#小麦粉	1483	5115
大麦	114194	181627
稻谷和大米	161408	186000
大豆	3398469	3963765
食用植物油	416393	453056
#豆油	45208	53644
棕榈油	201053	237641
菜子油和芥子油	52390	62913
食糖	117053	107845
饲料用鱼粉	161317	221665
豆饼、豆粕	1349	35750
纸烟	56265	50080
天然橡胶(包括胶乳)	335362	491702
合成橡胶(包括胶乳)	535570	847274
原木	807637	992068
锯材	813519	1006549
纸浆	1223886	1534167
羊毛	234918	275555
棉花(原棉)	157014	218977
肥料	240926	233967
化肥	240554	233442
尿素	1595	2989
氮磷钾复合肥料	55426	46129
磷酸氢二胺	1426	3
氯化钾	172664	171426
硫酸钾	1708	2037
杀虫剂、除草剂及类似品	67491	68136

10

农产品成本与收益

10-1 全国种植业产品成本与收益

指标	单位	三种粮食平均		稻谷	
		2016年	2017年	2016年	2017年
每亩					
主产品产量	千克	457.1	468.7	484.8	481.1
产值合计	元	1013.3	1069.1	1343.8	1342.7
主产品产值	元	991.0	1046.0	1326.2	1326.4
副产品产值	元	22.4	23.0	17.6	16.4
总成本	元	1093.6	1081.6	1201.8	1210.2
生产成本	元	871.3	866.0	979.9	980.9
物质与服务费用	元	429.6	437.2	484.5	498.0
人工成本	元	441.8	428.8	495.3	482.9
家庭用工折价	元	408.6	393.9	433.0	415.5
雇工费用	元	33.2	34.9	62.3	67.4
土地成本	元	222.3	215.6	221.9	229.3
流转地租金	元	38.5	38.4	57.4	59.5
自营地折租	元	183.8	177.2	164.5	169.8
净利润	元	-80.3	-12.5	142.0	132.6
现金成本	元	501.2	510.5	604.2	624.9
现金收益	元	512.1	558.5	739.6	717.9
成本利润率	%	-7.3	-1.2	11.8	11.0
每50公斤主产品					
平均出售价格	元	108.4	111.6	136.8	137.9
总成本	元	117.0	112.9	122.3	124.2
生产成本	元	93.2	90.4	99.8	100.7
净利润	元	-8.6	-1.3	14.5	13.6
现金成本	元	53.6	53.3	61.5	64.2
现金收益	元	54.8	58.3	75.3	73.7
附:					
每亩用工数量	日	5.3	5.0	5.8	5.5
每亩主产品出售数量	千克	341.9	371.2	363.7	372.1
每亩主产品出售产值	元	742.6	821.1	987.3	1015.9
商品率	%	90.2	91.0	82.7	83.9
每亩成本外支出	元	0.8	0.6	0.8	0.6

10-1 续表 1

指标	单位	小麦		玉米	
		2016年	2017年	2016年	2017年
每亩					
主产品产量	千克	406.3	423.5	480.3	501.5
产值合计	元	930.4	1013.7	765.9	850.7
主产品产值	元	907.2	987.6	739.5	824.1
副产品产值	元	23.2	26.1	26.4	26.6
总成本	元	1012.5	1007.6	1065.6	1026.5
生产成本	元	805.6	800.5	827.6	816.2
物质与服务费用	元	434.6	438.7	369.6	375.0
人工成本	元	371.0	361.9	458.1	441.2
家庭用工折价	元	358.8	348.0	433.1	417.7
雇工费用	元	12.2	13.9	25.0	23.5
土地成本	元	206.9	207.1	237.9	210.3
流转地租金	元	28.0	29.2	30.2	26.5
自营地折租	元	179.0	177.9	207.8	183.8
净利润	元	-82.2	6.1	-299.7	-175.8
现金成本	元	474.8	481.7	424.7	425.0
现金收益	元	455.6	532.0	341.2	425.7
成本利润率	%	-8.1	0.6	-28.1	-17.1
每50公斤主产品					
平均出售价格	元	111.6	116.6	77.0	82.2
总成本	元	121.5	115.9	107.1	99.1
生产成本	元	96.7	92.1	83.2	78.8
净利润	元	-9.9	0.7	-30.1	-17.0
现金成本	元	57.0	55.4	42.7	41.1
现金收益	元	54.7	61.2	34.3	41.1
附:					
每亩用工数量	日	4.5	4.3	5.6	5.3
每亩主产品出售数量	千克	333.5	357.8	328.5	383.6
每亩主产品出售产值	元	733.6	826.1	506.8	621.1
商品率	%	89.6	90.9	98.3	98.3
每亩成本外支出	元	1.0	0.8	0.5	0.4

10-1 续表 2

指　　标	单位	大　豆		两种油料平均	
		2016年	2017年	2016年	2017年
每亩					
主产品产量	千克	120.2	140.0	193.6	195.7
产值合计	元	468.6	537.9	1137.4	1092.3
主产品产值	元	457.2	527.2	1123.1	1078.5
副产品产值	元	11.4	10.7	14.3	13.9
总成本	元	678.4	668.8	1167.6	1167.4
生产成本	元	419.4	417.5	980.0	978.4
物质与服务费用	元	201.3	201.7	342.5	351.6
人工成本	元	218.1	215.9	637.5	626.9
家庭用工折价	元	194.5	193.3	625.2	613.3
雇工费用	元	23.7	22.6	12.4	13.6
土地成本	元	259.0	251.3	187.6	189.0
流转地租金	元	79.9	76.4	19.0	20.7
自营地折租	元	179.1	174.9	168.7	168.3
净利润	元	-209.8	-130.9	-30.2	-75.1
现金成本	元	304.9	300.6	373.8	385.8
现金收益	元	163.8	237.3	763.6	706.5
成本利润率	%	-30.9	-19.6	-2.6	-6.4
每50公斤主产品					
平均出售价格	元	190.2	188.3	290.1	275.5
总成本	元	275.4	234.1	297.8	294.5
生产成本	元	170.2	146.1	249.9	246.8
净利润	元	-85.2	-45.8	-7.7	-18.9
现金成本	元	123.7	105.2	95.3	97.3
现金收益	元	66.5	83.0	194.8	178.2
附:					
每亩用工数量	日	2.6	2.5	7.8	7.5
每亩主产品出售数量	千克	94.8	113.0	148.2	149.2
每亩主产品出售产值	元	355.5	416.8	844.0	810.4
商品率	%	97.6	97.6	86.7	88.3
每亩成本外支出	元	1.1	0.1	0.2	0.2

10-1 续表 3

指 标	单位	花 生		油菜籽	
		2016年	2017年	2016年	2017年
每亩					
主产品产量	千克	259.0	253.3	128.1	138.2
产值合计	元	1684.5	1471.0	590.2	713.7
主产品产值	元	1665.4	1452.9	580.7	704.0
副产品产值	元	19.1	18.0	9.5	9.7
总成本	元	1414.0	1412.9	921.2	922.5
生产成本	元	1158.7	1157.5	801.4	799.9
物质与服务费用	元	463.6	463.7	221.3	239.4
人工成本	元	695.1	693.9	580.1	560.5
家庭用工折价	元	678.1	681.5	572.4	545.7
雇工费用	元	17.0	12.4	7.7	14.8
土地成本	元	255.3	255.4	119.9	122.6
流转地租金	元	25.3	28.4	12.6	12.9
自营地折租	元	230.1	226.9	107.2	109.7
净利润	元	270.4	58.1	-331.0	-208.9
现金成本	元	505.9	504.5	241.6	267.1
现金收益	元	1178.6	966.5	348.6	446.6
成本利润率	%	19.1	4.1	-35.9	-22.6
每50公斤主产品					
平均出售价格	元	321.5	286.8	226.6	254.8
总成本	元	269.9	275.5	353.7	329.4
生产成本	元	221.1	225.7	307.7	285.6
净利润	元	51.6	11.3	-127.1	-74.6
现金成本	元	96.6	98.4	92.8	95.4
现金收益	元	224.9	188.5	133.9	159.4
附:					
每亩用工数量	日	8.5	8.4	7.1	6.7
每亩主产品出售数量	千克	195.1	184.9	101.4	113.4
每亩主产品出售产值	元	1236.5	1052.9	451.4	567.9
商品率	%	88.7	89.0	84.7	87.5
每亩成本外支出	元			0.5	0.4

10-1 续表 4

指　　标	单位	棉　花		烤　烟	
		2016年	2017年	2016年	2017年
每亩					
主产品产量	千克	98.6	105.9	135.6	133.4
产值合计	元	1818.3	1860.5	3561.2	3528.7
主产品产值	元	1454.8	1561.0	3556.1	3523.4
副产品产值	元	363.5	299.5	5.1	5.3
总成本	元	2306.6	2330.8	3673.4	3630.8
生产成本	元	2004.4	2023.8	3357.9	3299.5
物质与服务费用	元	610.7	670.1	1039.2	1075.2
人工成本	元	1393.7	1353.7	2318.7	2224.3
家庭用工折价	元	1164.3	1102.1	1926.7	1789.4
雇工费用	元	229.5	251.7	392.0	434.9
土地成本	元	302.2	307.0	315.5	331.3
流转地租金	元	40.9	43.0	43.7	49.6
自营地折租	元	261.3	264.0	271.8	281.7
净利润	元	-488.3	-470.3	-112.1	-102.2
现金成本	元	881.1	964.8	1474.9	1559.7
现金收益	元	937.3	895.7	2086.4	1968.9
成本利润率	%	-21.2	-20.2	-3.1	-2.8
每50公斤主产品					
平均出售价格	元	738.1	736.7	1311.1	1320.4
总成本	元	936.3	923.0	1352.3	1358.7
生产成本	元	813.7	801.4	1236.2	1234.7
净利润	元	-198.2	-186.2	-41.3	-38.2
现金成本	元	357.7	382.0	543.0	583.6
现金收益	元	380.5	354.7	768.1	736.8
附:					
每亩用工数量	日	16.5	15.6	28.1	26.3
每亩主产品出售数量	千克	91.6	100.9	135.6	133.4
每亩主产品出售产值	元	1347.3	1484.4	3556.0	3523.1
商品率	%	99.8	99.9	100.0	100.0
每亩成本外支出	元	0.7	0.3		

10-1 续表 5

指　　标	单位	甘　蔗		甜　菜	
		2016年	2017年	2016年	2017年
每亩					
主产品产量	千克	5352.2	5553.5	3799.4	4098.5
产值合计	元	2658.5	2756.3	1781.1	1910.4
主产品产值	元	2632.7	2732.3	1763.3	1894.6
副产品产值	元	25.8	24.1	17.8	15.8
总成本	元	2248.0	2349.9	1697.9	1747.7
生产成本	元	1967.9	2050.3	1430.2	1498.4
物质与服务费用	元	795.4	841.7	671.9	740.2
人工成本	元	1172.6	1208.7	758.3	758.2
家庭用工折价	元	619.0	626.0	606.4	582.9
雇工费用	元	553.6	582.7	151.9	175.2
土地成本	元	280.1	299.6	267.7	249.3
流转地租金	元	27.0	31.3	30.6	25.1
自营地折租	元	253.1	268.3	237.1	224.2
净利润	元	410.5	406.4	83.1	162.8
现金成本	元	1376.0	1455.6	854.4	940.5
现金收益	元	1282.5	1300.7	926.7	969.9
成本利润率	%	18.3	17.3	4.9	9.3
每50公斤主产品					
平均出售价格	元	24.6	24.6	23.2	23.1
总成本	元	20.8	21.0	22.1	21.1
生产成本	元	18.2	18.3	18.6	18.1
净利润	元	3.8	3.6	1.1	2.0
现金成本	元	12.7	13.0	11.1	11.4
现金收益	元	11.9	11.6	12.1	11.7
附:					
每亩用工数量	日	13.6	13.4	8.8	8.6
每亩主产品出售数量	千克	5352.2	5488.3	3799.4	4098.5
每亩主产品出售产值	元	2632.7	2704.9	1763.3	1894.6
商品率	%	100.0	100.0	100.0	100.0
每亩成本外支出	元		0.4	0.2	0.0

10-1 续表 6

指　　标	单位	桑蚕茧		苹　果	
		2016年	2017年	2016年	2017年
每亩					
主产品产量	千克	102.2	107.0	2018.8	2108.7
产值合计	元	3885.7	4878.8	6285.5	6797.2
主产品产值	元	3840.1	4796.4	6282.6	6793.9
副产品产值	元	45.6	82.5	2.9	3.3
总成本	元	4417.4	4575.6	5388.7	4887.6
生产成本	元	4197.1	4340.1	5051.0	4567.0
物质与服务费用	元	671.5	736.6	1681.9	1456.0
人工成本	元	3525.6	3603.5	3369.1	3111.0
家庭用工折价	元	3424.8	3503.2	2049.9	2116.1
雇工费用	元	100.8	100.3	1319.3	994.9
土地成本	元	220.3	235.5	337.7	320.6
流转地租金	元	37.9	46.4	62.1	60.7
自营地折租	元	182.4	189.1	275.7	259.9
净利润	元	-531.7	303.2	896.8	1909.6
现金成本	元	810.2	883.3	3063.2	2511.7
现金收益	元	3075.5	3995.6	3222.4	4285.6
成本利润率	%	-12.0	6.6	16.6	39.1
每50公斤主产品					
平均出售价格	元	1878.0	2240.7	155.6	161.1
总成本	元	2135.0	2101.4	133.4	115.8
生产成本	元	2028.5	1993.3	125.0	108.2
净利润	元	-257.0	139.3	22.2	45.3
现金成本	元	391.6	405.6	75.8	59.5
现金收益	元	1486.4	1835.0	79.8	101.6
附:					
每亩用工数量	日	43.2	43.2	37.6	35.5
每亩主产品出售数量	千克	102.2	107.0	1690.6	1694.5
每亩主产品出售产值	元	3840.0	4796.4	5026.9	5118.0
商品率	%	100.0	100.0	99.2	99.2
每亩成本外支出	元	1.4	1.7	3.3	3.3

10-2 全国饲养业产品成本与收益

项 目	单位	生猪平均		规模养猪平均		农户散养生猪	
		2016年	2017年	2016年	2017年	2016年	2017年
每头(百只、亩)							
主产品产量	千克	118.8	120.8	119.3	120.8	118.3	120.7
产值合计	元	2219.1	1834.5	2223.7	1842.2	2214.5	1826.8
主产品产值	元	2204.3	1820.3	2210.6	1829.8	2198.0	1810.8
副产品产值	元	14.8	14.2	13.1	12.4	16.6	16.0
总成本	元	1930.4	1867.1	1810.0	1726.9	2050.6	2007.0
生产成本	元	1929.0	1865.7	1807.4	1724.4	2050.5	2006.8
物质与服务费用	元	1586.2	1528.4	1628.0	1546.8	1544.3	1510.0
人工成本	元	342.9	337.2	179.4	177.5	506.2	496.9
家庭用工折价	元	316.6	310.8	127.0	124.7	506.2	496.9
雇工费用	元	26.2	26.5	52.4	52.9		
土地成本	元	1.4	1.4	2.6	2.6	0.1	0.2
净利润	元	288.7	-32.6	413.7	115.2	163.9	-180.2
成本利润率	%	15.0	-1.7	22.9	6.7	8.0	-9.0
每50公斤主产品							
平均出售价格	元	927.8	753.7	926.8	757.4	928.9	750.0
总成本	元	807.1	767.1	754.4	710.0	860.1	824.0
生产成本	元	806.5	766.5	753.3	708.9	860.1	823.9
净利润	元	120.7	-13.4	172.4	47.4	68.8	-74.0
附:							
每核算单位用工数量	日	4.2	4.0	2.1	2.1	6.2	6.0
平均饲养天数	日	154.4	156.5	147.3	149.1	161.6	163.9

10-2 续表 1

项 目	单位	规模养殖蛋鸡平均		规模养殖肉鸡平均	
		2016年	2017年	2016年	2017年
每头(百只、亩)					
主产品产量	千克	1762.3	1760.8	235.2	230.2
产值合计	元	14919.8	13655.0	2658.2	2643.1
主产品产值	元	12878.1	11786.3	2629.8	2615.6
副产品产值	元	2041.7	1868.7	28.4	27.5
总成本	元	14545.5	14220.1	2505.0	2495.5
生产成本	元	14523.6	14190.0	2499.6	2490.0
物质与服务费用	元	13237.1	12888.0	2219.5	2205.8
人工成本	元	1286.5	1302.0	280.2	284.2
家庭用工折价	元	914.1	944.8	237.7	237.7
雇工费用	元	372.4	357.2	42.5	46.5
土地成本	元	21.9	30.1	5.4	5.5
净利润	元	374.3	-565.2	153.2	147.6
成本利润率	%	2.6	-4.0	6.1	5.9
每50公斤主产品					
平均出售价格	元	365.4	334.7	559.2	568.2
总成本	元	356.2	348.5	526.9	536.5
生产成本	元	355.7	347.8	525.8	535.3
净利润	元	9.2	-13.9	32.2	31.7
附:					
每核算单位用工数量	日	15.0	14.8	3.4	3.3
平均饲养天数	日	356.2	357.7	70.4	73.6

10-2 续表 2

项目	单位	奶牛平均		规模奶牛平均		农户散养奶牛	
		2016年	2017年	2016年	2017年	2016年	2017年
每头(百只、亩)							
主产品产量	千克	5612.4	5775.7	6091.0	6330.4	5133.8	5221.1
产值合计	元	23559.6	24037.3	25781.5	26492.1	21337.7	21582.5
主产品产值	元	21355.5	21796.0	23387.4	24034.0	19323.6	19557.9
副产品产值	元	2204.1	2241.4	2394.1	2458.1	2014.1	2024.6
总成本	元	18445.6	18650.8	20559.9	20814.0	16331.2	16486.8
生产成本	元	18393.2	18595.1	20493.5	20740.0	16292.6	16449.4
物质与服务费用	元	15044.7	15049.7	17492.2	17590.4	12597.3	12508.9
人工成本	元	3348.4	3545.3	3001.4	3149.6	3695.4	3940.5
家庭用工折价	元	2256.2	2446.5	883.0	995.5	3629.2	3896.7
雇工费用	元	1092.3	1098.9	2118.4	2154.0	66.2	43.7
土地成本	元	52.4	55.7	66.3	74.0	38.5	37.4
净利润	元	5114.0	5386.5	5221.7	5678.1	5006.6	5095.7
成本利润率	%	27.7	28.9	25.4	27.3	30.7	30.9
每50公斤主产品							
平均出售价格	元	190.3	188.7	192.0	189.8	188.2	187.3
总成本	元	149.0	146.4	153.1	149.1	144.0	143.1
生产成本	元	148.5	146.0	152.6	148.6	143.7	142.8
净利润	元	41.3	42.3	38.9	40.7	44.2	44.2
附:							
每核算单位用工数量	日	39.8	39.5	32.4	31.6	47.2	47.3
平均饲养天数	日	365.0	365.0	365.0	365.0	365.0	365.0

11

收入与消费

11-1　农村居民可支配收入及构成

指　　标	2014年	2015年	2016年	2017年
可支配收入(元/人)	**10488.9**	**11421.7**	**12363.4**	**13432.4**
一、工资性收入	**4152.2**	**4600.3**	**5021.8**	**5498.4**
二、经营净收入	**4237.4**	**4503.6**	**4741.3**	**5027.8**
(一)第一产业经营净收入	2998.6	3153.8	3269.6	3391.0
1.农业	2306.8	2412.2	2439.7	2523.6
2.林业	177.3	170.6	165.9	176.5
3.牧业	443.0	488.7	573.7	585.8
4.渔业	71.4	82.3	90.3	105.2
(二)第二产业经营净收入	259.1	276.1	287.9	318.9
(三)第三产业经营净收入	979.6	1073.7	1183.8	1318.0
三、财产净收入	**222.1**	**251.5**	**272.1**	**303.0**
四、转移净收入	**1877.2**	**2066.3**	**2328.2**	**2603.2**
可支配收入构成　(%)	**100.0**	**100.0**	**100.0**	**100.0**
一、工资性收入	**39.6**	**40.3**	**40.6**	**40.9**
二、经营净收入	**40.4**	**39.4**	**38.3**	**37.4**
(一)第一产业经营净收入	28.6	27.6	26.4	25.2
1.农业	22.0	21.1	19.7	18.8
2.林业	1.7	1.5	1.3	1.3
3.牧业	4.2	4.3	4.6	4.4
4.渔业	0.7	0.7	0.7	0.8
(二)第二产业经营净收入	2.5	2.4	2.3	2.4
(三)第三产业经营净收入	9.3	9.4	9.6	9.8
三、财产净收入	**2.1**	**2.2**	**2.2**	**2.3**
四、转移净收入	**17.9**	**18.1**	**18.8**	**19.4**

11-2 农村居民消费支出及构成

指　　标	2014年	2015年	2016年	2017年
消费支出(元/人)	**8382.6**	**9222.6**	**10129.8**	**10954.5**
(一)食品烟酒	2814.0	3048.0	3266.1	3415.4
(二)衣着	510.4	550.5	575.4	611.6
(三)居住	1762.7	1926.2	2147.1	2353.5
(四)生活用品及服务	506.5	545.6	595.7	634.0
(五)交通通信	1012.6	1163.1	1359.9	1509.1
(六)教育文化娱乐	859.5	969.3	1070.3	1171.3
(七)医疗保健	753.9	846.0	929.2	1058.7
(八)其他用品及服务	163.0	174.0	186.0	200.9
消费支出构成(%)	**100.0**	**100.0**	**100.0**	**100.0**
(一)食品烟酒	33.6	33.0	32.2	31.2
(二)衣着	6.1	6.0	5.7	5.6
(三)居住	21.0	20.9	21.2	21.5
(四)生活用品及服务	6.0	5.9	5.9	5.8
(五)交通通信	12.1	12.6	13.4	13.8
(六)教育文化娱乐	10.3	10.5	10.6	10.7
(七)医疗保健	9.0	9.2	9.2	9.7
(八)其他用品及服务	1.9	1.9	1.8	1.8

11-3 农村居民现金消费支出及构成

指　　标	2014年	2015年	2016年	2017年
现金消费支出(元/人)	**6716.7**	**7392.1**	**8127.3**	**8856.5**
(一)食品烟酒	2301.3	2540.0	2763.4	2921.2
(二)衣着	509.7	549.9	575.0	610.9
(三)居住	758.5	779.0	832.8	956.0
(四)生活用品及服务	500.1	538.3	589.7	624.9
(五)交通通信	1012.5	1162.6	1357.8	1508.1
(六)教育文化娱乐	859.2	969.0	1069.9	1170.7
(七)医疗保健	614.9	681.4	755.8	868.2
(八)其他用品及服务	160.5	172.0	183.0	196.3
现金消费支出构成(%)	**100.0**	**100.0**	**100.0**	**100.0**
(一)食品烟酒	34.3	34.4	34.0	33.0
(二)衣着	7.6	7.4	7.1	6.9
(三)居住	11.3	10.5	10.2	10.8
(四)生活用品及服务	7.4	7.3	7.3	7.1
(五)交通通信	15.1	15.7	16.7	17.0
(六)教育文化娱乐	12.8	13.1	13.2	13.2
(七)医疗保健	9.2	9.2	9.3	9.8
(八)其他用品及服务	2.4	2.3	2.3	2.2

11-4　农村居民主要食品消费量

单位：公斤/人

指　　标	2014年	2015年	2016年	2017年
一、粮食(原粮)	**167.6**	**159.5**	**157.2**	**154.6**
(一)谷物	159.1	150.2	147.1	144.8
(二)薯类	2.4	2.7	2.9	2.8
(三)豆类	6.2	6.6	7.3	7.1
二、食用油	**9.8**	**10.1**	**10.2**	**10.1**
#食用植物油	9.0	9.2	9.3	9.2
三、蔬菜及食用菌	**88.9**	**90.3**	**91.5**	**90.2**
#鲜菜	87.5	88.7	89.7	88.5
四、肉类	**22.5**	**23.1**	**22.7**	**23.6**
#猪肉	19.2	19.5	18.7	19.5
牛肉	0.8	0.8	0.9	0.9
羊肉	0.7	0.9	1.1	1.0
五、禽类	**6.7**	**7.1**	**7.9**	**7.9**
六、水产品	**6.8**	**7.2**	**7.5**	**7.4**
七、蛋类	**7.2**	**8.3**	**8.5**	**8.9**
八、奶类	**6.4**	**6.3**	**6.6**	**6.9**
九、干鲜瓜果类	**30.3**	**32.3**	**36.8**	**38.4**
#鲜瓜果	**28.0**	**29.7**	**33.8**	**35.1**
坚果类	1.9	2.1	2.4	2.6
十、食糖	**1.3**	**1.3**	**1.4**	**1.4**

11-5　农村居民年末主要耐用消费品拥有量

单位：平均每百户

指　　标	单　位	2014年	2015年	2016年	2017年
家用汽车	辆	11.0	13.3	17.4	19.3
摩托车	辆	67.6	67.5	65.1	64.1
助力车	辆	45.4	50.1	57.7	61.1
洗衣机	台	74.8	78.8	84.0	86.3
电冰箱(柜)	台	77.6	82.6	89.5	91.7
微波炉	台	14.7	15.0	16.1	17.3
彩色电视机	台	115.6	116.9	118.8	120.0
空调	台	34.2	38.8	47.6	52.6
热水器	台	48.2	52.5	59.7	62.5
排油烟机	台	13.9	15.3	18.4	20.4
移动电话	部	215.0	226.1	240.7	246.1
计算机	台	23.5	25.7	27.9	29.2
照相机	台	4.5	4.1	3.4	3.9

11-6 农村居民第一产业生产经营收支情况

单位：元/人

指　标	2014年	2015年	2016年	2017年
一、生产经营收入	**5731.6**	**6077.1**	**6385.1**	**6516.8**
(一)农业	3896.6	4057.9	4128.0	4251.1
(二)林业	218.2	204.0	204.9	210.5
(三)牧业	1473.6	1627.7	1835.2	1821.8
(四)渔业	143.1	187.5	217.0	233.4
二、生产经营现金收入	**4586.2**	**4925.0**	**5329.0**	**5510.9**
(一)农业	2992.2	3137.0	3291.9	3453.0
(二)林业	141.0	139.6	152.8	160.5
(三)牧业	1313.6	1464.8	1672.0	1669.1
(四)渔业	139.4	183.6	212.3	228.3
三、生产经营费用支出	**2506.4**	**2716.9**	**2909.9**	**2915.7**
(一)农业	1439.8	1506.6	1547.9	1583.1
(二)林业	38.7	32.3	38.1	33.3
(三)牧业	961.8	1078.0	1200.5	1173.7
(四)渔业	66.0	100.0	123.3	125.7
四、生产经营现金费用支出	**2351.7**	**2547.7**	**2742.9**	**2758.4**
(一)农业	1408.8	1472.6	1512.9	1549.5
(二)林业	38.5	32.2	37.9	33.1
(三)牧业	838.9	943.3	1071.7	1052.6
(四)渔业	65.5	99.7	120.4	123.2

11-7 2017年分地区农村居民可支配收入

单位：元/人

地　区	可支配收入	一、工资性收入	二、经营净收入	三、财产净收入	四、转移净收入
全　国	**13432.4**	**5498.4**	**5027.8**	**303.0**	**2603.2**
北　京	24240.5	18222.8	2140.4	1570.5	2306.8
天　津	21753.7	13138.7	5561.9	1007.6	2045.4
河　北	12880.9	6840.9	4227.9	274.2	1537.9
山　西	10787.5	5462.4	2824.0	163.9	2337.2
内蒙古	12584.3	2649.3	6384.6	514.8	3035.6
辽　宁	13746.8	5423.1	5819.1	296.9	2207.7
吉　林	12950.4	3018.3	7399.8	289.1	2243.2
黑龙江	12664.8	2840.3	6692.8	553.0	2578.6
上　海	27825.0	20289.2	1372.8	862.4	5300.7
江　苏	19158.0	9513.0	5619.4	680.3	3345.3
浙　江	24955.8	15457.1	6112.2	717.8	2668.6
安　徽	12758.2	4624.0	5026.2	218.9	2889.1
福　建	16334.8	7415.9	6275.8	290.0	2353.0
江　西	13241.8	5609.2	4868.8	214.2	2549.6
山　东	15117.5	6068.9	6729.7	390.8	1928.2
河　南	12719.2	4770.4	4747.2	199.5	3002.1
湖　北	13812.1	4389.6	5963.9	165.8	3292.8
湖　南	12935.8	5340.8	4368.9	148.2	3077.9
广　东	15779.7	7854.6	4118.6	414.8	3391.7
广　西	11325.5	3242.4	5103.1	185.1	2794.9
海　南	12901.8	5167.5	5576.3	185.9	1972.0
重　庆	12637.9	4394.5	4491.4	308.0	3444.0
四　川	12226.9	4016.1	4821.4	322.5	3066.9
贵　州	8869.1	3635.7	3285.2	92.0	1856.2
云　南	9862.2	2794.9	5412.5	176.5	1478.2
西　藏	10330.2	2428.1	5735.4	175.0	1991.6
陕　西	10264.5	4271.5	3241.5	185.1	2566.3
甘　肃	8076.1	2275.4	3556.2	142.3	2102.2
青　海	9462.3	2704.1	3763.6	326.4	2668.2
宁　夏	10737.9	4224.0	4252.0	323.8	1938.0
新　疆	11045.3	2796.5	6037.0	232.9	1979.0

11-8　2017年分地区农村居民可支配收入构成

单位：%

地　区	可支配收入	一、工资性收入	二、经营净收入	三、财产净收入	四、转移净收入
全　国	**100.0**	**40.9**	**37.4**	**2.3**	**19.4**
北　京	100.0	75.2	8.8	6.5	9.5
天　津	100.0	60.4	25.6	4.6	9.4
河　北	100.0	53.1	32.8	2.1	11.9
山　西	100.0	50.6	26.2	1.5	21.7
内蒙古	100.0	21.1	50.7	4.1	24.1
辽　宁	100.0	39.4	42.3	2.2	16.1
吉　林	100.0	23.3	57.1	2.2	17.3
黑龙江	100.0	22.4	52.8	4.4	20.4
上　海	100.0	72.9	4.9	3.1	19.1
江　苏	100.0	49.7	29.3	3.6	17.5
浙　江	100.0	61.9	24.5	2.9	10.7
安　徽	100.0	36.2	39.4	1.7	22.6
福　建	100.0	45.4	38.4	1.8	14.4
江　西	100.0	42.4	36.8	1.6	19.3
山　东	100.0	40.1	44.5	2.6	12.8
河　南	100.0	37.5	37.3	1.6	23.6
湖　北	100.0	31.8	43.2	1.2	23.8
湖　南	100.0	41.3	33.8	1.1	23.8
广　东	100.0	49.8	26.1	2.6	21.5
广　西	100.0	28.6	45.1	1.6	24.7
海　南	100.0	40.1	43.2	1.4	15.3
重　庆	100.0	34.8	35.5	2.4	27.3
四　川	100.0	32.8	39.4	2.6	25.1
贵　州	100.0	41.0	37.0	1.0	20.9
云　南	100.0	28.3	54.9	1.8	15.0
西　藏	100.0	23.5	55.5	1.7	19.3
陕　西	100.0	41.6	31.6	1.8	25.0
甘　肃	100.0	28.2	44.0	1.8	26.0
青　海	100.0	28.6	39.8	3.5	28.2
宁　夏	100.0	39.3	39.6	3.0	18.0
新　疆	100.0	25.3	54.7	2.1	17.9

11-9 2017年分地区农村居民消费支出

单位：元/人

地 区	消费支出	一、食品烟酒支出	二、衣着支出	三、居住支出
全 国	**10954.5**	**3415.4**	**611.6**	**2353.5**
北 京	18810.5	4653.2	1024.6	5587.8
天 津	16385.9	4851.5	1128.2	3354.4
河 北	10535.9	2817.2	684.4	2380.8
山 西	8424.0	2308.3	577.5	1901.9
内蒙古	12184.4	3384.7	842.3	2194.3
辽 宁	10787.3	2883.4	694.7	2200.9
吉 林	10279.4	2903.2	682.5	1837.3
黑龙江	10523.9	2788.3	776.6	1722.7
上 海	18089.8	6114.1	925.3	4722.9
江 苏	15611.5	4510.7	892.0	3395.2
浙 江	18093.4	5608.2	955.8	4358.4
安 徽	11106.1	3726.0	565.6	2618.2
福 建	14003.4	5162.2	630.8	3547.9
江 西	9870.4	3314.4	502.0	2558.2
山 东	10342.1	2960.4	585.2	1973.5
河 南	9211.5	2495.9	712.4	2005.5
湖 北	11632.5	3332.4	626.4	2512.3
湖 南	11533.6	3521.2	527.2	2562.5
广 东	13199.6	5303.9	459.5	2902.4
广 西	9436.6	3042.8	286.7	2119.8
海 南	9599.4	4021.3	321.9	1839.2
重 庆	10936.1	3993.1	598.2	1967.3
四 川	11396.7	4235.2	682.9	2157.1
贵 州	8299.0	2505.2	416.1	1942.6
云 南	8027.3	2612.8	320.6	1509.1
西 藏	6691.5	3283.9	735.7	947.5
陕 西	9305.6	2417.3	530.6	2144.9
甘 肃	8029.7	2438.2	507.9	1561.5
青 海	9902.7	2944.7	670.0	1739.1
宁 夏	9982.1	2522.2	718.6	1958.7
新 疆	8712.6	2667.3	710.3	1659.8

11-9 续表

单位：元/人

地 区	四、生活用品及服务支出	五、交通通信支出	六、教育文化娱乐支出	七、医疗保健支出	八、其他用品及服务支出
全 国	**634.0**	**1509.1**	**1171.3**	**1058.7**	**200.9**
北 京	1596.1	2729.9	1313.7	1699.3	205.8
天 津	1100.5	2902.0	1343.2	1407.2	298.9
河 北	668.5	1689.4	1014.1	1072.6	208.9
山 西	393.0	1028.0	1127.2	937.5	150.6
内蒙古	522.1	2055.6	1638.6	1288.4	258.4
辽 宁	512.6	1745.5	1295.0	1251.4	203.8
吉 林	409.3	1531.0	1302.5	1399.6	214.1
黑龙江	428.1	1667.7	1362.1	1551.2	227.2
上 海	935.2	2365.9	1219.8	1456.4	350.2
江 苏	954.3	2619.5	1450.5	1395.0	394.4
浙 江	842.1	3102.5	1590.9	1370.2	265.3
安 徽	589.0	1346.0	1075.0	1006.8	179.5
福 建	721.0	1555.0	1174.6	906.5	305.4
江 西	537.4	1067.4	1004.1	718.2	168.6
山 东	690.2	1710.4	1140.9	1129.3	152.1
河 南	647.2	1245.4	1030.3	909.0	166.0
湖 北	706.2	1384.7	1330.7	1438.3	301.6
湖 南	642.8	1234.5	1710.2	1171.8	163.4
广 东	722.8	1423.6	1186.0	921.7	279.7
广 西	495.2	1288.5	1127.9	931.0	144.8
海 南	379.3	1041.5	1197.0	629.5	169.7
重 庆	749.0	1334.1	1226.2	883.9	184.2
四 川	782.3	1378.2	847.7	1093.6	219.6
贵 州	449.9	1080.6	1183.3	602.5	118.9
云 南	459.6	1308.6	1044.0	681.5	91.1
西 藏	433.6	794.2	238.6	147.5	110.6
陕 西	577.1	1114.4	1082.8	1260.4	178.0
甘 肃	484.9	1016.0	993.7	890.6	136.8
青 海	488.3	1629.3	897.1	1270.4	263.8
宁 夏	574.4	1675.2	1212.4	1131.2	189.3
新 疆	408.5	1421.4	747.5	970.7	127.1

11-10 2017年分地区农村居民消费支出构成

单位：%

地区	消费支出	一、食品烟酒支出	二、衣着支出	三、居住支出
全国	**100.0**	**31.2**	**5.6**	**21.5**
北京	100.0	24.7	5.4	29.7
天津	100.0	29.6	6.9	20.5
河北	100.0	26.7	6.5	22.6
山西	100.0	27.4	6.9	22.6
内蒙古	100.0	27.8	6.9	18.0
辽宁	100.0	26.7	6.4	20.4
吉林	100.0	28.2	6.6	17.9
黑龙江	100.0	26.5	7.4	16.4
上海	100.0	33.8	5.1	26.1
江苏	100.0	28.9	5.7	21.7
浙江	100.0	31.0	5.3	24.1
安徽	100.0	33.5	5.1	23.6
福建	100.0	36.9	4.5	25.3
江西	100.0	33.6	5.1	25.9
山东	100.0	28.6	5.7	19.1
河南	100.0	27.1	7.7	21.8
湖北	100.0	28.6	5.4	21.6
湖南	100.0	30.5	4.6	22.2
广东	100.0	40.2	3.5	22.0
广西	100.0	32.2	3.0	22.5
海南	100.0	41.9	3.4	19.2
重庆	100.0	36.5	5.5	18.0
四川	100.0	37.2	6.0	18.9
贵州	100.0	30.2	5.0	23.4
云南	100.0	32.5	4.0	18.8
西藏	100.0	49.1	11.0	14.2
陕西	100.0	26.0	5.7	23.0
甘肃	100.0	30.4	6.3	19.4
青海	100.0	29.7	6.8	17.6
宁夏	100.0	25.3	7.2	19.6
新疆	100.0	30.6	8.2	19.1

11-10 续表　　　　单位：%

地　　区	四、生活用品及服务支出	五、交通通信支出	六、教育文化娱乐支出	七、医疗保健支出	八、其他用品及服务支出
全　　国	**5.8**	**13.8**	**10.7**	**9.7**	**1.8**
北　　京	8.5	14.5	7.0	9.0	1.1
天　　津	6.7	17.7	8.2	8.6	1.8
河　　北	6.3	16.0	9.6	10.2	2.0
山　　西	4.7	12.2	13.4	11.1	1.8
内 蒙 古	4.3	16.9	13.4	10.6	2.1
辽　　宁	4.8	16.2	12.0	11.6	1.9
吉　　林	4.0	14.9	12.7	13.6	2.1
黑 龙 江	4.1	15.8	12.9	14.7	2.2
上　　海	5.2	13.1	6.7	8.1	1.9
江　　苏	6.1	16.8	9.3	8.9	2.5
浙　　江	4.7	17.1	8.8	7.6	1.5
安　　徽	5.3	12.1	9.7	9.1	1.6
福　　建	5.1	11.1	8.4	6.5	2.2
江　　西	5.4	10.8	10.2	7.3	1.7
山　　东	6.7	16.5	11.0	10.9	1.5
河　　南	7.0	13.5	11.2	9.9	1.8
湖　　北	6.1	11.9	11.4	12.4	2.6
湖　　南	5.6	10.7	14.8	10.2	1.4
广　　东	5.5	10.8	9.0	7.0	2.1
广　　西	5.2	13.7	12.0	9.9	1.5
海　　南	4.0	10.8	12.5	6.6	1.8
重　　庆	6.8	12.2	11.2	8.1	1.7
四　　川	6.9	12.1	7.4	9.6	1.9
贵　　州	5.4	13.0	14.3	7.3	1.4
云　　南	5.7	16.3	13.0	8.5	1.1
西　　藏	6.5	11.9	3.6	2.2	1.7
陕　　西	6.2	12.0	11.6	13.5	1.9
甘　　肃	6.0	12.7	12.4	11.1	1.7
青　　海	4.9	16.5	9.1	12.8	2.7
宁　　夏	5.8	16.8	12.1	11.3	1.9
新　　疆	4.7	16.3	8.6	11.1	1.5

11-11 2017年分地区农村居民现金消费支出

单位：元/人

地　区	现金消费支出	一、食品烟酒支出	二、衣着支出	三、居住支出
全　国	**8856.5**	**2921.2**	**610.9**	**956.0**
北　京	14442.5	4469.1	1024.5	1649.6
天　津	14173.8	4755.5	1128.2	1378.2
河　北	9121.0	2714.9	683.7	1247.1
山　西	6926.1	1992.4	577.2	930.3
内蒙古	10513.5	2822.4	842.3	1282.9
辽　宁	9261.7	2606.6	694.6	1115.3
吉　林	8543.0	2525.4	681.6	716.7
黑龙江	9360.9	2645.6	776.5	825.6
上　海	14325.8	5815.0	924.8	1947.1
江　苏	13045.6	4137.6	891.6	1444.0
浙　江	14476.3	5159.2	954.8	1488.6
安　徽	8936.3	3399.2	565.1	953.8
福　建	10796.9	4551.4	630.5	1121.5
江　西	7473.0	2719.1	501.9	856.3
山　东	8927.1	2815.8	584.5	951.1
河　南	7762.6	2349.1	712.2	863.3
湖　北	9026.6	2700.7	625.1	909.7
湖　南	8997.0	2710.9	526.7	1028.9
广　东	10466.1	4670.8	459.2	1015.3
广　西	7118.9	2247.8	285.0	834.0
海　南	7951.1	3702.1	321.7	620.3
重　庆	8445.8	2912.2	598.2	716.3
四　川	8595.0	3084.6	679.4	776.1
贵　州	6234.1	1844.2	416.0	679.1
云　南	6070.2	1834.2	320.5	481.7
西　藏	4767.4	1990.1	735.2	374.2
陕　西	7697.0	2241.5	530.0	900.5
甘　肃	6513.2	1973.0	507.7	746.9
青　海	8448.7	2443.7	669.8	1050.4
宁　夏	8558.2	2228.4	718.5	1109.4
新　疆	7337.0	2160.3	709.8	955.9

11-11 续表 单位：元/人

地　区	四、生活用品及服务支出	五、交通通信支出	六、教育文化娱乐支出	七、医疗保健支出	八、其他用品及服务支出
全　国	**624.9**	**1508.1**	**1170.7**	**868.2**	**196.3**
北　京	1589.5	2725.7	1312.8	1467.5	203.8
天　津	1099.6	2897.3	1343.0	1280.2	291.9
河　北	665.9	1688.4	1014.1	899.7	207.1
山　西	383.1	1028.0	1126.5	742.9	145.7
内蒙古	522.0	2055.6	1638.6	1091.6	258.2
辽　宁	504.6	1744.3	1294.9	1099.6	201.7
吉　林	405.3	1531.0	1302.5	1166.6	213.9
黑龙江	427.2	1667.7	1362.1	1429.0	227.1
上　海	930.6	2365.9	1219.7	775.9	346.9
江　苏	939.9	2619.1	1450.5	1170.9	392.1
浙　江	834.4	3099.7	1590.2	1089.0	260.5
安　徽	584.2	1345.6	1074.7	835.7	178.1
福　建	710.9	1554.8	1174.6	753.2	299.9
江　西	536.8	1067.3	1004.1	621.9	165.7
山　东	663.8	1709.4	1140.8	911.0	150.6
河　南	646.9	1245.3	1030.2	749.7	165.8
湖　北	704.0	1380.1	1330.4	1082.6	294.0
湖　南	641.0	1233.6	1709.9	984.9	161.2
广　东	714.4	1421.8	1185.0	720.9	278.6
广　西	462.8	1284.0	1127.3	748.0	129.9
海　南	374.8	1041.5	1196.9	524.2	169.6
重　庆	730.4	1334.1	1226.1	748.0	180.7
四　川	769.1	1377.5	847.3	855.7	205.3
贵　州	439.5	1079.4	1183.3	482.1	110.5
云　南	446.5	1308.5	1043.9	553.4	81.5
西　藏	430.5	794.1	238.5	94.9	109.9
陕　西	568.4	1114.4	1079.0	1086.9	176.3
甘　肃	475.1	1015.9	992.2	672.8	129.5
青　海	486.3	1629.0	897.1	1008.9	263.8
宁　夏	560.7	1675.2	1212.4	872.7	180.8
新　疆	407.5	1421.3	736.2	835.5	110.6

11-12　2017年分地区农村居民现金消费支出构成

单位：%

地　区	现金消费支出	一、食品烟酒支出	二、衣着支出	三、居住支出
全　国	**100.0**	**33.0**	**6.9**	**10.8**
北　京	100.0	30.9	7.1	11.4
天　津	100.0	33.6	8.0	9.7
河　北	100.0	29.8	7.5	13.7
山　西	100.0	28.8	8.3	13.4
内蒙古	100.0	26.8	8.0	12.2
辽　宁	100.0	28.1	7.5	12.0
吉　林	100.0	29.6	8.0	8.4
黑龙江	100.0	28.3	8.3	8.8
上　海	100.0	40.6	6.5	13.6
江　苏	100.0	31.7	6.8	11.1
浙　江	100.0	35.6	6.6	10.3
安　徽	100.0	38.0	6.3	10.7
福　建	100.0	42.2	5.8	10.4
江　西	100.0	36.4	6.7	11.5
山　东	100.0	31.5	6.5	10.7
河　南	100.0	30.3	9.2	11.1
湖　北	100.0	29.9	6.9	10.1
湖　南	100.0	30.1	5.9	11.4
广　东	100.0	44.6	4.4	9.7
广　西	100.0	31.6	4.0	11.7
海　南	100.0	46.6	4.0	7.8
重　庆	100.0	34.5	7.1	8.5
四　川	100.0	35.9	7.9	9.0
贵　州	100.0	29.6	6.7	10.9
云　南	100.0	30.2	5.3	7.9
西　藏	100.0	41.7	15.4	7.8
陕　西	100.0	29.1	6.9	11.7
甘　肃	100.0	30.3	7.8	11.5
青　海	100.0	28.9	7.9	12.4
宁　夏	100.0	26.0	8.4	13.0
新　疆	100.0	29.4	9.7	13.0

11-12 续表 单位：%

地区	四、生活用品及服务支出	五、交通通信支出	六、教育文化娱乐支出	七、医疗保健支出	八、其他用品及服务支出
全　国	**7.1**	**17.0**	**13.2**	**9.8**	**2.2**
北　京	11.0	18.9	9.1	10.2	1.4
天　津	7.8	20.4	9.5	9.0	2.1
河　北	7.3	18.5	11.1	9.9	2.3
山　西	5.5	14.8	16.3	10.7	2.1
内蒙古	5.0	19.6	15.6	10.4	2.5
辽　宁	5.4	18.8	14.0	11.9	2.2
吉　林	4.7	17.9	15.2	13.7	2.5
黑龙江	4.6	17.8	14.6	15.3	2.4
上　海	6.5	16.5	8.5	5.4	2.4
江　苏	7.2	20.1	11.1	9.0	3.0
浙　江	5.8	21.4	11.0	7.5	1.8
安　徽	6.5	15.1	12.0	9.4	2.0
福　建	6.6	14.4	10.9	7.0	2.8
江　西	7.2	14.3	13.4	8.3	2.2
山　东	7.4	19.1	12.8	10.2	1.7
河　南	8.3	16.0	13.3	9.7	2.1
湖　北	7.8	15.3	14.7	12.0	3.3
湖　南	7.1	13.7	19.0	10.9	1.8
广　东	6.8	13.6	11.3	6.9	2.7
广　西	6.5	18.0	15.8	10.5	1.8
海　南	4.7	13.1	15.1	6.6	2.1
重　庆	8.6	15.8	14.5	8.9	2.1
四　川	8.9	16.0	9.9	10.0	2.4
贵　州	7.1	17.3	19.0	7.7	1.8
云　南	7.4	21.6	17.2	9.1	1.3
西　藏	9.0	16.7	5.0	2.0	2.3
陕　西	7.4	14.5	14.0	14.1	2.3
甘　肃	7.3	15.6	15.2	10.3	2.0
青　海	5.8	19.3	10.6	11.9	3.1
宁　夏	6.6	19.6	14.2	10.2	2.1
新　疆	5.6	19.4	10.0	11.4	1.5

11-13 农村居民按收入五等份分组的人均可支配收入

单位：元/人

组 别	2013年	2014年	2015年	2016年	2017年
低收入户 (20%)	2877.9	2768.1	3085.6	3006.5	3301.9
中等偏下户 (20%)	5965.6	6604.4	7220.9	7827.7	8348.6
中等收入户 (20%)	8438.3	9503.9	10310.6	11159.1	11978.0
中等偏上户 (20%)	11816.0	13449.2	14537.3	15727.4	16943.6
高收入户 (20%)	21323.7	23947.4	26013.9	28448.0	31299.3

11-14 农村居民按东、中、西部及东北地区分组的人均可支配收入

单位：元/人

组 别	2013年	2014年	2015年	2016年	2017年
东部地区	11856.8	13144.6	14297.4	15498.3	16822.1
中部地区	8983.2	10011.1	10919.0	11794.3	12805.8
西部地区	7436.6	8295.0	9093.4	9918.4	10828.6
东北地区	9761.5	10802.1	11490.1	12274.6	13115.8

11-15 农村贫困状况

年　份	贫困人口(万人)	贫困发生率(%)
1978	77039	97.5
1980	76542	96.2
1985	66101	78.3
1990	65849	73.5
1995	55463	60.5
2000	46224	49.8
2005	28662	30.2
2010	16567	17.2
2011	12238	12.7
2012	9899	10.2
2013	8249	8.5
2014	7017	7.2
2015	5575	5.7
2016	4335	4.5
2017	3046	3.1

注：现行农村贫困标准为每人每年2300元，2010年不变价。

11-16 1978-2017年农村居民人均可支配收入增长情况

年 份	人均可支配收入 (元)	比上年名义增长 (%)	比上年实际增长 (%)	指 数 1978年=100
1978	133.6	—	—	100.0
1979	160.2	19.9	19.2	119.2
1980	191.3	19.5	16.6	139.0
1981	223.4	16.8	15.4	160.4
1982	270.1	20.9	19.9	192.3
1983	309.8	14.7	14.2	219.6
1984	355.3	14.7	13.6	249.5
1985	397.6	11.9	7.8	268.9
1986	423.8	6.6	3.2	277.6
1987	462.6	9.2	5.2	292.0
1988	544.9	17.8	6.4	310.7
1989	601.5	10.4	-1.6	305.7
1990	686.3	14.1	1.8	311.2
1991	708.6	3.2	2.0	317.4
1992	784.0	10.6	5.9	336.2
1993	921.6	17.6	3.2	346.9
1994	1221.0	32.5	5.0	364.3
1995	1577.7	29.2	5.3	383.6
1996	1926.1	22.1	9.0	418.1
1997	2090.1	8.5	4.6	437.3
1998	2171.2	3.9	4.7	458.1
1999	2229.1	2.7	4.2	477.5
2000	2282.1	2.4	2.5	489.6
2001	2406.9	5.5	4.7	512.3
2002	2528.9	5.1	5.3	539.2
2003	2690.3	6.4	4.8	564.9
2004	3026.6	12.5	7.3	606.1
2005	3370.2	11.4	6.7	646.6
2006	3731.0	10.7	7.9	697.6
2007	4327.0	16.0	10.0	767.7
2008	4998.8	15.5	8.5	833.1
2009	5435.1	8.7	9.0	908.3
2010	6272.4	15.4	11.4	1012.1
2011	7393.9	17.9	11.4	1127.4
2012	8389.3	13.5	10.7	1248.1
2013	9429.6	12.4	9.3	1364.5
2014	10488.9	11.2	9.2	1490.5
2015	11421.7	8.9	7.5	1602.3
2016	12363.4	8.2	6.2	1702.1
2017	13432.4	8.6	7.3	1825.5

注：1.表中2013-2017年人均可支配收入来源于住户收支与生活状况调查，1978-2012年数据根据历史数据按照新口径推算获得。

2.可支配收入绝对数按当年价格计算，指数按可比价计算。

12

农村文化、教育、卫生及社会服务

12-1 乡村教育情况

指　　标	单 位	1995年	2000年	2013年	2014年	2015年	2016年	2017年
一、高　　中								
学 校 数	所	3112	2629	708	667	668	652	675
班　　数	万个	2.3	2.9	1.5	1.5	1.5	1.5	1.5
毕业生数	万人	33.1	39.2	26.0	25.2	24.7	23.3	23.1
招 生 数	万人	44.7	64.4	28.1	27.0	27.0	27.0	27.8
在校生数	万人	113.2	157.8	81.5	78.6	77.0	75.7	77.9
专任教师	万人	9.4	10.4	5.5	5.5	5.5	5.5	5.7
二、初　　中								
学 校 数	所	45626	39313	18485	17707	16991	16171	15288
班　　数	万个	50.9	60.1	17.8	16.6	15.7	15.1	14.7
毕业生数	万人	684.6	903.8	313.9	251.1	235.3	224.7	207.9
招 生 数	万人	1017.3	1265.9	274.5	249.7	232.3	227.1	224.0
在校生数	万人	2659.8	3428.5	814.5	748.5	702.5	667.0	643.4
专任教师	万人	149.9	168.2	73.1	68.5	64.5	60.8	57.5
三、小　　学								
学 校 数	万所	55.9	44.0	14.0	12.9	11.8	10.6	9.6
班　　数	万个	309.4	274.6	113.9	109.7	106.9	104.8	101.4
毕业生数	万人	1328.7	1567.6	560.3	474.3	440.9	432.3	430.8
招 生 数	万人	1791.1	1253.7	591.8	534.7	539.1	517.2	486.9
在校生数	万人	9306.2	8503.7	3217.0	3049.9	2965.9	2891.7	2775.4
专任教师	万人	382.7	367.8	219.9	211.6	203.6	197.5	177.2

注：1.高中包括完全中学在内。
2.2011年，教育事业统计报表进行了全面改革，实施了国家统计局首次颁布的《统计用城乡划分代码》。新的城乡划分标准，将原来的城市、县镇、农村的三个分类调整为三大类七小类，即城区(含主城区、城乡结合部)、镇区(含镇中心区、镇乡结合区、特殊区域)、乡村(含乡中心区、村庄)。因城乡划分口径发生了变化，故城乡数据不与往年做比较。
3.本表数据来自教育部。

12-2 农村乡(镇)卫生院情况

指　　标	单 位	1995年	2000年	2013年	2014年	2015年	2016年	2017年
乡(镇)卫生院	个	51797	49229	37015	36902	36817	36795	36551
卫生人员	人	1051752	1169826	1233858	1247299	1277697	1320841	1360272
床　　位	张	733064	734807	1136492	1167245	1196122	1223891	1292076

注：本表数据来自卫健委。

12-3 各地区乡(镇)卫生院、床位数和卫生人员数

地　区	乡(镇)卫生院(个)	卫生人员数(人)	床　位(张)
全国总计	**36551**	**1360272**	**1292076**
北　京			
天　津	142	5377	4017
河　北	1972	57151	70892
山　西	1308	25243	31014
内蒙古	1313	21648	21807
辽　宁	1014	24696	30515
吉　林	780	24639	17945
黑龙江	982	23747	23947
上　海			
江　苏	1057	88759	67806
浙　江	1150	54714	17917
安　徽	1367	52251	56758
福　建	881	37138	29940
江　西	1582	47477	54432
山　东	1612	104455	95369
河　南	2055	105910	108084
湖　北	1137	79661	72127
湖　南	2229	85483	100353
广　东	1192	90942	58822
广　西	1264	73383	63035
海　南	299	11226	6130
重　庆	881	33097	41127
四　川	4466	108961	127062
贵　州	1362	44940	41754
云　南	1355	47198	50003
西　藏	678	3842	3569
陕　西	1549	45530	35140
甘　肃	1374	27849	25758
青　海	404	5290	4506
宁　夏	220	5101	3354
新　疆	926	24564	28893

注：本表数据来自卫健委。

12-4 各地区农村村卫生室和人员情况

地　　区	村卫生室（个）	设卫生室的村数占行政村数比重（%）	乡村医生和卫生员（人）	平均每千农村人口村卫生室人员（人）
全国总计	**632057**	**92.8**	**968611**	**1.52**
北　京	2696	68.8	3247	
天　津	2541	69.0	4973	10.75
河　北	60225	100.0	79741	2.12
山　西	28942	100.0	37935	2.09
内蒙古	13625	100.0	18128	1.70
辽　宁	19519	100.0	23995	1.43
吉　林	10108	100.0	16097	1.38
黑龙江	10842	100.0	21688	1.44
上　海	1187	74.9	829	7.55
江　苏	15319	100.0	30934	1.48
浙　江	11535	42.0	7792	0.90
安　徽	15331	100.0	40869	1.37
福　建	18608	100.0	25256	1.37
江　西	29734	100.0	43421	1.53
山　东	53024	71.5	109657	2.13
河　南	56462	100.0	109457	1.78
湖　北	24636	98.7	39530	1.57
湖　南	42144	100.0	44460	1.26
广　东	26459	100.0	24051	0.90
广　西	20770	100.0	34147	1.01
海　南	2638	100.0	3012	1.02
重　庆	10991	100.0	20076	1.60
四　川	56216	100.0	64771	1.44
贵　州	20543	100.0	35105	0.94
云　南	13446	100.0	37308	1.08
西　藏	5324	100.0	12685	5.28
陕　西	24978	100.0	31853	1.54
甘　肃	17032	100.0	21358	1.76
青　海	4518	100.0	7121	2.09
宁　夏	2301	100.0	3244	1.48
新　疆	10363	100.0	15871	1.33

注：本表数据来自卫健委。

12-5 各地区农村养老服务和文化机构情况

地　区	养老机构数（个）	年末收养人数（人）	乡镇文化站（个）
全　国	**15006**	**1013356**	**33997**
北　京	270	20372	
天　津	53	2610	
河　北	494	33502	
山　西	268	12748	
内蒙古	307	13346	
辽　宁	353	20855	
吉　林	579	27695	
黑龙江	144	22392	
上　海	202	25285	
江　苏	1252	112620	
浙　江	840	53978	
安　徽	846	61295	
福　建	97	2641	
江　西	893	81291	
山　东	855	62316	
河　南	570	35506	
湖　北	1103	86281	
湖　南	1132	53236	
广　东	985	23472	
广　西	44	1953	
海　南	1	221	
重　庆	315	14909	
四　川	1877	157827	
贵　州	618	27211	
云　南	235	13472	
西　藏	3	312	
陕　西	349	28516	
甘　肃	126	5276	
青　海	27	1043	
宁　夏	60	3515	
新　疆	108	7660	

注：本表数据来自民政部。

12-6 2017年各地区农村社会救济情况

单位：万人、亿元

地　区	农村居民最低生活保障人数	农村最低生活保障支出	农村特困人员集中供养人数	农村特困人员分散供养人数
全　国	**4045.2**	**1051.8**	**99.6**	**367.2**
北　京	4.4	4.0	0.2	0.3
天　津	9.1	8.0	0.1	1.0
河　北	160.2	41.3	3.2	20.0
山　西	111.2	31.5	1.8	12.9
内蒙古	119.9	36.3	1.1	7.3
辽　宁	73.0	22.3	2.4	10.7
吉　林	70.3	16.1	2.0	8.8
黑龙江	105.2	24.4	2.3	9.0
上　海	3.5	2.3	0.1	0.1
江　苏	97.2	39.8	6.4	13.7
浙　江	59.2	28.6	2.6	0.1
安　徽	155.5	46.0	9.1	30.7
福　建	39.1	13.6	0.6	6.1
江　西	175.7	47.8	11.5	9.6
山　东	181.6	52.1	6.2	14.9
河　南	288.1	56.3	7.7	41.2
湖　北	137.9	41.4	4.8	19.8
湖　南	124.9	39.8	6.1	31.8
广　东	146.8	47.7	2.1	20.5
广　西	253.9	57.6	1.8	23.2
海　南	18.1	4.6	0.2	2.4
重　庆	60.2	21.5	1.7	9.4
四　川	366.3	72.9	13.9	32.0
贵　州	260.0	70.9	3.6	4.8
云　南	329.9	73.5	1.6	12.2
西　藏	22.7	4.7	0.9	0.6
陕　西	87.6	30.7	2.9	9.0
甘　肃	299.3	53.3	0.8	10.3
青　海	42.6	10.8	0.3	1.7
宁　夏	38.1	13.0	0.2	0.8
新　疆	203.6	39.0	1.4	2.5

注：本表数据来自民政部。

13

国有农场

13-1　农垦系统国有农场基本情况

指　　标	单位	2003年	2016年	2017年	2017年比2016年增加	
					绝对数	%
一、农场数	**个**	**1967.0**	**1781.0**	**1758.0**	**-23.0**	**-1.3**
二、职工人数	**万人**	**353.7**	**276.7**	**271.5**	**-5.1**	**-1.9**
三、耕地面积	**千公顷**	**4690.1**	**6446.9**	**6455.6**	**8.7**	**0.1**
四、农业机械总动力	**亿瓦**	**129.9**	**296.5**	**302.6**	**6.1**	**2.1**
大中型农用拖拉机	万台	7.0	21.6	22.2	0.5	2.5
小型及手扶拖拉机	万台	24.5	26.8	30.1	3.3	12.4
农用排灌动力机械	万台	17.7	29.4	28.7	-0.7	-2.4
联合收割机	万台	1.8	9.4	6.4	-3.0	-32.1
农用化肥施用量(折纯量)	万吨	143.9	273.9	277.98	4.1	1.5
农场用电量	亿千瓦小时	64.2	173.6	238.8	65.2	37.6
五、农业总产值						
按当年价格计算	亿元	846.3	3457.8	3837.2	379.4	11.0
六、主要农产品产量						
粮食总产量	万吨	1342.6	3483.2	3515.5	32.3	0.9
棉花总产量	万吨	103.4	187.7	208.6	20.9	11.1
油料总产量	万吨	71.9	81.7	76.6	-5.1	-6.3
肉类总产量	万吨	108.4	251.0	258.2	7.2	2.9

13-2 各地区农垦系统国有农场基本情况

地区	农场数(个)		职工人数(万人)		耕地面积(千公顷)	
	2016年	2017年	2016年	2017年	2016年	2017年
全国	**1781**	**1758**	**276.7**	**271.5**	**6446.9**	**6455.6**
北京	9	9	3.4	4.3	1.4	1.4
天津	13	13	1.1	1.0	2.9	2.8
河北	33	33	6.3	6.1	96.7	92.8
山西	26	24	0.4	0.4	6.6	6.5
内蒙古	104	104	10.8	9.6	669.1	671.8
辽宁	106	106	21.8	22.2	157.7	152.6
吉林	92	92	3.8	3.2	130.1	130.9
黑龙江	113	113	29.1	28.6	2908.9	2917.4
上海	19	19	9.4	8.9	35.8	36.1
江苏	19	18	5.6	5.2	65.5	64.8
浙江	50	50	0.3	0.1	3.8	4.1
安徽	20	20	2.1	2.0	30.2	30.2
福建	112	112	2.7	2.6	9.4	9.2
江西	156	156	36.2	35.8	83.4	83.5
山东	14	14	0.4	0.4	14.0	14.8
河南	96	96	3.3	2.8	29.6	29.0
湖北	53	53	37.0	36.2	132.0	131.8
湖南	69	69	14.8	14.6	67.1	67.2
广东	48	47	4.9	4.6	37.9	37.2
广西	41	41	2.7	2.5	34.0	33.7
海南	41	28	8.5	7.2	36.4	36.3
重庆	17	17	0.7	0.7	0.3	0.3
四川	34	33	0.2	0.2	0.9	0.8
贵州	37	37	0.4	0.4	1.8	1.8
云南	43	43	5.9	5.6	13.1	12.3
陕西	12	12	0.4	0.4	9.6	10.2
甘肃	26	24	1.4	1.4	67.3	69.6
青海	19	21	0.8	0.0	152.3	155.3
宁夏	14	14	1.3	1.2	43.3	41.3
新疆	345	340	60.8	63.2	1605.9	1610.1

13-2 续表 1

地区	农业机械总动力(万千瓦)		大中型拖拉机(台)		农用载重汽车(辆)	
	2016年	2017年	2016年	2017年	2016年	2017年
全国	**2965.4**	**3025.9**	**216240**	**221487**	**90672**	**81764**
北京	3.1	3.2	73	71	26	24
天津	2.5	2.6	84	105	92	106
河北	116.3	105.0	6229	4791	9452	5598
山西	2.7	2.7	51	46	190	194
内蒙古	203.0	207.2	14655	15833	7421	7115
辽宁	124.9	127.4	5516	5561	15626	13681
吉林	117.1	120.1	5599	5705	4088	4092
黑龙江	1045.1	1099.2	80934	84509	6283	4910
上海	20.3	28.4	1474	1465	30	27
江苏	51.8	53.2	3538	3883	536	737
浙江	1.1	1.1	44	42	39	35
安徽	46.5	46.6	2945	3024	1203	1207
福建	7.1	7.1	115	85	657	656
江西	53.0	51.5	1890	1955	1883	1770
山东	4.9	5.0	508	444	138	147
河南	29.8	30.2	1281	1287	996	990
湖北	192.0	183.1	8767	8901	9344	9200
湖南	97.7	97.7	3885	3899	2299	2301
广东	43.1	44.2	608	573	1374	901
广西	33.2	35.1	1798	1807	1167	1192
海南	32.1	32.1	466	464	2569	2569
重庆	0.7	0.7	7	7	5	5
四川	0.2	0.2				
贵州	2.0	2.0	56	56		
云南	20.5	20.3	918	867	982	987
陕西	4.9	4.7	194	215	705	713
甘肃	34.2	30.5	7129	6927	1149	1077
青海	5.7	5.0	343	307	992	983
宁夏	33.2	31.4	2599	2630	2665	1812
新疆	636.6	648.4	64534	66028	18851	18735

13-2 续表 2

地 区	化肥施用量(万吨)		现价农业总产值(万元)	
	2016年	2017年	2016年	2017年
全 国	**273.9**	**277.8**	**34577886**	**38371780**
北 京	0.2	0.2	478156	477746
天 津	0.1		110499	113398
河 北	3.4	5.2	954023	1010991
山 西	0.4	0.7	26660	33211
内蒙古	17.1	17.5	1263740	1244442
辽 宁	12.9	12.7	1740235	1864642
吉 林	3.9	3.9	386482	386586
黑龙江	57.0	56.4	8858226	9834446
上 海	1.9	1.9	722543	870198
江 苏	7.1	7.7	600486	412963
浙 江	0.5	0.4	44896	48493
安 徽	3.0	2.8	190684	210619
福 建	3.6	3.3	244845	241967
江 西	7.1	7.0	539122	551618
山 东	0.9	1.2	105442	102580
河 南	2.7	2.5	252700	270184
湖 北	15.7	16.4	2191727	2379825
湖 南	12.8	12.9	570182	581372
广 东	6.2	6.7	1008818	1093616
广 西	5.6	6.0	947569	1023607
海 南	18.5	7.6	1170146	1476255
重 庆			121980	141200
四 川	0.1	0.1	9116	17057
贵 州	0.4	0.5	46537	54645
云 南	7.2	7.6	576352	721689
陕 西	1.0	0.9	38109	46184
甘 肃	4.0	0.7	206901	252449
青 海	0.6	0.7	40819	55179
宁 夏	3.8	3.7	273326	298453
新 疆	76.3	90.6	10857565	12556165

13-3 农垦系统国有农场种植业生产情况

指标	单位	2000年	2007年	2016年	2017年	2017年比2016年增加	
						绝对数	%
农作物总播种面积	**千公顷**	**4755.8**	**5633.4**	**6930.1**	**6872.7**	**-57.4**	**-0.8**
一、粮食播种面积	**千公顷**	**3163.9**	**3725.5**	**4996.3**	**4894.1**	**-102.2**	**-2.0**
每公顷产量	千克	4631.0	5804.0	6971.0	7181.0	210.0	3.0
总产量	万吨	1465.2	2162.3	3483.2	3515.2	32.0	0.9
1.谷物	万吨	1252.1	1969.5	3249.7	3198.4	-51.3	-1.6
其中：稻谷	万吨	818.6	1180.9	1841.5	1942.8	101.3	5.5
小麦	万吨	255.0	234.8	341.0	292.2	-48.8	-14.3
玉米	万吨	147.4	479.8	1035.8	933.4	-102.4	-9.9
2.豆类	万吨	200.6	154.7	176.7	236.8	60.1	34.0
其中：大豆	万吨	184.8	133.2	166.0	228.5	62.5	37.7
3.薯类	万吨	12.6	38.1	56.7	80.3	23.6	41.6
二、棉花播种面积	**千公顷**	**527.3**	**803.8**	**732.1**	**796.4**	**64.3**	**8.8**
每公顷产量	千克	1577.0	1960.0	2564.0	2619.0	55.0	2.1
总产量	吨	831595	1575568	1876946	2085824	208877.7	11.1
三、油料播种面积	**千公顷**	**461.2**	**338.9**	**361.2**	**337.2**	**-24.0**	**-6.6**
每公顷产量	千克	1545	1784	2262	2271	9.0	0.4
总产量	吨	712461	604419	817078	765695	-51383.3	-6.3
四、糖料播种面积	**千公顷**	**103.6**	**121.2**	**85.9**	**90.4**	**4.5**	**5.2**
每公顷产量	千克	56927.0	71327.0	85530.0	85748.0	218.0	0.3
总产量	吨	5894802	8643443	7345254	7747842	402587.5	5.5
五、麻类播种面积	**千公顷**	**9.4**	**39.5**	**5.1**	**5.1**		
每公顷产量	千克	3175	3485	5051	5886	835.0	16.5
总产量	吨	29689	137611	25561	30014	4453.0	17.4

13-4 各地区农垦系统国有农场农作物主要产品产量

地 区	粮 食 (万吨)	棉 花 (吨)	油 料 (吨)	糖 料 (吨)	麻 类 (吨)
全 国	**3515.5**	**2085825**	**765695**	**7747842**	**30014**
北 京	0.1		4		
天 津	1.3	147			
河 北	65.3	5076	1614	16394	
山 西	3.2	16	276	450	
内蒙古	199.0		212048	121291	7984
辽 宁	140.3		16982	3135	
吉 林	86.0		16987		
黑龙江	2094.1		8757	36735	14748
上 海	24.5		1173		
江 苏	116.8	48			
浙 江	1.1	15	73		
安 徽	33.3	162	1718		14
福 建	4.7		3041	4079	
江 西	72.2	3376	27651	8494	
山 东	8.7	1446	155	240	
河 南	28.7	442	24527		
湖 北	98.7	11585	77416	8693	33
湖 南	64.6	13822	63180	62001	2988
广 东	5.4		6724	2150921	2
广 西	1.7		3721	2386029	
海 南	12.7		4525	222964	
重 庆	0.4				
四 川	0.3		17		
贵 州	0.7		762		
云 南	5.9		100	432282	
陕 西	9.2	75	1057		
甘 肃	27.3	7661	20558	19178	
青 海	3.5		7591	700	
宁 夏	35.5		2236		
新 疆	370.4	2041954	262801	2274256	4245

13-5 农垦系统国有农场茶、桑、果、林业生产情况

指 标	单位	2000年	2010年	2016年	2017年	2017年比2016年增加	
						绝对数	%
一、年末实有茶园面积	**千公顷**	**34.1**	**31.3**	**28.9**	**28.5**	**-0.4**	**-1.4**
茶叶总产量	万吨	3.9	4.6	5.1	5.2	0.1	2.0
二、年末实有桑园面积	**千公顷**	**3.9**	**1.5**	**1.6**	**1.0**	**-0.6**	**-37.5**
三、年末实有果园面积	**千公顷**	**193.6**	**371.9**	**418.5**	**418.0**	**-0.5**	**-0.1**
水果总产量	万吨	118.6	323.4	677.5	737.5	60.0	8.9
其中：苹 果	万吨	24.1	40.6	91.3	103.4	12.1	13.3
梨	万吨	27.1	53.6	68.8	84.4	15.6	22.7
柑 桔	万吨	11.8	22.8	34.5	37.2	2.7	7.8
四、年末实有橡胶园面积	**千公顷**	**382.3**	**469.4**	**453.6**	**453.6**		
当年橡胶平均开割面积	千公顷		320.6	297.2	297.2		
每公顷产干胶	千克	1172.0	1023.0	962.3	962.3		
全年干胶总产量	万吨	34.7	32.8	28.6	27.0	-1.6	-5.6
五、当年造林面积	**千公顷**	**75.8**	**88.2**	**73.6**	**135.6**	**62.0**	**84.2**
用 材 林	千公顷	21.4	19.0	13.0	20.4	7.4	56.9
经 济 林	千公顷	6.1	11.6	28.7	29.8	1.1	3.8
防 护 林	千公顷	47.3	56.3	32.8	83.9	51.1	155.8
薪 炭 林	千公顷	0.3	0.3	0.2	0.1	-0.1	-50.0
特种用材林	千公顷	0.7	1.0	0.2	0.1	-0.1	-50.0

13-6　各地区农垦系统国有农场茶、果、干胶、林业生产情况

地　区	茶叶（吨）	水果（吨）	苹果（吨）	梨（吨）	干胶（吨）	造林面积（公顷）
全　国	**51737**	**7375276**	**1033970**	**843641**	**270385**	**135613**
北　京		706	545	34		7
天　津		3862	446	2335		6
河　北		27877	8332	3803		6059
山　西		4220	1283	1		
内蒙古		10437	2682	3626		1417
辽　宁		158792	103803	14172		2010
吉　林		20247	2259	16211		481
黑龙江		22593		1378		1226
上　海	1	1006		243		1228
江　苏	4	2459		2049		281
浙　江	4818	12334		576		
安　徽	14111	37254		26255		25
福　建	6050	115420	140	1190		1123
江　西	4269	80798	25	6634		5235
山　东		967	164			245
河　南	6	61654	21653	25205		106
湖　北	813	124720	166	14890		3750
湖　南	3152	34508		1895		1541
广　东	702	889913			14006	1145
广　西	600	368364		221	92	229
海　南	542	462527			120847	76753
重　庆		5075		10		
四　川	1074	1184	204	23		1
贵　州	5340	16182	40	45		
云　南	10255	284863			135440	61
陕　西		8646	604	640		
甘　肃		56291	8253	33982		451
青　海						3010
宁　夏		57308	19345	2134		236
新　疆		4505070	852650	686090		28931

13-7 农垦系统国有农场畜牧业、渔业生产情况

指　　标	单位	2000年	2010年	2016年	2017年	2017年比2016年增加	
						绝对数	%
一、大牲畜年末头数	**万头**	**214.6**	**319.2**	**292.0**	**300.5**	**8.5**	**2.9**
#役畜	万头	55.0	18.9	8.3	8.3		
牛	万头	173.1	292.0	258.1	265.1	7.0	2.7
#良种及改良奶牛	万头	51.0	143.1	137.6	143.7	6.1	4.4
马	万匹	25.8	17.4	25.1	25.6	0.5	2.0
驴	万头	9.8	5.7	4.8	5.7	0.9	18.8
骡	万头	1.8	1.1	0.3	0.2	-0.1	-20.0
骆驼	万头	4.1	3.0	3.7	3.9	0.2	6.3
二、猪年末头数	**万头**	**478.1**	**1134.2**	**1239.0**	**1263.7**	**24.7**	**2.0**
三、羊年末只数	**万只**	**1104.7**	**1298.8**	**1437.2**	**1369.8**	**-67.4**	**-4.7**
山　羊	万只	216.3	318.9	242.3	229.4	-12.9	-5.3
绵　羊	万只	888.4	979.9	1195.0	1140.4	-54.6	-4.6
四、家禽年末只数	**万只**	**4918.2**	**11811.2**	**14512.5**	**15722.4**	**1209.9**	**8.3**
五、兔年末只数	**万只**	**74.3**	**72.7**	**88.0**	**77.8**	**-10.2**	**-11.6**
六、畜产品产量							
肉猪出栏头数	万头	643.5	1943.8	1818.2	1841.8	23.6	1.3
猪牛羊肉产量	万吨	68.3	190.4	185.4	189.4	4.0	2.1
其中：猪肉产量	万吨	51.1	148.9	147.5	150.9	3.4	2.3
牛奶产量	万吨	116.5	366.1	379.0	385.1	6.2	1.6
禽蛋产量	万吨	20.4	39.7	50.5	54.4	3.9	7.8
鹿茸产量	吨	41.5	77.5	77.0	66.5	-10.5	-13.6
羊毛产量	吨	20866	27201.0	33952.0	34357.0	405.0	1.2
七、水产品产量	**万吨**	**49.1**	**115.2**	**148.4**	**160.9**	**12.5**	**8.4**

13-8　各地区农垦系统国有农场畜牧业、渔业生产情况

地　　区	大牲畜年末头数（万头）	牛年末头数（万头）	#奶牛	猪年末头数（万头）	羊年末只数（万只）	家禽年末只数（万只）
全　　国	**300.5**	**265.1**	**143.7**	**1263.7**	**1369.8**	**15722.4**
北　　京	9.0	9.0	9.0	5.0		290.0
天　　津	3.5	3.2	3.2	2.3		83.9
河　　北	19.6	19.2	17.4	37.7	10.6	297.9
山　　西	1.1	1.1	0.9	1.1	11.0	14.2
内 蒙 古	36.4	32.1	22.6	13.5	267.3	101.6
辽　　宁	8.5	7.7	1.9	103.2	15.4	6506.0
吉　　林	4.9	4.5	0.5	20.9	19.1	410.5
黑 龙 江	20.4	19.3	13.5	88.3	24.6	864.9
上　　海	8.9	8.9	8.9	74.6		89.8
江　　苏	0.7	0.7	0.7	13.9	0.7	544.1
浙　　江				3.2	0.1	8.6
安　　徽	0.3	0.3	0.1	4.7	1.1	120.4
福　　建	1.0	1.0	0.2	26.5	1.1	207.5
江　　西	4.0	4.0	0.4	58.7	1.7	248.5
山　　东	0.9	0.9	0.9	5.6	0.7	26.6
河　　南	0.9	0.9	0.5	47.3	1.1	62.9
湖　　北	3.6	3.6	0.7	126.5	6.5	1252.0
湖　　南	5.2	5.2		128.0	3.3	364.0
广　　东	3.5	3.5	1.9	68.9	0.5	502.3
广　　西	1.1	1.1	0.2	168.5	0.2	280.6
海　　南	4.0	4.0		62.3	22.1	1375.7
重　　庆	3.0	3.0	3.0	11.0		100.0
四　　川	7.3	7.0	0.1	0.3	2.5	0.1
贵　　州	1.6	1.6	1.5	0.5	0.5	8.0
云　　南	1.0	1.0	0.1	8.0	1.3	243.2
陕　　西	0.2	0.2	0.1	1.3	4.1	5.8
甘　　肃	1.5	1.5	1.0	1.2	18.1	21.3
青　　海	11.7	11.5	3.0	0.7	24.2	6.9
宁　　夏	5.6	5.6	4.7	3.6	7.2	36.8
新　　疆	131.4	103.7	46.8	176.7	925.0	1648.8

13-8 续表

地　区	肉猪出栏头数 (万头)	肉类总产量 (吨)	奶产量 (吨)	水产品产量 (吨)
全　国	**1841.8**	**2582309**	**3851483**	**1609429**
北　京	5.6	97039	411119	
天　津	2.3	3181	166383	16747
河　北	61.4	73155	515048	113425
山　西	1.2	3721	27307	13
内蒙古	21.5	88339	219353	4270
辽　宁	139.5	348464	123834	402802
吉　林	24.3	46678	12411	980
黑龙江	158.3	295839	418404	32314
上　海	109.0	84463	485454	173243
江　苏	22.0	45775	21885	60391
浙　江	7.2	4815		4926
安　徽	7.4	14456	2144	6189
福　建	33.8	30546	3561	22702
江　西	92.9	92944	12442	51981
山　东	3.3	3805	8597	6503
河　南	66.2	51063	15718	7973
湖　北	172.3	167906	27618	443789
湖　南	186.0	164840	746	81959
广　东	114.3	128517	89839	43908
广　西	221.8	169856	5334	19069
海　南	75.9	102350		33885
重　庆	9.0	13050	97500	4000
四　川	0.3	1823	5248	9
贵　州	0.3	506	50112	24
云　南	9.5	12595	812	9940
陕　西	0.9	1130	3503	43
甘　肃	1.6	4486	30306	67
青　海	0.5	4057	161	
宁　夏	4.8	8528	225399	12047
新　疆	288.9	518382	871245	56075

西部大开发 12 省（区、市）农村经济情况

14-1 西部大开发12省(区、市)农业机械拥有量

指　　标	单位	1990年	1995年	2000年	2010年	2016年	2017年
农用机械总动力合计	万千瓦	5906.2	7534.3	10706.6	21318.5	26228.2	27121.5
大中型拖拉机	万混合台	20.3	16.3	30.2	134.0	230.2	238.0
小型拖拉机	万台	152.3	192.8	234.5	296.5	311.5	310.1
大中型拖拉机配套农具	万部	20.0	22.6	30.2	181.0	316.4	336.6
小型拖拉机配套农具	万部	108.9	165.2	253.0	409.7	490.1	491.2
农用排灌柴油机	万台	38.6	48.3	84.5	165.5	203.1	205.8
农用排灌电动机	万台	44.6	54.7	89.8	199.0	270.4	283.0
农用水泵	万台	78.0	97.9	164.9	375.3	474.3	476.3
节水灌溉机械	万套	2.4	2.8	7.1	18.4	42.6	44.2
联合收获机	万台	0.8	1.2	2.5	9.3	20.0	20.9
机动脱粒机	万台	34.7	56.9	115.7	351.3	551.2	556.8
农用运输车	万辆	5.3	13.9	39.1	216.3		

14-2 西部大开发12省(区、市)农村电力和农田水利建设情况

指　　标	单位	1990年	1995年	2000年	2010年	2016年	2017年
一、乡村办水电站	**个**	**17623**	**15320**	**10381**	**13137**	**14838**	**14889**
装机容量	万千瓦	138.4	161.7	179.4	2755.4	4132.5	4225.8
发电量	亿千瓦		48.4	63.5	968.0	1381.9	1444.7
二、农村用电量	**亿千瓦小时**	**145.7**	**237.6**	**331.5**	**652.2**	**911.1**	**968.7**
三、农田水利建设情况							
耕地灌溉面积	千公顷	12685.9	13639.3	15174.6	17747.3	19699.2	19903.7

14-3 西部大开发12省(区、市)农用化肥、农膜、柴油和农药使用量

指　　标	单位	1990年	1995年	2000年	2010年	2016年	2017年
一、化肥施用量							
(按折纯法计算)	**万吨**	**570.8**	**825.4**	**1008.6**	**1526.4**	**1813.3**	**1786.3**
氮肥	万吨	371.1	472.4	541.0	700.8	776.4	751.0
磷肥	万吨	105.5	161.2	182.6	247.4	300.2	290.7
钾肥	万吨	28.8	54.3	79.6	154.3	194.3	192.2
复合肥	万吨	65.4	137.8	205.4	407.0	542.3	552.4
二、农用塑料薄膜使用量	**吨**		**219243**	**396198**	**717558**	**1018575**	**983920**
#地膜使用量	吨		167323	304539	511543	747661	727554
地膜覆盖面积	千公顷		2573.7	4983.7	7341.4	9958.0	10447.5
三、农用柴油使用量	**万吨**		**253.2**	**288.2**	**445.3**	**568.9**	**557.3**
四、农药使用量	**万吨**		**15.4**	**20.5**	**31.2**	**38.2**	**35.1**

14-4 西部大开发12省(区、市)自然灾害情况

指　　标	单位	1990年	1995年	2000年	2010年	2016年	2017年
一、受灾面积	**千公顷**	**11692.0**	**14531.0**	**15773.0**	**15532.0**	**9054.8**	**7300.1**
旱灾	千公顷	7209.3	8552.0	11225.0	9084.8	4595.6	4845.7
水灾	千公顷	2174.0	3182.0	2509.0	3882.6	1690.8	1147.5
风雹灾	千公顷	1560.7	1487.0	1104.0	1101.6	1636.3	934.4
霜冻灾	千公顷	748.0	964.0	935.0	1375.5	1073.9	308.8
二、成灾面积	**千公顷**	**5484.0**	**7680.0**	**9358.0**	**8463.5**	**5385.0**	**4239.4**
旱灾	千公顷	3350.7	4573.0	7032.0	6269.9	3020.9	2740.1
水灾	千公顷	1080.0	1793.0	1492.0	1229.4	978.8	632.8
风雹灾	千公顷	652.0	755.0	536.0	413.2	786.8	613.4
霜冻灾	千公顷	401.3	496.0	298.0	532.4	574.2	217.8
三、成灾面积占受灾							
面积的比重	%	46.9	52.9	59.3	54.5	59.5	58.1

14-5 西部大开发12省(区、市)农作物播种面积及构成

单位：千公顷

指　　标	1990年	1995年	2000年	2010年	2016年	2017年
农作物总播种面积	**43507.7**	**45890.4**	**49345.9**	**50850.3**	**55912.6**	**55993.7**
一、粮食作物	**33668.5**	**33920.3**	**34528.8**	**33500.1**	**34779.0**	**34331.8**
1.谷物		26225.8	25756.1	24829.3	26602.6	26005.4
稻谷	7823.5	7467.6	7452.3	6681.6	6352.8	6294.7
小麦	9302.8	9019.6	7999.1	5848.2	5137.9	4990.8
玉米	6458.5	6678.5	7542.1	10682.2	13356.2	12976.8
谷子	603.5	400.1	320.8	282.5	334.2	337.7
高粱	318.2	292.6	257.3	244.6	228.8	232.0
2.豆类		3407.1	3617.6	3389.5	3098.5	3202.0
#大豆	1333.0	1593.2	1960.1	2054.0	2096.3	2170.8
杂豆		1813.9	1657.6	1335.5	1002.2	1031.2
3.薯类	3743.9	4287.6	5155.0	5281.3	5077.9	5124.4
#马铃薯	1847.9	2181.3	2920.0	3758.0	3755.9	3779.4
二、油料作物	**3300.3**	**3687.7**	**4410.4**	**4660.1**	**5149.0**	**5170.1**
#花　生	415.1	496.3	652.0	629.4	677.2	685.5
油菜籽	1820.0	2132.3	2520.9	2953.4	3066.0	3133.6
芝　麻	39.9	38.6	61.7	21.0	25.6	25.9
胡麻籽	500.4	443.6	323.0	190.8	173.0	160.4
向日葵籽	312.5	404.1	609.2	681.8	1044.6	992.8
三、棉花	**682.8**	**981.1**	**1154.3**	**1642.1**	**2095.1**	**2252.4**
四、麻类	**102.1**	**85.0**	**55.2**	**42.7**	**28.8**	**28.4**
#黄红麻	56.9	34.4	12.7	4.0	2.0	1.9
五、糖料	**693.9**	**932.0**	**945.4**	**1434.9**	**1299.1**	**1285.7**
甘蔗	492.6	673.5	818.8	1350.9	1163.5	1136.8
甜菜	201.3	258.8	126.6	84.1	135.6	148.8
六、烟叶	**761.7**	**942.8**	**814.4**	**817.4**	**777.0**	**733.8**
#烤烟	631.1	856.6	719.6	763.6	739.2	697.6
七、药材	**59.4**	**119.2**	**256.2**	**678.2**	**1209.4**	**1334.0**
八、蔬菜、瓜类	**1766.7**	**2538.1**	**3929.9**	**5844.7**	**7702.8**	**7939.0**
九、其他农作物	**2039.4**	**2684.5**	**3252.5**	**2230.2**	**2872.4**	**2918.6**

14-5 续表 (以农作物总播种面积为100) 单位：%

指标	1990年	1995年	2000年	2010年	2016年	2017年
农作物总播种面积	**100.0**	**100.0**	**100.0**	**100.0**	**100.0**	**100.0**
一、粮食作物	**77.4**	**73.9**	**70.0**	**65.9**	**62.2**	**61.3**
1.谷物		57.1	52.2	48.8	47.6	46.4
稻谷	18.0	16.3	15.1	13.1	11.4	11.2
小麦	21.4	19.7	16.2	11.5	9.2	8.9
玉米	14.8	14.6	15.3	21.0	23.9	23.2
谷子	1.4	0.9	0.7	0.6	0.6	0.6
高粱	0.7	0.6	0.5	0.5	0.4	0.4
2.豆类		7.4	7.3	6.7	5.5	5.7
#大豆	3.1	3.5	4.0	4.0	3.7	3.9
杂豆		4.0	3.4	2.6	1.8	1.8
3.薯类	8.6	9.3	10.4	10.4	9.1	9.2
#马铃薯	4.2	4.8	5.9	7.4	6.7	6.7
二、油料作物	**7.6**	**8.0**	**8.9**	**9.2**	**9.2**	**9.2**
#花　生	1.0	1.1	1.3	1.2	1.2	1.2
油菜籽	4.2	4.6	5.1	5.8	5.5	5.6
芝　麻	0.1	0.1	0.1	0.0	0.0	0.0
胡麻籽	1.2	1.0	0.7	0.4	0.3	0.3
向日葵籽	0.7	0.9	1.2	1.3	1.9	1.8
三、棉花	**1.6**	**2.1**	**2.3**	**3.2**	**3.7**	**4.0**
四、麻类	**0.2**	**0.2**	**0.1**	**0.1**	**0.1**	**0.1**
#黄红麻	0.1	0.1	0.0	0.0	0.0	0.0
五、糖料	**1.6**	**2.0**	**1.9**	**2.8**	**2.3**	**2.3**
甘蔗	1.1	1.5	1.7	2.7	2.1	2.0
甜菜	0.5	0.6	0.3	0.2	0.2	0.3
六、烟叶	**1.8**	**2.1**	**1.7**	**1.6**	**1.4**	**1.3**
#烤烟	1.5	1.9	1.5	1.5	1.3	1.2
七、药材	**0.1**	**0.3**	**0.5**	**1.3**	**2.2**	**2.4**
八、蔬菜、瓜类	**4.1**	**5.5**	**8.0**	**11.5**	**13.8**	**14.2**
九、其他农作物	**4.7**	**5.8**	**6.6**	**4.4**	**5.1**	**5.2**

14-6 西部大开发12省(区、市)主要农作物产量

单位：万吨

指　　标	1990年	1995年	2000年	2010年	2016年	2017年
一、粮食作物	**11168.3**	**11729.9**	**12896.3**	**14607.7**	**16822.8**	**16643.6**
1.谷物		10135.3	10920.3	12345.5	14496.8	14253.8
稻谷	4506.9	4498.0	4735.7	4246.5	4294.3	4262.1
小麦	2512.2	2463.0	2307.1	2034.9	2037.7	1956.6
玉米	2372.9	2589.8	3351.1	5644.8	7729.0	7574.4
谷子	87.3	38.1	34.3	42.5	78.9	95.3
高粱	99.3	82.7	70.0	93.5	83.9	83.9
2.豆类		437.4	460.0	572.6	563.6	591.1
#大豆	166.6	187.2	250.4	380.1	377.6	392.2
杂豆		250.2	209.6	192.5	186.0	198.9
3.薯类	854.4	1157.3	1516.0	1689.7	1762.4	1798.8
#马铃薯	370.2	560.9	811.6	1132.6	1256.6	1284.8
二、油料作物	**433.3**	**508.6**	**671.3**	**876.6**	**1132.0**	**1147.6**
#花　生	64.0	84.8	134.6	142.7	174.2	178.3
油菜籽	239.6	296.4	366.5	504.7	629.3	641.2
芝　麻	2.1	2.4	5.4	2.1	4.5	4.6
胡麻籽	41.3	28.1	27.7	23.2	25.2	22.7
向日葵籽	67.0	83.9	116.5	181.2	272.3	272.8
三、棉花	**67.1**	**117.1**	**160.5**	**306.4**	**412.7**	**461.6**
四、麻类	**17.0**	**12.9**	**10.5**	**8.4**	**5.9**	**6.0**
#黄红麻	10.9	5.7	2.3	0.9	0.5	0.5
五、糖料	**3013.1**	**4528.1**	**5047.5**	**9170.7**	**9397.8**	**9564.6**
甘蔗	2423.7	3818.4	5600.9	8726.1	8633.7	8745.0
甜菜	589.4	709.7	446.6	444.6	764.1	819.6
六、烟叶	**117.7**	**143.3**	**142.8**	**177.6**	**157.0**	**145.6**
#烤烟	99.9	131.5	126.6	166.8	148.6	137.7
七、茶叶	**13.8**	**16.5**	**19.1**	**52.1**	**94.5**	**102.6**
八、水果	**462.9**	**1070.3**	**1613.4**	**5736.7**	**8458.9**	**8886.1**

14-7 西部大开发12省(区、市)主要农作物单位面积产量

单位：公斤/公顷

指　标	1990年	1995年	2000年	2010年	2016年	2017年
一、粮食作物	**3317.1**	**3458.1**	**3734.9**	**4360.5**	**4837.1**	**4847.9**
1.谷物		3864.6	4239.9	4972.1	5449.4	5481.1
稻谷	5760.7	6023.4	6354.7	6355.5	6759.7	6770.8
小麦	2700.5	2730.7	2884.2	3479.6	3966.0	3920.4
玉米	3674.1	3877.8	4443.2	5284.3	5786.9	5836.8
谷子	1446.5	952.3	1068.4	1503.8	2360.0	2823.0
高粱	3120.7	2826.4	2719.4	3822.3	3665.2	3615.1
2.豆类		1283.8	1271.7	1689.2	1819.0	1846.0
#大豆	1249.8	1175.0	1277.6	1850.4	1801.4	1806.8
杂豆		1379.3	1264.6	1441.3	1856.0	1928.8
3.薯类	2282.1	2699.2	2940.8	3199.4	3470.7	3510.2
#马铃薯	2003.4	2571.4	2779.4	3013.8	3345.6	3399.4
二、油料作物	**1313.0**	**1379.1**	**1522.0**	**1881.2**	**2198.4**	**2219.7**
#花　生	1543.1	1709.2	2063.7	2267.1	2573.0	2600.7
油菜籽	1316.4	1389.9	1454.0	1708.9	2052.6	2046.2
芝　麻	538.0	615.4	886.3	1012.1	1769.3	1791.1
胡麻籽	825.0	634.1	857.4	1214.0	1455.9	1416.8
向日葵籽	2142.7	2076.9	1912.8	2658.1	2606.8	2747.8
三、棉花	**982.6**	**1193.5**	**1390.2**	**1866.1**	**1969.8**	**2049.4**
四、麻类	**1669.7**	**1520.1**	**1902.1**	**1971.3**	**2047.1**	**2115.7**
#黄红麻	1916.5	1654.3	1840.0	2276.8	2597.1	2701.8
五、糖料	**43425.3**	**48584.8**	**53392.3**	**63910.3**	**72342.0**	**74394.7**
甘蔗	49202.2	56695.1	56192.8	64596.0	74204.0	76923.3
甜菜	29286.2	27422.1	35276.4	52891.9	56360.5	55076.4
六、烟叶	**1544.7**	**1520.0**	**1753.4**	**2172.5**	**2020.8**	**1983.6**
#烤烟	1583.4	1535.1	1759.4	2184.5	2009.9	1974.5

14-8 西部大开发12省(区、市)林业生产情况

指　标	单　位	2016年	2017年	2017年为2016年百分比(%)
一、营林情况				
1.人工造林面积	千公顷	2136	2597	121.5
2.飞播造林面积	千公顷	116	107	92.8
3.当年新封山(沙)育林面积	千公顷	1049	833	79.4
4.退化林修复面积	千公顷	405	460	113.5
5.人工更新面积	千公顷	88	114	129.6
6.森林抚育面积	千公顷	3294	3488	105.9
7.年末实有封山(沙)育林面积	千公顷	15101	14449	95.7
8.四旁(零星)植树	万株	61859	55342	89.5
9.育苗面积	千公顷	311	321	103.3
二、主要林产品产量				
板　栗	吨	453736	509683	112.3
竹笋干	吨	238787	229304	96.0
油茶籽	吨	330393	360248	109.0
核　桃	吨	2737506	3183753	116.3
生　漆	吨	14032	10660	76.0
油桐籽	吨	212357	197823	93.2
乌桕籽	吨	4247	4441	104.6
五倍子	吨	13292	12178	91.6
棕　片	吨	23473	24213	103.2
松　脂	吨	768745	771693	100.4
紫胶(原胶)	吨	2183	2980	136.5
三、木竹采伐				
木材(商品材)	万立方米	3632	4207	115.9
竹材	万根	84159	89710	106.6

14-9 西部大开发12省(区、市)畜牧业生产情况

指　　标	单位	1999年	2000年	2004年	2010年	2016年	2017年
一、牲畜出栏量							
1.大牲畜出栏							
牛	万头	1071.1	1171.0	1579.8	1794.5	2088.0	2143.7
马	万头	67.6	74.4	81.8	85.3	84.6	80.2
驴	万头	65.6	68.1	86.0	87.7	61.4	64.6
骡	万头	14.4	16.5	19.7	16.8	8.8	9.9
骆驼	万头	6.7	6.7	6.6	6.3	7.9	7.5
2.猪	万头	15371.9	16111.1	17833.8	20495.2	21069.4	20787.5
3.羊	万只	7228.5	7890.7	11717.8	14564.7	17493.9	17330.9
4.家禽	万只	120780.6	136585.6	126901.8	209290.7	251524.4	239018.3
5.兔	万只	6845.0	8226.0	14717.6	20156.8	22321.9	20536.0
二、肉类总产量	**万吨**	**1639.2**	**1737.5**	**1991.6**	**2393.8**	**2648.5**	**2618.6**
#猪牛羊肉产量	万吨	1434.7	1504.0	1748.9	2002.9	2177.4	2170.7
1.猪肉产量	万吨	1194.0	1239.4	1370.1	1532.7	1615.9	1601.2
2.牛肉产量	万吨	123.0	135.7	184.2	228.9	275.8	285.3
3.羊肉产量	万吨	117.7	128.8	194.5	241.3	285.8	284.2
4.禽肉产量	万吨	183.3	207.0	197.1	337.6	409.1	390.7
5.兔肉产量	万吨	9.2	11.1	20.5	27.3	31.1	26.8
6.其他肉产量	万吨	12.0	15.5	25.1	8.4	13.9	14.0
三、其他畜产品产量	**万吨**						
奶类产量	万吨	320.1	356.7	988.8	1405.1	1347.6	1339.1
#牛奶产量	万吨	281.0	315.7	938.4	1309.9	1269.0	1260.1
山羊粗毛产量	吨	11718	12955	16999	21033.1	21034.7	18914.8
绵羊毛产量	吨	182044	183782	237855	266369.5	311355.5	307901.9
#细羊毛	吨	74101	74432	85510	94352.7	106308.7	104461.9
半细羊毛	吨	35706	38780	52876	49051.2	69911.0	66368.4
山羊绒产量	吨	6984	7138	9825	13211.0	14046.3	13109.8
蜂蜜产量	万吨	5.0	5.1	6.8	9.5	12.8	13.5
禽蛋产量	万吨	244.4	264.9	359.7	383.7	470.5	440.7

14-10　西部大开发12省(区、市)牲畜年末存栏量

指　　标	单位	1997年	2000年	2010年	2015年	2016年	2017年
一、大牲畜头数	**万头**	**6814.4**	**7070.6**	**6445.0**	**6125.9**	**6040.5**	**6084.7**
1.牛	万头	5489.9	5770.4	5571.2	5480.0	5473.5	5513.7
黄牛*	万头	3716.9	3865.6				
水牛*	万头	1161.2	1223.6				
肉牛*	万头			3692.9	3842.4	3923.6	4124.1
奶牛*	万头			599.9	548.2	533.6	549.7
2.马	万头	595.1	583.7	426.8	342.6	311.1	307.9
3.驴	万头	450.7	445.5	296.0	198.1	160.6	168.0
4.骡	万头	237.5	238.5	127.9	75.2	64.8	62.9
5.骆驼	万头	35.0	32.6	23.0	30.0	30.4	32.3
二、猪	**万头**	**14788.5**	**16322.7**	**15906.2**	**15161.9**	**14701.3**	**14948.0**
三、羊	**万只**	**14797.0**	**15699.6**	**18366.0**	**20329.2**	**19850.2**	**19909.8**
山羊	万只	5692.9	6081.2	7082.1	7717.4	7578.0	7531.0
绵羊	万只	9104.1	9618.4	11284.0	12611.9	12272.2	12378.7
四、家禽	**万只**	**50701.6**	**63932.1**	**119528.1**	**137884.4**	**139217.8**	**127806.8**

注：从2008年起牛的品种修正为肉牛、奶牛和役用牛。

14-11　西部大开发12省(区、市)渔业生产情况

指　　标	单位	1990年	1995年	2000年	2010年	2016年	2017年
一、水产品总产量	**吨**	**716131**	**1730062**	**3587609**	**4795320**	**6516785**	**6813769**
1.按海水、内陆分							
海水产品产量	吨	202672	645706	1594505	1544481	1844908	1919010
内陆水产品产量	吨	513459	1084356	1993104	3250839	4671877	4894759
2.按生产性质分							
捕捞产量	吨	283759	632198	1100582	933821	943521	913547
养殖产量	吨	432372	1097864	2487027	3861499	5573264	5900222
3.按品种分							
鱼类	吨	673010	1459932	2509894	3586753	4984995	5196567
甲壳类	吨	30234	81959	197308	317027	433892	473676
贝类	吨	12286	178552	820903	751884	952248	1005937
藻类	吨	7	110	15	1791	2218	2365
其他类	吨	594	9509	59489	133746	143432	135224
二、水产养殖面积	**千公顷**	**602.2**	**723.9**	**823.3**	**931.6**	**930.1**	**952.7**
1.海水养殖面积	千公顷	5.4	41.0	61.4	51.3	45.4	47.0
浅海养殖	千公顷		16.4	16.5			
滩涂养殖	千公顷		20.6	41.5			
其他养殖	千公顷		4.0	3.4			
2.内陆养殖面积	千公顷	596.8	682.9	761.9	880.4	884.7	905.7
池塘养殖	千公顷		226.2	262.2			
湖泊养殖	千公顷		88.4	102.7			
河沟养殖	千公顷		21.9	35.9			
水库养殖	千公顷		340.2	354.1			
其他养殖	千公顷		6.2	7.0			
三、稻田养殖面积	**千公顷**		**561.7**	**577.8**		**638.0**	**634.7**

注：1. 因农业部门报表制度修改，故水产养殖面积自2009年无法分出细项。
　　2. 2016年水产品数据根据农业普查结果进行了修订。

14-12　西部大开发12省(区、市)按人口平均的主要农产品产量

单位：千克/人

	1990年	1995年	2000年	2010年	2016年	2017年
一、粮食作物	**348.0**	**342.1**	**363.0**	**401.5**	**451.3**	**443.2**
(一)谷物		295.6	307.3	339.3	388.9	379.6
#稻谷	140.4	131.2	133.3	116.7	115.2	113.5
小麦	78.3	71.8	64.9	55.9	54.7	52.1
玉米	73.9	75.5	94.3	155.2	207.4	201.7
谷子	2.7	1.1	1.0	1.2	2.1	2.5
高粱	3.1	2.4	2.0	2.6	2.3	2.2
(二)豆类		12.8	12.9	15.7	15.1	15.7
#大豆	5.2	5.5	7.0	10.4	10.1	10.4
杂豆		7.3	5.9	5.3	5.0	5.3
(三)薯类	26.6	33.8	42.7	46.4	47.3	47.9
#马铃薯	11.5	16.4	22.8	31.1	33.7	34.2
二、油料作物	**13.5**	**14.8**	**18.9**	**24.1**	**30.4**	**30.6**
#花生	2.0	2.5	3.8	3.9	4.7	4.7
油菜籽	7.5	8.6	10.3	13.9	16.9	17.1
芝麻	0.1	0.1	0.2	0.1	0.1	0.1
胡麻籽	1.3	0.8	0.8	0.6	0.7	0.6
向日葵籽	2.1	2.4	3.3	5.0	7.3	7.3
三、棉花	**2.1**	**3.4**	**4.5**	**8.4**	**11.1**	**12.3**
四、麻类	**0.5**	**0.4**	**0.3**	**0.2**	**0.2**	**0.2**
#黄红麻	0.3	0.2	0.1	0.0	0.0	0.0
五、糖料	**93.9**	**132.1**	**142.1**	**252.1**	**252.1**	**254.7**
(一)甘蔗	75.5	111.4	157.6	239.8	231.6	232.9
(二)甜菜	18.4	20.7	12.6	12.2	20.5	21.8
六、水果	**14.4**	**31.2**	**45.4**	**157.7**	**226.6**	**236.2**
七、烟叶	**3.7**	**4.2**	**4.0**	**4.9**	**4.2**	**3.9**
#烤烟	3.1	3.8	3.6	4.6	4.0	3.7

14-13 西部大开发12省(区、市)按人口平均的畜产品、水产品产量

单位：千克/人

指　标	1990年	1995年	2000年	2010年	2016年	2017年
一、猪牛羊肉产量	**37.3**	**39.2**	**41.5**	**55.0**	**58.4**	**57.8**
猪肉	31.4	32.8	34.6	42.1	43.4	42.6
牛肉	3.1	3.3	3.6	6.3	7.4	7.6
羊肉	2.8	3.1	3.4	6.6	7.7	7.6
二、奶类产量	**7.5**	**8.5**	**9.3**	**38.6**	**36.2**	**35.7**
#牛奶产量	6.5	7.4	8.1	36.0	34.0	33.6
三、禽蛋产量	**6.3**	**6.4**	**7.1**	**10.5**	**12.6**	**11.7**
四、水产品产量	**8.0**	**9.0**	**10.4**	**13.2**	**17.5**	**18.1**
鱼类	5.7	6.3	7.3	9.9	13.4	13.8
虾蟹类	0.4	0.5	0.6	0.9	1.2	1.3

14-14 西部大开发12省(区、市)农林牧渔业总产值及构成

(按当年价格计算)

指　标	1995年	2000年	2001年	2016年	2017年
一、绝对数(亿元)					
农林牧渔业总产值合计	4690.6	5753.0	5970.6	31472.0	32680.6
#农业	2890.8	3478.8	3525.3	18127.4	19229.9
林业	177.4	242.8	238.8	1537.7	1693.0
牧业	1516.5	1848.9	2012.7	9649.8	9410.1
渔业	105.9	182.5	193.8	968.7	1055.0
二、构成(%)					
(以农林牧渔业合计为100)	100.0	100.0	100.0	100.0	100.0
#农业	61.6	60.5	59.0	57.6	58.8
林业	3.8	4.2	4.0	4.9	5.2
牧业	32.3	32.1	33.7	30.7	28.8
渔业	2.3	3.2	3.2	3.1	3.2

注：2003年起农林牧渔业总产值执行新国民经济行业分类标准,包括农林牧渔服务业产值。

14-15　西部大开发12省(区、市)农林牧渔业中间消耗及构成

(按当年价格计算)

指　　标	1995年	2000年	2006年	2016年	2017年
一、绝对数(亿元)					
农林牧渔业合计	1728.4	2081.3	3987.5	12695.5	12843.1
1.农业	937.2	1148.8	1817.6	6663.2	6818.0
2.林业	44.2	64.6	133.2	513.2	564.9
3.牧业	716.4	813.7	1818.1	4568.8	4431.9
4.渔业	30.6	54.3	102.5	341.1	371.2
二、构成(%)					
(以农林牧渔业合计为100)	100.0	100.0	100.0	100.0	100.0
1.农业	54.2	55.2	69.4	52.5	53.1
2.林业	2.6	3.1	5.1	4.0	4.4
3.牧业	41.5	39.1	69.4	36.0	34.5
4.渔业	1.8	2.6	3.9	2.7	2.9

14-16　西部大开发12省(区、市)农林牧渔业增加值及构成

(按当年价格计算)

指　　标	1995年	2000年	2001年	2016年	2017年
一、绝对数(亿元)					
农林牧渔业合计	2962.2	3671.6	3798.2	18776.5	19837.5
#农业	1953.6	2330.1	2353.3	11464.2	12411.9
林业	133.2	178.2	175.1	1024.5	1128.1
牧业	800.1	1035.2	1133.6	5080.9	4978.2
渔业	75.3	128.1	136.3	627.6	683.7
二、构成(%)					
(以农林牧渔业合计为100)	100.0	100.0	100.0	100.0	100.0
#农业	66.0	63.5	62.0	61.1	62.6
林业	4.5	4.9	4.6	5.5	5.7
牧业	27.0	28.2	29.8	27.1	25.1
渔业	2.5	3.5	3.6	3.3	3.4

15

各地区主要农村经济指标排序

15-1　粮食总产量与人均占有量

地　区	粮食总产量(万吨)		平均每人占有量(千克/人)	
	指标值	位　次	指标值	位　次
全　国	**66160.7**		**477.2**	
北　京	41.1	31	18.9	31
天　津	212.3	26	136.1	26
河　北	3829.2	6	510.9	10
山　西	1355.1	17	367.0	18
内蒙古	3254.5	9	1289.1	3
辽　宁	2330.7	12	532.9	9
吉　林	4154.0	4	1524.4	2
黑龙江	7410.3	1	1953.2	1
上　海	99.8	30	41.3	30
江　苏	3610.8	7	450.6	13
浙　江	580.1	23	103.2	29
安　徽	4019.7	5	645.7	5
福　建	487.2	24	125.2	27
江　西	2221.7	13	482.2	12
山　东	5374.3	3	538.7	8
河　南	6524.2	2	683.5	4
湖　北	2846.1	11	482.9	11
湖　南	3073.6	10	449.3	14
广　东	1208.6	19	109.0	28
广　西	1370.5	16	281.9	23
海　南	138.1	27	149.9	25
重　庆	1079.9	22	352.7	19
四　川	3488.9	8	421.3	16
贵　州	1242.4	18	348.3	20
云　南	1843.4	14	385.2	17
西　藏	106.5	28	319.2	21
陕　西	1194.2	20	312.3	22
甘　肃	1105.9	21	422.4	15
青　海	102.5	29	172.1	24
宁　夏	370.1	25	545.4	7
新　疆	1484.7	15	613.1	6

15-1 续表 1

地　区	谷物总产量(万吨)		平均每人占有量(千克/人)	
	指标值	位　次	指标值	位　次
全　国	**61520.5**		**443.7**	
北　京	39.9	31	18.4	31
天　津	209.9	26	134.6	24
河　北	3674.5	6	490.3	10
山　西	1280.1	17	346.7	15
内蒙古	2930.8	9	1160.9	3
辽　宁	2261.3	12	517.1	8
吉　林	4044.0	4	1484.0	2
黑龙江	6609.7	1	1742.2	1
上　海	99.3	29	41.0	30
江　苏	3536.2	7	441.3	13
浙　江	513.4	23	91.3	29
安　徽	3907.7	5	627.7	5
福　建	406.3	24	104.4	27
江　西	2145.9	13	465.8	11
山　东	5259.2	3	527.2	7
河　南	6382.9	2	668.7	4
湖　北	2716.0	11	460.9	12
湖　南	2955.2	8	432.0	14
广　东	1102.0	18	99.4	28
广　西	1298.0	16	267.0	21
海　南	123.2	27	133.7	25
重　庆	756.4	22	247.1	23
四　川	2831.8	10	341.9	16
贵　州	950.6	20	266.5	22
云　南	1568.1	14	327.7	18
西　藏	102.0	28	305.6	19
陕　西	1074.3	19	281.0	20
甘　肃	889.3	21	339.7	17
青　海	64.9	30	109.0	26
宁　夏	333.1	25	491.0	9
新　疆	1454.3	15	600.6	6

15-1 续表 2

地 区	稻谷总产量(万吨)		平均每人占有量(千克/人)	
	指标值	位 次	指标值	位 次
全 国	**21267.6**		**153.4**	
北 京	0.1	30	0.0	30
天 津	26.3	26	16.9	24
河 北	50.4	25	6.7	26
山 西	0.5	28	0.1	29
内蒙古	85.2	21	33.8	21
辽 宁	422.0	16	96.5	16
吉 林	684.4	10	251.2	6
黑龙江	2819.3	1	743.1	1
上 海	85.6	20	35.4	20
江 苏	1892.6	5	236.2	7
浙 江	444.9	15	79.1	18
安 徽	1647.5	6	264.6	5
福 建	393.2	17	101.0	15
江 西	2126.1	3	461.5	2
山 东	90.1	19	9.0	25
河 南	485.2	13	50.8	19
湖 北	1927.2	4	327.0	4
湖 南	2740.4	2	400.6	3
广 东	1046.3	8	94.4	17
广 西	1019.8	9	209.8	8
海 南	123.2	18	133.7	11
重 庆	487.0	12	159.1	10
四 川	1473.7	7	177.9	9
贵 州	448.8	14	125.8	12
云 南	529.2	11	110.6	13
西 藏	0.5	29	1.5	27
陕 西	80.6	22	21.1	23
甘 肃	2.9	27	1.1	28
青 海				
宁 夏	68.8	23	101.5	14
新 疆	65.5	24	27.0	22

15-1 续表 3

地区	小麦总产量(万吨)		平均每人占有量(千克/人)	
	指标值	位次	指标值	位次
全国	**13433.4**		**96.9**	
北京	6.2	24	2.9	23
天津	62.4	14	40.0	15
河北	1504.1	4	200.7	5
山西	232.4	11	62.9	13
内蒙古	189.1	12	74.9	9
辽宁	1.3	26	0.3	26
吉林	0.1	28	0.1	28
黑龙江	38.1	18	10.0	19
上海	10.2	21	4.2	21
江苏	1295.5	5	161.7	6
浙江	41.9	16	7.5	20
安徽	1644.5	3	264.2	2
福建	0.1	30	0.0	29
江西	3.1	25	0.7	25
山东	2495.1	2	250.1	4
河南	3705.2	1	388.2	1
湖北	426.9	7	72.4	10
湖南	9.6	23	1.4	24
广东	0.1	29	0.0	30
广西	0.5	27	0.1	27
海南				
重庆	9.8	22	3.2	22
四川	251.6	10	30.4	16
贵州	41.2	17	11.5	18
云南	73.7	13	15.4	17
西藏	21.9	20	65.7	12
陕西	406.4	8	106.3	7
甘肃	269.7	9	103.0	8
青海	42.3	15	71.1	11
宁夏	37.8	19	55.7	14
新疆	612.6	6	253.0	3

15-1 续表 4

地区	玉米总产量(万吨)		平均每人占有量(千克/人)	
	指标值	位次	指标值	位次
全国	**25907.1**		**186.9**	
北京	33.2	24	15.3	24
天津	119.3	22	76.5	18
河北	2035.5	6	271.6	7
山西	977.9	9	264.9	9
内蒙古	2497.4	4	989.3	2
辽宁	1789.4	7	409.2	4
吉林	3250.8	2	1192.9	1
黑龙江	3703.1	1	976.1	3
上海	2.1	30	0.9	30
江苏	318.1	17	39.7	21
浙江	23.0	25	4.1	27
安徽	610.7	12	98.1	16
福建	11.4	28	2.9	29
江西	15.4	26	3.3	28
山东	2662.2	3	266.8	8
河南	2170.1	5	227.3	10
湖北	356.7	16	60.5	19
湖南	199.2	21	29.1	22
广东	54.6	23	4.9	26
广西	271.6	18	55.9	20
海南				
重庆	252.6	19	82.5	17
四川	1068.0	8	129.0	14
贵州	441.2	15	123.7	15
云南	912.9	10	190.8	12
西藏	3.0	29	9.0	25
陕西	551.1	14	144.1	13
甘肃	576.7	13	220.3	11
青海	12.2	27	20.6	23
宁夏	214.9	20	316.7	6
新疆	772.6	11	319.1	5

15-1　续表 5

地　区	大豆总产量(万吨)		平均每人占有量(千克/人)	
	指标值	位　次	指标值	位　次
全　国	**1528.2**		**11.0**	
北　京	0.5	29	0.2	29
天　津	0.8	26	0.5	28
河　北	17.1	19	2.3	23
山　西	17.1	18	4.6	15
内蒙古	162.6	2	64.4	2
辽　宁	19.3	16	4.4	16
吉　林	50.2	6	18.4	3
黑龙江	689.4	1	181.7	1
上　海	0.2	30	0.1	30
江　苏	45.0	7	5.6	11
浙　江	20.4	14	3.6	18
安　徽	94.0	3	15.1	4
福　建	7.8	24	2.0	24
江　西	25.2	11	5.5	12
山　东	32.1	10	3.2	21
河　南	50.4	5	5.3	14
湖　北	34.3	9	5.8	10
湖　南	23.2	13	3.4	20
广　东	8.5	23	0.8	26
广　西	15.3	20	3.2	22
海　南	0.7	28	0.7	27
重　庆	19.5	15	6.4	7
四　川	85.9	4	10.4	5
贵　州	19.3	17	5.4	13
云　南	43.5	8	9.1	6
西　藏	2.0	25	6.0	9
陕　西	23.9	12	6.3	8
甘　肃	9.3	22	3.6	19
青　海				
宁　夏	0.7	27	1.1	25
新　疆	10.2	21	4.2	17

15-2　棉花总产量与人均占有量

地　区	棉花总产量(吨)		平均每人占有量(千克/人)	
	指标值	位　次	指标值	位　次
全　国	**5651935**		**4.1**	
北　京	2	19	0.0	19
天　津	24805	11	1.6	7
河　北	240380	2	3.2	2
山　西	4014	15	0.1	14
内蒙古	1	20	0.0	20
辽　宁				
吉　林				
黑龙江				
上　海	409	18	0.0	18
江　苏	25725	10	0.3	11
浙　江	6433	13	0.1	13
安　徽	85541	7	1.4	8
福　建	1	21	0.0	21
江　西	104645	6	2.3	4
山　东	207199	3	2.1	5
河　南	43585	8	0.5	10
湖　北	183635	4	3.1	3
湖　南	109503	5	1.6	6
广　东				
广　西	1494	16	0.0	17
海　南				
重　庆				
四　川	4276	14	0.1	15
贵　州	1115	17	0.0	16
云　南				
西　藏				
陕　西	11594	12	0.3	12
甘　肃	31592	9	1.2	9
青　海				
宁　夏				
新　疆	4565984	1	188.6	1

15-3 油料总产量与人均占有量

地区	油料总产量(吨)		平均每人占有量(千克/人)	
	指标值	位次	指标值	位次
全国	**34752385**		**25.1**	
北京	5326	31	0.2	31
天津	12608	29	0.8	29
河北	1293984	8	17.3	17
山西	150425	24	4.1	27
内蒙古	2406905	5	95.3	1
辽宁	814563	14	18.6	15
吉林	1284836	9	47.1	5
黑龙江	142586	25	3.8	28
上海	7612	30	0.3	30
江苏	853611	13	10.7	21
浙江	269000	22	4.8	26
安徽	1546592	7	24.8	13
福建	195516	23	5.0	25
江西	1206400	10	26.2	12
山东	3183002	3	31.9	9
河南	5869460	1	61.5	2
湖北	3076878	4	52.2	3
湖南	2260783	6	33.0	7
广东	1012849	12	9.1	24
广西	649251	17	13.4	19
海南	90284	26	9.8	23
重庆	623962	18	20.4	14
四川	3578899	2	43.2	6
贵州	1155191	11	32.4	8
云南	562563	20	11.8	20
西藏	59422	28	17.8	16
陕西	597500	19	15.6	18
甘肃	773530	15	29.5	10
青海	302767	21	50.8	4
宁夏	69443	27	10.2	22
新疆	696636	16	28.8	11

15-3 续表 1

地　区	花生总产量(吨)		平均每人占有量(千克/人)	
	指标值	位　次	指标值	位　次
全　国	**17092333**		**12.3**	
北　京	4092	26	0.2	26
天　津	5262	25	0.3	25
河　北	1034076	4	13.8	5
山　西	13049	24	0.4	24
内蒙古	59280	20	2.3	19
辽　宁	800159	6	18.3	4
吉　林	1092701	3	40.1	2
黑龙江	49652	22	1.3	20
上　海	2802	27	0.1	27
江　苏	347835	12	4.3	15
浙　江	51000	21	0.9	22
安　徽	687564	8	11.0	8
福　建	187283	14	4.8	13
江　西	467719	11	10.2	9
山　东	3135284	2	31.4	3
河　南	5298139	1	55.5	1
湖　北	783718	7	13.3	6
湖　南	275925	13	4.0	16
广　东	984178	5	8.9	11
广　西	608011	10	12.5	7
海　南	89158	18	9.7	10
重　庆	134239	15	4.4	14
四　川	659928	9	8.0	12
贵　州	112659	17	3.2	18
云　南	62389	19	1.3	21
西　藏	242	30	0.1	30
陕　西	124600	16	3.3	17
甘　肃	2097	28	0.1	29
青　海				
宁　夏	584	29	0.1	28
新　疆	18706	23	0.8	23

15-3 续表 2

地　区	油菜籽总产量(吨)		平均每人占有量(千克/人)	
	指标值	位　次	指标值	位　次
全　国	**13274131**		**9.6**	
北　京	30	30	0.0	30
天　津	435	29	0.0	27
河　北	41681	18	0.6	19
山　西	17759	22	0.5	20
内蒙古	356032	13	14.1	10
辽　宁	1302	26	0.0	26
吉　林	446	28	0.0	29
黑龙江	709	27	0.0	28
上　海	4830	24	0.2	23
江　苏	497711	7	6.2	15
浙　江	202000	15	3.6	17
安　徽	831562	5	13.4	11
福　建	7550	23	0.2	24
江　西	704035	6	15.3	9
山　东	21235	21	0.2	22
河　南	420842	11	4.4	16
湖　北	2131710	2	36.2	2
湖　南	1956971	3	28.6	4
广　东	21379	20	0.2	25
广　西	21640	19	0.4	21
海　南				
重　庆	474285	9	15.5	8
四　川	2880335	1	34.8	3
贵　州	880245	4	24.7	5
云　南	475215	8	9.9	13
西　藏	59180	17	17.7	6
陕　西	382400	12	10.0	12
甘　肃	437761	10	16.7	7
青　海	290200	14	48.7	1
宁　夏	4240	25	0.6	18
新　疆	150414	16	6.2	14

15-3 续表 3

地区	向日葵籽总产量(吨)		平均每人占有量(千克/人)	
	指标值	位次	指标值	位次
全国	**3149434**		**2.3**	
北京	1178	22	0.1	20
天津	6112	16	0.4	11
河北	174176	4	2.3	6
山西	60266	7	1.6	8
内蒙古	1915482	1	75.9	1
辽宁	9431	12	0.2	12
吉林	119120	5	4.4	4
黑龙江	19604	10	0.5	10
上海				
江苏	413	23	0.0	24
浙江				
安徽	4383	17	0.1	17
福建	292	24	0.0	23
江西				
山东	6556	15	0.1	18
河南	9745	11	0.1	16
湖北	8835	13	0.1	13
湖南	1300	21	0.0	22
广东				
广西	2844	20	0.1	19
海南				
重庆	3861	19	0.1	15
四川	4015	18	0.0	21
贵州	26314	9	0.7	9
云南	7042	14	0.1	14
西藏				
陕西	66000	6	1.7	7
甘肃	214365	3	8.2	3
青海				
宁夏	27541	8	4.1	5
新疆	460559	2	19.0	2

15-4 糖料总产量与人均占有量

地　区	糖料总产量(吨)		平均每人占有量(千克/人)	
	指标值	位　次	指标值	位　次
全　国	**113788403**		**82.1**	
北　京				
天　津				
河　北	624863	8	8.3	11
山　西	6433	24	0.2	24
内蒙古	3443413	5	136.4	5
辽　宁	106986	19	2.4	18
吉　林	25896	23	1.0	21
黑龙江	373707	11	9.9	10
上　海	2134	25	0.1	25
江　苏	48606	21	0.6	23
浙　江	375000	10	6.7	13
安　徽	112110	18	1.8	19
福　建	263695	16	6.8	12
江　西	672816	7	14.6	7
山　东	119	27	0.0	27
河　南	162369	17	1.7	20
湖　北	269946	14	4.6	15
湖　南	332318	13	4.9	14
广　东	13434745	3	121.2	6
广　西	71323456	1	1467.1	1
海　南	1330974	6	144.4	4
重　庆	87926	20	2.9	17
四　川	349215	12	4.2	16
贵　州	503055	9	14.1	8
云　南	15161486	2	316.8	2
西　藏				
陕　西	27200	22	0.7	22
甘　肃	266926	15	10.2	9
青　海	283	26	0.0	26
宁　夏				
新　疆	4482726	4	185.1	3

15-4 续表 1

地 区	甘蔗总产量(吨)		平均每人占有量(千克/人)	
	指标值	位 次	指标值	位 次
全 国	**104404301**		**75.3**	
北 京				
天 津				
河 北				
山 西				
内蒙古				
辽 宁				
吉 林				
黑龙江				
上 海	1906	17	0.1	17
江 苏	48456	15	0.6	16
浙 江	375000	7	6.7	8
安 徽	62085	14	1.0	14
福 建	263695	11	6.8	7
江 西	672816	5	14.6	5
山 东				
河 南	162369	12	1.7	13
湖 北	269813	10	4.6	10
湖 南	332317	9	4.9	9
广 东	13434745	3	121.2	4
广 西	71323456	1	1467.1	1
海 南	1330974	4	144.4	3
重 庆	87926	13	2.9	12
四 川	347401	8	4.2	11
贵 州	503055	6	14.1	6
云 南	15161486	2	316.8	2
西 藏				
陕 西	26800	16	0.7	15
甘 肃				
青 海				
宁 夏				
新 疆				

15-4 续表 2

地　　区	甜菜总产量(吨)		平均每人占有量(千克/人)	
	指标值	位　次	指标值	位　次
全　　国	**9384068**		**6.8**	
北　　京				
天　　津				
河　　北	624863	3	8.3	5
山　　西	6400	9	0.2	9
内 蒙 古	3443413	2	136.4	2
辽　　宁	106986	6	2.4	6
吉　　林	25896	8	1.0	7
黑 龙 江	373707	4	9.9	4
上　　海	228	13	0.0	13
江　　苏	150	14	0.0	15
浙　　江				
安　　徽	50025	7	0.8	8
福　　建				
江　　西				
山　　东	119	16	0.0	16
河　　南				
湖　　北	133	15	0.0	14
湖　　南				
广　　东				
广　　西				
海　　南				
重　　庆				
四　　川	1814	10	0.0	11
贵　　州				
云　　南				
西　　藏				
陕　　西	400	11	0.0	12
甘　　肃	266926	5	10.2	3
青　　海	283	12	0.0	10
宁　　夏				
新　　疆	4482726	1	185.1	1

15-5 肉类总产量与人均占有量

地　　区	肉类总产量(万吨)		平均每人占有量(千克/人)	
	指标值	位　次	指标值	位　次
全　　国	**8654.4**		**62.4**	
北　　京	26.4	30	12.2	30
天　　津	36.1	26	23.2	28
河　　北	474.2	5	63.3	18
山　　西	93.3	24	25.3	27
内 蒙 古	265.2	14	105.0	1
辽　　宁	385.4	11	88.1	4
吉　　林	256.1	17	94.0	3
黑 龙 江	260.3	16	68.6	14
上　　海	17.6	31	7.3	31
江　　苏	342.3	12	42.7	23
浙　　江	114.7	21	20.4	29
安　　徽	415.2	10	66.7	16
福　　建	264.9	15	68.1	15
江　　西	326.1	13	70.8	12
山　　东	866.0	1	86.8	6
河　　南	655.8	2	68.7	13
湖　　北	435.3	7	73.9	11
湖　　南	543.3	4	79.4	9
广　　东	444.1	6	40.1	24
广　　西	420.2	8	86.4	7
海　　南	78.7	25	85.4	8
重　　庆	180.6	19	59.0	20
四　　川	653.8	3	78.9	10
贵　　州	206.5	18	57.9	21
云　　南	419.2	9	87.6	5
西　　藏	32.1	29	96.1	2
陕　　西	113.4	22	29.7	26
甘　　肃	99.1	23	37.9	25
青　　海	35.3	27	59.3	19
宁　　夏	33.5	28	49.3	22
新　　疆	159.9	20	66.0	17

15-6 水产品总产量与人均占有量

地区	水产品总产量(吨)		平均每人占有量(千克/人)	
	指标值	位次	指标值	位次
全国	**64453279**		**46.5**	
北京	45098	28	2.1	28
天津	323321	19	20.7	14
河北	1164600	14	15.5	17
山西	53047	27	1.4	29
内蒙古	156181	26	6.2	25
辽宁	4794374	6	109.6	3
吉林	220350	22	8.1	22
黑龙江	587302	17	15.5	18
上海	268882	20	11.1	20
江苏	5075922	5	63.3	9
浙江	5944516	4	105.7	4
安徽	2179632	11	35.0	12
福建	7445737	3	191.3	2
江西	2505549	9	54.4	10
山东	8680030	1	87.0	5
河南	946730	15	9.9	21
湖北	4654222	7	79.0	6
湖南	2415312	10	35.3	11
广东	8335387	2	75.2	7
广西	3207683	8	66.0	8
海南	1807899	12	196.2	1
重庆	515130	18	16.8	16
四川	1507396	13	18.2	15
贵州	254782	21	7.1	23
云南	631182	16	13.2	19
西藏	454	31	0.1	31
陕西	163030	25	4.3	26
甘肃	15441	30	0.6	30
青海	16073	29	2.7	27
宁夏	180889	23	26.7	13
新疆	165528	24	6.8	24
中农发集团	191600			

15-7 蔬菜总产量与人均占有量

地　区	蔬菜总产量(万吨)		平均每人占有量(千克/人)	
	指标值	位　次	指标值	位　次
全　国	**69192.7**		**499.1**	
北　京	156.8	29	72.2	31
天　津	269.6	28	172.9	28
河　北	5058.5	4	674.9	7
山　西	806.7	22	218.5	25
内蒙古	1111.3	21	440.2	16
辽　宁	1797.8	16	411.1	18
吉　林	356.6	26	130.9	29
黑龙江	798.6	23	210.5	27
上　海	293.5	27	121.3	30
江　苏	5540.5	3	691.4	5
浙　江	1910.5	13	339.7	20
安　徽	2019.6	12	324.4	21
福　建	1415.3	19	363.6	19
江　西	1490.1	18	323.4	22
山　东	8133.8	1	815.3	1
河　南	7530.2	2	788.9	3
湖　北	3826.4	6	649.3	8
湖　南	3671.6	7	536.7	12
广　东	3177.5	9	286.7	23
广　西	3282.6	8	675.2	6
海　南	553.1	24	600.1	11
重　庆	1862.6	14	608.4	10
四　川	4252.3	5	513.4	13
贵　州	2272.2	10	636.9	9
云　南	2077.8	11	434.2	17
西　藏	72.7	31	217.91	26
陕　西	1734.0	17	453.5	15
甘　肃	1212.3	20	463.1	14
青　海	148.1	30	248.6	24
宁　夏	539.9	25	795.8	2
新　疆	1820.1	15	751.6	4

15-8 水果总产量与人均占有量

地区	水果总产量(万吨)		平均每人占有量(千克/人)	
	指标值	位次	指标值	位次
全国	**25241.9**		**182.1**	
北京	74.4	27	34.3	27
天津	58.2	28	37.3	26
河北	1365.3	7	182.2	10
山西	844.0	12	228.6	9
内蒙古	322.9	22	127.9	20
辽宁	770.3	14	176.1	11
吉林	89.5	26	32.8	28
黑龙江	236.9	24	62.4	25
上海	46.4	29	19.2	29
江苏	942.5	11	117.6	22
浙江	751.3	15	133.6	18
安徽	606.3	19	97.4	23
福建	644.7	17	165.6	12
江西	670.1	16	145.5	15
山东	2804.3	1	281.1	6
河南	2602.4	2	272.6	7
湖北	948.4	10	160.9	14
湖南	956.4	9	139.8	16
广东	1538.7	5	138.8	17
广西	1900.4	4	390.9	4
海南	405.5	20	440.0	3
重庆	403.4	21	131.7	19
四川	1007.9	8	121.7	21
贵州	280.1	23	78.5	24
云南	783.9	13	163.8	13
西藏	0.2	31	0.5	31
陕西	1922.1	3	502.7	2
甘肃	630.9	18	241.0	8
青海	3.6	30	6.1	30
宁夏	210.6	25	310.4	5
新疆	1420.2	6	586.5	1

15-8 续表 1

地　区	园林水果总产量(万吨)		平均每人占有量(千克/人)	
	指标值	位　次	指标值	位　次
全　国	**16949.4**		**122.3**	
北　京	57.2	24	26.4	24
天　津	38.0	27	24.4	25
河　北	969.9	5	129.4	10
山　西	797.5	9	216.0	5
内蒙古	55.4	25	21.9	26
辽　宁	558.5	14	127.7	12
吉　林	17.2	29	6.3	29
黑龙江	51.1	26	13.5	27
上　海	24.6	28	10.2	28
江　苏	309.8	20	38.7	23
浙　江	458.0	15	81.4	20
安　徽	316.6	19	50.9	22
福　建	601.1	12	154.4	7
江　西	455.2	16	98.8	17
山　东	1647.6	2	165.2	6
河　南	932.0	6	97.6	18
湖　北	621.2	11	105.4	15
湖　南	586.4	13	85.7	19
广　东	1421.2	4	128.2	11
广　西	1577.1	3	324.4	4
海　南	303.8	21	329.7	3
重　庆	347.6	18	113.5	13
四　川	883.2	7	106.6	14
贵　州	211.0	22	59.1	21
云　南	725.4	10	151.6	9
西　藏		31		31
陕　西	1660.8	1	434.3	1
甘　肃	397.2	17	151.7	8
青　海	1.1	30	1.9	30
宁　夏	68.1	23	100.4	16
新　疆	855.5	8	353.3	2

15-8 续表 2

地　　区	苹果总产量(万吨)		平均每人占有量(千克/人)	
	指标值	位　次	指标值	位　次
全　　国	**4139.0**		**29.9**	
北　　京	7.1	17	3.2	16
天　　津	5.6	18	3.6	15
河　　北	228.1	7	30.4	9
山　　西	444.9	3	120.5	2
内 蒙 古	15.5	14	6.1	13
辽　　宁	240.9	6	55.1	7
吉　　林	4.6	19	1.7	19
黑 龙 江	14.4	15	3.8	14
上　　海	0.0	23	0.0	23
江　　苏	58.0	11	7.2	12
浙　　江		25		25
安　　徽	20.0	13	3.2	17
福　　建	0.0	24	0.0	24
江　　西				
山　　东	939.5	2	94.2	4
河　　南	434.5	4	45.5	8
湖　　北	1.2	20	0.2	21
湖　　南				
广　　东				
广　　西				
海　　南				
重　　庆	0.4	21	0.1	22
四　　川	65.2	9	7.9	11
贵　　州	7.1	16	2.0	18
云　　南	59.7	10	12.5	10
西　　藏				
陕　　西	1092.5	1	285.7	1
甘　　肃	311.1	5	118.8	3
青　　海	0.4	22	0.6	20
宁　　夏	44.0	12	64.8	5
新　　疆	144.2	8	59.5	6

15-8 续表 3

地 区	梨总产量(万吨)		平均每人占有量(千克/人)	
	指标值	位 次	指标值	位 次
全 国	**1641.0**		**11.8**	
北 京	9.1	22	4.2	19
天 津	6.4	24	4.1	20
河 北	342.4	1	45.7	2
山 西	86.7	9	23.5	5
内 蒙 古	7.9	23	3.1	22
辽 宁	116.2	5	26.6	4
吉 林	3.9	25	1.4	25
黑 龙 江	3.7	26	1.0	27
上 海	3.2	27	1.3	26
江 苏	78.0	10	9.7	11
浙 江	38.9	12	6.9	16
安 徽	124.2	2	20.0	6
福 建	16.7	19	4.3	18
江 西	16.8	18	3.6	21
山 东	103.7	7	10.4	10
河 南	121.8	4	12.8	8
湖 北	37.5	13	6.4	17
湖 南	16.6	20	2.4	24
广 东	10.4	21	0.9	28
广 西	35.9	14	7.4	15
海 南				
重 庆	26.8	16	8.7	12
四 川	91.7	8	11.1	9
贵 州	28.0	15	7.9	14
云 南	63.6	11	13.3	7
西 藏				
陕 西	105.2	6	27.5	3
甘 肃	21.0	17	8.0	13
青 海	0.0	29	0.1	29
宁 夏	1.7	28	2.5	23
新 疆	123.1	3	50.8	1

15-8 续表 4

地 区	瓜果类总产量(万吨)		平均每人占有量(千克/人)	
	指标值	位 次	指标值	位 次
全 国	**8292.5**		**59.8**	
北 京	17.2	29	7.9	29
天 津	20.3	28	13.0	23
河 北	395.4	5	52.8	13
山 西	46.5	25	12.6	24
内蒙古	267.5	11	106.0	6
辽 宁	211.8	15	48.4	16
吉 林	72.3	21	26.5	19
黑龙江	185.8	16	49.0	15
上 海	21.8	27	9.0	28
江 苏	632.7	3	79.0	8
浙 江	293.3	9	52.2	14
安 徽	289.7	10	46.5	18
福 建	43.5	26	11.2	26
江 西	214.9	14	46.6	17
山 东	1156.7	2	115.9	4
河 南	1670.5	1	175.0	3
湖 北	327.2	7	55.5	11
湖 南	370.0	6	54.1	12
广 东	117.5	19	10.6	27
广 西	323.3	8	66.5	10
海 南	101.7	20	110.3	5
重 庆	55.8	24	18.2	21
四 川	124.7	18	15.1	22
贵 州	69.2	22	19.4	20
云 南	58.5	23	12.2	25
西 藏	0.2	31	0.47	31
陕 西	261.3	12	68.3	9
甘 肃	233.7	13	89.3	7
青 海	2.5	30	4.2	30
宁 夏	142.5	17	210.0	2
新 疆	564.7	4	233.2	1

15-8 续表 5

地　区	西瓜总产量(万吨)		平均每人占有量(千克/人)	
	指标值	位　次	指标值	位　次
全　国	**6314.7**		**45.5**	
北　京	15.7	29	7.2	28
天　津	18.5	27	11.8	23
河　北	254.3	8	33.9	16
山　西	38.9	26	10.5	24
内蒙古	159.6	14	63.2	6
辽　宁	130.4	16	29.8	17
吉　林	50.9	21	18.7	19
黑龙江	106.0	17	27.9	18
上　海	15.7	28	6.5	29
江　苏	481.6	3	60.1	7
浙　江	216.6	10	38.5	15
安　徽	250.8	9	40.3	13
福　建	38.9	25	10.0	25
江　西	184.1	12	40.0	14
山　东	886.8	2	88.9	4
河　南	1447.0	1	151.6	2
湖　北	269.0	6	45.6	11
湖　南	316.8	4	46.3	10
广　东	84.2	19	7.6	27
广　西	278.8	5	57.4	8
海　南	47.9	23	51.9	9
重　庆	53.2	20	17.4	20
四　川	100.9	18	12.2	22
贵　州	48.4	22	13.6	21
云　南	47.4	24	9.9	26
西　藏	0.1	31	0.39	31
陕　西	171.6	13	44.9	12
甘　肃	194.7	11	74.4	5
青　海	1.3	30	2.2	30
宁　夏	140.9	15	207.7	1
新　疆	263.5	7	108.8	3

15-9 奶类总产量与人均占有量

地　区	奶类总产量(万吨)		平均每人占有量(千克/人)	
	指标值	位　次	指标值	位　次
全　国	**3148.6**		**22.7**	
北　京	37.4	17	17.2	14
天　津	52.1	13	33.4	9
河　北	388.3	3	51.8	7
山　西	78.1	10	21.2	13
内蒙古	559.6	1	221.7	2
辽　宁	120.7	9	27.6	10
吉　林	34.4	19	12.6	18
黑龙江	468.4	2	123.5	4
上　海	36.4	18	15.0	16
江　苏	49.0	14	6.1	20
浙　江	14.3	22	2.6	23
安　徽	29.8	21	4.8	21
福　建	13.5	24	3.5	22
江　西	9.5	26	2.1	25
山　东	231.3	4	23.2	11
河　南	212.9	5	22.3	12
湖　北	12.8	25	2.2	24
湖　南	6.1	28	0.9	30
广　东	13.9	23	1.3	28
广　西	8.1	27	1.7	26
海　南	0.5	31	0.5	31
重　庆	5.1	29	1.7	27
四　川	63.8	12	7.7	19
贵　州	4.4	30	1.2	29
云　南	64.5	11	13.5	17
西　藏	42.0	15	125.9	3
陕　西	156.9	8	41.0	8
甘　肃	41.0	16	15.7	15
青　海	33.2	20	55.7	6
宁　夏	160.1	7	235.9	1
新　疆	200.3	6	82.7	5

15-10 各地区农村居民人均可支配收入位次

单位：元/人

地 区	2016年		2017年	
	实际数	位 次	实际数	位 次
全 国	**12363.4**		**13432.4**	
北 京	22309.5	3	24240.5	3
天 津	20075.6	4	21753.7	4
河 北	11919.4	14	12880.9	15
山 西	10082.5	24	10787.5	24
内 蒙 古	11609.0	19	12584.3	20
辽 宁	12880.7	9	13746.8	10
吉 林	12122.9	12	12950.4	12
黑 龙 江	11831.9	16	12664.8	18
上 海	25520.4	1	27825.0	1
江 苏	17605.6	5	19158.0	5
浙 江	22866.1	2	24955.8	2
安 徽	11720.5	17	12758.2	16
福 建	14999.2	6	16334.8	6
江 西	12137.7	11	13241.8	11
山 东	13954.1	8	15117.5	8
河 南	11696.7	18	12719.2	17
湖 北	12725.0	10	13812.1	9
湖 南	11930.4	13	12935.8	13
广 东	14512.2	7	15779.7	7
广 西	10359.5	22	11325.5	22
海 南	11842.9	15	12901.8	14
重 庆	11548.8	20	12637.9	19
四 川	11203.1	21	12226.9	21
贵 州	8090.3	30	8869.1	30
云 南	9019.8	28	9862.2	28
西 藏	9093.8	27	10330.2	26
陕 西	9396.4	26	10264.5	27
甘 肃	7456.9	31	8076.1	31
青 海	8664.4	29	9462.3	29
宁 夏	9851.6	25	10737.9	25
新 疆	10183.2	23	11045.3	23

注：本表数据来源于国家统计局开展的全国住户收支与生活状况调查。

16

国外主要农业指标

16-1 总人口与农村人口

国家或地区	总人口(万人)			农村人口(万人)			农村人口占总人口的比重(%)		
	2015年	2016年	2017年	2015年	2016年	2017年	2015年	2016年	2017年
世　界	**738301**	**746696**	**755026**	**336750**	**337078**	**337355**	**45.6**	**45.1**	**44.7**
印　度	130905	132417	133918	86245	86727	87167	65.9	65.5	65.1
美　国	31993	32218	32446	5977	5968	5958	18.7	18.5	18.4
印度尼西亚	25816	26112	26399	11829	11773	11714	45.8	45.1	44.4
巴　西	20596	20765	20929	2915	2887	2859	14.2	13.9	13.7
巴基斯坦	18938	19320	19702	11522	11619	11712	60.8	60.1	59.4
尼日利亚	18118	18599	19089	9584	9696	9808	52.9	52.1	51.4
孟加拉国	16120	16295	16467	10543	10543	10540	65.4	64.7	64.0
俄罗斯联邦	14389	14397	14399	3694	3671	3646	25.7	25.5	25.3
墨西哥	12589	12754	12916	2599	2594	2588	20.6	20.3	20.0
日　本	12798	12775	12748	825	769	718	6.4	6.0	5.6
埃塞俄比亚	9987	10240	10496	7968	8121	8273	79.8	79.3	78.8
菲律宾	10172	10332	10492	5663	5767	5868	55.7	55.8	55.9
埃　及	9378	9569	9755	4817	4884	4947	51.4	51.0	50.7
越　南	9357	9457	9554	6202	6194	6184	66.3	65.5	64.7
德　国	8171	8191	8211	2039	2019	1999	25.0	24.7	24.3
刚果共和国	7620	7874	8134	4097	4170	4242	53.8	53.0	52.2
伊　朗	7936	8028	8116	2116	2102	2087	26.7	26.2	25.7
土耳其	7827	7951	8075	2040	2023	2006	26.1	25.4	24.8
泰　国	6866	6886	6904	3345	3273	3202	48.7	47.5	46.4
英　国	6540	6579	6618	1111	1102	1093	17.0	16.8	16.5
法　国	6446	6472	6498	1331	1323	1314	20.6	20.4	20.2
意大利	5950	5943	5936	1898	1890	1883	31.9	31.8	31.7
坦桑尼亚	5388	5557	5731	3576	3645	3713	66.4	65.6	64.8
南　非	5529	5602	5672	1883	1868	1854	34.1	33.4	32.7
缅　甸	5240	5289	5337	3570	3568	3564	68.1	67.5	66.8
韩　国	5059	5079	5098	872	870	868	17.2	17.1	17.0
肯尼亚	4724	4846	4970	3477	3546	3615	73.6	73.2	72.7
哥伦比亚	4823	4865	4907	1167	1167	1167	24.2	24.0	23.8
西班牙	4640	4635	4635	964	956	948	20.8	20.6	20.5
阿根廷	4342	4385	4427	348	345	342	8.0	7.9	7.7
乌克兰	4466	4444	4422	1353	1334	1316	30.3	30.0	29.8
乌干达	4014	4149	4286	3368	3465	3563	83.9	83.5	83.1
阿尔及利亚	3987	4061	4132	1190	1186	1181	29.8	29.2	28.6
苏　丹	3865	3958	4053	2622	2674	2728	67.8	67.6	67.3
伊拉克	3612	3720	3827	1092	1118	1142	30.2	30.0	29.8
波　兰	3827	3822	3817	1508	1509	1508	39.4	39.5	39.5
加拿大	3595	3629	3662	652	652	652	18.1	18.0	17.8
摩洛哥	3480	3528	3574	1352	1352	1351	38.8	38.3	37.8
阿富汗	3374	3466	3553	2346	2385	2423	69.5	68.8	68.2
沙特阿拉伯	3156	3228	3294	504	507	509	16.0	15.7	15.5

资料来源：联合国FAO数据库。

16-2　农业生产指数

(2004－2006年=100)

国家或地区	2010	2012	2013	2014
世　界	**113**	**118**	**122**	**124**
孟加拉国	129	134	137	141
印　度	124	135	140	143
印度尼西亚	123	135	137	139
伊　朗	106	103	104	106
以色列	104	112	112	112
日　本	97	97	97	96
哈萨克斯坦	107	111	126	126
朝　鲜	98	102	104	104
韩　国	101	99	103	104
马来西亚	111	120	122	122
蒙　古	114	133	144	147
缅　甸	135	124	128	130
巴基斯坦	110	116	121	123
菲律宾	113	119	121	122
斯里兰卡	123	123	135	120
泰　国	113	132	130	129
越　南	120	133	134	136
埃　及	109	119	116	120
尼日利亚	105	109	106	116
南　非	118	121	123	125
加拿大	102	105	116	109
墨西哥	108	113	116	120
美　国	106	103	108	111
阿根廷	112	107	118	119
巴　西	122	126	135	135
委内瑞拉	109	117	120	118
白俄罗斯	117	122	116	122
捷　克	91	89	92	102
法　国	97	97	98	103
德　国	103	105	105	111
意大利	97	91	90	89
荷　兰	112	111	113	115
波　兰	101	107	107	113
罗马尼亚	91	79	96	100
俄罗斯联邦	94	108	117	120
西班牙	103	93	113	102
土耳其	110	122	126	120
乌克兰	106	121	138	137
英　国	102	98	101	108
澳大利亚	100	116	115	111
新西兰	104	109	110	116

资料来源：联合国FAO数据库。

16-3　谷物总产量、收获面积与单产

国家或地区	总产量(万吨)			收获面积(千公顷)			单产(千克/公顷)		
	2010年	2015年	2016年	2010年	2015年	2016年	2010年	2015年	2016年
世　界	**246650**	**279555**	**284866**	**693740**	**712566**	**718130**	**3555**	**3923**	**3967**
孟加拉国	1218	5186	5490	12094	12152	12182	4288	4518	4629
印　度	9847	26784	28433	100076	99533	98475	2676	2857	2993
印度尼西亚	1807	8480	9501	17385	17904	18068	4878	5307	5406
伊　朗	799	1960	1826	9016	8182	7989	2174	2231	2166
以 色 列	6	24	32	79	71	61	3036	4529	4970
日　本	182	1137	1120	1942	1839	1816	5854	6091	4976
哈萨克斯坦	1514	1212	1859	15068	14545	15144	804	1278	1348
朝　鲜	122	451	548	1319	1235	1219	3423	4440	4083
韩　国	86	602	598	971	877	858	6202	6815	6795
马来西亚	72	251	182	686	625	718	3660	2909	3227
蒙　古	38	36	22	259	391	378	1370	554	1279
缅　甸	779	3404	2863	8963	7830	7792	3798	3657	3607
巴基斯坦	1406	3481	4108	13332	13962	14058	2611	2942	3064
菲 律 宾	704	2215	2567	6853	7218	7041	3232	3556	3529
斯里兰卡	113	447	418	1125	1088	1130	3974	3845	3897
泰　国	1003	4088	3279	13305	11079	10034	3073	2959	3032
越　南	894	4461	5039	8617	8997	8936	5177	5601	5448
埃　及	340	1946	2314	2993	3287	3404	6504	7041	7114
尼日利亚	1734	2465	2545	16128	17632	17342	1528	1444	1444
南　非	267	1470	1193	3543	3372	2669	4149	3537	3810
加 拿 大	1414	4579	5336	13156	14581	14135	3481	3660	3909
墨 西 哥	1026	3493	3470	9976	10001	10261	3501	3470	3749
美　国	5845	40113	43187	57483	58120	58454	6978	7431	8143
阿 根 廷	1315	4027	5565	8305	11113	13151	4849	5008	5097
巴　西	2012	7516	10603	18601	21203	20122	4041	5001	4181
委内瑞拉	52	366	229	1025	655	520	3576	3506	3427
白俄罗斯	221	674	819	2401	2219	2206	2808	3690	3208
捷　克	136	688	819	1466	1392	1361	4696	5881	6317
法　国	961	6584	7288	9314	9627	9611	7069	7570	5687
德　国	632	4404	4887	6587	6518	6316	6685	7498	7182
意 大 利	325	1850	1764	3476	3276	3254	5323	5385	5599
荷　兰	17	180	167	210	191	174	8569	8753	7777
波　兰	746	2723	2800	7597	7512	7462	3584	3728	4000
罗马尼亚	548	1672	1933	5023	5455	5481	3328	3544	3971
俄罗斯联邦	4443	5962	10245	32348	42842	44428	1843	2391	2650
西 班 牙	627	1988	2018	6040	6229	6265	3292	3239	3430
土 耳 其	1136	3276	3863	12015	11679	11360	2727	3308	3105
乌 克 兰	1402	3868	5962	14185	14396	14017	2727	4142	4652
英　国	313	2095	2473	3013	3099	3128	6953	7981	7023
澳大利亚	1698	3347	3720	20149	18353	16984	1661	2027	2074
新 西 兰	13	100	111	136	139	131	7387	8027	8384

资料来源：联合国FAO数据库。

16-4 小麦总产量、收获面积与单产

国家或地区	总产量(万吨)			收获面积(千公顷)			单产(千克/公顷)		
	2010年	2015年	2016年	2010年	2015年	2016年	2010年	2015年	2016年
世　界	**64033**	**73698**	**74946**	**215500**	**222157**	**220108**	**2971**	**3317**	**3405**
孟加拉国	45	90	135	376	438	445	2396	3080	3030
印　度	3023	8080	8653	28457	31470	30230	2840	2750	3093
伊　朗	568	1214	1152	6622	5716	5682	1834	2016	1953
以色列	4	11	17	64	51	44	1751	3406	3844
日　本	21	57	100	207	213	214	2761	4711	3688
哈萨克斯坦	1237	964	1375	13138	11571	12373	734	1188	1211
朝　鲜	4	16	6	73	40	37	2192	1375	1535
韩　国	1	4	3	13	10	9	3117	2623	3067
蒙　古	36	35	20	250	361	355	1381	565	1315
缅　甸	9	18	18	102	96	87	1782	1862	1186
巴基斯坦	914	2331	2509	9132	9204	9143	2553	2726	2844
埃　及	137	718	961	1288	1458	1369	5574	6592	6575
尼日利亚	6	11	6	71	60	60	1511	1000	1000
南　非	51	143	146	558	482	508	2562	3022	3756
加拿大	926	2330	2759	8296	9577	9262	2809	2881	3292
墨西哥	72	368	371	679	820	724	5419	4526	5339
美　国	1776	6006	5584	19271	19058	17762	3117	2930	3539
阿根廷	563	902	1157	3325	4027	5629	2711	2873	3297
巴　西	217	617	551	2182	2473	2166	2829	2228	3155
白俄罗斯	71	174	290	603	731	710	2885	3962	3294
捷　克	84	416	527	834	830	840	4992	6356	6496
法　国	556	3821	4275	5427	5480	5563	7041	7801	5304
德　国	320	2378	2655	3298	3283	3202	7212	8088	7641
意大利	191	685	739	1830	1883	1912	3742	3928	4203
荷　兰	13	137	130	154	142	127	8909	9126	7983
波　兰	238	941	1096	2124	2395	2384	4429	4574	4542
罗马尼亚	214	581	796	2153	2102	2135	2700	3787	3948
俄罗斯联邦	2731	4151	6179	21640	25870	27313	1918	2388	2684
西班牙	208	594	636	1948	2176	2078	3050	2924	3096
土耳其	761	1967	2260	8063	7846	7610	2440	2880	2707
乌克兰	621	1685	2653	6284	6840	6206	2682	3879	4206
英　国	182	1488	1644	1939	1832	1823	7675	8976	7890
澳大利亚	1128	2183	2374	13881	12384	11282	1573	1917	1974
新西兰	5	44	41	55	48	50	8124	8672	9197

资料来源：联合国FAO数据库。

16-5 稻谷总产量、收获面积与单产

国家或地区	总产量(万吨)			收获面积(千公顷)			单产(千克/公顷)		
	2010年	2015年	2016年	2010年	2015年	2016年	2010年	2015年	2016年
世　界	**70111**	**74008**	**74096**	**161679**	**160762**	**159808**	**4336**	**4604**	**4637**
孟加拉国	1139	5006	5128	11529	11372	11386	4342	4509	4619
印　度	4296	14396	15654	42862	43390	42965	3359	3608	3695
印度尼西亚	1428	6647	7540	13253	14117	14275	5015	5341	5415
伊　朗	56	249	235	564	530	557	4419	4430	4286
日　本	148	1060	999	1628	1506	1479	6514	6631	5439
哈萨克斯坦	9	37	42	94	99	94	3970	4276	4748
朝　鲜	47	243	295	570	465	469	4256	6338	5412
韩　国	78	581	577	892	799	779	6514	7220	7223
马来西亚	71	246	176	678	615	708	3636	2855	3181
缅　甸	672	3207	2621	8011	6769	6724	4003	3872	3818
巴基斯坦	277	723	1020	2365	2739	2766	3059	3724	3765
菲律宾	456	1577	1815	4354	4656	4556	3622	3898	3869
斯里兰卡	105	430	392	1060	1012	1051	4056	3873	3916
泰　国	868	3570	2770	11932	9718	8678	2992	2851	2912
越　南	778	4001	4511	7489	7831	7783	5342	5760	5581
埃　及	67	433	482	460	511	673	9422	9431	9367
尼日利亚	300	447	626	2433	3122	2996	1839	2004	2027
南　非	0	0	0	1	1	1	2589	2695	2721
墨西哥	4	22	24	42	41	41	5190	5808	6135
美　国	125	1103	872	1463	1042	1253	7538	8372	8112
阿根廷	21	124	156	216	233	208	5765	6699	6763
巴　西	194	1124	1230	2722	2138	1944	4127	5753	5464
委内瑞拉	7	90	80	180	169	72	4985	4740	3842
法　国	2	12	8	24	16	17	5043	5001	4750
意大利	23	152	152	248	227	234	6122	6679	6780
罗马尼亚	1	6	5	12	11	9	4966	4497	4625
俄罗斯联邦	20	106	111	201	199	204	5280	5580	5303
西班牙	11	93	85	122	109	111	7594	7750	7828
土耳其	12	86	92	99	116	116	8690	7941	7927
乌克兰	1	15	6	29	12	12	5051	5343	5392
澳大利亚	3	20	69	19	70	27	10390	9910	10289

资料来源：联合国FAO数据库。

16-6 玉米总产量、收获面积与单产

国家或地区	总产量(万吨)			收获面积(千公顷)			单产(千克/公顷)		
	2010年	2015年	2016年	2010年	2015年	2016年	2010年	2015年	2016年
世　界	**85135**	**101061**	**106011**	**164028**	**182490**	**187959**	**5190**	**5538**	**5640**
孟加拉国	33	89	227	152	325	335	5838	6984	7301
印　度	1020	2173	2257	8553	8690	10200	2540	2597	2575
印度尼西亚	379	1833	1961	4132	3787	3793	4436	5178	5371
伊　朗	13	166	117	240	166	130	6898	7033	6893
以色列	0	9	9	3	4	3	29236	20695	22998
日　本	0	0	0	0	0	0	2564	2627	2634
哈萨克斯坦	14	46	73	96	138	135	4833	5330	5642
朝　鲜	54	168	229	503	560	545	3346	4087	4032
韩　国	2	7	8	16	15	15	4787	5095	5054
马来西亚	1	5	6	9	10	10	5535	6227	6460
缅　甸	49	135	175	389	470	488	3483	3722	3751
巴基斯坦	133	371	527	974	1191	1334	3805	4425	4595
菲律宾	248	638	752	2499	2562	2484	2552	2935	2906
斯里兰卡	7	16	26	58	70	72	2806	3714	3865
泰　国	114	486	473	1163	1132	1138	4180	4179	4229
越　南	115	461	529	1126	1165	1152	4090	4539	4553
埃　及	108	704	780	969	1061	1083	7270	7355	7390
尼日利亚	654	768	1056	4149	6771	6544	1850	1560	1591
南　非	195	1282	996	2742	2653	1947	4674	3753	3996
加拿大	132	1171	1356	1203	1312	1318	9739	10337	9372
墨西哥	760	2330	2469	7148	7100	7598	3260	3478	3718
美　国	3511	31562	34549	32960	32678	35106	9576	10572	10960
阿根廷	535	2266	3382	2904	4627	5347	7804	7309	7443
巴　西	1496	5536	8528	12679	15406	14959	4367	5536	4288
委内瑞拉	43	237	144	633	461	430	3746	3126	3408
白俄罗斯	12	55	22	112	51	124	4931	4365	5961
捷　克	9	69	44	103	80	86	6706	5536	9788
法　国	149	1398	1372	1583	1637	1487	8830	8378	8158
德　国	42	421	397	467	456	416	9026	8722	9651
意大利	66	850	707	927	727	661	9167	9725	10352
荷　兰	1	20	12	17	11	8	11767	10825	10048
波　兰	60	199	316	333	670	595	5982	4709	7294
罗马尼亚	258	904	902	2094	2599	2579	4318	3472	4168
俄罗斯联邦	278	308	1317	1025	2670	2777	3009	4934	5513
西班牙	38	332	456	315	398	385	10555	11461	11559
土耳其	68	431	640	594	686	680	7261	9327	9418
乌克兰	425	1195	2333	2648	4084	4252	4515	5713	6602
澳大利亚	5	33	49	59	60	53	5559	8300	7508
新西兰	2	19	23	18	20	18	10760	11441	11689

资料来源：联合国FAO数据库。

16-7 大豆总产量、收获面积与单产

国家或地区	总产量(万吨)			收获面积(千公顷)			单产(千克/公顷)		
	2010年	2015年	2016年	2010年	2015年	2016年	2010年	2015年	2016年
世　界	**26494**	**32320**	**33489**	**102768**	**120792**	**121532**	**2578**	**2676**	**2756**
孟加拉国	5	7	9	41	48	50	1709	1911	1832
印　度	1150	1274	857	9554	11670	11500	1333	734	1218
印度尼西亚	62	91	96	661	614	624	1373	1569	1552
伊　朗	6	16	14	70	62	64	2239	2275	2268
日　本	15	22	24	138	142	150	1616	1712	1587
哈萨克斯坦	11	11	22	62	106	106	1849	2078	2179
朝　鲜	30	35	35	300	300	300	1167	1167	1161
韩　国	5	11	10	71	57	49	1475	1827	1539
缅　甸	14	25	15	169	149	143	1505	1039	1043
斯里兰卡	0	1	1	5	5	5	1671	1276	1350
泰　国	2	16	6	90	34	24	1770	1664	1617
越　南	10	30	15	198	101	100	1510	1455	1614
埃　及	1	4	5	15	14	10	2845	3282	3500
尼日利亚	61	37	59	282	609	613	1295	966	960
南　非	50	57	107	311	687	503	1817	1557	1476
加拿大	219	444	637	1506	2197	2191	2952	2899	2660
墨西哥	28	17	34	153	250	278	1093	1365	1833
美　国	3348	9066	10695	31003	33123	33482	2924	3229	3501
阿根廷	1950	5268	6140	18131	19335	19505	2905	3176	3015
巴　西	3315	6876	9746	23327	32181	33154	2948	3029	2905
委内瑞拉	1	5	1	41	8	10	1259	1192	1100
捷　克	1	2	2	9	12	11	1703	1644	2637
法　国	14	14	34	51	123	136	2750	2749	2485
德　国	2	0	3	1	12	15	2000	2250	2733
意大利	29	55	112	160	309	288	3464	3615	3754
罗马尼亚	13	15	26	63	127	125	2364	2071	2105
俄罗斯联邦	212	122	271	1036	2084	2120	1180	1299	1479
西班牙	0	0	0	1	1	1	2366	3118	2982
土耳其	4	9	16	23	37	38	3687	4400	4322
乌克兰	186	168	393	1037	2136	1859	1621	1841	2300
澳大利亚	3	6	6	31	30	29	1904	2115	2142

资料来源：联合国FAO数据库。

16-8 薯类作物总产量、收获面积与单产

国家或地区	总产量(万吨)			收获面积(千公顷)			单产(千克/公顷)		
	2010年	2015年	2016年	2010年	2015年	2016年	2010年	2015年	2016年
世　界	**75119**	**84667**	**84612**	**54273**	**61622**	**61925**	**13841**	**13740**	**13664**
孟加拉国	50	824	951	466	496	501	17673	19161	19444
印　度	246	4573	5361	2186	2391	2464	20919	22422	20209
印度尼西亚	114	2739	2573	1492	1228	1140	18356	20945	21618
伊　朗	16	428	514	146	160	162	29220	32085	31927
以色列	2	57	60	17	20	20	33519	29965	32219
日　本	13	356	354	148	135	129	24077	26284	26404
哈萨克斯坦	19	255	352	178	190	186	14319	18550	19038
朝　鲜	17	214	210	164	172	172	13018	12206	12392
韩　国	4	92	83	44	40	44	20757	21025	20880
马来西亚	1	6	12	5	8	7	11954	15494	17034
蒙　古	2	17	16	14	13	15	12158	12773	11004
缅　甸	8	123	108	91	80	80	13515	13566	13062
巴基斯坦	21	361	452	169	204	212	21355	22196	21333
菲律宾	34	292	351	364	342	343	8005	10256	10484
斯里兰卡	3	38	44	33	34	33	11494	12834	13270
泰　国	150	2246	3286	1218	1469	1499	18438	22374	21146
越　南	72	1027	1239	678	717	722	15142	17281	17482
埃　及	20	414	547	158	200	200	26242	27419	27570
尼日利亚	1408	8730	11164	8428	14246	14082	10358	7837	7782
南　非	8	216	255	82	92	81	26193	27772	27298
加拿大	34	442	433	344	343	342	12837	12618	12629
墨西哥	8	180	202	66	76	78	27187	26579	27572
美　国	47	1943	2142	456	489	474	42637	43823	45193
阿根廷	10	245	233	107	104	102	22906	22406	22301
巴　西	161	2926	2777	1995	1714	1610	14669	16199	16063
委内瑞拉	6	111	108	87	75	64	12704	14403	14267
白俄罗斯	29	783	600	367	310	292	21352	19363	20471
捷　克	2	67	50	27	23	23	24564	22263	29880
法　国	18	666	716	163	173	181	40830	41245	37914
德　国	24	1014	1037	254	237	243	39876	43812	44421
意大利	5	157	138	63	51	49	24925	27115	28329
荷　兰	16	684	665	157	156	156	43598	42732	41996
波　兰	31	845	631	401	300	312	21084	21021	28472
罗马尼亚	19	328	270	247	196	186	13296	13770	14443
俄罗斯联邦	203	2114	3365	2109	2112	2031	10023	15934	15318
西班牙	7	236	231	81	73	65	29190	31620	32445
土耳其	14	455	476	141	154	145	32323	30943	32820
乌克兰	131	1871	2084	1412	1291	1312	13248	16142	16583
英　国	14	606	559	138	129	139	43884	43318	38655
澳大利亚	3	133	123	38	32	30	34936	38986	40023
新西兰	1	54	49	12	11	12	45644	44237	45450

资料来源：联合国FAO数据库。

16-9 油菜籽总产量、收获面积与单产

国家或地区	总产量(万吨)			收获面积(千公顷)			单产(千克/公顷)		
	2010年	2015年	2016年	2010年	2015年	2016年	2010年	2015年	2016年
世　界	**5985**	**7117**	**6886**	**32096**	**34779**	**33709**	**1865**	**2046**	**2043**
加拿大	1279	1838	1842	6858	8322	7990	1865	2208	2306
印　度	661	628	680	5580	5791	5762	1184	1085	1180
法　国	482	533	473	1465	1506	1551	3286	3543	3049
德　国	570	502	458	1461	1286	1326	3899	3903	3455
澳大利亚	191	347	294	1695	2824	2357	1125	1229	1249
波　兰	223	270	222	945	947	827	2357	2852	2684
英　国	223	254	178	642	652	579	3476	3899	3066
美　国	111	131	140	580	694	686	1918	1882	2045
罗马尼亚	94	92	129	527	366	455	1789	2512	2841
乌克兰	147	174	115	863	671	449	1704	2589	2568
俄罗斯联邦	67	101	100	607	903	912	1103	1121	1096
匈牙利	53	59	61	259	221	222	2046	2677	2741
保加利亚	54	42	51	212	170	172	2571	2477	2969
丹　麦	58	83	51	167	193	163	3482	4275	3102
斯洛伐克	32	32	43	164	119	124	1966	2688	3459
立陶宛	42	51	39	252	164	151	1654	3130	2599
孟加拉国	22	36	36	242	325	319	917	1106	1136
拉托维亚	23	29	28	106	88	100	2133	3332	2830
瑞　典	28	36	27	108	95	93	2569	3779	2892
白俄罗斯	37	38	26	307	244	210	1220	1567	1239
智　利	4	20	21	11	49	53	4000	4075	3974
巴基斯坦	16	21	21	190	228	226	852	926	914
非　洲	8	18	18	67	126	111	1265	1451	1612
哈萨克斯坦	11	14	17	305	221	161	358	626	1054
西班牙	4	15	15	20	71	76	1811	2100	2044
奥地利	17	11	14	54	38	40	3171	2978	3578
伊　朗	15	13	14	77	78	75	1891	1725	1836

资料来源：联合国FAO数据库。

16-10 花生总产量、收获面积与单产

国家或地区	总产量(万吨)			收获面积(千公顷)			单产(千克/公顷)		
	2010年	2015年	2016年	2010年	2015年	2016年	2010年	2015年	2016年
世　界	**4345**	**4508**	**4398**	**26141**	**26800**	**27661**	**1662**	**1682**	**1590**
印　度	827	677	686	5860	4560	5800	1410	1485	1182
尼日利亚	380	347	303	2789	2802	2680	1362	1238	1130
美　国	189	282	258	508	634	626	3712	4442	4119
苏　丹		104	183		1465	2315		711	789
缅　甸	137	152	157	877	950	989	1562	1598	1590
乍　得	110	93	104	1040	882	971	1061	1056	1071
阿根廷	61	101	100	219	425	342	2792	2380	2929
喀麦隆	54	61	75	377	436	454	1420	1398	1648
塞内加尔	129	105	72	1196	1135	880	1076	925	817
巴　西	26	50	56	94	148	155	2772	3382	3654
坦桑尼亚	47	184	55	482	1625	780	965	1130	705
印度尼西亚	127	61	50	621	454	366	2048	1333	1379
尼日尔	41	43	45	796	718	771	511	595	588
越　南	49	45	43	231	200	185	2105	2266	2312
刚果共和国	39	41	42	477	492	495	813	842	851
加　纳	53	42	42	353	336	336	1502	1240	1240
几内亚	33	34	38	227	234	271	1460	1451	1385
马　里	31	52	37	337	501	432	933	1041	866
布基纳法索	34	37	34	410	433	420	830	845	799
马拉维	30	27	28	295	370	370	1008	743	744
安哥拉	12	27	24	285	335	343	404	798	712
乌干达	28	21	21	394	410	420	700	512	500
埃　及	20	20	19	67	60	58	3039	3282	3291
尼加拉瓜	18	17	19	33	44	42	5536	3879	4408
南苏丹		15	17		259	287		580	575
土耳其	10	15	16	27	38	42	3546	3906	3887
赞比亚	16	16	16	255	221	217	643	717	733
贝　宁	15	13	14	175	158	159	880	850	861
中非共和国	14	12	14	98	97	112	1432	1202	1202
埃塞俄比亚	7	11	13	50	67	75	1444	1709	1732
莫桑比克	16	9	11	366	382	397	431	243	285
科特迪瓦	9	12	11	78	84	83	1160	1456	1346
冈比亚	14	10	11	136	110	118	1016	936	927
墨西哥	8	11	10	53	67	56	1550	1604	1706
巴基斯坦	7	9	9	83	92	89	818	998	976
塞拉利昂	8	8	7	110	71	79	740	1117	832
老　挝	5	6	6	24	21	27	2161	2970	2369
孟加拉国	5	6	6	34	32	36	1592	1786	1743
中国台湾	7	6	6	21	21	20	3109	2869	3161
马达加斯加	3	6	6	52	67	83	577	876	705
津巴布韦	14	5	6	320	152	200	428	342	290
几内亚比绍	4	4	4	35	38	39	1033	1154	1154
多　哥	5	4	4	70	61	58	668	666	700
海　地	3	4	4	31	41	42	867	878	881
摩洛哥	5	3	4	23	14	15	2164	2434	2373
肯尼亚	1	3	3	19	11	13	565	2576	2452
泰　国	5	4	3	31	22	19	1584	1671	1657
柬埔寨	2	3	3	20	18	18	1096	1587	1587
斯里兰卡	1	3	3	9	14	14	1514	1813	2066
菲律宾	3	3	3	27	25	24	1092	1188	1187

资料来源：联合国FAO数据库。

16-11　籽棉总产量、收获面积与单产

国家或地区	总产量(万吨)			收获面积(千公顷)			单产(千克/公顷)		
	2010年	2015年	2016年	2010年	2015年	2016年	2010年	2015年	2016年
世　界	**6922**	**6678**	**6539**	**31801**	**31886**	**30207**	**2177**	**2094**	**2165**
印　度	1776	1602	1441	11142	11870	10500	1594	1349	1373
美　国	947	838	1005	4330	3268	3848	2188	2565	2612
巴基斯坦	561	487	494	2689	2902	2489	2088	1679	1986
巴　西	295	401	346	830	1033	996	3554	3880	3477
乌兹别克斯坦	344	336	331	1343	1300	1272	2565	2586	2600
土耳其	215	205	210	480	434	416	4475	4724	5048
澳大利亚	94	127	152	208	197	280	4508	6468	5416
希　腊	71	128	135	250	278	324	2842	4605	4186
布基纳法索	53	84	90	463	670	720	1144	1261	1251
阿根廷	75	80	67	441	456	377	1709	1745	1787
马　里	24	51	60	250	545	655	973	942	912
墨西哥	44	59	49	113	133	104	3900	4454	4675
阿拉伯叙利亚共和国	47	58	48	172	153	128	2740	3791	3736
缅　甸	50	48	44	267	225	202	1889	2145	2169
土库曼斯坦	129	55	43	550	530	540	2338	1038	796
科特迪瓦	17	42	38	187	402	355	934	1035	1066
贝　宁	14	27	35	137	307	419	999	878	828
尼日利亚	60	28	30	399	401	383	1512	691	791
哈萨克斯坦	24	27	29	134	99	110	1790	2758	2616
塔吉克斯坦	31	27	28	162	160	163	1912	1692	1751
喀麦隆	19	25	25	145	220	224	1310	1117	1111
坦桑尼亚	27	20	18	421	450	320	634	452	574
西班牙	12	19	18	63	63	62	1821	3048	2841
埃　及	38	32	18	155	101	55	2435	3163	3182
伊　朗	17	18	17	91	81	82	1840	2160	2109
乍　得	5	12	15	150	256	315	347	468	484
玻利维亚	11	12	12	121	136	142	884	869	863
赞比亚	11	10	11	85	127	130	1258	819	863
津巴布韦	15	4	11	199	112	155	754	382	710
苏　丹		13	11		86	66		1531	1640
阿塞拜疆	4	4	9	30	19	51	1267	1884	1761
哥伦比亚	9	8	8	45	25	22	2044	3348	3498
乌干达	8	7	8	80	60	70	1044	1185	1112
多　哥	4	11	7	60	155	103	713	710	669
孟加拉国	4	6	6	14	19	17	3097	3203	3448
阿富汗	3	5	6	33	42	51	1000	1198	1155
吉尔吉斯斯坦	7	4	5	26	14	17	2795	3095	3142
埃塞俄比亚	6	8	5	75	99	66	773	832	759
秘　鲁	6	7	5	28	27	18	2280	2605	2506
几内亚	4	4	4	38	44	45	974	969	970
莫桑比克	6	5	4	130	120	101	477	410	432
朝　鲜	3	4	4	19	20	20	1835	1976	1982
以色列	2	5	4	4	10	8	4646	4577	4293
马拉维	3	8	3	47	123	78	618	645	401
伊拉克	5	4	3	21	15	12	2201	2512	2627
刚果共和国	3	3	3	62	70	67	411	433	427
南　非	2	5	3	5	15	8	4069	3291	3468
中非共和国	1	2	2	20	43	46	535	517	477
塞内加尔	3	3	2	28	31	20	944	1013	985

资料来源：联合国FAO数据库。

16-12 甜菜总产量、收获面积与单产

国家或地区	总产量(万吨)			收获面积(千公顷)			单产(千克/公顷)		
	2010年	2015年	2016年	2010年	2015年	2016年	2010年	2015年	2016年
世　界	**25673**	**24473**	**27723**	**4694**	**4273**	**4565**	**48638**	**57274**	**60731**
俄罗斯联邦	2234	3903	5137	924	1007	1092	24093	38778	47038
法　国	3225	3351	3379	384	385	403	83059	87015	83926
美　国	3300	3209	3346	468	464	456	62114	69225	73411
德　国	2343	2257	2550	364	313	335	64352	72161	76225
土耳其	1874	1646	1947	329	275	322	54593	59805	60461
乌克兰	1375	1033	1401	492	237	291	27945	43590	48116
波　兰	997	936	1352	206	180	206	48358	51990	65786
埃　及	799	1198	1332	135	233	255	58276	51392	52250
英　国	654	622	569	118	90	86	55088	69089	66128
伊　朗	394	559	554	100	105	101	38818	53260	54707
荷　兰	530	487	550	71	58	71	74836	83314	77800
白俄罗斯	382	330	428	96	100	96	39500	33020	44589
摩洛哥	244	388	422	43	61	61	56387	63630	69188
捷　克	307	342	412	56	58	61	54355	59381	67808
比利时	453	453	402	59	52	56	75288	86597	72447
奥地利	313	285	353	45	45	43	69839	62795	81257
西班牙	357	361	324	43	38	33	81474	95868	97688
日　本	309	393	319	63	59	60	49361	66752	53417
塞尔维亚	332	218	268	66	42	49	50038	51829	54509
意大利	355	218	205	63	38	32	56620	57284	63359
瑞　典	197	118	199	38	19	31	52077	60800	64980
丹　麦	241	243	170	39	36	35	61454	67472	49091
智　利	144	207	165	16	22	17	87326	94935	96230
斯洛伐克	98	121	151	18	22	21	54522	56013	70152
瑞　士	130	136	128	18	20	19	72977	68612	66898
克罗地亚	125	76	117	24	14	15	52415	54492	75494
罗马尼亚	84	104	101	22	27	25	38743	39223	41117
立陶宛	71	62	93	15	12	15	46190	50603	61254
阿拉伯叙利亚共和国	154	20	77	28	5	16	50074	45274	48677
吉尔吉斯斯坦	16	18	71	8	5	11	16574	36297	62323
匈牙利	82	91	68	14	16	11	59091	58720	60431
摩尔多瓦	84	54	66	26	21	20	31957	25261	32550
加拿大	54	50	53	11	7	8	44956	68973	64963
芬　兰	54	41	43	15	12	12	37130	32782	37379
希　腊	107	46	38	16	7	6	56998	64190	61505
哈萨克斯坦	24	17	35	9	7	12	17269	23247	28549
阿塞拜疆	26	18	31	8	5	7	29774	37639	44258
土库曼斯坦	46	24	24	15	19	18	15600	12434	13292
巴基斯坦	192	12	12	1	3	3	36064	39031	40683
亚美尼亚	3	6	7	2	4	4	15294	15231	15260
伊拉克	4	4	4	2	7	8	9572	5301	5133
阿尔巴尼亚	4	4	3	2	2	2	20000	17320	15938
哥伦比亚	7	2	2	1	1	1	19579	24423	24918
委内瑞拉	3	2	2	1	1	1	18789	20174	21296

资料来源：联合国FAO数据库。

16-13　甘蔗总产量、收获面积与单产

国家或地区	总产量(万吨)			收获面积(千公顷)			单产(千克/公顷)		
	2010年	2015年	2016年	2010年	2015年	2016年	2010年	2015年	2016年
世　界	**171146**	**188688**	**189066**	**23680**	**26664**	**26774**	**71075**	**70764**	**70615**
巴　西	71880	75029	76868	9077	10111	10226	79045	74203	75168
印　度	29989	36233	34845	4175	5070	4950	70019	71466	70394
泰　国	6885	9414	8747	1010	1401	1337	68155	67206	65442
巴基斯坦	5124	6548	6545	943	1131	1131	52368	57873	57879
墨西哥	5062	5540	5645	704	759	781	71627	73023	72270
哥伦比亚	3284	3671	3695	349	409	417	94065	89654	88692
澳大利亚	3162	3238	3440	389	377	447	80198	85994	76929
危地马拉	2232	3387	3353	235	268	260	95107	126431	129049
美　国	2876	2914	2993	355	359	371	69895	81154	80766
印度尼西亚	2666	2535	2716	437	456	473	60925	55611	57456
菲律宾	1800	2293	2237	355	421	410	50522	54417	54549
阿根廷	1914	2254	2199	267	334	332	70759	67572	66298
古　巴	1162	1930	1889	431	436	442	26889	44307	42710
越　南	1626	1834	1631	269	284	256	60058	64508	63643
埃　及	1586	1590	1576	135	138	137	116762	115355	115031
南　非	1603	1486	1507	271	258	247	59081	57493	61046
缅　甸	939	1014	1044	150	162	164	61606	62656	63777
秘　鲁	988	1021	983	77	85	88	128015	120745	112120
厄瓜多尔	839	1011	866	107	103	105	78064	98484	82758
伊　朗	572	741	769	66	87	96	85651	84982	80259
萨尔瓦多	513	658	720	63	81	79	81336	80809	91048
肯尼亚	574	716	709	69	78	87	83063	92057	81664
玻利维亚	643	719	691	136	145	152	46943	49450	45375
尼加拉瓜	490	638	682	54	72	74	89916	88803	91935
巴拉圭	514	670	671	100	120	120	51309	55845	55900
斯威士兰	510	552	558	53	57	58	96578	96621	96511
苏　丹		555	553		70	70		79406	79425
洪都拉斯	649	517	536	76	63	65	85463	82527	82821
多米尼加共和国	458	454	472	80	107	107	57491	42474	44167
尼泊尔	261	306	435	61	67	81	42500	45991	53709
赞比亚	353	415	429	33	40	42	106061	103319	102790
孟加拉国	543	443	421	118	104	98	38220	42547	42779
哥斯达黎加	374	427	416	56	65	69	67015	65958	60240
毛里求斯	437	401	380	59	52	51	74364	76531	73789
乌干达	358	373	372	52	54	55	68269	68418	67801
津巴布韦	278	335	348	41	43	44	66203	77691	80069
委内瑞拉	685	557	333	106	98	52	64375	56591	63780
马达加斯加	292	297	301	91	93	94	31924	31981	31922
坦桑尼亚	291	286	299	48	84	108	57833	34095	27599
马拉维	251	289	292	23	27	27	108696	108020	107630
莫桑比克	274	308	276	38	45	42	70695	68952	65267
巴拿马	223	238	242	33	38	38	68411	62312	63683
圭亚那	276	272	239	42	49	44	66324	56028	54040
刚果共和国	209	214	219	45	48	49	46084	44756	44803
老　挝	82	202	202	15	36	36	53317	55872	55804
科特迪瓦	188	194	198	25	25	25	72094	77103	78660
日　本	147	126	157	23	23	29	63319	53846	54462
斐　济	175	166	156	45	37	37	38911	44366	42411

资料来源：联合国FAO数据库。

16-14 烟叶总产量、收获面积与单产

国家或地区	总产量(吨)			收获面积(公顷)			单产(千克/公顷)		
	2010年	2015年	2016年	2010年	2015年	2016年	2010年	2015年	2016年
世　界	**6942801**	**6985341**	**6664238**	**3948518**	**3888614**	**3757015**	**1758**	**1796**	**1774**
印　度	690000	746756	761318	444280	443670	449248	1553	1683	1695
巴　西	787817	867355	675545	449629	405881	375622	1752	2137	1799
美　国	325764	326209	285181	136582	133000	129362	2385	2453	2205
印度尼西亚	135700	193790	196154	216300	209095	206337	627	927	951
津巴布韦	109737	171083	172266	94175	132126	144111	1165	1295	1195
赞比亚	92419	118551	124642	59988	71092	73624	1541	1668	1693
巴基斯坦	119323	120022	116157	55800	53804	50598	2138	2231	2296
坦桑尼亚	60900	98474	102473	78930	139017	148462	772	708	690
阿根廷	132870	109106	93671	67674	55194	43815	1963	1977	2138
莫桑比克	66983	81756	92995	60620	70404	80451	1105	1161	1156
孟加拉国	55288	94221	87628	38270	51547	46472	1445	1828	1886
马拉维	172922	120479	84962	165577	141625	112734	1044	851	754
朝　鲜	72000	81287	82727	50000	54589	55192	1440	1489	1499
土耳其	53018	75000	70000	81334	105868	92237	652	708	759
老　挝	45000	63040	66800	8355	6360	6880	5386	9912	9709
泰　国	59540	61086	60826	31198	16439	16842	1909	3716	3612
菲律宾	40530	56193	56457	29706	33096	33593	1364	1698	1681
意大利	89112	51406	48470	27829	15197	15717	3202	3383	3084
乌干达	27138	31131	31476	19734	28978	30735	1375	1074	1024
波　兰	34782	27251	31201	15721	13405	12335	2213	2033	2530
危地马拉	26907	28445	29742	12790	13908	13978	2104	2045	2128
西班牙	33410	29534	29434	10527	9022	9066	3174	3274	3247
希　腊	29948	34330	29216	16040	21610	19850	1867	1589	1472
越　南	56530	37767	29215	31484	17618	14651	1796	2144	1994
韩　国	33956	29418	28569	13744	11931	11569	2471	2466	2469
缅　甸	59600	28635	27352	16997	15887	14916	3507	1802	1834
前南斯拉夫马其顿共和国	30280	24237	25443	20300	16128	16376	1492	1503	1554
也　门	23178	23393	24629	10341	10242	10691	2241	2284	2304
哥伦比亚	10760	25904	22371	10209	14441	13584	1054	1794	1647
伊　朗	14145	23586	21223	9586	9980	9601	1476	2363	2211
加拿大	33964	22557	20369	12372	8107	7301	2745	2782	2790
古　巴	20500	24500	19700	20256	18682	12292	1012	1311	1603
日　本	29300	18700	17900	15000	8300	8000	1953	2253	2238
墨西哥	6983	12999	15864	4004	6671	7040	1744	1949	2253
保加利亚	41056	23480	15211	24518	13360	9963	1675	1758	1527
南　非	12300	14380	14700	3950	4891	4900	3114	2940	3000
柬埔寨	14625	14044	14362	10062	7962	7973	1454	1764	1801
多米尼加共和国	8066	12923	12935	12579	8740	9292	641	1479	1392
阿拉伯叙利亚共和国	20150	13994	12393	12958	9893	8916	1555	1415	1390
阿尔及利亚	7604	8800	9840	4219	4508	4760	1802	1952	2067
肯尼亚	14156	9910	9619	18584	12385	12311	762	800	781
厄瓜多尔	8295	9227	9391	4211	4401	4453	1970	2097	2109
克罗地亚	8491	10132	8977	4119	4752	4413	2061	2132	2034
法　国	18428	9655	8801	7081	3688	3434	2603	2618	2563
黎巴嫩	10156	8910	8781	8344	7526	7422	1217	1184	1183
科特迪瓦	9588	8903	8766	18503	17544	17347	518	508	505
匈牙利	8972	7952	8100	6178	4723	4840	1452	1684	1674
塞尔维亚	10440	8776	7810	5828	5012	5256	1791	1751	1486
智　利	7950	7274	7561	2509	2238	2402	3168	3250	3148
喀麦隆	5389	6146	6298	3987	4510	4614	1352	1363	1365

资料来源：联合国FAO数据库。

16-15 茶叶总产量、收获面积与单产

国家或地区	总产量(吨)			收获面积(公顷)			单产(千克/公顷)		
	2010年	2015年	2016年	2010年	2015年	2016年	2010年	2015年	2016年
世界	**4622149**	**5661855**	**5954091**	**3156606**	**3921335**	**4099230**	**1464**	**1444**	**1453**
印度	991182	1233140	1252174	579000	566660	585907	1712	2176	2137
肯尼亚	399006	399100	473000	171916	209400	218500	2321	1906	2165
斯里兰卡	331400	341744	349308	221969	225378	231628	1493	1516	1508
土耳其	235000	239028	243000	75864	76207	76361	3098	3137	3182
越南	198466	236000	240000	113200	117822	118824	1753	2003	2020
印度尼西亚	150342	132615	144015	124573	114891	117268	1207	1154	1228
缅甸	94500	100150	102404	79318	83753	86219	1191	1196	1188
阿根廷	92417	89713	89609	37221	38300	37720	2483	2342	2376
日本	85000	79500	80200	46800	44000	44078	1816	1807	1820
伊朗	121041	70000	75000	29464	17000	20403	4108	4118	3676
孟加拉国	60000	66101	64500	52236	60424	60059	1149	1094	1074
乌干达	49182	61038	63322	25561	28674	29455	1924	2129	2150
布隆迪	37875	53802	52701	8213	10000	12029	4612	5380	4381
泰国	67241	49054	52619	19459	6651	8206	3456	7375	6412
马拉维	51589	47659	48486	20745	17813	17867	2487	2676	2714
坦桑尼亚	33160	35749	36611	11410	22509	18887	2906	1588	1938
莫桑比克	28995	32000	33389	17330	33500	31803	1673	955	1050
卢旺达	22249	25027	25628	13549	16743	17221	1642	1495	1488
津巴布韦	23535	25041	25342	6814	7012	7050	3454	3571	3595
尼泊尔	16607	21394	23821	17127	19271	20747	970	1110	1148
中国台湾	17467	14405	13018	14530	11620	11689	1202	1240	1114
马来西亚	19738	9760	11300	2459	1637	2906	8027	5962	3889
埃塞俄比亚	7648	10660	10806	7493	9727	9727	1021	1096	1111
老挝	582	6295	7300	2415	4180	4200	241	1506	1738
巴布亚新几内亚	6240	5712	5680	4186	3824	3821	1491	1494	1487
喀麦隆	5515	5487	5560	2065	2003	2020	2671	2739	2753
秘鲁	3214	3785	3307	2216	2139	2080	1450	1770	1590
刚果共和国	2479	3146	3201	7549	42272	60473	328	74	53
格鲁吉亚	3500	2100	3000	3299	1977	2850	1061	1062	1053
韩国	2323	2427	2487	2144	2171	2218	1083	1118	1121
南非	1647	1943	1818	786	925	864	2096	2101	2105
毛里求斯	1467	1295	1353	698	574	622	2102	2256	2175
厄瓜多尔	1499	1341	1334	704	573	560	2130	2341	2383
玻利维亚	1339	1243	1251	262	290	292	5112	4286	4284
阿塞拜疆	545	579	1016	579	469	664	941	1235	1530
赞比亚	843	938	937	599	654	653	1407	1435	1436
萨尔瓦多	450	802	701	225	404	353	2000	1985	1987
危地马拉	628	553	558	1244	1188	1188	505	466	470
俄罗斯联邦	370	246	449	1400	515	535	264	477	839
巴西	4278	633	447	2399	215	185	1783	2944	2416
马达加斯加	381	386	387	619	1264	1290	617	305	300
哥伦比亚	134	149	145	55	62	59	2436	2400	2477
黑山	100	100	100	125	124	124	800	805	810

资料来源：联合国FAO数据库。

16-16 2016年牲畜存栏数

单位：万头、万只

国家或地区	牛	马	山羊	绵羊	猪
世　界	**167417**	**5905**	**100281**	**117335**	**98180**
孟加拉国	2526		5608	217	
印　度	29832	62	13387	6302	908
印度尼西亚	1748	44	1961	1807	811
伊　朗	575	13	1910	4250	
以色列	51	0	12	49	19
日　本	382	1	2	1	931
哈萨克斯坦	619	207	233	1569	89
朝　鲜	57	5	395	16	203
韩　国	312	3	28	0	1037
马来西亚	87	0	45	15	230
蒙　古	408	364	2557	2786	3
缅　甸	2021	10	729	150	1652
巴基斯坦	7940	36	7030	2980	
菲律宾	542	25	361	3	1220
斯里兰卡	138	0	31	1	8
泰　国	635	1	47	4	794
越　南	802	5	216		2908
埃　及	865	8	412	564	1
尼日利亚	2056	10	7388	4209	749
南　非	1340	32	562	2329	151
加拿大	1204	40	3	83	1277
墨西哥	3392	638	876	883	1675
美　国	9192	1053	262	530	7150
阿根廷	5264	245	471	1486	512
巴　西	21960	558	978	1843	3995
委内瑞拉	1657	53	143	60	355
白俄罗斯	430	6	7	9	315
捷　克	142	3	3	22	161
法　国	1933	38	123	700	1271
德　国	1247	44	14	157	2738
意大利	631	39	103	728	848
荷　兰	429	14	50	104	1248
波　兰	594	19	4	24	1087
罗马尼亚	209	50	144	981	493
俄罗斯联邦	1900	137	217	2271	2151
西班牙	626	29	309	1596	2923
土耳其	1413	12	1042	3151	0
乌克兰	375	31	58	74	708
英　国	1003	42	10	3394	488
澳大利亚	2497	27	384	6754	229
新西兰	1015	5	11	2758	25

资料来源：联合国FAO数据库。

16-17 2016年肉类产量

单位：万吨

国家或地区	肉类总产量	#猪肉	#牛肉	#羊肉	#禽肉
世　界	**32989.0**	**11816.9**	**6980.0**	**1493.2**	**12030.2**
美　国	4462.4	1132.0	1147.0	7.0	2148.3
巴　西	2744.1	351.4	928.4	12.3	1449.8
俄罗斯联邦	989.9	336.8	161.9	21.3	414.1
德　国	842.5	559.0	115.5	3.2	155.0
印　度	719.2	31.6	252.2	74.0	342.6
墨西哥	655.4	137.6	187.9	10.0	311.6
西班牙	619.6	394.7	63.5	11.5	142.7
法　国	565.6	218.5	145.8	11.6	177.0
阿根廷	522.0	52.2	264.4	6.3	197.3
越　南	496.8	366.5	39.5	1.3	86.8
波　兰	479.8	200.9	51.2	0.1	225.3
澳大利亚	469.4	37.7	236.1	71.5	121.3
加拿大	457.9	204.8	113.3	1.5	135.7
日　本	409.5	127.9	46.4	0.0	234.5
英　国	392.4	91.9	91.2	29.0	179.2
意大利	383.6	154.4	81.0	3.3	135.4
巴基斯坦	344.8		181.5	46.6	114.3
南　非	342.5	24.2	110.9	19.2	184.0
菲律宾	340.8	179.0	30.5	5.8	123.8
土耳其	334.8		98.9	42.4	193.3
印度尼西亚	316.8	34.2	56.1	11.5	214.7
伊　朗	311.6		57.2	39.4	213.8
缅　甸	307.9	87.4	44.9	9.3	166.3
荷　兰	299.8	145.3	41.6	1.4	111.4
泰　国	276.2	94.5	14.5	0.2	167.0
哥伦比亚	263.6	30.5	82.8	0.9	148.8
韩　国	239.4	121.6	27.7	0.2	89.5
乌克兰	235.1	74.8	37.6	1.3	119.3
埃　及	227.2	0.0	84.9	12.3	118.0
马来西亚	194.5	21.8	5.0	0.4	167.1
秘　鲁	193.5	14.9	19.0	4.0	151.4
丹　麦	186.9	157.9	12.9	0.2	15.5
比利时	180.6	106.1	27.8	0.3	46.1
智　利	148.8	50.8	21.5	1.7	74.1
新西兰	143.5	4.4	67.3	48.2	20.7
尼日利亚	141.6	27.6	37.0	38.6	21.2
中国台湾	140.8	79.7	0.7	0.2	60.2
摩洛哥	120.4	0.1	25.8	19.1	68.2
委内瑞拉	120.0	16.2	43.2	0.7	59.9

资料来源：联合国FAO

16-18 鸡蛋产量

单位：万吨

国家或地区	2000年	2005年	2010年	2014年	2015年	2016年
世　界	**5114.0**	**5668.7**	**6424.1**	**7011.7**	**7194.6**	**7389.0**
美　国	501.7	535.0	543.7	597.4	575.7	603.8
印　度	203.5	256.8	337.8	411.1	431.7	456.1
墨 西 哥	178.8	202.5	238.1	256.7	265.3	272.0
日　本	253.5	248.1	251.5	250.2	252.1	256.2
俄罗斯联邦	189.5	205.0	226.1	231.4	235.7	241.3
巴　西	150.9	167.5	194.8	224.1	226.1	228.9
印度尼西亚	64.2	85.7	112.1	124.4	137.3	142.8
伊　朗	58.0	75.9	76.7	76.1	111.2	118.6
土 耳 其	84.4	75.3	74.0	107.2	104.5	112.2
法　国	98.8	93.0	94.7	95.6	109.3	108.0
乌 克 兰	49.7	74.8	97.4	112.0	96.0	85.5
马来西亚	39.1	44.2	58.7	72.8	79.3	83.1
德　国	90.1	79.5	66.2	78.7	80.1	81.2
西 班 牙	65.8	70.8	81.2	78.7	80.5	77.5
哥伦比亚	38.6	49.2	58.5	69.2	72.9	76.9
巴基斯坦	34.4	40.1	55.6	68.4	72.1	76.1
意 大 利	68.6	72.2	73.7	71.4	70.7	74.5
英　国	56.9	60.9	65.8	68.0	69.9	72.2
荷　兰	66.8	60.7	67.0	72.6	73.9	71.6
韩　国	47.9	51.5	59.0	62.5	72.1	71.3
阿 根 廷	32.7	38.9	55.4	63.6	68.7	71.0
泰　国	51.5	46.9	61.3	73.2	68.1	68.0
波　兰	42.4	53.6	61.8	57.0	58.2	58.9
缅　甸	11.2	18.7	34.2	47.2	51.0	54.2
埃　及	17.7	23.5	29.1	48.1	49.4	50.8
尼日利亚	40.0	50.0	60.9	66.0	48.9	50.5
南　非	32.9	37.5	41.3	45.3	52.3	47.8
越　南	18.5	19.7	32.1	41.4	44.4	47.6
菲 律 宾	24.3	32.0	38.7	41.6	44.5	45.0
加 拿 大	37.2	39.9	45.2	47.5	42.6	43.1
秘　鲁	16.2	18.2	28.5	35.9	38.6	40.1
孟加拉国	12.5	18.5	18.8	33.5	36.2	39.2
阿尔及利亚	10.1	17.5	26.0	35.2	38.5	38.8
中国台湾	36.4	31.6	33.6	34.4	34.8	33.5
罗马尼亚	26.3	35.5	29.8	32.2	31.9	30.3
沙特阿拉伯	12.8	17.0	21.9	25.5	27.5	28.0
危地马拉	8.1	19.2	22.0	25.3	26.5	27.2
摩 洛 哥	23.5	23.2	24.4	31.9	32.5	27.0
乌兹别克斯坦	6.8	10.9	17.0	27.6	30.9	23.7
澳大利亚	14.3	13.9	17.4	23.2	22.9	23.7
智　利	11.0	12.6	19.1	21.4	22.6	22.6
哈萨克斯坦	9.4	13.9	20.7	23.9	23.7	22.1
白俄罗斯	18.2	17.2	19.6	21.4	21.1	20.5
比 利 时	19.4	18.0	16.9	17.5	18.1	18.7
委内瑞拉	17.5	17.4	24.2	20.7	20.0	16.8
以 色 列	8.8	9.2	10.2	12.2	12.2	14.0
瑞　典	10.2	10.2	11.1	12.2	12.7	14.0
匈 牙 利	17.6	16.5	15.2	13.4	14.2	13.6

资料来源：联合国FAO数据库。

16-19 禽蛋产量

单位：万吨

国家或地区	2000年	2005年	2010年	2014年	2015年	2016年
世　界	**5517.7**	**6123.2**	**6952.4**	**7584.4**	**7784.4**	**8075.4**
美　国	501.7	535.0	543.7	597.4	575.7	603.8
印　度	203.5	256.8	337.8	411.1	431.7	456.1
墨西哥	178.8	202.5	238.1	256.7	265.3	272.0
日　本	253.5	248.1	251.5	250.2	252.1	256.2
巴　西	156.9	174.6	208.7	247.6	249.1	245.3
俄罗斯联邦	190.3	206.5	227.4	234.9	238.8	244.4
印度尼西亚	78.3	105.2	136.7	156.8	170.5	177.5
伊　朗	58.0	75.9	76.7	76.1	111.2	118.6
土耳其	84.4	75.3	74.0	107.2	104.5	112.2
法　国	98.8	93.0	94.7	95.6	109.3	108.0
泰　国	80.7	77.9	100.8	112.9	108.8	107.5
乌克兰	50.5	75.6	101.8	113.7	97.5	88.2
马来西亚	40.1	45.3	60.1	74.3	80.9	84.6
德　国	90.1	79.5	66.2	78.7	80.1	81.2
西班牙	66.1	71.0	81.4	78.8	80.6	77.6
巴基斯坦	35.1	40.8	56.4	69.9	73.1	77.3
哥伦比亚	38.6	49.2	58.5	69.2	72.9	76.9
韩　国	50.0	54.3	62.0	65.7	75.4	74.5
意大利	68.6	72.2	73.7	71.4	70.7	74.5
英　国	58.4	62.5	67.1	69.5	71.3	73.6
荷　兰	66.8	60.7	67.0	72.6	73.9	71.6
阿根廷	32.7	38.9	55.4	63.6	68.7	71.0
缅　甸	12.2	20.7	38.1	52.3	56.4	59.8
波　兰	42.4	53.6	61.8	57.0	58.2	58.9
孟加拉国	17.8	26.4	26.8	47.2	51.0	55.3
埃　及	17.7	23.5	29.1	48.1	49.4	50.8
尼日利亚	40.0	50.0	60.9	66.0	48.9	50.5
菲律宾	29.7	37.4	42.4	45.7	48.7	49.2
南　非	32.9	37.5	41.3	45.3	52.3	47.8
越　南	18.5	19.7	32.1	41.4	44.4	47.6
加拿大	37.2	39.9	45.2	47.5	42.6	43.1
秘　鲁	16.2	18.2	28.5	35.9	38.6	40.1
阿尔及利亚	10.1	17.5	26.0	35.2	38.5	38.8
中国台湾	39.1	34.4	36.4	36.9	37.3	36.0
罗马尼亚	28.6	36.6	31.0	33.2	32.8	30.9
沙特阿拉伯	12.8	17.0	21.9	25.5	27.5	28.0
危地马拉	8.1	19.2	22.0	25.3	26.5	27.2
摩洛哥	23.5	23.2	24.4	31.9	32.5	27.0
乌兹别克斯坦	6.9	11.0	17.2	27.7	31.0	23.9
澳大利亚	14.3	13.9	17.4	23.2	22.9	23.7
智　利	11.0	12.6	19.1	21.4	22.6	22.6
哈萨克斯坦	9.5	14.1	20.9	24.0	23.8	22.2
白俄罗斯	18.4	17.4	19.8	21.6	21.4	20.8
比利时	19.4	18.0	16.9	17.5	18.1	18.7
委内瑞拉	17.5	17.4	24.2	20.7	20.0	16.8
匈牙利	18.0	16.9	15.6	13.9	14.6	14.1
以色列	8.8	9.2	10.2	12.2	12.2	14.0
瑞　典	10.2	10.2	11.1	12.2	12.7	14.0
葡萄牙	11.8	11.9	13.2	13.2	14.5	13.5

资料来源：联合国FAO数据库。

16-20 奶类产量

单位：万吨

国家或地区	2000年	2005年	2010年	2014年	2015年	2016年
世　界	**58039**	**65075**	**72445**	**79441**	**80670**	**79848**
印　度	7987	9584	12207	14653	15569	15940
美　国	7595	8028	8752	9349	9464	9639
巴基斯坦	2557	2944	3549	4028	4159	3965
巴　西	2064	2565	3096	3536	3486	3388
德　国	2835	2848	2965	3242	3271	3270
俄罗斯联邦	3228	3115	3184	3079	3079	3075
法　国	2389	2394	2421	2583	2593	2538
新西兰	1224	1464	1701	2132	2194	2167
土耳其	979	1111	1354	1863	1865	1812
英　国	1449	1447	1407	1505	1545	1495
荷　兰	1116	1085	1181	1268	1355	1455
波　兰	1189	1195	1230	1300	1325	1325
墨西哥	949	1008	1089	1134	1161	1183
意大利	1330	1186	1113	1164	1179	1143
乌克兰	1266	1371	1125	1113	1062	1038
阿根廷	1012	991	1063	1101	1131	990
乌兹别克斯坦	354	455	624	851	911	797
澳大利亚	1085	1013	902	954	949	772
加拿大	816	781	824	840	745	752
日　本	850	829	772	734	738	740
白俄罗斯	449	568	662	670	705	714
爱尔兰	516	506	533	582	659	685
伊　朗	589	718	744	880	641	677
西班牙	694	725	746	786	787	552
哥伦比亚	615	632	629	687	677	540
丹　麦	472	458	491	519	536	535
哈萨克斯坦	374	477	538	507	514	534
肯尼亚	274	423	485	448	455	528
埃　及	378	521	576	559	465	468
罗马尼亚	462	555	462	480	468	459
苏　丹				439	445	443
阿尔及利亚	193	249	316	408	428	412
瑞　士	385	389	411	410	407	398
比利时	369	303	308	370	401	391
奥地利	326	314	329	352	357	366
南　非	231	304	312	334	354	352
埃塞俄比亚	106	237	447	367	362	348
南苏丹				322	324	324
捷　克	280	282	269	294	303	307
瑞　典	335	321	290	297	293	286
沙特阿拉伯	95	130	183	234	255	270
摩洛哥	126	148	198	249	254	259
缅　甸	74	98	159	215	236	242
芬　兰	245	243	234	240	244	240
阿拉伯叙利亚共和国	167	236	224	231	214	223
索玛利亚	211	229	245	225	220	218
葡萄牙	220	220	203	204	211	205
乌拉圭	142	162	182	223	220	203
阿塞拜疆	103	125	154	186	192	201
厄瓜多尔	181	173	216	207	188	201
智　利	200	231	254	216	204	200

注：资料来源：联合国FAO数据库。

16-21 鱼类产量

单位：吨

国家或地区	鱼类总计		海域		内陆水域	
	2014年	2015年	2014年	2015年	2014年	2015年
印　度	9602842	10100057	3902080	4122292	5700762	5977765
秘　鲁	3714469	4929850	3651104	4846593	63365	83257
印度尼西亚	20883669	22214661	17590645	18796493	3293024	3418168
智　利	3820176	3190079	3751484	3189431	68692	648
俄罗斯联邦	4396267	4617068	4033023	4193955	363244	423113
越　南	6330591	6207517	3623502	3626180	2707089	2581337
美　国	5410351	5471416	5146893	5208562	263458	262854
缅　甸	5047526	2953140	2763790	1145584	2283736	1807556
挪　威	3788336	3821979	3787940	3821485	396	494
日　本	4773492	4656708	4708790	4587425	64702	69283
菲律宾	4691972	4503102	4179162	3996536	512810	506566
孟加拉国	3548115	3684245	769735	780502	2778380	2903743
泰　国	2704304	2590146	2071331	2002605	632973	587541
韩　国	3304772	3333308	3274994	3300252	29778	33056
墨西哥	1722665	1691121	1514803	1474834	207862	216287
马来西亚	1989165	2003019	1875989	1884450	113176	118569
冰　岛	1103629	1342609	1102815	1341389	814	1220
巴　西	1329559	1275260	619339	566654	710220	708606
摩洛哥	1369030	1370981	1353378	1355395	15652	15586
埃　及	1481883	1518944	107800	102934	1374083	1416010
西班牙	1393936	1265453	1372399	1242811	21537	22642
丹　麦	784545	904932	762764	883082	21781	21850
尼日利亚	1073059	1027058	405362	372457	667697	654601
阿根廷	833943	817963	815373	795440	18570	22523
巴基斯坦	623457	643164	346956	359653	276501	283511
加拿大	1010508	1050066	974442	1012945	36066	37121
英　国	960307	912079	946155	900499	14152	11580
土耳其	536516	670873	392143	535242	144373	135631
厄瓜多尔	1031747	1068292	1003444	1044785	28303	23507
南　非	615673	578450	613018	575795	2655	2655
柬埔寨	200943	751193	124770	123658	76173	627535
乌干达	572219	513795			572219	513795
塞内加尔	459792	426650	429245	396124	30547	30526
新西兰	552581	524588	550580	522089	2001	2499
法　国	784992	712013	740101	664826	44891	47187
法罗群岛	629290	666164	629290	666164		
纳米比亚	444848	510739	441983	507874	2865	2865
荷　兰	430176	447396	424978	439942	5198	7454
斯里兰卡	572044	544334	467252	452900	104792	91434
加　纳	331534	390785	202999	256185	128535	134600
安哥拉	442379	497088	423257	457702	19122	39386
德　国	268775	291653	232349	251350	36426	40303
爱尔兰	337624	304023	336662	303097	962	926
波　兰	228374	242399	169575	187052	58799	55347
乌克兰	138662	142244	94778	101226	43884	41018
巴布亚新几内亚	261394	241494	245759	225859	15635	15635
意大利	344584	346961	301929	308292	42655	38669
巴拿马	169891	151465	169262	150971	629	494
瑞　典	195558	225486	176131	206390	19427	19096

资料来源：联合国FAO数据库。

16-22　2015年每公顷耕地化肥施用量

单位：千克/公顷

国家或地区	化肥施用总量			
		氮肥	磷肥	钾肥
世　界	**122.8**	**68.6**	**30.1**	**24.1**
孟加拉国	269.0	153.7	70.6	44.7
印　度	157.9	102.5	41.2	14.2
印度尼西亚	113.9	61.3	17.1	35.5
伊　朗	90.0	66.7	15.6	7.8
以色列	181.3	114.0	12.4	54.8
日　本	208.2	79.9	76.8	51.5
哈萨克斯坦	4.3	3.1	1.1	0.1
韩　国	321.8	141.9	89.8	90.1
马来西亚	213.4	36.2	62.1	115.0
缅　甸	13.4	9.9	1.7	1.8
巴基斯坦	133.7	101.1	31.8	0.8
菲律宾	76.9	52.6	11.2	13.1
斯里兰卡	170.8	98.0	26.5	46.3
泰　国	123.8	80.7	16.4	26.7
越　南	283.5	155.2	76.3	52.0
埃　及	489.6	358.6	113.7	17.4
尼日利亚	7.0	5.2	1.0	0.7
南　非	56.6	31.2	16.1	9.3
加拿大	105.2	66.0	24.9	14.3
墨西哥	91.5	67.9	15.0	8.6
美　国	133.7	77.5	26.8	29.4
阿根廷	27.0	14.5	11.6	0.8
巴　西	158.0	44.2	52.7	61.1
委内瑞拉	145.7	68.9	37.1	39.7
白俄罗斯	190.1	76.5	23.3	90.3
捷　克	149.1	123.6	15.1	10.3
法　国	160.2	113.4	22.0	24.7
德　国	198.8	141.9	23.9	33.0
意大利	94.1	63.2	19.0	11.9
荷　兰	249.0	203.1	12.2	33.7
波　兰	169.4	93.2	29.1	47.1
罗马尼亚	58.0	38.9	14.5	4.7
俄罗斯联邦	16.3	10.1	3.8	2.4
西班牙	109.0	62.5	24.2	22.3
土耳其	92.0	62.1	24.4	5.5
乌克兰	42.3	29.5	6.7	6.2
英　国	244.9	169.3	31.0	44.6
澳大利亚	53.2	28.0	20.0	5.2
新西兰	60.3			60.3

资料来源：联合国FAO数据库。

16-23　2015年土地利用情况

单位：千公顷

国家或地区	国土面积	陆地面积	农业用地	耕地与多年生作物			永久性草场
					耕地面积	多年生作物	
世　界	**13466523**	**13008983**	**4868990**	**1593510**	**1425919**	**164831**	**3275480**
孟加拉国	14763	13017	9194	8594	7764	830	600
印　度	328726	297319	179721	169463	156463	13000	10258
印度尼西亚	191093	181157	57000	46000	23500	22500	11000
伊　朗①	174515	162876	45953	16476	14687	1789	29477
以色列②	2207	2164	534	394	297	97	140
日　本③	37797	36456	4496	4496	4201	295	
哈萨克斯坦	272490	269970	216992	29527	29395	132	187465
朝　鲜	12054	12041	2630	2580	2350	230	50
韩　国	10028	9748	1736	1679	1465	215	57
马来西亚	33032	32855	7839	7554	954	6600	285
蒙　古	156412	155356	112904	572	567	5	112331
缅　甸	67659	65308	12735	12429	10879	1550	306
巴基斯坦	79610	77088	36252	31252	30440	812	5000
菲律宾	30000	29817	12440	10940	5590	5350	1500
斯里兰卡	6561	6271	2740	2300	1300	1000	440
泰　国	51312	51089	22110	21310	16810	4500	800
越　南	33097	31007	11710	11068	6998	4070	642
埃　及	100145	99545	3820	3820	2896	924	
尼日利亚	92377	91077	70800	40500	34000	6500	30300
南　非	121909	121309	96841	12913	12500	413	83928
加拿大	998467	909351	62656	48307	43606	4700	14349
墨西哥	196438	194395	106705	25608	22913	2695	81097
美　国	983151	914742	405863	154863	152263	2600	251000
阿根廷	278040	273669	148700	40200	39200	1000	108500
巴　西	851577	835814	282589	86589	80017	6572	196000
委内瑞拉	91205	88205	21600	3400	2700	700	18200
白俄罗斯	20760	20291	8632	5788	5670	118	2844
捷　克	7887	7721	4216	3219	3143	76	997
法　国	54909	54756	28727	19465	18479	986	9262
德　国	35741	34886	16731	12054	11849	205	4677
意大利	30134	29414	12945	9048	6601	2447	3897
荷　兰	4154	3369	1837	1071	1033	38	766
波　兰④	31268	30619	14371	11278	10887	391	3093
罗马尼亚	23839	23008	13835	9180	8757	423	4655
俄罗斯⑤	1709825	1637687	217722	124722	123122	1600	93000
西班牙	50596	50023	26266	17034	12338	4696	9232
土耳其	78535	76963	38546	23929	20645	3284	14617
乌克兰⑥	60355	57929	41275	33434	32541	893	7841
英　国	24361	24193	17138	6060	6011	49	11078
澳大利亚	774122	768230	406269	47307	46957	350	358962
新西兰	26771	26331	11116	657	590	67	10459

注:①永久性草场是指条件好及条件一般的牧场，不包括条件差的牧场。②国土面积和陆地面积均包括戈兰高地。③永久性草场包括在耕地中。④农业用地仅包括被农业相关物品占用土地。⑤国土面积不包括白海和亚速海面下土地。⑥国土面积不包括亚速海面下土地。

资料来源：联合国FAO数据库。

16-24 2008年农业机械拥有量

单位：台

国家或地区	农用拖拉机	挤奶机	联合收割机
世　　界①	**29320418**		**4382366**
中　　国	2996936		743474
孟加拉国①	3000		2
印　　度①	3149000		477000
印度尼西亚①	5200		108000
伊　　朗①	308422	24065	10880
以 色 列	21591②	1600①	238①
日　　本①	1877000	160000	957000
哈萨克斯坦①	40228	559	18802
朝　　鲜①	64200		
韩　　国	253531		85338
马来西亚①		44	
蒙　　古	3232		700
缅　　甸	160506②		24391②
巴基斯坦①	470000		1572
菲 律 宾①	63000		1360
斯里兰卡①	21500		10
泰　　国	830000①	620①	48175
越　　南①	163000		223000
埃　　及	110304②		3161
尼日利亚①	24800	35	4
南　　非①	63000		10500
加 拿 大①	733314		81258
墨 西 哥①	238830		22500
美　　国①	4389812		346935
阿 根 廷①	254011	8200	50000
巴　　西①	776905		53621
委内瑞拉①	49000		5800
白俄罗斯	48100②	13500②	12200②
捷　　克①	83813	6794	10442
法　　国①	1135000	200000	76500
德　　国①	681200②	250000	85480
意 大 利①	1913000	150000	54800
荷　　兰①	144000	37500	5600
波　　兰	1577290②	272000①	160000①
罗马尼亚	176841②		25679②
俄罗斯联邦	329980②	33164②	86122②
西 班 牙	1320599②	130000①	52042②
土 耳 其	1052975	183846	13084
乌 克 兰	369131②	10547②	56580②
英　　国①	443000	157000	40000
澳大利亚①	315000	200000	56500
新 西 兰①	76611	13800	3100

注：①2007年数据。②2009年数据。
资料来源：联合国FAO数据库。

16-25 中国农业主要指标居世界的位次

指　标	1978	1980	1990	2000	2005	2010	2016
农村人口			1	1	1	1	1
耕地面积	4	4	4	3	3	4	4
谷物产量	2	1	1	1	1	1	1
小麦产量	2	3	2	1	1	1	1
稻谷产量	1	1	1	1	1	1	1
玉米产量	2	2	2	2	2	2	2
大豆产量	3	3	3	4	4	4	5
油菜籽产量	2	2	1	1	1	1	2
花生产量	2	2	2	1	1	1	1
籽棉产量	2	2	1	1	1	1	2
甘蔗产量	7	5	4	3	3	3	3
茶叶产量	2	2	2	2	1	1	1
肉类产量①	3	3	1	1	1	1	1
牛奶产量	34	35	20	17	5	3	3
羊毛产量	5	4	4	2	2	1	1

注：①1990年以前为猪、牛、羊肉产量的比重。
资料来源：联合国FAO数据库。

16-26 中国农业主要指标占世界的比重

单位：%

指　标	1978	1980	1990	2000	2005	2010	2016
农村人口	30.1	29.7	28.5	25.3	23.0	20.8	18.2
耕地面积	7.2	7.2	8.8	8.8	8.5	8.0	8.4
谷物产量	17.3	18.1	20.7	19.8	18.9	20.5	20.5
小麦产量	12.1	12.5	16.6	17.0	15.6	17.7	17.6
稻谷产量	36.4	36.0	37.0	31.7	28.7	29.4	28.5
玉米产量	14.2	15.8	20.1	17.9	19.6	21.0	21.9
大豆产量	10.1	9.8	10.2	9.6	7.6	6.6	3.6
油菜籽产量	17.7	22.2	28.5	28.8	26.1	22.2	22.2
花生产量	13.4	21.8	27.9	41.8	37.4	41.7	37.9
籽棉产量	16.8	19.7	25.0	25.0	24.6	26.2	24.5
甘蔗产量	3.8	4.4	6.0	5.5	6.7	6.6	6.5
茶叶产量	16.3	17.3	22.3	23.8	26.3	32.5	40.6
肉类产量①	8.7	10.8	16.9	26.6	27.4	27.6	26.5
牛奶产量	0.3	0.3	0.9	1.8	5.1	5.7	5.6

注：①1990年以前为猪、牛、羊肉产量的比重。
资料来源：联合国FAO数据库。

如何使用《中国农村统计年鉴》

如何使用《中国农村统计年鉴》

为了使广大读者更好地使用《中国农村统计年鉴》，我们编写了《如何使用农村统计年鉴》一章，主要对农村统计改革和发展进行了概述，对各章资料的来源进行说明，对主要统计指标的统计含义和口径作了诠注。

一、农村统计制度方法概述

改革开放以来，我国农村统计适应农村经济改革的要求，取得了长足的发展和进步。随着农业普查的实施，抽样技术的完善，以及遥感等空间技术、现代信息技术的业务化应用，农村统计调查已经建立了面向农业农村社会经济发展，面向国际先进水平，以普查为基础，以抽样调查为主体，辅之以全面统计、部门统计、重点调查、统计核算等多种方法综合运用的不断完善的方法制度体系。

（一）农业普查

农业普查是农村统计调查的基础，更是利国利民的大事。通过普查，查清我国农业、农村、农民基本情况，反映农村发展新面貌和农民生活新变化，为科学制定“三农”政策、保障国家粮食安全、促进我国实现农业农村现代化、新型城镇化、乡村振兴、全面建成小康社会提供准确的统计信息支持。通过普查，建立完备的普查对象信息库，为常规统计调查提供基础，确保农村统计调查持续提供全面、及时、准确的统计数据服务。

我国在1996年开展了第一次全国农业普查，随后按照国家《农业普查条例》的规定，每10年为一轮，在逢6的年份，分别于2006年、2016年实施了第二次、第三次全国农业普查。

第三次全国农业普查的标准时间：普查时点为2016年12月31日24时；普查时期资料为2016年1月1日至12月31日。普查对象是我国境内的农业经营户、农业经营单位、居住在农村且有确权（承包）土地的住户、村民委员会和乡镇人民政府。普查行业范围是农林牧渔业及农林牧渔服务业。普查的内容涵盖农业生产、农村建设、农民生活，以及主要农作物种植空间分布等多方面的情况。普查采取普查人员直接到户、到单位访问，逐一登记、全数调查的方法填报农户和单位类普查表；乡（镇）普查办公室、村普查小组组织填报乡（镇）和村级行政单位普查表。首次应用遥感技术测量主要农作物播种面积，调查人员到设计好的地块样本上，基于卫星遥感影像、地块图斑矢量数据，采用手持智能终端（PDA）或无人机采集农作物种植信息；全面应用手持智能终端（PDA）采集数据和填报农户和单位类普查表；有条件的地方，采用联网直报填报乡（镇）和村级行政单位普查表。本次普查共调查了4万个乡级行政单位，60万个村级单位，2.3亿农户。全国共组织动员了普查员、普查指导员和各级普查机构的工作人员近400万人。通过普查获得了大量数据，掌握了我国有关农业、农村、农民的基本情况，填补了反映我国基本国情国力数据的空白。它不仅为党和政府的决策提供了科学依据，而且为农村统计改革与发展打下了很好的基础。第三次全国农业普查的成功，标志着我国农村统计事业进入了新的发展阶段。

（二）抽样调查

抽样调查是常规农村统计调查的主要方法，在农业生产经营方面，包括主要农作物调查、主要畜禽监测调查、农产品生产者价格调查；在农村住户方面，包括住户收支与生活状况调查。

1．主要农作物调查。包括稻谷、小麦、玉米等主要粮食作物，以及棉花等主要经济作物。1962年经国务院批准，国家统计局成立了农产量调查队，借鉴印度抽样调查经验，开展了粮食作物单位面积产量抽样调查。即对经过省、县、乡（公社）、村（生产队）多阶段抽样得到的地块样本上的实测作物进行收割、脱粒、晾晒、测量等流程获取调查数据，推算总体的实测作物的单位面积产量。这种抽样调查方法称为“实割实测”，也是现行调查制度在实测作物单位面积产量调查中沿用的方法。从1983年国家恢复农产量抽样调查至今，随着农业普查的开展，国际先进经验的借鉴，以及抽样技术、计算机网络技术、空间信息技术的应用，主要农作物调查在抽样设计、调查对象、调查手段等方面取得了显著发展和完善。目前，实测作物的面积抽样调查与推算已经基本完成了遥感等空间信息技术的引入，实现了抽样调查的技术升级。正在积极探索空间信息技术在长势监测和实测产量中的应用，力争实现新的技术突破。主要农作物抽样调查的推算结果包括全国及各省（自治区、直辖市）的实测作物面积和产量，以及粮食大县的粮食作物面积和产量。

2．主要畜禽监测调查。包括猪、牛、羊、禽的存栏、出栏、肉产量、出售价格及期内增减情况。另外，猪牛羊存栏中包含了母畜的存栏情况；生猪存栏中包含了分月龄的仔猪情况。该项调查于2008年在全国开展，调查对象是畜禽养殖单位（场）或养殖户；调查方法是划分养殖规模层，在规模层以内的调查对象全数调查，规模层以外的调查对象采用多阶段、多主题的抽样设计，进行抽样调查。调查的推算结果包括全国及各省（自治区、直辖市）的猪、牛、羊、禽生产情况，以及养猪大县的生猪生产情况。

3．农产品生产者价格调查。农产品生产者价格是指农产品生产者第一手（直接）出售其产品时实际获得的单位产品价格。调查样本包括全国2万多个农业生产经营单位或农户，其中：普通农户占三分之一,规模户和生产单位占三分之二。调查农产品包括农、林、牧、渔业4大类，180多种代表品。调查的推算结果是全国农产品价格综合指数及农、林、牧、渔业分类指数。

4．住户收支与生活状况调查。2012年之前，该调查是在我国的城镇和农村分别组织实施，城镇统计居民可支配收入，农村统计农民纯收入。从2012年四季度起，国家统计局实施了城乡住户调查一体化改革，统一了城乡居民收入指标名称、分类和统计标准，建立了城乡统一的全国住户收支与生活状况调查。调查对象是我国境内的住户，既包括以家庭形式居住的住户，也包括以集体形式居住的住户。无论户口性质和户口登记地，所有居民均以户为单位，在常住地参加调查。

住户调查的内容包括城乡居民的收入和消费情况，同时反映居民就业、社会保障参与、住房状况、家庭经营和生产投资以及收入分配情况等。样本抽选方法是以省为总体，采用分层、多阶段、与人口规模大小成比例的概率抽样方法，随机抽选调查住宅，确定调查户样本。全国共抽选出1800个县(市、区)的1.6万个调查小区，对抽中小区中的160多万户进行全面摸底调查，在此基础上随机等距抽选出约16万住户参加记账调查。调查的主要推算结果是住户人均可支配收入。

在使用住户调查资料时,需注意数据的变化情况。2013年及以后新口径的城镇和农村居民人均可支配收入等数据的覆盖人群主要变化：一是计算城镇居民人均可支配收入时分母包括了在城镇地区常住的农民工，计算农村居民人均可支配收入时分母不包括在城镇地区常住的农民工；二是由本户供养的在外大学生视为常住人口。新口径的城镇居民和农村居民人均可支配收入及消费等的指标口径变化主要是：计算城镇居民和农村居民人均可支配收入和消费支出时，包括了自有住房折算租金。

（三）其他常规统计调查方法

1．全面统计。对于反映县（市）、乡（镇）、村级社会经济发展情况的统计项目，以及对于不具备实施抽样调查条件的统计项目，如谷子、高粱等其他粮食作物；油料、糖料、蔬菜、水果等经济作物；马、驴、骡、骆驼、兔等家畜及饲养动物等，采用全面统计方法进行统计。全面统计的源头数据按照村、乡（镇）、县（市）、省（区、市）、国家的顺序层层汇总并逐级上报，它的基础是乡镇统计网络。

2．部门统计。对于国家统计局未承担直接统计调查任务，属于国家主管部门管理范围的统计项目，由部门负责统计调查。如林业、渔业、农业自然资源、农业机械、农田水利建设、农业灾害情况统计等。部门在实施这些统计项目时，大部分是采用与部门内部管理层级一致的全面统计的方法，也有采用普查、抽样调查的方法。

3．重点调查。对于需要及时反映总体特征，但全面实施抽样调查成本较高的统计项目，则在已有抽样网点的基础上，抽出部分样本进行重点调查。如农产品中间消耗调查、主要农产品集贸市场价格调查等。

4．统计核算。对于综合性的统计项目，农林牧渔业总产值、农林牧渔业增加值等，由县以上综合统计部门根据相关基础资料，按照全国统一方案进行统计核算。一些数量少、分布分散的统计项目，如蜂、鹿、狐、貂等特种动物养殖产量，在农业普查的基础上，依据农村住户调查资料进行统计估算。

二、资料来源

《中国农村统计年鉴》绝大部分资料是由国家统计局农村司根据《农林牧渔业统计报表制度》、《农业产值和价格综合统计报表制度》、《县域社会经济基本情况统计报表制度》、《住户收支与生活状况调查方案》的有关资料整理提供。

部分章节资料，如农业生产条件、农业生态与环境、农产品成本与收益、农产品进出口等，来自于部门统计报表制度。

国外农业统计资料是国家统计局农村司根据联合国粮农组织提供的资料加工整理而成。

三、主要统计指标解释

国内生产总值(GDP)：指一个国家（或地区）所有常住单位在一定时期内生产活动的最终成果。国内生产总值有三种表现形态，即价值形态、收入形态和产品形态。从价值形态看，它是所有常住单位在一定时期内生产的全部货物和服务价值超过同期中间投入的全部非固定资产货物和服务价值的差额，即所有常住单位的增加值之和；从收入形态看，它是所有常住单位在一定时期内创造并分配给常住单位和非常住单位的初次收入分配之和；从产品形态看，它是所有常住单位在一定时期内最终使用的货物和服务价值与货物和服务净出口价值之和。在实际核算中，国内生产总值有三种计算方法，即生产法（总产出减中间投入）、收入法（由劳动者报酬、生产税净额、固定资产折旧、营业盈余组成）和支出法（由最终消费、资本形成总额、货物和服务净出口组成）。三种方法分别从不同的方面反映国内生产总值及其构成。

劳动者报酬：指劳动者因从事生产活动所获得的全部报酬。包括劳动者获得的工资、奖金和津贴，既包括货币形式的，也包括实物形式的；还包括劳动者所享受的公费医疗和医药卫生费、上下班交通补贴和单位支付的社会保险费等。对于个体经济来说，其所有者所获得的劳动报酬和经营利润不易区分，这两部分统一作为劳动者报酬处理。

生产税净额：指生产税减生产补贴后的余额。生产税指政府对生产单位生产、销售和从事经营活动以及因从事生产活动使用某些生产要素（如固定资产、土地、劳动力）所征收的各种税、附加费和规费。生产补贴与生产税相反，指政府对生产单位的单方面收入转移，因此视为负生产税，包括政策亏损补贴、粮食系统价格补贴、外贸企业出口退税收入等。

固定资产折旧：指为弥补固定资产损耗按照核定的固定资产折旧率提取的固定资产折旧，或按国民经济核算统一规定的折旧率虚拟计算的固定资产折旧。各类企业和企业化管理的事业单位的固定资产折旧是指实际计提并计入成本费中的折旧费；不计提折旧的政府机关、非企业化管理的事业单位和居民住房的固定资产折旧是按照统一规定的折旧率和固定资产原值计算其虚拟折旧。原则上，固定资产折旧应按固定资产的重置价值计算，但是目前我国尚不具备对全社会固定资产进行重新估价的基础，所以暂时只能采用上述办法。

营业盈余：指常住单位创造的增加值扣除劳动者报酬、生产税净额和固定资产折旧后的余额。它相当于企业的营业利润加上生产补贴，但要扣除从利润中开支的工资和福利等。

支出法国内生产总值：指一个国家(或地区)所有常住单位在一定时期内用于最终消费、资本形成总额，以及货物和服务的净出口总额，它反映本期生产的国内生产总值的使用及构成。

最终消费：指常住单位在一定时期内对于货物和服务的全部最终消费支出，也就是常住单位为满足物质、文化和精神生活的需要，从本国经济领土和国外购买的货物和服务的支出；不包括非常住单位在本国经济领土内的消费支出。最终消费分为居民消费和政府消费。

资本形成总额：指常住单位在一定时期内获得的减去处置的固定资产加存货的变动，包括固定资本形成总额和存货增加。

货物和服务净出口：指货物和服务出口减货物和服务进口的差额。出口包括常住单位向非常住单位出售或无偿转让的各种货物和服务的价值；进口包括常住单位从非常住单位购买或无偿得到的各种货物和服务的价值。由于服务活动的提供与使用同时发生，因此服务的进出口业务并不发生出入境现象，一般把常住单位从国外得到的服务作为进口，非常住单位从本国得到的服务作为出口。货物的出口和进口都按离岸价格计算。

固定资产投资额：指以货币表现的建造和购置固定资产活动的工作量，分为基本建设投资、更新改造投资、房地产开发投资和其他固定资产投资四个部分。

财政收入：指国家财政参与社会产品分配所取得的收入，是实现国家职能的财力保证。财政收入所包括的内容几经变化，目前主要包括各项税收、专项收入、其他收入（如基本建设贷款归还收入、基本建设收入、捐赠收入等）和国有企业计划亏损补贴。

财政收入按财政体制划分为中央本级收入和地方本级收入。1994 年分税制财政体制以后，属于中央财政的收入包括关税、海关代征消费税和增值税，消费税，中央企业所得税，地方银行和外资银行及非银行金融企业所得税，铁道、银行总行、保险总公司等集中缴纳的营业税、所得税、利润和城市维护建设税，增值税的 75%部分，证券交易税(印花税)50%部分和海洋石油资源税。属于地方财政的收入包括营业税，地方企业所得税，个人所得税，城镇土地使用税，固定资产投资方向调节税，城镇维护建设税，房产税，车船使用税，印花税，耕地占用税，契税，增值税25%部分，证券交易税(印花税)50%部分和除海洋石油资源税以外的其他资源税。

财政支出：国家财政将筹集起来的资金进行分配使用，以满足经济建设和各项事业的需要，主要包括基本建设支出、企业挖潜改造资金、地质勘探费用、科技三项费用、支援农村生产支出、农林水利气象等部门的事业费用、工业交通商业等部门的事业费、文教科学卫生事业费、抚恤和社会福利救济费、国防支出、行政管理费和价格补贴支出。

财政支出按照政府在经济和社会活动中的不同职权，划分为中央财政支出和地方财政支出。中央财政支出包括国防支出，武装警察部队支出，中央级行政管理费和各项事业费，重点建设支出以及中央政府调整国民经济结构、协调地区发展、实施宏观调控的支出。地方财政支出主要包括地方行政管理和各项事业费，地方统筹的基本建设、技术改造支出，支援农村生产支出，城市维护和建设经费，价格补贴支出等。

社会消费品零售总额：指国民经济各行业直接售给城乡居民和社会集团的消费品总额。社会消费品零售总额包括售给城乡居民作为生活用的商品和修建房屋用的建筑材料；售给社会集团的各种办公用品和公用消费品；售给机关、团体、学校、部队、企业、事业单位的职工食堂和旅店(招待所)附设专门供本店旅客食用，不对外营业的食堂的各种食品、燃料；企业、单位和国营农场直接售给本单位职工和职工食堂的自己生产的产品；售给部队干部、战士生活用的粮食、副食品、衣着品、日用品、燃料；售给来华的外国人、华侨、港澳台同胞的消费品；居民自费购买的中、西药品，中药材及医疗用品；报社、出版社直接售给居民和社会集团的报纸、图书、杂志，集邮公司出售的新、旧纪念邮票、特种邮票、首日封、集邮册、集邮工具等；旧货寄售商店自购、自销部分的商品；煤气公司、液化石油气站售给居民和社会集团的煤气灶具和罐装液化石油气；农民售给非农业居民和社会集团的商品。

海关进出口总额：指实际进出我国国境的货物总金额。包括对外贸易实际进出口货物，来料加工装配进出口货物，国家间、联合国及国际组织无偿援助物资和赠送品，华侨、港澳台同胞和外籍华人捐赠品，租赁期满归承租人所有的租赁货物，进料加工进出口货物，边境地方贸易及边境地区小额贸易进出口货物(边民互市贸易除外)，中外合资、中外合作、外商独资经营企业进出口货物和公用物品，到、离岸价格在规定限额以上的进出口货样和广告品(无商业价值、无使用价值和免费提供出口的除外)，从保税仓库提取在中国境内销售的进口货物，以及其他进出口货物。我国规定出口货物按离岸价格统计，进口货物按到岸价格统计。

三次产业：指根据社会生产活动历史发展的顺序对产业结构的划分，产品直接取自自然界的部门称为第一产业，对初级产品进行再加工的部门称为第二产业，为生产和消费提供各种服务的部门称为第三产业。我国的三次产业划分是：第一产业为农业（包括种植业、林业、牧业和渔业），第二产业为工业（包括采掘业，制造业，电力、煤气及水的生产和供应业）和建筑业，第三产业为除第一、第二产业以外的其他各业。

当年价格：也称现行价格，指报告期内的实际市场价格。按现行价格计算的各种综合指标可以反映当年国民经济发展水平及比例关系，但因其变化受实物数量增减和价格升降因素的影响，在不同时期之间缺乏可比性。

可比价格：指计算各种总量指标所采用的扣除了价格变动因素的价格，可进行不同时期总量指标的对比。按可比价格计算总量指标有两种方法：一种是直接用产品产量乘某一年的不变价格计算；另一种是用价格指数进行缩减。

不变价格：指以同类产品某年的平均价格作为固定价格，用于计算各年的产品价值。按不变价格计算的产品价值消除了价格变动因素，不同时期对比可以反映生产的发展速度。新中国成立后，随着工农业产品价格水平的变化，国家统计局先后五次制定了全国统一的工业产品不变价格和农业产品不变价格。从1952年到1957年使用1952年工（农）业产品不变价格，从1957年到1970年使用1957年不变价格，从1971年到1980年使用1970年不变价格，从1981年到1990年使用1980年不变价格，从1991年开始使用1990年不变价格。从2003年起使用可比价计算产值，取消不变价产值。

农林牧渔业总产值：指以货币表现的农、林、牧、渔业全部产品和对农林牧渔业生产活动进行的各种支持性服务活动的价值总量，它反映一定时期内农业生产总规模和总成果。1957年以前的农业总产值中包括了厩肥和农民自给性手工业（如农民自制衣服、鞋、袜，自己从事粮食初步加工等）。1958年及以后的农业总产值，林业中增加了村及村以下竹木采伐产值；牧业中取消了厩肥产值；副业中取消了农民自给性手工业产值，增加了村及村以下办的工业产值；渔业中增加了海洋捕捞水产品产值。1980年及以后，在副业中增加了农民家庭兼营工业商品部分产值。从1984年起村及村以下工业产值划归工业。从1993年起取消副业，将野生动物的捕猎划入牧业、野生植物采集和农民家庭兼营商品性工业划归农业。从2003年起，执行新的国民经济行业分类标准，农林牧渔业总产值中包括了农林牧渔服务业产值。林业中增加了森林采运业产值。农业中取消了家庭兼营商品性工业产值，将野生林产品的采集划归林业。

国家统计局农村司根据全国农业普查结果，对相应年份的农林牧渔业总产值进行了修订。

农林牧渔业增加值：用生产法计算的一定时期内农业生产活动的最终成果。其计算方法是用现价计算的农林牧渔业产值扣除各项中间消耗。

国家统计局农村司根据全国农业普查结果，对相应年份的农林牧渔业增加值进行了修订。

人口数：指一定时点、一定地区范围内有生命的个人总和。年度统计的年末人口数指每年12月31日24时的人口数。年度统计的全国人口总数内未包括台湾省和港澳同胞以及海外华侨人数。

从业人员：指从事一定社会劳动并取得劳动报酬或经营收入的人员，包括全部职工、再就业的离退休人员、私营业主、个体户主、私营和个体从业人员、乡镇企业从业人员、农村从业人员和其他从业人员(包括民办教师、宗教职业者、现役军人等)。

乡村户数：指长期（一年以上）居住在乡镇（不包括城关镇）行政管理区域内的住户，还包括居住在城关镇所辖行政村范围内的农村住户。户口不在本地而在本地居住一年及以上的住户也包括在本地农村住户内；有本地户口，但举家外出一年以上的住户，无论是否保留承包耕地都不包括在本地农村住户范围内。不包括乡村地区内的国有经济的机关、团体、学校、企业、事业单位的集体户。

乡村人口：指乡村地区常住居民户数中的常住人口数，即经常在家或在家居住6个月以上，而且经济和生活与本户连成一体的人口。外出从业人员在外居住时间虽然在6个月以上，但收入主要带回家中，经济与本户连为一体，仍视为家庭常住人口；在家居住，生活和本户连成一体的国家职工、退休人员也为家庭常住人口。但是现役军人、中专及以上（走读生除外）的在校学生、以及常年在外（不包括探亲、看病等）且已有稳定的职业与居住场所的外出从业人员，不应当作家庭常住人口。

乡村劳动力资源数：指乡村人口中劳动年龄以上（16周岁）能够参加生产经营活动的人员。

乡村从业人员：指乡村人口中16岁以上实际参加生产经营活动并取得实物或货币收入的人员，既包括劳动年龄内经常参加劳动的人员，也包括超过劳动年龄但经常参加劳动的人员。但不包括户口在家的在外学生、现役军人和丧失劳动能力的人，也不包括待业人员和家务劳动者。从业人员年龄为16岁以上。从业人员按从事主业时间最长（时间相同按收入）分为农业从业人员、工业从业人员、建筑业从业人员、交运仓储及邮政从业人员、信息传输、计算机服务和软件业从业人员、批发与零售业从业人员、住宿和餐饮业从业人员、其他行业从业人员。

农业机械总动力：指用于农、林、牧、渔业生产的各种动力机械的动力之和，包括耕作机械、农用排灌机械、收获机械、植保机械、林业机械、渔业机械、农产品加工机械、农用运输机械、其他农用机械。按能源又分为柴油、汽油、电力和其他动力。总动力按法定计量单位千瓦计算。（注：1 马力=735.5 瓦特=0.735 千瓦）

农用大中型拖拉机：指发动机额定功率为 14.7 千瓦及以上的专门用于农作物田间作业和以农作物田间作业为主进行综合利用的拖拉机，包括轮式和履带式两种。不包括用于森工、基建、营林等方面的拖拉机。

小型拖拉机：指专门或主要用于农作物田间作业的不足 14.7 千瓦的拖拉机。包括四轮拖拉机和手扶拖拉机。

农用载重汽车：指主要用于农林牧渔业生产运输的载重汽车。

耕地灌溉面积：指具有一定的水源，地块比较平整，灌溉工程或设备已经配套，在一般年景下当年能够进行正常灌溉的耕地面积。在一般情况下，耕地灌溉面积应等于灌溉工程或设备已经配备，能够进行正常灌溉的水田和水浇地面积之和。

（1）灌溉工程或设备已经配套，可以灌溉，但由于雨水及时或所种作物不需要灌溉等原因，当年没有进行灌溉的，应统计为耕地灌溉面积。

（2）灌溉工程或设备不配套（如只有深水井，没有安装机器）、渠系不健全（如只有水库，没有修渠）、地块不平整，当年不能发挥灌溉效益的灌溉面积，不应统计为耕地灌溉面积。

（3）北方地区没有灌溉工程或设备的引洪淤灌的耕地面积，不应统计为耕地灌溉面积。

（4）南方地区没有灌溉工程或设备，完全靠雨蓄水的“冬水田”、“屯水田”、“望天田”、“雷响田”等水田面积，不应统计为耕地灌溉面积。

（5）没有灌溉工程或设备，遇到旱年临时抗旱点种的耕地面积，不应统计为耕地灌溉面积。

（6）原有的灌溉工程或设备，由于受到破坏等原因不能起灌溉作用，这部分耕地面积不应统计为耕地灌溉面积。

旱涝保收面积：指在耕地灌溉面积中，灌溉设施齐全，抗灾能力较强，土地肥力较高，遇到较大的旱涝灾害能保证遇旱能灌、遇涝能排的耕地面积。灌溉设施的抗旱能力和排涝能力，全国各地根据当地的气候执行不同的标准。一般抗旱能力：南方在 50-100 天，北方在 30-50 天；排涝能力达到 5 年至 10 年一遇的标准，防洪一般达到 20 年一遇的标准。旱涝保收面积应小于或等于耕地灌溉面积。

化肥施用量：指本年度内实际用于农业生产的化学肥料数量，包括氮肥、磷肥、钾肥和复合肥。施用量要求按折纯量计算数量，即各类化学肥料的实际施用数量按其含氮、含五氧化二磷、含氧化钾的比例折成百分之百计算。

农村用电量：指本年度内，扣除在农村中的国有工业、交通、基建等单位的用电量以后的农村生产和生活的全年用电总量。包括国家电网供电和农村自办电站供电量。

除涝面积：指由于兴修治涝工程或安装排涝机械等水利设施（或进行改种），使易涝耕地免除淹涝，除涝标准达到三年一遇以上者。易涝面积虽经过治理，但标准尚未达到三年一遇标准的，不统计为除涝面积。除涝面积为：三年至五年治理面积、五年至十年治理面积和十年以上治理面积的合计数。

年末除涝面积=上年除涝面积（上年基数）+本年新增除涝面积-本年减少面积

盐碱耕地改良面积：是指在老盐碱地、次生盐碱地上进行水利、农业、土壤改良等措施，在正常年景使作物成苗率（促苗率）达到 70%以上的盐碱耕地面积。在同一块耕地上，除涝、治碱并举，应分别统计除涝面积和盐碱耕地改良面积。

年末盐碱耕地改良面积=上年盐碱耕地改良面积（上年基数）+本年新增改良面积-本年减少改良面积

水土流失治理面积（水土保持面积）：是指在山丘地区水土流失面积上，按照综合治理的原则，采取各种治理措施，如：水平梯田、淤地坝、谷坊、造林种草、封山育林育草（指有造林、种草补植任务的）等，以及按小流域综合治理措施所治理的水土流失面积总和。

年末水土流失治理面积=上年累计达到治理面积+本年新增治理面积-本年减少治理面积

小流域治理面积：是以小流域为单元，根据流域内的自然条件，按照土壤侵蚀的类型特点和农业区划，在全面规划的基础上，合理安排农、林、牧各业用地，布置水土保持农业技术措施，林草措施与工程措施，相互协调、相互促进形成综合的水土流失防治体系。凡列入县级以上治理规划，并进行重点治理的，流域面积在 5 平方公里以上的小流域治理面积均进行统计。

已建成水库：是指主、副坝、溢洪道、输水洞和专门建筑物，如电站、过船过水建筑物等，已全部建成或基本建成，无重大遗留问题达到设计蓄水能力，经过验收鉴定合格，正式交付使用的水库。

水库总库容：即校核水位以下的库容。包括死库容、兴利库容、防洪库容（减掉和兴利库容重复部分）之总和，称总库容，它是水库兴建的总规模。

大、中、小型水库的划分标准

大型水库：总库容在一亿立方米及以上；

中型水库：总库容在一千（含一千）万立方米至一亿立方米；

小型水库：库容在十万立方米至一千万立方米。

堤防总长度：指建成或基本建成的河堤、江堤、海堤、湖堤、围堤，包括防洪墙等各类防洪，防潮堤防之总和，包括建国前建成或需要加固加高培厚的老堤防。但不包括单纯除涝河道的堤防和弃土形成的堤防，也不包括子埝和生产堤。所谓基本建成，是指按设计标准已经完成，已能发挥设计效益，但还留有少量尾工的工程。

农场个数：指报告期末实有农场个数。包括农垦系统内全民所有制、集体所有制和合资经营的农、林、牧、渔场个数，不包括家庭农场个数。农场应具备三个条件：进行农林牧渔业生产；设有场部组织结构；实行独立核算。

农作物播种面积：指农业生产经营者应在日历年度内收获的农作物在全部土地（耕地或非耕地）上的播种或移植面积。凡是本年内收获的农作物，无论是本年还是上年播种，都算为本年播种面积，但不包括本年播种，下年收获的作物面积。

因灾害等原因，应该收获却未能收获，也要按原播种面积计算，新补或改种，并在本年收获的，要按复种作物计算面积。

移植的作物面积，如稻谷、甘薯、烟叶等，按移植后的面积计算，不计算移植前在育苗田、棚等的秧苗面积。

多年生作物，即播种后可连续生长多年的宿根性草本植物，如有些麻类、中药等作物的播种面积，按本年新增面积加往年的连续累计面积计算。

间种、混种的作物面积按比例折算各个作物的面积，如果完全混合、同步生长、收获的作物，按混合面积平均分配。复种、套种的作物，按次数计算面积，每种一次计算一次。

再生稻、再生高粱、再生烟等，因其没有经过播种或移植，不计入播种面积。

莲藕等水生蔬菜类生长在湖泊、水塘等水域的面积占比重较大，不仅难以统计，而且因非耕地面积过大对统计口径产生影响，因此在湖泊、水塘等水域的莲藕等水生蔬菜无论是野生还是人工种植均不计算面积，只计算其在耕地上种植的面积。

进行播种面积统计调查的农作物包括以下类别：

（1）谷物。指禾本科和蓼科作物，具体包括稻谷、小麦、玉米、谷子、高粱和其他谷物；其他谷物包括大麦、燕麦、荞麦等，其中西藏、青海、甘肃等地种植的青稞是大麦中的裸麦，按大麦统计。谷类作物产量一律按脱粒后的原粮计算。

（2）豆类作物。是以食用种籽及其制成品为主的一类豆科植物，包括大豆、绿豆、红小豆、杂豆等。产量按去荚后的干豆计算。

（3）薯类作物。包括甘薯和马铃薯。不包括芋头、木薯等。芋头一般应作为“蔬菜”计算，木薯作为其他作物计算。

（4）油料作物。是以榨取油脂为主要用途的一类作物。种子含油率约达 20-60%。包括花生、油菜籽、芝麻、胡麻籽、向日葵籽等。不包括木本油料和野生油料。花生以带壳干花生计算。

（5）棉花。不包括木棉，按去籽后的皮棉计算，3 公斤籽棉折 1 公斤皮棉。棉花产量从 1999 年起在主产区实行抽样调查（河北、江苏、安徽、山东、河南、湖北、湖南、新疆），非主产区仍按全面统计。

（6）糖料。包括甘蔗和甜菜。甘蔗以蔗杆计算，甜菜以块根计算。

（7）中草药材。指人工种植的、以获取药材原料为目的、主要用于中药配伍以及中成药加工的药材作物面积。包括药用真菌的面积。

（8）蔬菜及食用菌。蔬菜包括叶菜类、白菜类、甘蓝类、根茎类、瓜菜类、菜用豆类、茄果类、葱蒜类、水生菜类和其他蔬菜；食用菌包括香菇、黑木耳和蘑菇等，不包括野生菌类。

（9）瓜果类。指农业生产经营者日历年度内通过种植或移植而收获的非园林水果，包括西瓜、甜瓜、白兰瓜、哈密瓜、草莓等。无论其种植在露地还是温室、大棚等农业设施中，按实收的鲜果计算产量。

（10）花卉。指以植物的花为最终产品，或以观赏、美化、绿化、香化为主要用途的栽培植物，是特种农产品的一部分。花卉种植面积，包括在大田种植的花卉面积，包括设施及盆栽花卉。

（11）其他作物。包括饲料作物、荸子、莲子、席草等。其中，饲料作物是指主要用于畜禽饲养的作物，如苜蓿、青饲料等。

粮食总产量：指全社会的产量。包括国营农场等国有经济的、集体统一经营的和农民家庭经营的产量，还包括工矿企业办的农场和其他生产单位的产量。粮食除包括稻谷、小麦、玉米、高粱、谷子、其他杂粮外，还包括薯类和大豆。其产量计算方法，豆类按去豆荚后的干豆计算，薯类（包括甘薯和马铃薯，不包括芋头和木薯）1963 年以前按每 4 千克鲜薯折 1 千克粮食计算，从 1964 年以后按 5 千克鲜薯折 1 千克粮食计算。其他粮食一律按脱粒后的原粮计算。

粮食比国际上通行的谷物口径大，相当于谷物+薯类+大豆。

茶叶产量：指本年度内生产的全部茶叶产量。包括从成片茶园和零星种植的茶树以及荒芜未垦复的茶树上所采摘的全部产量。不论自食的或出售的，都应统计在内。茶叶的产量按经过初步加工的干毛茶的重量计算。根据制造方法的不同和品质上的差异，将茶叶分为绿茶、青茶、红茶、黑茶、黄茶、白茶、其他茶等。

水果产量：指农业生产经营者日历年度内生产的乔木类和藤本类水果、多年草本水果及果用瓜。包括园林水果和非园林水果（瓜果类），不包括采集的野生水果。按鲜果产量计算。经脱水、晾干等处理的干果，如干枣、葡萄干、柿饼、桔饼等一律折合成鲜果计算。

林产品产量：指从人工栽培的竹木上，不经砍伐竹木的根而取得的各种林产品数量。包括生漆、棕片、五倍子、松脂、笋干、油桐籽、油茶籽、乌桕籽、核桃、板栗等各种林木果实以及修剪竹木所获得的枝叶（如荆条、柳条、蒲葵叶）等。不包括桑叶、茶叶、水果，也不包括野生的林产品。如果某些林产品人工栽培和野生的混在一起，不易划分，则应根据它的主要来源决定其应计入林产品产量统计中还是其他农业内采集野生植物果实产量统计中，但不要两方面都算，以免重复。

林产品产量的计算方法为：

（1）油茶籽、油桐籽、乌桕籽、核桃、文冠果。按去掉果皮、外壳的干籽计算产量。

（2）五倍子。以干籽计算产量。

（3）生漆、松脂。按从树上割下来的生漆、松脂计算产量。

（4）棕片和竹笋。按干片和笋干计算产量。

（5）板栗。按除去毛荚的果实计算产量。

（6）油橄榄。按果实计算产量。

（7）紫胶（虫胶）。按原胶计算产量。

当年出栏的畜禽数：指当年（报告期内）农业生产经营者，包括农户、各种合作经济组织、国有农场、机关、团体、学校、工矿企业、部队等单位及城镇居民饲养的，已屠宰或出售上市的全部畜禽数，包括交售给国家，集市上出售和农民自食的部分。不包括仔猪、牛犊、羊羔、禽苗出售后进行二次育肥的数量。

期初（末）畜禽存栏头（只数）：指本期（报告期）期初（末），农村与城市的全部畜禽存栏头（只）数。除科学研究单位专门用于试验研究的牲畜和军马以外，农业生产经营者，包括农户、各种合作经济组织、国营农场、机关、团体、学校、工矿企业、部队等单位以及城镇居民饲养的各种畜禽，不分大小、公母、品种、用途一律包括在内。专业运输组织的运输用牲畜也应包括在内。但商业部门库存的和运输途中的活牲畜不进行统计。

肉类总产量：指调查期内各种牲畜及家禽、兔等动物肉产量总计。猪、牛、羊、马、驴、骡、骆驼肉产量按去掉头蹄下水后带骨肉的胴体重量计算，兔禽肉产量按屠宰后去皮毛和内脏后的重量计算。

牛奶产量：指本调查期内奶牛所生产的牛奶总产量，包括出售给国家、农贸市场交易和农牧民自食部分，不包括牛犊直接吮食部分。

细羊毛：指细毛及其改良羊所产的羊毛量。

半细羊毛：指半细毛羊及其改良羊所产的羊毛产量。

禽蛋产量：指本调查期内饲养的蛋用家禽生产的禽蛋总重量。包括出售的和农民自产自用的部分。品种主要为鸡鸭鹅。

蚕茧产量：指本年度内生产的全部蚕茧产量，无论自用的或出售的，都应计算在内。在计算产量时，要把土茧、改良茧和种茧包括在内，桑蚕茧、柞蚕茧均按鲜茧计算，木薯蚕茧和蓖麻蚕茧等的产量均按茧壳的重量计算。

水产品产量：指当年捕捞的水产品（包括人工养殖并捕捞的水产品和捕捞天然生长的水产品）产量。

海水产品产量：指从海洋和海水养殖水域中捕捞的海水产品产量。包括海水中的鱼类、虾蟹类、贝类、藻类。

内陆水域水产品产量： 指淡（咸）水湖泊、水库、河沟和池塘以及其他内陆水域内捕捞的水产品产量。包括鱼类、虾蟹类、贝类，不包括淡水水生植物。

养殖产量：指从海水养殖面积和内陆水域养殖面积中捕捞的产量。

捕捞产量：指捕捞天然生长的水产品产量。

可支配收入：指居民可用于最终消费支出和储蓄的总和，即居民可用于自由支配的收入。既包括现金收入，也包括实物收入。按照收入的来源，可支配收入包含四项，分别为：工资性收入、经营净收入、转移净收入和财产净收入。

工资性收入：指就业人员通过各种途径得到的全部劳动报酬和各种福利，包括受雇于单位或个人、从事各种自由职业、兼职和零星劳动得到的全部劳动报酬和福利。

经营净收入：指住户或住户成员从事生产经营活动所获得的净收入，是全部经营收入中扣除经营费用、生产性固定资产折旧和生产税之后得到的净收入。计算公式具体为：

经营净收入=经营收入－经营费用－生产性固定资产折旧－生产税

财产净收入：指住户或住户成员将其所拥有的金融资产、住房等非金融资产和自然资源交由其他机构单位、住户或个人支配而获得的回报并扣除相关的费用之后得到的净收入。财产净收入包括利息净收入、红利收入、储蓄性保险净收益、转让承包土地经营权租金净收入、出租房屋净收入、出租其他资产净收入和自有住房折算净租金等。财产净收入不包括转让资产所有权的溢价所得。

转移净收入：计算公式为：

转移净收入=转移性收入－转移性支出

转移性收入：指国家、单位、社会团体对住户的各种经常性转移支付和住户之间的经常性收入转移。包括养老金或退休金、社会救济和补助、政策性生产补贴、政策性生活补贴、经常性捐赠和赔偿、报销医疗费、住户之间的赡养收入，本住户非常住成员寄回带回的收入等。转移性收入不包括住户之间的实物馈赠。

转移性支出　指居民家庭对国家、单位、住户或个人的经常性或义务性转移支付。包括缴纳的税款、各项社会保障支出、赡养支出、经常性捐赠和赔偿支出以及其他经常转移支出等。

农户固定资产：指农户在家庭或个人从事的生产经营活动中，所拥有的使用期限在两年以上，单位价值在1000元以上的房屋建筑物、机器设备、器具工具、役畜、产品畜等资产。

固定资产投资完成额：固定资产投资是指以货币形式表现的在本期内建造和购置固定资产的费用。实际投资完成额是根据建筑安装工程的实际工作量，实际已开始安装的设备、工具、器具的购置费，以及其他费用的实际发生额计算，包括消耗的建筑材料、购置设备、工具器具、大牲畜的费用，以及建造和购置固定资产所发生的人工费用和其他有关费用。

消费支出：是指居民用于满足家庭日常生活消费需要的全部支出，既包括现金消费支出，也包括实物消费支出。消费支出可划分为食品烟酒、衣着、居住、生活用品及服务、交通通信、教育文化娱乐、医疗保健以及其他用品及服务八大类。

食品烟酒：指用于各种食品和烟草、酒类的支出。

衣着：指与居民穿着有关的支出，包括服装、服装材料、鞋类、其他衣类及配件、衣着相关加工服务的支出。

居住：指与居住有关的支出，包括房租、水、电、燃料、物业管理等方面的支出，也包括自有住房折算租金。

生活用品及服务：指家庭及个人的各类生活品及家庭服务。包括家具及室内装饰品、家用器具、家用纺织品、家庭日用杂品、个人用品和家庭服务。

交通通信：指用于交通和通信工具及相关的各种服务费、维修费和车辆保险等支出。

教育文化娱乐：指用于教育、文化和娱乐方面的支出。

医疗保健：指用于医疗和保健的药品、用品和服务的总费用。包括医疗器具及药品，以及医疗服务。

其他用品及服务：指无法直接归入上述各类支出的其他用品与服务支出。

收入五等份分组：是将所有调查户按人均可支配收入水平由低到高排队，按 20%、20%、20%、20%、20%的比例依次分成为：低收入组、中等偏下收入组、中等收入组、中等偏上收入组、高收入组五组。

四大经济区域分组：东部地区：包括北京、天津、河北、上海、江苏、浙江、福建、山东、广东、海南 10 个省（市）。中部地区：包括山西、安徽、江西、河南、湖北、湖南 6 个省。西部地区：包括内蒙古、广西、重庆、四川、贵州、云南、西藏、陕西、甘肃、青海、宁夏、新疆 12 个省（区、市）。东北地区：包括辽宁、吉林、黑龙江 3 个省。